Dogmatik und Verfassungsmäßigkeit neuer Befugnisse zu verdachts- und anlassunabhängigen Polizeikontrollen

Europäische Hochschulschriften
Publications Universitaires Européennes
European University Studies

Reihe II
Rechtswissenschaft

Série II Series II
Droit
Law

Bd./Vol. 3606

PETER LANG
Frankfurt am Main · Berlin · Bern · Bruxelles · New York · Oxford · Wien

Nicole Castillon

Dogmatik und Verfassungsmäßigkeit neuer Befugnisse zu verdachts- und anlassunabhängigen Polizeikontrollen

PETER LANG
Europäischer Verlag der Wissenschaften

Bibliografische Information Der Deutschen Bibliothek
Die Deutsche Bibliothek verzeichnet diese Publikation in der Deutschen Nationalbibliografie; detaillierte bibliografische Daten sind im Internet über <http://dnb.ddb.de> abrufbar.

Zugl.: Berlin, Humboldt-Univ., Diss., 2002

Gedruckt mit Unterstützung des
Bundesministeriums des Innern.

ISSN 0531-7312
ISBN 3-631-50451-9

www.peterlang.de

Vorwort

Die vorliegende Arbeit ist im Sommersemester 2002 von der Juristischen Fakultät der Humboldt-Universität zu Berlin als Dissertation angenommen worden.

Für die freundliche Aufnahme des Themas, die Betreuung der Arbeit und die schnelle Anfertigung des Erstgutachtens danke ich Herrn Professor Dr. Dr. h.c. Ulrich Battis. Für die zügige Erstellung des Zweitgutachtens schulde ich Herrn Privatdozenten Dr. Ralf Poscher Dank.

Ein besonderer Dank geht an Herrn Felix Weigend, der mir bei Erstellung dieser Arbeit mit Anregungen, Kritik und vor allem Geduld weitergeholfen hat.

Ganz herzlich danke ich schließlich meinen Eltern, die mir mit Ihrer vorbehaltlosen Unterstützung über all die Jahre eine unbeschwerte Ausbildung ermöglicht haben.

Berlin, im November 2002 Nicole Castillon

Inhaltsverzeichnis

Abkürzungsverzeichnis

Neben allgemein verständlichen und üblichen juristischen Abkürzungen[1] werden folgende Abkürzungen verwendet:

a.A.	anderer Ansicht
a.F.	alter Fassung
AB	Ausführungsbestimmung
Abs.	Absatz
AbgH.-Dr.	Abgeordnetenhaus-Drucksachen
Alt.	Alternative
Anm.	Anmerkung
AöR	Archiv des öffentlichen Rechts
Art.	Artikel
ASOG Bln	Allgemeines Gesetz zum Schutz der öffentlichen Sicherheit und Ordnung in Berlin (Allgemeines Sicherheits- und Ordnungsgesetz)
Aufl.	Auflage
AuslG	Ausländergesetz
Bay PAG	Gesetz über die Aufgaben und Befugnisse der Bayerischen Staatlichen Polizei (Polizeiaufgabengesetz)
Bay POG	Gesetz über die Organisation der Bayerischen Staatlichen Polizei (Polizeiorganisationsgesetz)
BayVBl.	Bayerische Verwaltungsblätter
BayVerfGH	Bayerischer Verfassungsgerichtshof
BbgPolG	Gesetz über die Aufgaben und Befugnisse der Polizei im Land Brandenburg (Brandenburgisches Polizeigesetz)
Bd.	Band
Bearb.	Bearbeiter
BGBl.	Bundesgesetzblatt
BGH St	Bundesgerichtshof - Entscheidungssammlung Strafsachen
BGSG	Bundesgrenzschutzgesetz
BImSchG	Bundesimmissionsschutzgesetz
BT-Dr.	Bundestag-Drucksache
BR-Dr.	Bundesrat-Drucksache
BT-PlPr.	Bundestag-Plenarprotokoll
BVerfG	Bundesverfassungsgericht
BVerfGE	Amtliche Sammlung der Entscheidungen des Bundesverfassungsgerichtes
BVerwG	Bundesverwaltungsgericht
BVerwGE	Amtliche Sammlung der Entscheidungen des Bundesverwaltungsgerichtes
BW	Baden-Württemberg
bzw.	beziehungsweise
CR	Computer und Recht
cilip	Polizei & Bürgerrechte - cilip
ders.	derselbe
d.h.	das heißt

[1] Kirchner, Abkürzungsverzeichnis

dies.	dieselbe
Diss.	Dissertation
DÖV	Die Öffentliche Verwaltung
DRiZ	Deutsche Richterzeitung
DuD	Datenverarbeitung und Datenschutz
DV	Die Verwaltung
DVR	Datenverarbeitung im Recht
DVBl.	Deutsches Verwaltungsblatt
EGGV	Einführungsgesetz zum Gerichtsverfassungsgesetz
EGV	Vertrag zur Gründung der Europäischen Gemeinschaft
EU	Europäische Union
EuGRZ	Europäische Grundrechte-Zeitschrift
etc.	et cetera
f., ff.	folgend(e)
Fn.	Fußnote
FStrG	Fernstraßengesetz
G 10	Gesetz zur Beschränkung des Brief-, Post- und Fernmeldegeheimnisses
GA	Goltdammer´s Archiv für Strafrecht
GG	Grundgesetz
GVBl.	Gesetz- und Verordnungsblatt
HdBPolR	Handbuch des Polizeirechts
HSOG	Hessisches Gesetz über die öffentliche Sicherheit und Ordnung
Hrsg.	Herausgeber
i.S.d.	im Sinne des/der
i.V.m.	in Verbindung mit
Jura	Juristische Ausbildung
JR	Juristische Rundschau
JuS	Juristische Schulung
JZ	Juristenzeitung
LKA	Landeskriminalamt
LKV	Landeskommunalverwaltung
LS	Leitsatz
LT-Dr.	Landtag-Drucksache
LV	Landesverfassung
LVerfGG	Landesverfassungsgerichtsgesetz
KG	Kammergericht
KJ	Kritische Justiz
KritV	Kritische Vierteljahresschrift
Krim. Journal	Kriminologisches Journal
MDR	Monatsschrift für Deutsches Recht
ME PolG	Musterentwurf eines einheitlichen Polizeigesetzes des Bundes und der Länder
MschrKrim	Monatsschrift für Kriminologie und Strafrechtsreform
MV	Mecklenburg-Vorpommern
MVVerfG	Landesverfassungsgerichtshof Mecklenburg-Vorpommern
m.w.Nw.	mit weiteren Nachweisen
NGefAG	Niedersächsisches Gefahrenabwehrgesetz
NJ	Neue Justiz
NJW	Neue Juristische Wochenschrift
NordÖR	Zeitschrift für öffentliches Recht in Norddeutschland

Nr.	Nummer
NRWPolG	Polizeigesetz für Nordrhein-Westfalen
NStZ	Neue Zeitschrift für Strafrecht
NVwZ	Neue Zeitschrift für Verwaltungsrecht
OVG	Oberverwaltungsgericht
OWiG	Gesetz über Ordnungswidrigkeiten
PaßG	Passgesetz
PauswG	Gesetz über Personalausweise
PlProt.	Plenarprotokoll
PolG BW	Polizeigesetz Baden-Württemberg
RuP	Recht und Politik
S.	Seite, Satz
SächsPolG	Polizeigesetz des Freistaates Sachsen
SächsVerfGH	Sächsischer Verfassungsgerichtshof
SDÜ	Schengener Durchführungsübereinkommen
SPolG	Saarländisches Polizeigesetz
sog.	sogenannte(r)
SOG MV	Gesetz über die öffentliche Sicherheit und Ordnung in Mecklenburg-Vorpommern (Sicherheits- und Ordnungsgesetz)
SOG LSA	Sicherheits- und Ordnungsgesetz des Landes Sachsen-Anhalt
StPO	Strafprozessordnung
StV	Der Strafverteidiger
StVG	Straßenverkehrsgesetz
StVO	Straßenverkehrs-Ordnung
StVZO	Straßenverkehrs-Zulassungs-Ordnung
std. Rspr.	ständige Rechtsprechung
ThürPAG	Thüringer Gesetz über die Aufgaben und Befugnisse der Polizei (Polizeiaufgabengesetz)
Rn.	Randnummer
u.a.	und andere
UZwG	Gesetz über den unmittelbaren Zwang bei Ausübung öffentlicher Gewalt durch Vollzugsbeamte des Bundes
VE ME PolG	Vorentwurf zur Änderung des Musterentwurfs eines einheitlichen Polizeigesetzes des Bundes und der Länder
VerwArch	Verwaltungsarchiv
vgl.	vergleiche
VO	Verordnung
VollzBek.	Vollzugsbekanntmachung
VwGO	Verwaltungsgerichtsordnung
VwV	Verwaltungsvorschrift
VwVfG	Verwaltungsverfahrensgesetz
VwVG	Verwaltungsvollstreckungsgesetz
z.B.	zum Beispiel
Ziff.	Ziffer
zit.	zitiert
ZRP	Zeitschrift für Rechtspolitik

Einleitung

A. Gegenstand der Untersuchung

Der befürchtete Anstieg grenzüberschreitender Kriminalität und unerlaubter Zuwanderung nach dem Wegfall der allgemeinen Grenzkontrollen aufgrund des Schengener Abkommens[1] und des Schengener Durchführungsübereinkommens[2] haben in der Zeit von Dezember 1994 bis Oktober 2001 die Mehrzahl der Bundesländer veranlasst, neue Befugnisse zu sogenannten verdachts- und anlassunabhängigen Polizeikontrollen[3] in ihre Polizeigesetze aufzunehmen[4]. Vor demselben Hintergrund hat der Bundesgesetzgeber zum Teil entsprechende Änderungen des Bundesgrenzschutzgesetzes beschlossen, die am 1. September 1998 in Kraft getreten sind. Eine Reihe von weiteren Vorstößen zur Einführung entsprechender neuer Befugnisse in den Landtagen der übrigen Bundesländer[5] scheiterte aufgrund fehlender Stimmenmehrheiten[6].

Aufgrund der föderalen Vielfalt des bundesdeutschen Polizeirechts leidet die Diskussion um die neuen polizeirechtlichen Befugnisse unter erheblichen definitorischen Unschärfen[7]. Ein terminologischer Konsens ist jedoch Voraussetzung jeder Darstellung und dogmatischen sowie verfassungsrechtlichen Beurteilung

---

[1] Abkommen vom 14. Juni 1985 zwischen Deutschland, Frankreich und den BeNeLux-Ländern über den schrittweisen Abbau ihrer Binnengrenzen, GMBl. 1986, S. 79.

[2] Übereinkommen vom 19. Juni 1990 zwischen den Schengener Vertragspartnern, BGBl. 1993 II, S. 1010. Jeder Mitgliedstaat der „Europäischen Gemeinschaften" kann diesem Übereinkommen beitreten (Art. 140 Abs. 1 SchDÜk). Bis heute ist mit Italien (27. November 1990), Spanien und Portugal (25. Juni 1991), Griechenland (6. November 1992), Österreich (28. April 1995), Dänemark, Finnland, Schweden, Norwegen und Island (alle 25. März 2001) ein Beitrittsvertrag abgeschlossen worden.

[3] Eine Übersicht über den Wortlaut der verschiedenen neuen Befugnisse ist dem Textanhang zu entnehmen. In der Synopse im Anhang zur Arbeit werden die Voraussetzungen und Rechtsfolgen der einzelnen Befugnisse vergleichend dargestellt.

[4] Ob ein solcher Ausgleichsbedarf anzunehmen ist, wird bezweifelt; vgl. nur Lisken, NVwZ 1998, S. 22 und Seebode, Gutachten, S. 3 m.w.Nw.

[5] So in Schleswig-Holstein (LT-Dr. 14/476), Rheinland-Pfalz (LT-Dr. 13/754), Nordrhein-Westfalen (vgl. Walter, Kriminalpolizei 1999, S. 290, 291) sowie Bremen (vgl. Göddeke, NVwZ 2001, S. 1232). In Hamburg wird derzeit laut Auskunft der zuständigen Behörde für Inneres vom 13. November 2002 über die Einführung einer entsprechenden Befugnis außerparlamentarisch beraten.

[6] Aus diesem Grund scheint die Annahme von Mahlmann, LKV 2001, S. 102, dass sich die Schleierfahndung ohne Zweifel „zur gewöhnlichen Standardmaßnahme im deutschen Polizeirecht entwickelt und langfristig wohl auch von den Ländern integriert werden wird, die ihren Polizeien eine derartige Befugnis noch nicht eingeräumt haben" keineswegs selbstverständlich.

[7] So auch Walter, Die Polizei 1999, S. 33, 35.

der neuen Befugnisse[8]. Schlagwortartig werden die neuen Befugnisse in nahezu jeder Auseinandersetzung mit dem Begriff der „Schleierfahndung"[9] verbunden. Dieser Begriff ist jedoch kein terminus technicus, sondern nur eine bildhafte Umschreibung für die neuen Kontrollformen. Er geht auf eine Forderung des ehemaligen Innenministers Kanther an die Bundesländer im Dezember 1995 zurück, zur wirksamen Bekämpfung insbesondere der international organisierten, grenzüberschreitenden Kriminalität die Landespolizeigesetze in Anlehnung an die bayerische Regelung zu ergänzen und einen „Sicherheitsschleier" aufzubauen. Unter den Begriff der „Schleierfahndung" lassen sich allenfalls die neuen Befugnisse zur Identitätsfeststellung fassen[10]; auch in Bezug auf diese Befugnisse ist die Terminologie jedoch nicht einheitlich[11]. Teilweise wird auch von „lage(bild)abhängigen Kontrollen" gesprochen[12]. In aller Regel ist jedoch von verdachts-[13] und anlassunabhängigen Polizeikontrollen die Rede, weshalb im folgenden von dieser Formulierung ausgegangen werden soll.

Die Frage, welche einzelnen Normen den neuen Befugnissen zu verdachts- und anlassunabhängigen Polizeikontrollen zuzuordnen sind, wird selten diskutiert und - soweit dies doch geschieht - keineswegs einheitlich beantwortet. Auch dies kann darauf zurückgeführt werden, dass die Novellen der Länderpolizeigesetze dem föderalistischen Gefüge entsprechend nicht deckungsgleich ausgefallen sind. Neue Befugnisse zu verdachts- und anlassunabhängigen Kontrollen sind im Bundesgrenzschutzgesetz und in den Landespolizeigesetzen in „ganz unterschiedlicher Ausgestaltung"[14] verabschiedet worden. Sowohl die Landes- als auch der Bundesgesetzgeber haben für die neuen Befugnisse verschiedene Regelungsstandorte gewählt. Das nunmehr geltende Polizeirecht kennt infolgedessen „verschiedene Varianten"[15] neuer Befugnisse zu verdachts- und anlassunabhängigen Polizeikontrollen, die als „höchst unterschiedliche(n) ... Maß-

---

[8] Auch Herrnkind, KJ 2000, S. 188, 191 hält es für wichtig, die Begrifflichkeiten kritisch zu hinterfragen.

[9] Nach Ansicht von Walter, Die Polizei 1999, S. 33, 34 sollten die neuen Befugnisse mit dem „Schlagwort ‚Schleierfahndung' medial hoffähig gemacht" werden.

[10] Für die neuen Befugnisse zur Befragung wird der Begriff der „Schleierfahndung" laut Auskunft des Polizeipräsidenten von Berlin mit Schreiben vom 24. August 2001 nicht gebraucht.

[11] Statt dessen wird in Sachsen laut Auskunft des Sächsischen Staatsministeriums des Innern mit Schreiben vom 13. August 2001 allein der Begriff der „verdachts- und ereignisunabhängigen" Kontrollen verwandt.

[12] So im Land Berlin und im Saarland. Weingart, BayVBl. 2001, S. 33, 35 scheint der Ausdruck „lage-(bild)abhängige" Kontrolle auch für Maßnahmen aufgrund des Art. 13 Abs. 1 Nr. 5 Bay PAG der Treffendste und Unverfänglichste zu sein.

[13] Von Walter, Die Polizei 1999, S. 33, 37 wird die Verwendung des Begriffs der „verdachtsunabhängigen Kontrollen" mit der Begründung als unpräzise abgelehnt, dass es sich bei diesem um eine Kategorie des Strafprozessrechts handele. Statt dessen spricht er von „gefahrenunabhängigen Kontrollen".

[14] Berg u.a., ASOG Bln, 8. Aufl., § 18, S. 225.

[15] Waechter, DÖV 1999, S. 138; ebenso jüngst Mahlmann, LKV 2001, S. 102.

nahmemöglichkeiten wohl kaum mehr auf einen kurzen gemeinsamen Nenner zu bringen sind“[16]. Die neuen Befugnisse lassen sich jedoch grundsätzlich zwei Modellen - dem Modell der Identitätsfeststellung zum einen und dem Modell der Befragung[17] zum anderen - zuordnen und auf diese Weise systematisieren.

Die neuen Befugnisse zur Identitätsfeststellung ermöglichen der Polizei die Feststellung der Identität von jedermann an bestimmten Orten, teilweise sogar ohne jeden Ortsbezug im gesamten Landesgebiet, zum Zwecke der vorbeugenden Bekämpfung der grenzüberschreitenden Kriminalität und teilweise darüber hinaus zur Verhinderung und Unterbindung der unerlaubten Einreise und des unerlaubten Aufenthaltes. Ohne ersichtlichen Anlass und ohne, dass er dies durch legales Verhalten verhindern könnte, kann jeder Bürger zur Aufgabe seiner Anonymität gezwungen werden[18]. Der Betroffene hat bestimmte Identitätsmerkmale preiszugeben und seine Personalien durch Vorlage von Identitätspapieren, die er jedoch nicht mitzuführen verpflichtet ist[19], nachzuweisen. Soweit es zur Identitätsfeststellung erforderlich ist, kann eine Durchsuchung seiner Person und der mitgeführten Sachen, die Sistierung, die Mitnahme zur Dienststelle - gegebenenfalls auch aus dem Zug -, eine erkennungsdienstliche Behandlung und eine gegebenenfalls bis zum Ende des nächsten Tages andauernde polizeiliche Freiheitsentziehung angeordnet werden. Diese Maßnahmen lösen keinen Anspruch auf Entschädigung und Rücktransport an den Anhalteort aus[20]. Die neuen Befugnisse zur Befragung gestatten zwar keine solche Zwangs- bzw. Folgemaßnahmen, erlauben jedoch Befragungen von Jedermann im gesamten öffentlichen Verkehrsraum. Die Befragung muss in diesem Fall der vorbeugenden Bekämpfung erheblicher Straftaten dienen, die der grenzüberschreitenden Kriminalität zuzuordnen sind.

---

[16] Engelken, DVBl. 2000, S. 262, 270; Herrnkind, Unbequem 3/2000, S. 4; Soria, NVwZ 1999, S. 270; Kutscha, LKV 2000, S. 134 f.; a.A. Roggan, Polizeistaat, S. 106, der davon ausgeht, dass sich die verschiedenen Regelungen hinsichtlich der tatbestandlichen Voraussetzungen nicht wesentlich unterscheiden.

[17] Die im Rahmen dieser Arbeit behandelten Befugnisse zur Befragung betreffen allein die polizeiliche Befragung, welche zur „informatorischen Befragung“ und zur „Vernehmung“ abzugrenzen ist. Zu dieser Abgrenzung Müller, Diss., S. 21 bis 26.

[18] Waechter, DÖV 1999, S. 138; eine entsprechende Erzwingung ist bei den neuen Befugnissen zur Befragung nur bedingt möglich.

[19] Eine allgemeine Pflicht zum Mitführen von Paß- und Personalausweis besteht nicht; vgl. Medert/Süßmuth, Personalausweisrecht, 3. Aufl., Erl. zu § 1 PAuswG, Rn. 17. Schütte, ZRP 2002, S. 393, 398 spricht - im Hinblick auf die neuen Bundesgrenzschutzbefugnisse - insofern von einem „Wertungswiderspruch“, da die neuen Ermächtigungen „(nicht de jure, aber doch de facto) dazu führen, dass der Bürger sein bisheriges Verhalten entsprechend ändert“, nämlich „unter dem Eindruck der jederzeit möglichen Kontrolllen (...) dazu veranlasst (wird), auch im Binnenland seine Personalpapiere ständig mitzunehmen.“

[20] Vgl. Seebode, Gutachten, S. 12 f. in Bezug auf die Novellierungen des BGSG m.w.Nw.

Schon in den Gesetzgebungsverfahren auf Bundes- und Landesebene wurde - neben einer Reihe von Detailproblemen[21] - die Vereinbarkeit der neuen Befugnisse mit der überkommenen Systematik des Polizeirechts und ihre Verfassungsmäßigkeit diskutiert und bezweifelt[22]. Aufgrund der Loslösung der Befugnisse von den Begriffen der konkreten Gefahr und des Störers wird die dogmatische Einordnung der neuen Befugnisse kontrovers diskutiert. Die verfassungsrechtlichen Bedenken beziehen sich auf die Anforderungen grundgesetzlicher Kompetenzvorschriften, des Bestimmtheitsgrundsatzes und des Verhältnismäßigkeitsprinzips. Die neuen Befugnisse sind wegen der Vorverlagerung der Zugriffsmöglichkeit und Unschärfe der Begriffe mit großer Aufmerksamkeit und rechtswissenschaftlicher Präzision zu betrachten[23].

Am 21. Oktober 1999 hat das Landesverfassungsgericht Mecklenburg-Vorpommern § 29 Abs. 1 Nr. 5 a.F. SOG MV, der verdachts- und anlassunabhängige Identitätsfeststellungen der hier untersuchten Art ermöglicht hat, wegen Verletzung des Grundrechts auf informationelle Selbstbestimmung[24] für teilweise verfassungswidrig erklärt[25]. Kontrollen auf Durchgangsstraßen sind danach im Bundesland Mecklenburg-Vorpommern bis auf weiteres nicht mehr möglich[26]. Das Urteil bringt jedoch - anders als in der Öffentlichkeit vielfach wahrgenommen - keineswegs das totale „Aus" für die neuen verdachts- und anlassunabhängigen Polizeikontrollen[27]. Vielmehr bestätigt es ihre Zulässigkeit ohne zusätzliche gesetzliche Eingriffsschwellen für das Grenzgebiet, die öffentlichen Einrichtungen des internationalen Verkehrs sowie das Küstenmeer. Dem Landtag von Mecklenburg-Vorpommern wurde durch das Urteil im übrigen die Möglichkeit eingeräumt, durch Nachbesserung des § 29 Abs. 1 Nr. 5 a.F. SOG MV für die Zukunft die mit dem Urteil beanstandeten Polizeikontrollen zuzulassen, wenn auch unter eingeschränkten Voraussetzungen[28]. Durch Einführung des § 27a SOG MV[29] hat der Landtag von Mecklenburg-Vorpommern eine neue Befugnis zu sogenannten polizeilichen Anhalte- und Sichtkontrollen geschaffen, die Elemente der beiden Befugnismodelle miteinander kombiniert. § 27a SOG MV

---

[21] Den Umstand der Vielzahl der durch die neuen Befugnisse aufgeworfenen Probleme hebt ausdrücklich Mahlmann, LKV 2001, S. 102 hervor.

[22] Vgl. von Filseck, Die Polizei 1997, S. 70, 72; ebenso IV. Tätigkeitsbericht des Landesbeauftragten für den Datenschutz Mecklenburg-Vorpommern1998/1999, S. 58 f.

[23] Roggan, Polizeistaat, S. 106.

[24] Art. 2 Abs. 1 i.V.m. Art. 1 Abs. 1 GG, Art. 6 Abs. 1 MVVerf.

[25] MVVerfG, Urteil vom 21. Oktober 1999 – LVerfG 2/98, abgedruckt in LKV 2000, S. 149 ff.; konkret wurde § 29 Abs. 1 Nr. 5 a.F. SOG MV für mit Art. 2 Abs. 1 GG, Art. 6 Abs. 1 der Landesverfassung Mecklenburg-Vorpommern unvereinbar erklärt.

[26] Das Urteil des MVVerfG hat gemäß § 28 Abs. 2 LVerfGG MV Gesetzeskraft.

[27] Mahlmann, LKV 2001, S. 102; Schnekenburger, BayVBl. 2001, S. 129, 130.

[28] Dies bezeichnet Kutscha, NJ 2000, S. 63, 65 als „richterlichen Kompromiss".

[29] Durch das Zweite Gesetz zur Änderung des Sicherheits- und Ordnungsgesetzes vom 24. Oktober 2001, MV GVBl. 2001, S. 387 unter gleichzeitiger Aufhebung des § 29 Abs. 1 Nr. 5 SOG MV.

greift die den Urteilsgründen zu entnehmenden Vorgaben des MVVerfG, unter welchen Umständen die Befugnis zu verdachts- und anlassunabhängigen Identitätskontrollen verfassungsgemäß gestaltet werden kann, ausdrücklich nicht auf. Der Landesgesetzgeber hat gleichwohl einige Hinweise des MVVerfG mittelbar durch Schaffung konkreter tatbestandlicher Eingriffsvoraussetzungen umgesetzt[30].

Das Urteil des MVVerfG vom 21. Oktober 1999 verdient eine intensive Auseinandersetzung auch außerhalb von Mecklenburg-Vorpommern überall dort, wo vergleichbare polizeiliche Regelungen bestehen, denn die anzulegenden Verfassungsmaßstäbe sind bundesweit dieselben[31]. Ob das Urteil auch auf die Befugnisse zur Befragung Anwendung findet[32], muss im Einzelnen geklärt werden. Ein Verfahren zur Überprüfung der gleichlautenden bayerischen Regelung des Art. 13 Abs. 1 Nr. 5 Bay PAG ist unter Protest der Bayerischen Landesregierung bei dem BayVerfGH von der Landtagsfraktion der Grünen anhängig gemacht worden[33]. Im übrigen ist derzeit auch der Verfassungsgerichtshof des Freistaates Sachsen mit der Überprüfung des entsprechenden § 19 Abs. 1 Nr. 5 SächsPolG befasst[34].

Die Erweiterung der Landespolizeigesetze sowie des Bundesgrenzschutzgesetzes um neue Befugnisse zu verdachts- und anlassunabhängigen Kontrollen ist im Rahmen aktueller Tendenzen der Rechtspolitik zu betrachten. In dem Bestreben, Sicherheit zu schaffen und Kriminalität möglichst frühzeitig zu bekämpfen, bringen sowohl Bund als auch Länder Ermächtigungsnormen für ihre jeweiligen Polizei- und Sicherheitsorgane hervor, die bereits im Vorfeld einer konkreten Gefahr greifen. Aus mannigfachen Gründen wurden in der Bundesrepublik Deutschland in den letzten Jahren eine Vielzahl gesetzgeberischer Maßnahmen zur Stärkung der „Inneren Sicherheit" getroffen. Mit dieser Entwicklung gingen

[30] Vgl. Begründung zum Gesetzesentwurf, LT-Dr. 3/3049, S. 20 f.
[31] Im Wesentlichen das Grundrecht auf informationelle Selbstbestimmung, Art. 2 Abs. 1 i.V.m. Art. 1 Abs. 1 GG. Dass das Recht auf informationelle Selbstbestimmung auch in den Landesverfassungen geregelt ist, spielt im Ergebnis keine Rolle. Vgl. zu den Grundrechtsgewährleistungen der neuen Landesverfassungen im Vergleich: Will, KritV 1993, S. 467 ff.
[32] Das Innenministerium des Landes Niedersachsen geht „vor dem Hintergrund der unterschiedlichen, nicht vergleichbaren Rechtslagen in beiden Ländern" nicht von einer entsprechenden Anwendbarkeit und einem daraus folgenden Handlungsbedarf für den niedersächsischen Gesetzgeber aus, vgl. der Landesbeauftragte für den Datenschutz Niedersachsen, XV. Tätigkeitsbericht, S. 92.
[33] Nach schriftlicher Auskunft des Bayerischen Verfassungsgerichtshofes vom 31. Oktober 2001 ist mit einer Entscheidung in diesem Verfahren in absehbarer Zeit nicht zu rechnen.
[34] Nach schriftlicher Auskunft des Verfassungsgerichtshofes des Freistaates Sachsen vom 22. November 2001 ist derzeit nicht absehbar, wann mit einer Entscheidung in diesem Normenkontrollverfahren zu rechnen ist.

Änderungen der Landespolizeigesetze[35], der Strafprozessordnung[36] und nicht zuletzt des Grundgesetzes[37] einher.

Zuletzt haben die Terroranschläge in den Vereinigten Staaten von Amerika seit dem 11. September 2001 insbesondere auf Bundesebene die Diskussion um das Verhältnis von „Innerer Sicherheit" und „Freiheitsrechten der Bürger" neu entfacht. Angesichts der Dimension der Bedrohung durch den Terror wurde innerhalb kürzester Zeit eine Vielzahl neuer Befugnisse zu dessen Bekämpfung in Kraft gesetzt[38]. Nimmt man aufgrund der Geschehnisse eine veränderte Bedrohungssituation für die „Innere Sicherheit" an, könnte sich auch für die Frage der Verhältnismäßigkeit der hier untersuchten Befugnisse eine neue Abwägungsgrundlage ergeben. Andererseits muss die neue Situation auch als Bewährungsprobe für die verfassungsrechtlich garantierten Freiheiten verstanden werden. So kommt es gerade jetzt darauf an, das - unter Umständen nur vermeintlich - politisch Erforderliche von dem verfassungsrechtlich Zulässigen strikt zu trennen.

Die neuen Befugnisse zu verdachts- und anlassunabhängigen Polizeikontrollen sollen der Stärkung der „Inneren Sicherheit" dienen. Während die Debatte um die Grundgesetzänderung zum sogenannten „Lauschangriff" und die Maßnahmenpakete zur Bekämpfung des Terrorismus ein breites Medienecho auslösten und bis heute auslösen, ist die informationelle Aufrüstung der Sicherheitsbehörden durch Einführung der hier untersuchten Befugnisse in der Öffentlichkeit vergleichsweise wenig wahrgenommen worden. In Fachkreisen der Politik[39], Wissenschaft[40] und Polizeipraxis[41] jedoch ist eine lebhafte und kontroverse Debatte über die dogmatische und verfassungsrechtliche Zulässigkeit der neuen

---

[35] Beispielhaft seien hier die neuen Befugnisse zur Videoüberwachung an öffentlichen Plätzen genannt. Siehe dazu Roggan, NVwZ 2001, S. 134 ff. und Maske, NVwZ 2001, S. 1248 ff.

[36] Änderung der §§ 100a bis 101 StPO durch Gesetz vom 4. Mai 1998 (BGBl. I S. 845).

[37] Änderung des Art. 13 GG durch Gesetz vom 26. März 1998 (BGBl. I S. 610).

[38] Vgl. das Erste Gesetz zur Änderung des Vereinsgesetzes vom 04. Dezember 2001, BGBl. 2002, S. 3319 sowie das Gesetz zur Bekämpfung des internationalen Terrorismus vom 9. Januar 2002, BGBl. 2002, S. 361; Der von der Bundesregierung eingebrachte Gesetzesentwurf zum Strafrechtsänderungsgesetz - § 129 b StGB (BT-Drs. 14/7025) ist am 26. April 2002 vom Bundestag angenommen worden (BT-Drs. 14/8893).

[39] Herrkind, Unbequem, 3/2000, S. 4 spricht von „heftigsten politischen Auseinandersetzungen".

[40] Kritisch z.B. Lisken, NVwZ 1998, S. 22 ff.; Stephan, DVBl. 1998, S. 81 ff.; Waechter, DÖV 1999, S. 138 ff.; Rachor in HdbPolR, Teil F, Rn. 352-396; Schmid, LKV 1998, S. 477 ff.; Kutscha, LKV 2000, S. 134 ff.; Maurer, cilip 59 (1/1998), S. 51 ff.; abwägend: Schwabe, NVwZ 1998, S. 709 ff.; Möllers, NVwZ 2000, S. 382 ff.: a.A.: Soria, NVwZ 1999, S. 270 ff.; Müller-Terpitz, DÖV 1999, S. 329 ff.; Götz, NVwZ 1998, S. 679, 683; Die Schleierfahndung wird nicht nur juristisch, sondern auch soziologisch und politologisch kritisch betrachtet; vgl. die Veröffentlichungen des Interdisziplinären Arbeitskreises Innere Sicherheit (AKIS) unter http://ak-innere-sicherheit.de.

[41] Befürwortend Beinhofer, BayVBl. 1995, S. 193 ff.; Walter, Die Polizei 1999, S. 33 ff.; von Filseck, Die Polizei 1997, S. 70 ff.; Spörl, Die Polizei 1997, S. 217 ff.

Befugnisse zu verdachts- und anlassunabhängigen Personenkontrollen im Gange. In der Wissenschaft stießen die neuen Ermächtigungen zu polizeilichen Kontrollen überwiegend auf Kritik[42], wogegen sie aus Polizeisicht mehrheitlich begrüßt und verteidigt wurden[43]. Wie jüngere Initiativen zur Einführung entsprechender Befugnisse in die Landespolizeigesetze, in deren Rahmen sich die bekannten Auffassungen unverändert gegenüberstanden, gezeigt haben, hat sich bis heute für keinen der vertretenen Ansätze ein gesamtgesellschaftlicher Grundkonsens herstellen lassen.

B. Ziel und Gang der Untersuchung

Die Diskussion über die Dogmatik und Verfassungsmäßigkeit der neuen Befugnisse zu verdachts- und anlassunabhängigen Polizeikontrollen scheint festgefahren. Die vorliegende Arbeit möchte einen Beitrag zur Auflösung dieser verhärteten Fronten leisten. Dies erscheint gerade vor dem Hintergrund notwendig, dass die Erweiterung polizeilicher Befugnisse stets den Anlass ihrer Einführung überdauert[44]. Ziel der Arbeit ist es, festzustellen, ob und gegebenenfalls inwieweit sich die neuen Befugnisse in das dogmatische System des Allgemeinen Polizeirechts einfügen und verfassungsrechtlichen Anforderungen genügen. Darüber hinaus sollen dogmatisch und verfassungsrechtlich unbedenkliche Regelungsmöglichkeiten für diejenigen Befugnisse aufgezeigt werden, hinsichtlich derer Rechtmäßigkeit erhebliche Zweifel nicht ausgeräumt werden können.

Im erstem Teil der Arbeit wird die durch die Vielzahl und Vielgestaltigkeit der neuen Regelungen verwirrend erscheinende Rechtslage durch Zuordnung der einzelnen Befugnisse zu zwei von einander zu unterscheidenden Modellen systematisiert. Für beide Modelle wird zunächst der jeweilige Grundfall dargestellt, dass heißt diejenige Norm, die als „größter gemeinsamer Nenner“ der einzelnen Befugnisse des jeweiligen Modells in besonderem Maße dessen charakteristische Züge wiederspiegelt. Sodann wird auf die wesentlichen Abweichungen beziehungsweise Besonderheiten der übrigen Befugnisse des Modells eingegangen, die für die weitere Prüfung von Bedeutung sein können. Im Vergleich der beiden Modelle werden deren wesentliche Unterschiede zusammengefasst und ein Ausblick auf die sich daraus spezifisch ergebenden Probleme gegeben. Ziel dieser Arbeit ist es nicht nur, dogmatisch vertretbare und verfassungskonforme,

---

[42] Vgl. vor allem Lisken, NVwZ 2000, S. 22 ff.; Schmid, LKV 1998, S. 477 ff., Rachor in HdBPolR, Teil F, Rn. 352-396; Stephan, DVBl. 1998, S. 81 ff.; Waechter, DÖV 1999, S. 138 ff.; Roggan, Polizeistaat, S. 105 ff.; Kutscha, NJ 2000, S. 63 ff.; befürwortend dagegen Schwabe, NVwZ 1998, S. 709 ff.

[43] Vgl. Spörl, Die Polizei 1997, S. 217 ff.; Walter, Die Polizei 1999, S. 33 ff.; von Filseck, Die Polizei 1997, S. 70 ff.; Klaiber, Kriminalpolizei 1996, S. 177 ff.; a.A. Ziercke, DuD 1998, S. 319 ff.

[44] So schon Hoffmann-Riem, JZ 1978, S. 335.

sondern zugleich praktikable Lösungen zu finden. Es ist daher notwenig, über die Darstellung der gesetzlichen Befugnisse hinaus auf die polizeiliche Kontrollpraxis und die dieser zugrundeliegenden Verwaltungsvorschriften und Dienstanweisungen einzugehen.

Im zweiten Teil der Untersuchung wird der These nachgegangen, die neuen Befugnisse seien ein Novum, d.h. systemwidrige Ausnahmevorschriften im dogmatischen System des Allgemeinen Polizeirechts. Unter Darstellung und Vergleich der dogmatischen Strukturen von bereits bekannten Vorfeldbefugnissen im Allgemeinen Polizeirecht und derjenigen der neuen Befugnisse wird das Verhältnis der neuen Befugnisse zu den dogmatischen Grundsätzen des Allgemeinen Polizeirechts beleuchtet. Die Befugnisse zur Identitätsfeststellung und zur Befragung werden dabei getrennt voneinander untersucht. Soweit die Untersuchung ergibt, dass sich die neuen Befugnisse systemwidrig von der Typik der Vorfeldbefugnisse abgrenzen, werden Regelungsvorschläge unterbreitet, mit Hilfe derer die neuen Befugnisse in das dogmatische System des Allgemeinen Polizeirechts eingepasst werden können.

Im dritten Teil der Arbeit wird die verfassungsrechtliche Zulässigkeit der Befugnisse zu verdachts- und anlassunabhängigen Polizeikontrollen geklärt. Schwerpunkte dieser Prüfung sind die mögliche Verletzung der grundgesetzlichen Kompetenzvorschriften der Art. 70 ff. GG, des Rechts auf informationelle Selbstbestimmung gemäß Art. 2 Abs. 1 i.V.m. Art. 1 Abs. 1 GG sowie der Gleichheitsgrundrechte des Art. 3 Abs. 1 und 3 GG. Im Mittelpunkt der Betrachtungen zum Recht auf informationelle Selbstbestimmung steht die Prüfung der hinreichenden Bestimmtheit sowie Verhältnismäßigkeit der neuen Befugnisse, für die der jeweilige verfassungsrechtliche Maßstab herauszuarbeiten ist. Für die Frage der Angemessenheit der neuen Befugnisse kommt es maßgeblich auf die Abwägung staatlicher Sicherheitsinteressen mit den einschlägigen Freiheitsrechten des Einzelnen an. Die anhaltende Diskussion um die Existenz eines „Grundrechts auf Sicherheit“ gibt Anlass zu prüfen, inwieweit dem Einzelnen eine Soziallast zur Steigerung des Sicherheitsniveaus auferlegt werden kann. Unter Berücksichtigung der dabei gewonnen Ergebnisse werden Vorschläge für die alternative Gestaltung der neuen Befugnisse unterbreitet und diskutiert. Im Vordergrund steht dabei das Bemühen um verfassungskonforme und zugleich praktikable Lösungen, die sich nicht auf juristische Ableitungen beschränken, sondern auch die Erfordernisse der polizeilichen Praxis angemessen berücksichtigen.

1. Teil: Darstellung neuer Befugnisse zu verdachts- und anlassunabhängigen Polizeikontrollen

Die neuen Befugnisse zu verdachts- und anlassunabhängigen Polizeikontrollen sind in einer Vielzahl verschiedenartiger Normen geregelt. Die zum Teil gravierenden Unterschiede basieren zum einen auf den unterschiedlichen Regelungsstandorten der Befugnisse. So sind sowohl im Bundesgrenzschutzgesetz als auch in den Landespolizeigesetzen, in letzteren wiederum sowohl in der Standardmaßnahme zur Identitätsfeststellung als auch in der Befugnis zur Befragung Änderungen vorgenommen worden. Darüber hinaus lassen sich gravierende inhaltliche Unterschiede zwischen den einzelnen Normen ausmachen. Vor diesem Hintergrund erscheint es für den weiteren Verlauf der Arbeit unabdingbar, sich einen Überblick über die wesentlichen Inhalte der Befugnisse sowie die bestehenden Gemeinsamkeiten und Unterschiede zu verschaffen.

Sämtliche Befugnisse zu verdachts- und anlassunabhängigen Kontrollen lassen sich zwei Modellen zuordnen, und zwar dem Modell der Identitätsfeststellung bzw. dem Modell der Befragung. Die beiden Modelle werden im folgenden getrennt voneinander beschrieben, da sie wegen ihrer grundlegenden Unterschiede einer gemeinsamen Darstellung nicht zugänglich sind[45]. Für jedes Modell wird zunächst exemplarisch dessen „Grundfall", d.h. diejenige Norm dargestellt, die als „größter gemeinsamer Nenner" der einzelnen Befugnisse des jeweiligen Modells in besonderem Maße dessen charakteristische Züge wiederspiegelt. Sodann wird auf die wesentlichen Abweichungen bzw. Besonderheiten der übrigen Befugnisse des Modells eingegangen, die für die weitere Prüfung von Bedeutung sein können. In einem Vergleich der Modelle werden ihre wesentlichen Unterschiede zusammengefasst. Auf dieser Grundlage wird ein Ausblick auf die sich daraus spezifisch ergebenden Probleme gegeben.

A. Befugnisse zur Identitätsfeststellung

Der überwiegende Teil der Bundesländer, in denen verdachts- und anlassunabhängige Kontrollen nunmehr zulässig sind, hat die entsprechende Regelung in die Standardbefugnis zur Identitätsfeststellung aufgenommen. Vorreiter dieses Modells ist der Freistaat Bayern, der als erstes Bundesland mit Art. 13 Abs. 1 Nr. 5 Bay PAG die Standardmaßnahme zur Identitätsfeststellung in diesem Sinn

---

[45] So auch der Landesbeauftragte für den Datenschutz Niedersachsen, XV. Tätigkeitsbericht, 1999/2000, S. 91 f.; ebenso Mahlmann, LKV 2001, S. 102, 103.

erweitert hat[46]. An der bayerischen Norm haben sich mehr oder weniger strikt die Bundesländer Baden-Württemberg, Thüringen, Mecklenburg-Vorpommern, Sachsen, Brandenburg[47] und Hessen bei der Aufnahme entsprechender Befugnisse in ihre Landespolizeigesetze orientiert.

I. Grundfall: Freistaat Bayern

Die neuen Befugnisse zur Identitätsfeststellung lassen sich in die Normbestandteile Tatbestand, Zweckbestimmung sowie Rechtsfolge gliedern.

1. Tatbestand

Auf der Grundlage von Art. 13 Abs. 1 Nr. 5 Bay PAG[48] kann jede im öffentlichen Verkehrsraum angetroffene Person, d.h. auch Fußgänger, Mitfahrende sowie Eisenbahn- und Fluggäste, unabhängig von ihrer Eigenschaft als Störer zu ihrer Identität befragt werden. Eine Eingrenzung auf der Adressatenebene nimmt die Regelung damit nicht vor. Der Anwendungsbereich des Art. 13 Abs. 1 Nr. 5 Bay PAG ist jedoch räumlich auf das 30-km-Grenzgebiet, öffentliche Einrichtungen des internationalen Verkehrs und sogenannte Durchgangsstraßen beschränkt.

a. Grenzgebiet und öffentliche Einrichtungen des internationalen Verkehrs

Innerhalb der Grenzgebietszone, die durch eine von der Außengrenze landeinwärts zu messende Tiefe von 30 km bestimmt wird, kann an allen erdenklichen Orten, d.h. flächendeckend und unabhängig von einer bestimmten Straßenklasse oder beispielsweise der Nähe zu einer öffentlichen Einrichtung kontrolliert werden.

---

[46] Vgl. dazu auch die Synopse im Anhang; ebenso Lisken, NVwZ 1998, S. 22; Herrnkind, Unbequem 3/2000, S. 4; Soria, NVwZ 1999, S. 270; Müller-Terpitz, DÖV 1999, S. 329 f.; a.A. hingegen von Filseck, Die Polizei 1997, S. 70, nach dessen Ansicht es sich bei § 26 Abs. 1 Nr. 6 PolG BW um eine von der bayerischen Befugnis abgewandelte Norm handelt; Roggan, Polizeistaat, S. 106 ff. stellt die baden-württembergische Norm als „Exempel" dar.

[47] Brandenburg hat als einziges Bundesland Befugnisse zu verdachts- und anlasslosen Kontrollen sowohl in die Befugnis zur Identitätsfeststellung als auch in die Befugnis zur Befragung aufgenommen.

[48] Die Norm ist am 1. Januar 1995 in Kraft getreten.

Öffentliche Einrichtungen des internationalen Verkehrs sind Flughäfen, Bahnhöfe und Züge, aber auch Tank- und Rastanlagen[49]. Neben den zunächst betroffenen Zügen der Deutschen Bahn AG kommen auch andere grenzüberschreitende Eisenbahnverbindungen, z.B. privat betriebene Bahngesellschaften in Betracht. Unzulässig sind Kontrollen in Einrichtungen des öffentlichen Verkehrs mit ausschließlich inländischem Bezug, da dort die 1998 novellierten Befugnisse des Bundesgrenzschutzgesetzes gelten[50].

b. Durchgangsstraßen

Durchgangsstraßen werden vom Gesetzgeber in der Befugnis selbst als „Bundesautobahnen, Europastraßen und andere Straßen von erheblicher Bedeutung für den grenzüberschreitenden Verkehr" definiert.

Zur Beurteilung der Kontrollfähigkeit der „anderen Straßen von erheblicher Bedeutung für den grenzüberschreitenden Verkehr" wird ausweislich der zu Art. 13 Abs. 1 Nr. 5 Bay PAG ergangenen Vollzugsbekanntmachung „nicht auf bestimmte Straßenklassen", „sondern auf „die wandelbaren tatsächlichen Gegebenheiten, wie sie nach dem polizeilichen Lagebild zu erkennen sind", abgestellt[51]. Dem entsprechend können auch Nebenstrecken als Durchgangsstraßen im Sinne der neuen Befugnisse eingestuft werden, wenn sie sich zu Umgehungsstrecken für den grenzüberschreitenden Verkehr entwickeln[52]. Da kaum irgendeine Straße gerade von Straftätern gemieden werden wird, kann im gesamten Landesgebiet auf all jenen Straßen kontrolliert werden, die für die Bekämpfung der nicht nur inländischen Kriminalität nach Einschätzung der Polizei aufgrund entsprechender Lagebilder erhebliche Bedeutung haben. Wann das Kriterium der „Erheblichkeit" gegeben ist, obliegt allein polizeilicher Wertung und Darstellung[53].

Der unbestimmte Rechtsbegriff „andere Straßen von erheblicher Bedeutung für den grenzüberschreitenden Verkehr" war im Hinblick auf die Frage seiner Bestimmtheit und Anwendungsbreite in den Gesetzesberatungen besonders umstritten[54]. *Weingart* nimmt an, dass sich für die Bedeutung der einzelnen Straße

---

[49] Vgl. VollzBek. zu Art. 13 Abs. 1 Nr. 5 Bay PAG, Ziff. 13.7.

[50] Zusammenfassend zu den Novellierungen des BGSG: Soria, NVwZ 1999, S. 270 ff. und Müller-Terpitz, DÖV 1999, S. 329 ff.

[51] Vgl. VollzBek. zu Art. 13 Abs. 1 Nr. 5 Bay PAG, Ziff. 13.7.

[52] Walter, Kriminalpolitik 1999, S. 290 f.; ebenso Spörl, Die Polizei 1997, S. 217 f; Maurer, cilip 59 (1/1998), S. 55.

[53] Walter, Kriminalistik 1999, S. 290, 294 hält diesen Umstand dennoch für „objektiv" nachweisbar; kritisch hingegen Kutscha, KJ 1998, S. 399, 402; ders., cilip 59 (1/1998), S. 5.

[54] Eine ausführliche Darstellung der Diskussion findet sich bei Weingart, BayVBl. 2001, S. 33, 39, dort in Fn. 47.

relativ stabile, für den einzelnen Polizeibeamten klare und für die Betroffenen nachvollziehbare Feststellungen ergeben. Die Verdachtsschöpfung werde durch Schulung, Erfahrung sowie bestimmte Suchbegriffe bzw. Fahndungsraster ausgelöst. Kein Polizeibeamter werde ohne besondere Verdachtsgründe ein „altes Mütterchen“[55], das abends auf einer Durchgangsstraße mit einem Pkw „einheimischen“ amtlichen Kennzeichens unterwegs ist, mit intensiven Maßnahmen zur Identitätsfeststellung behelligen. Dies relativierend räumt *Weingart* jedoch ein, dass sich die konkreten Einschätzungen - aus Gründen der Vielfalt und Unvorhersehbarkeit polizeilicher Lagen - jederzeit ändern können[56]. Nach welchen Merkmalen die zu kontrollierende Person ausgewählt wird, ist deshalb letztlich allein subjektive Entscheidung jedes Polizeibeamten im Einzelfall. Tatsachen oder tatsächliche Anhaltspunkte für das Vorliegen grenzüberschreitender Kriminalität oder sonstige konkrete Verdachtsmomente im Einzelfall sind nicht Voraussetzung für die Zulässigkeit einer Kontrolle[57]. Die bisherige Praxis in Bayern und Baden-Württemberg zeigt, dass von den Personenkontrollen tatsächlich bis zu über 90 Prozent rechtstreue Bürger betroffen sind[58]. Schriftliche Anfragen des Bayerischen Landesbeauftragten für den Datenschutz beim Innenministerium des Freistaates Bayern und bei verschiedenen Polizeidienststellen sowie mehrere Informationsbesuche desselben auch bei örtlichen Dienststellen haben bestätigt, dass „nach wie vor bei den Polizeidienststellen keine Übersicht über die durchgeführten verdachts- und ereignisunabhängigen Kontrollen und deren Erfolge besteht, so dass im Nachhinein weder die Anzahl der Kontrollmaßnahmen feststellbar, noch deren rechtliche Einordnung möglich ist. Offenbar werden nur herausragende Ereignisse an vorgesetzte Dienststellen gemeldet.“[59]

2. Zweckbestimmung

Kontrollen nach Art. 13 Abs. 1 Nr. 5 Bay PAG sind nur zu den gesetzlich enumerativ bestimmten Zwecken zulässig[60]. Die Kontrolle muss entweder der Verhütung oder Unterbindung der unerlaubten Überschreitung der Landesgrenze bzw. des unerlaubten Aufenthalts oder der Bekämpfung der grenzüberschreitenden Kriminalität dienen. Die Zweckbestimmung kann sowohl als Teil des Tatbestandes als auch als ermessensleitendes Element betrachtet werden[61]. Eine

---

[55] So ein Beispiel Becksteins, PlProt. 13/7, S. 246.
[56] Weingart, BayVBl. 2001, S. 33, 40.
[57] Vgl. AB zu § 12 Abs. 6 NGefAG, Ziff. 12.6; VwV zu § 14 Abs .1 Nr. 5 ThürPAG.
[58] Stephan, DVBl. 1998, S. 81, 83 m.w.Nw. in Fn. 17.
[59] Bayerischer Landesbeauftragter für den Datenschutz, 18. Tätigkeitsbericht, 1998, Nr. 5.5.1.
[60] Belz, Polizeigesetz, 3. Aufl., § 19, Rn. 17 hingegen hält die Bekämpfung der grenzüberschreitenden Kriminalität lediglich für das primäre Kontrollmotiv. Dieses schließe jedoch nicht aus, dass mit der Identitätsfeststellung auch andere polizeiliche Zwecke verfolgt werden.
[61] Vgl. 4. Teil, B. I. 3. a. cc.

entsprechende Einordnung der Zweckbestimmung zunächst dahinstehen lassend wird dieser Normbestandteil hier aus Gründen der Übersichtlichkeit gesondert dargestellt.

In der Alternative „zur Verhütung oder Unterbindung der unerlaubten Überschreitung der Landesgrenze" deckt die Vorschrift die herkömmliche Grenzkontrolle ab, solange und soweit diese nicht nach dem SDÜ oder anderen in innerstaatliches Recht umgesetzten völkerrechtlichen Vereinbarungen[62] entfällt[63]. Diese klassische Grenzkontrolle wird ausschließlich im Freistaat Bayern auf Grund eines Polizeiabkommens mit dem Bund gemäß § 2 Abs. 1 und 3 BGSG durch den nach Art. 4 Abs. 3 Bay POG verbliebenen grenzpolizeilichen Dienst wahrgenommen. Ist in Art. 13 Abs. 1 Nr. 5 Bay PAG von der „Landesgrenze" die Rede, meint dies nicht die Außengrenze des Landes Bayern, sondern die der Bundesrepublik Deutschland zu Tschechien, Österreich und der Schweiz[64]. Es macht sonst keinen Sinn, vom unerlaubten Aufenthalt zu sprechen, da dessen Voraussetzungen allein im Bundesausländerrecht geregelt sind. Die Landesgrenze wird unerlaubt überschritten, wenn die Einreisevoraussetzungen nach dem Ausländerrecht nicht erfüllt sind[65]. Ein Aufenthalt ist unerlaubt, wenn die Voraussetzungen für einen berechtigten Aufenthalt nicht nachgewiesen werden können[66].

Außerhalb der Grenzübertrittskontrolle bestimmen die Zielsetzungen der „Verhütung oder Unterbindung des unerlaubten Aufenthalts" und der „Bekämpfung der grenzüberschreitenden Kriminalität" Art und Umfang der Kontrollen[67]. Zu diesen Zwecken werden mobile Fahndungstrupps auf Durchgangsstraßen und in den öffentlichen Einrichtungen des internationalen Verkehrs eingesetzt[68]. Welche Straftaten zur grenzüberschreitenden Kriminalität gehören, gibt die Befugnis selbst nicht vor. In der überwiegenden Zahl der Fälle liefern die zu den Befugnissen ergangenen Verwaltungsvorschriften Hinweise zu deren Bestimmung. Danach ist von grenzüberschreitender Kriminalität auszugehen, wenn sich „die Täter den Grenzkontrollabbau innerhalb der Europäischen Union sowie die Öffnung der Grenzen zu den Staaten des ehemaligen Ostblocks zu Nutzen machen. Dies trifft zu auf

- alle Straftaten eines oder mehrerer Täter, bei denen zumindest Tatbeiträge in mehreren Staaten geleistet werden,

---

[62] Dazu zusammenfassend Weingart, BayVBl. 2001, S. 33, 38.
[63] Vgl. VollzBek. zu Art. 13 Abs. 1 Nr. 5 Bay PAG, Ziff. 13.7.
[64] Honnacker/Beinhofer, Polizeiaufgabengesetz, 16. Aufl., Art. 13, Rn. 8 b.
[65] Es gilt die Legaldefinition des § 58 AuslG. Regelmäßig wird es an der erforderlichen Aufenthaltsgenehmigung oder einem Pass fehlen.
[66] Vgl. §§ 42 ff. AuslG.
[67] Vgl. VollzBek. zu Art. 13 Abs. 1 Nr. 5 Bay PAG, Ziff. 13.7.
[68] Vgl. VollzBek. zu Art. 13 Abs. 1 Nr. 5 Bay PAG, Ziff. 13.7.

- im Inland begangene Straftaten, wenn der Täter im Begriff ist, sich oder eine zur Tatbegehung verwandte oder aus ihr hervorgegangene Sache im Ausland in Sicherheit zu bringen,
- im Ausland begangene Straftaten, wenn der Täter durch den Aufenthalt im Bundesgebiet die eigene Person oder eine zur Tatbegehung verwandte oder aus ihr hervorgegangene Sache in Sicherheit bringen will,
- Einschleusung und illegale Einreise ins Bundesgebiet.“[69]

Dazu zählen insbesondere Kraftfahrzeugverschiebung, Waffen-, Sprengstoff-, Zigaretten- und Rauschgifthandel, illegale Einfuhr und Ausfuhr von nuklearem Material und von Falschgeld, Dokumenten-, Arzneimittel-, Kunstschmuggel, Abfallverschiebung, Schleusungs- und Schlepperkriminalität und Menschenhandel[70].

Sachlich setzt die Kontrollbefugnis bei jeder einzelnen Kontrolle ein der jeweiligen Zweckbestimmung entsprechendes Motiv der Polizei voraus, dass jedoch nicht nach außen erkennbar gemacht werden muss[71].

3. Rechtsfolgen

a. Grundmaßnahmen

Art. 13 Abs. 1 Bay PAG gestattet die Feststellung der Identität des Kontrollierten, die eine offene Erhebung der Personalien beim Betroffenen selbst darstellt. Art. 13 Abs. 2 S. 1 und 2 Bay PAG regeln - dies konkretisierend - die Art der Maßnahmen, die die Polizei zur Feststellung der Identität treffen kann. Unter dem Vorbehalt der Erforderlichkeit ist es der Polizei insbesondere erlaubt, den Betroffenen anzuhalten, ihn nach seinen Personalien zu befragen und zu verlangen, dass er mitgeführte Ausweispapiere zur Prüfung aushändigt.

b. Folgemaßnahmen

Art. 13 Abs. 2 S. 3 und 4 Bay PAG lassen weitere Maßnahmen - das Festhalten des Betroffenen sowie das Durchsuchen seiner Person und der von ihm mitgeführten Sachen - zu, wenn die Identität nach Maßgabe des Art. 13 Abs. 2 S. 1

[69] VwV zu § 26 Abs. 1 Nr. 6 PolG BW; ebenso mit teilweisen, jedoch unwesentlichen Abweichungen die VwV zu § 14 Abs. 1 Nr. 5 ThürPAG sowie die Richtlinie des Hessischen Landeskriminalamtes zu § 18 Abs. 2 Nr. 6. HSOG, Ziff. 3.1.
[70] Berg u.a., ASOG Bln, 8. Aufl., § 18, S. 229.
[71] Stephan, DVBl. 1998, S. 81, 82.

und 2 Bay PAG nicht oder nur unter erheblichen Schwierigkeiten festgestellt werden kann. Die Durchsuchung nach Art. 13 Abs. 2 S. 4 Bay PAG darf jedoch nur auf die Identitätsfeststellung zielen, d.h. auf die Auffindung von Gegenständen, die der Identitätsfeststellung dienlich sein können. Dies können z.B. Ausweispapiere aller Art, Euroscheckkarten, Rechnungen, Quittungen, Pfandscheine sowie adressierte Briefe, nicht jedoch deren Inhalt sein[72]. Kann die Identität des Betroffenen auch durch diese Maßnahmen nicht oder nur unter erheblichen Schwierigkeiten festgestellt werden, ist nach Art. 13 Abs. 2 S. 1 und 3 i.V.m. Art. 14 Abs. 1 Nr. 1 Bay PAG auch das Verbringen des Betroffenen zur Dienststelle gerechtfertigt[73]. Dort können erkennungsdienstliche Maßnahmen im Sinne des Art. 14 Abs. 3 Bay PAG, d.h. die Abnahme von Finger- und Handflächenabdrücken, die Aufnahme von Lichtbildern sowie die Feststellung äußerer körperlicher Merkmale und Messungen durchgeführt werden. Sämtliche Maßnahmen können mit Zwangsmitteln durchgesetzt werden. Der Betroffene hat nach Abschluss der Folgemaßnahmen - insbesondere einer erkennungsdienstlichen Behandlung - keinen Anspruch, an den Anhalteort zurückgebracht zu werden[74].

Es stellt sich die Frage, unter welchen Voraussetzungen die Identität auf andere Weise nicht oder nur unter erheblichen Schwierigkeiten im Sinne des Art. 13 Abs. 2 S. 3 Bay PAG feststellbar ist. Das Gesetz selbst enthält keine weiteren Begriffsbestimmungen. Im Schrifttum wird generell angenommen, dass Folgemaßnahmen zulässig sind, wenn mittels der Grundmaßnahme keine Klarheit über die Identität der angehaltenen Person erlangt werden konnte und der Kontrollzweck weitere Identifizierungsmaßnahmen rechtfertigt[75]. Die Identitätsfeststellung sei auf andere Weise nicht möglich, wenn der Verdacht falscher Papiere oder Widersprüche des Betroffenen bestehen, die an Ort und Stelle nicht geklärt werden können. Erhebliche Schwierigkeiten bei der Identitätsfeststellung seien gegeben, wenn die notwendigen Feststellungen an Ort und Stelle unangemessen oder unmöglich sind, weil der Betroffene sich strikt weigert, Angaben über seine Identität zu machen oder Ausweispapiere herauszugeben, das Publikum aufgebracht ist oder eine unfriedliche Menge die Beamten behindert oder bedroht[76].

---

[72] So für die gleichlautende Befugnis des § 14 Abs. 2 S. 4 ThürPAG: Ebert/Honnacker, Polizeiaufgabengesetz, 2. Aufl., § 14, Rn. 15.

[73] Ob es sich bei der Sistierung, d.h. dem Festhalten des Betroffenen und dem Verbringen des Betroffenen auf die Dienststelle um eine Freiheitsentziehung oder eine bloße Freiheitsbeschränkung handelt, ist umstritten. MVVerfG, LKV 2000, S. 149, 156 sieht die Möglichkeit von Freiheitsentziehungen; ebenso Roggan, Polizeistaat, S. 120; a.A. Soria, NVwZ 1999, S. 270, 272; Weingart, BayVBl. 2001, S. 33, 41 hält das erforderliche Festhalten „durchweg" nur für eine Freiheitsbeschränkung.

[74] Hitz in Fischer u.a., BGSG, 2. Aufl., § 23 , Rn. 47.

[75] Weingart, BayVBl. 2001, S. 33, 41 meint, dies sei bei der „Schleierfahndung" regelmäßig der Fall.

[76] Vgl. Hitz in Fischer u.a., BGSG, § 23, Rn. 46; ebenso Wolf/Stephan, Polizeigesetz, 5. Aufl., § 26, Rn. 26; Soria, NVwZ 1999, S. 270, 272.

Gelegentlich werden an die Erforderlichkeit von Folgemaßnahmen strengere Anforderungen gestellt. Es sei eine verfassungskonforme Beschränkung des polizeilichen Ermessens dergestalt geboten, dass Folge- bzw. Zwangsmaßnahmen nur in einem abgestuften Verfahren, d.h. erst dann eröffnet sind, wenn konkrete Verdachtsmomente dies rechtfertigen[77]. Aus Verhältnismäßigkeitsgründen dürfe in diesem Sinne nur festgehalten und sistiert werden, wenn zur bloßen Auskunftsverweigerung weitere Anhaltspunkte hinzutreten, die bei verständiger Würdigung den Schluss zulassen, der Betroffene sei selbst illegal eingereist und halte sich illegal auf oder wirke bei der illegaler Einreise anderer mit[78]. Da eine Pflicht zum Mitführen von Ausweispapieren nur in Ausnahmefällen besteht, sei die Sistierung unter den oben genannten Voraussetzungen vom Bürger in vielen Fällen kaum zu vermeiden. Wenn eine glaubhafte Einlassung des Betroffenen vorliegt, müsse deshalb von der Richtigkeit der mitgeteilten Personalien ausgegangen werden[79]. Weder der bloße Mangel mitgeführter Ausweispapiere noch die Unglaubwürdigkeit einer mündlichen Angabe seien ausreichend, um Zwangs- und Folgeeingriffe zu rechtfertigen. Mangels entsprechender Ausweispflicht dürfe allein darin, dass ein Befragter keine Ausweispapiere bei sich führe, noch keine Gefahrenlage gesehen werden. Sollten die mündlichen Angaben des Befragten unglaubhaft sein, genüge der Abgleich mit den bestehenden Datenbanken, der den Polizeibeamten aufgrund der heutigen technischen Hilfsmittel sogleich möglich ist. Kann ein Datenabgleich innerhalb kurzer Zeit nicht stattfinden, verlange das Verhältnismäßigkeitsgebot, die bestehende Ungewissheit über die Identität der Person hinzunehmen.

Kontrollen nach Art. 13 Abs. 1 Nr. 5 Bay PAG sind unaufschiebbare Maßnahmen im Sinne von § 80 Abs. 2 S.1 Nr. 2 VwGO und gemäß Art. 53 Abs. 1 i.V.m. Art. 54, 60 ff. Bay PAG von der Polizei erforderlichenfalls mit unmittelbarem Zwang vollstreckbar. Auf eine rechtswidrige Primärmaßnahme können jedoch keine rechtsmäßigen Vollstreckungshandlungen gestützt werden[80]. Deshalb kann grundsätzlich auch die Verweigerung der Angabe der Personalien - die eine Ordnungswidrigkeit im Sinne des § 111 OWiG darstellt[81] - nicht geahndet werden, ohne dass zuvor die Rechtmäßigkeit der Aufforderung in vollem Umfang überprüft worden ist[82]. Realitätsnah muss jedoch angenommen werden, dass, wer widerspricht, damit rechnen muss, dass die Beamten auch contra legem die sofortige Vollziehbarkeit ihres Zugriffs gemäß § 80 Abs. 2 Nr. 2 VwGO für sich in Anspruch nehmen und Widerstand im Sinne von § 113

[77] Soria, NVwZ 1999, S. 270, 271.
[78] Soria, NVwZ 1999, S. 270, 272.
[79] Würtenberger u.a., Polizeirecht, 3. Aufl., Rn. 219 für den entsprechenden § 26 Abs. 2 PolG BW.
[80] Weingart, BayVBl. 2001, S. 33, 43.
[81] Vgl. Göhler/Buddendiek, OWiG, 12. Aufl., § 111, Rn. 2.
[82] Weingart, BayVBl. 2001, S. 33, 43 mit Verweis auf BVerfG, BayVBl. 1995, 495; kritisch dazu Rollecke, NJW 1995, S. 3101.

StGB[83] für strafbar halten. Der Betroffene wird sein Recht in jedem Fall - sei es über § 80 Abs. 5 VwGO oder über § 113 Abs. 3 StGB - erst nachträglich durchsetzen können[84]. Zusammenfassend ist festzuhalten, dass über die konkreten Voraussetzungen, unter denen Folgemaßnahmen nach Art. 13 Abs. 2, Art. 14 Bay PAG zulässig sind, keine Einigkeit besteht. Der Gesetzeswortlaut stellt lediglich auf die „Erforderlichkeit“ der Maßnahme zur Identitätsfeststellung ab und lässt damit dem einzelnen Polizeibeamten bei jeder Kontrolle einen erheblichen Entscheidungsspielraum. Wenn sich der Betroffene nicht durch ein Ausweispapier legitimieren kann, können Folgeeingriffe jedenfalls „durchaus (...) in Betracht“ kommen[85].

c. Verknüpfung mit anderen Standardbefugnissen

Mit Art. 21 Abs. 1 Nr. 3, Abs. 2 und Art. 22 Abs. 1 Nr. 1 und 4 Bay PAG enthält das bayerische Landespolizeirecht eigenständige Standardbefugnisse zur Durchsuchung von Personen und mitgeführter Sachen. Diese überlagern die Durchsuchungsbefugnisse nach Art. 13 Abs. 2 S. 4 Bay PAG, da bei einer Durchsuchung aufgrund der oben benannten Standardbefugnisse auch Gegenstände gefunden werden können, die der Identitätsfeststellung dienlich sind[86]. Von einer Durchsuchung nach Art. 13 Abs. 2 S. 4 Bay PAG unterscheiden sich die Durchsuchungsbefugnisse nach Art. 21 Abs. 1 Nr. 3 und Art. 22 Abs. 1 Nr. 4 Bay PAG dadurch, dass sie nicht auf die Gefahrenabwehr *durch die Identitätsfeststellung*, sondern *durch die Durchsuchung* selbst gerichtet sind.

Nach dem Wortlaut des Art. 21 Abs. 1 Nr. 3 Bay PAG ist eine Durchsuchung schon dann zulässig, wenn sich die Person an einem der in Art. 13 Abs. 1 Nr. 5 PAG beschriebenen Orte aufhält. Da die Durchsuchungsbefugnisse damit lediglich auf den Aufenthalt der Person abstellen, bestehen diese sogar dann, wenn die Identität bereits festgestellt ist oder - weil bereits bekannt - gar nicht festgestellt zu werden braucht[87]. Gefordert wird deshalb, die mit Art. 21 Abs. 1 Nr. 3

---

[83] Im Rahmen des § 113 StGB gilt nach überwiegender Meinung nach wie vor ein formaler Rechtmäßigkeitsbegriff. Dies bedeutet, dass der Polizeibeamte rechtmäßig im Sinne dieser Vorschrift handelt, wenn er örtlich und sachlich zuständig ist, d.h. etwa vorgeschriebene wesentliche Förmlichkeiten beachtet und ein eingeräumtes Ermessen „sorgsam“ ausübt. Diese Grundsätze gelten insbesondere auch für die im Rahmen einer Identitätsfeststellung zu treffenden Maßnahmen. Nimmt der Kontrollierte irrtümlich an, die polizeilichen Maßnahmen seien nicht rechtmäßig, kommen ihm die Irrtumssonderregelungen des § 113 Abs. 5 StGB zugute. Vgl. Tröndle/Fischer, Strafgesetzbuch, 50. Aufl., § 113 Rn. 10 bis 13.

[84] Lisken, DRiZ 2000, S. 272, 275.

[85] Roggan, NordÖR 2000, S. 99 f.; ebenso Stephan, DVBl. 1998, S. 81, 83.

[86] Honnacker/Beinhofer, Polizeiaufgabengesetz, 16. Aufl., Art. 13, Rn. 15.

[87] Ebert/Honnacker, Polizeiaufgabengesetz, 2. Aufl., § 14, Rn. 15 für die entsprechenden Befugnisse der §§ 23 Abs. 1 Nr. 4, 24 Abs. 1 Nr. 1 ThürPAG.

und Art. 22 Abs. 1 Nr. 4 Bay PAG eingeräumten Durchsuchungsbefugnisse nur zuzulassen, soweit von ihnen entsprechend der Bezugsnorm des Art. 13 Abs. 1 Nr. 5 Bay PAG[88] zur Bekämpfung grenzüberschreitender Kriminalität Gebrauch gemacht wird.

d. Datenabgleich und Datenspeicherung

Regelmäßig werden die Identitätsangaben der von einer Maßnahme nach Art. 13 Abs. 1 Nr. 5 Bay PAG betroffenen Person - auch hier unabhängig von ihrer Störereigenschaft - an Ort und Stelle mit Hilfe elektronischer Datenverarbeitungssysteme überprüft[89].

Nach Art. 43 Abs. 1 S. 2 Bay PAG können die im Rahmen des Art. 13 Abs.1 Nr. 5 Bay PAG erhobenen Personalangaben mit dem Inhalt polizeilicher Dateien, z.B. mit dem Kriminalaktennachweis abgeglichen werden. Die bloße Erfüllung der Kontrollaufgabe nach Art. 13 Abs. 1 Nr. 5 Bay PAG genügt für eine solche Abfrage[90]. Der Datenabgleich kann bei unglaubhaften mündlichen Personalangaben oder bei Vorlage möglicherweise gefälschter oder fremder Papiere auch einer Identifizierung nach Art. 13 Abs. 2 S. 1 Bay PAG dienen[91]. Die bei der Identitätsfeststellung erlangten Daten kann die Polizei ferner nach Art. 43 Abs. 1 S. 3 Bay PAG mit dem gesamten aktuellen polizeilichen - nationalen und internationalen - Fahndungsbestand (INPOL[92], SIS) abgleichen[93]. Mittels des polizeilichen Datenabgleichs kann überprüft werden, ob es sich bei der kontrollierten Person um eine Person handelt, nach der gefahndet wird, ob diese einmal in strafrechtliche Ermittlungsverfahren verwickelt war oder zur Aufenthaltsermittlung ausgeschrieben ist[94]. Die Ergebnisse eines solchen Datenabgleichs werden von der Polizei unter Umständen zum Anlass genommen, weitere Maßnahmen wie etwa Durchsuchungen, Sicherstellungen oder Festnahmen zu treffen[95].

Auch die Speicherung der anlässlich von Kontrollen nach Art. 13 Abs. 1 Nr. 5 Bay PAG gewonnenen Daten ist in weitem Umfang zugelassen[96], denn die Be-

---

[88] Weingart, BayVBl. 2001, S. 69, 72 f. m.w.Nw.
[89] Stephan, DVBl. 1998, S. 81, 83 m.w.Nw.; Rachor in HdBPolR, Teil F, Rn. 317 f. sowie 377; Roggan, NordÖR 2000, S. 99 f.; ders., Polizeistaat, S. 120; Kutscha, cilip 59 (1/1998), S. 5.
[90] Weingart, BayVBl. 2001, S. 39, 42 m.w.Nw.
[91] Weingart, BayVBl. 2001, S. 33, 42.
[92] Eine nähere Erläuterung der Zwecke des INPOL-Systems findet sich bei Siebrecht, JZ 1996, S. 711 ff.
[93] Weingart, BayVBl. 2001, S. 33, 42 m.w.Nw.
[94] Stephan, DVBl. 1998, S. 81, 83 m.w.Nw.; Rachor in HdBPolR, Teil F, Rn. 317, 377; Roggan, NordÖR 2000, S. 99 f.; ders., Polizeistaat, S. 120; Kutscha, cilip 59 (1/1998), S. 5.
[95] Rachor in HdBPolR, Teil F, Rn. 318, 378.
[96] Schnekenburger, BayVBl. 2001, S. 129, 135.

fugnis zur Datenspeicherung, Art. 38 Bay PAG, setzt wiederum nur voraus, dass dies zur Erfüllung einer polizeilichen Aufgabe erforderlich ist. Darüber hinaus können auch die etwaigen „Abfragen“ über den Kontrollierten bei den elektronisch befragten Behörden gespeichert werden[97]. Vereinzelt wird vermutet, dass auf diese Weise gegebenenfalls Bewegungsbilder in Bezug auf die kontrollierten Personen erstellt werden[98].

II. Besonderheiten in den übrigen Bundesländern und im Bund

Die übrigen Regelungen des Modells der Identitätsfeststellung weichen verschiedentlich - doch nur vereinzelt signifikant - vom Grundfall der bayerischen Befugnis ab.

1. Land Mecklenburg-Vorpommern

Das MVVerfG hat mit Urteil vom 21. Oktober 1999 § 29 Abs. 1 Nr. 5 a. F. SOG MV insoweit für verfassungswidrig erklärt, als die Norm die Identitätsfeststellung auf Durchgangsstraßen außerhalb des 30-km-Grenzgebietes zur vorbeugenden Bekämpfung jeglicher grenzüberschreitender Kriminalität gestattete. Innerhalb des 30-km-Grenzgebiet sowie in öffentlichen Einrichtungen des internationalen Verkehrs sind Zwangs- bzw. Folgeeingriffe nach § 29 Abs. 2 SOG MV für verfassungswidrig erklärt worden. Mit dem Zweiten Gesetz zur Änderung des SOG MV vom 24. Oktober 2001[99] wurde § 29 Abs. 1 Nr. 5 a.F. aufgehoben und ersatzweise § 27a SOG MV eingeführt, der nunmehr sogenannte „polizeiliche Anhalte- und Sichtkontrollen“ erlaubt. Der Gesetzgeber hat dabei die den Urteilsgründen zu entnehmenden Vorgaben des MVVerfG, unter welchen Umständen Identitätskontrollen verfassungsgemäß gestaltet werden könnten, ausdrücklich nicht eins zu eins umgesetzt. Die Neuregelung greift jedoch die Hinweise des MVVerfG mit der Regelung bestimmter konkreter tatbestandlicher Voraussetzungen trotz deutlich geringerer Eingriffsintensität mittelbar auf[100].

Zunächst wurde die Befugnis räumlich auf den gesamten öffentlichen Verkehrsraum ausgeweitet, weil befürchtet wurde, dass sich die mit den zu bekämpfenden Straftaten in Zusammenhang zu bringenden Personen durch die Benutzung der nicht kontrollierbaren Bereiche polizeilichen Maßnahmen entziehen wür-

---

[97] Lisken in Bäumler, Polizei und Datenschutz, S. 32, 35.

[98] Lisken in Bäumler, Polizei und Datenschutz, S. 32, 35; ebenso MVVerfG, LKV 2000, S. 149, 157; Mahlmann, LKV 2001, S. 102, 106.

[99] GVBl. MV 2001, S. 386.

[100] Begründung des Gesetzesentwurfes, LT-Dr. 3/3049, S. 20, 21.

den[101]. Für Kontrollen im öffentlichen Verkehrsraum wurde jedoch der Kontrollzweck auf die vorbeugende Bekämpfung von Straftaten mit erheblicher Bedeutung im Sinne des § 49 SOG MV beschränkt. § 49 SOG MV umfasst allerdings nicht nur Verbrechen, sondern auch katalogmäßig bestimmte Vergehenstatbestände. Im Zusammenhang mit diesem Zweck genügt nicht die subjektive Einschätzung des kontrollierenden Beamten. Vielmehr müssen polizeiliche Lageerkenntnisse vorliegen, die Anhalte- und Sichtkontrollen von Personen und Fahrzeugen in diesem Bereich als geeignetes Mittel zur Bekämpfung von Straftaten mit erheblicher Bedeutung rechtfertigen. Kontrollen sind also nur dann zulässig, wenn die Polizei über Lageerkenntnisse verfügt, die diese notwendig erscheinen lassen. Darüber hinaus müssen die Kontrollmaßnahmen durch den Behördenleiter angeordnet und dabei in örtlicher und zeitlicher Hinsicht beschränkt worden sein[102]. Daneben sind auch künftig Kontrollen unabhängig von Lageerkenntnissen und einer Anordnung durch den Behördenleiter im Grenzgebiet, in öffentlichen Einrichtungen des internationalen Verkehrs mit unmittelbarem Grenzbezug, im Küstenmeer sowie in den inneren Gewässern[103] zulässig, sofern sie der Unterbindung des unerlaubten Aufenthalts und der vorbeugenden Bekämpfung von Straftaten der grenzüberschreitenden Kriminalität dienen.

Die Polizei darf in der Rechtsfolge Personen kurzzeitig anhalten und mitgeführte Fahrzeuge, insbesondere deren Kofferräume und Ladeflächen, in Augenschein nehmen. Die Inaugenscheinnahme umfasst die Besichtigung des Innenraums eines Fahrzeuges, seines Kofferraums und seiner Ladeflächen, nicht hingegen ihre Durchsuchung[104]. Weitergehende Maßnahmen zur Identitätsfeststellung sind im Zusammenhang mit einer Anhalte- und Sichtkontrolle nur gestattet, wenn die tatbestandlichen Voraussetzungen einer anderen Rechtsvorschrift erfüllt sind, die Folgeeingriffe zulässt[105]. Offenbart eine kontrollierte Person ihre Identität also nicht auf freiwilliger Basis, kann die Polizei keine Maßnahmen zur Identitätsfeststellung treffen, es sei denn, es liegen zusätzlich die Voraussetzungen einer anderen Rechtsvorschrift vor, die zur Feststellung der Personalien ermächtigt[106].

---

[101] Begründung des Gesetzesentwurfes, LT-Dr. 3/3049, S. 21.

[102] Begründung des Gesetzesentwurfes, LT-Dr. 3/3049, S. 20, 21.

[103] Die Erstreckung auf die „inneren Gewässer" nach Artikel 8 des Seerechtsübereinkommens der Vereinten Nationen vom 10. Dezember 1982 war notwendig, um Teile der Wismarer Bucht und der Gewässer um die Insel Rügen, die begrifflich nicht vom Küstenmeer umfasst sind, einbeziehen zu können: so die Begründung des Gesetzesentwurfes, LT-Dr. 3/3049, S. 27.

[104] Begründung des Gesetzesentwurfes, LT-Dr. 3/3049, S. 27.

[105] Begründung des Gesetzesentwurfes, LT-Dr. 3/3049, S. 26.

[106] Begründung des Gesetzesentwurfes, LT-Dr. 3/3049, S. 21.

2. Land Baden-Württemberg

§ 26 Abs. 1 Nr. 6 PolG BW[107] ist in räumlicher wie in sachlicher Hinsicht enger gefasst als Art. 13 Abs. 1 Nr. 5 Bay PAG[108]. Er erlaubt keine verdachts- und ereignisunabhängigen Kontrollen im Grenzgebiet bis zu 30 km, obgleich Baden-Württemberg an Frankreich, die Schweiz und Österreich angrenzt. Kontrollen im Sinne des § 26 Abs. 1 Nr. 6 PolG BW sind ausschließlich zum Zwecke der „Bekämpfung der grenzüberschreitenden Kriminalität" erlaubt. Diese Zweckbestimmung erfasst jedoch auch Maßnahmen gegen den illegalen Aufenthalt, womit zumindest eine gewisse Grenzschutzfunktion integriert ist[109]. Anders als in Bayern hat der Gesetzgeber in Baden-Württemberg davon Abstand genommen, § 26 Abs. 1 Nr. 6 PolG BW auch in die Standardmaßnahmen zur Durchsuchung[110] aufzunehmen. Eine Durchsuchung des Betroffenen und der von ihm mitgeführten Sachen ist in Baden-Württemberg auch auf Grund des § 26 PolG BW selbst nicht möglich. Es ist damit jedoch nicht ausgeschlossen, ein Fahrzeug z.B. auf Manipulationsmerkmale zu überprüfen, denn die Feststellung der äußeren Beschaffenheit einer Sache ist keine Durchsuchung, sondern eine Untersuchung, die, sofern sie überhaupt Eingriffscharakter hat, auf die Generalklausel gestützt werden kann[111]. § 26 Abs. 2 Satz 3 PolG BW sieht allerdings ausdrücklich die Mitnahme des Betroffenen zur Dienststelle vor. In eng begrenzten Ausnahmefällen mag es das Verhältnismäßigkeitsprinzip der Polizei gestatten, den Betroffenen nicht nach § 26 Abs. 2 Satz 3 PolG BW zu sistieren, sondern auf der Stelle nach Ausweispapieren zu durchsuchen[112].

---

107 Das baden-württembergische Innenministerium erließ am 7. August 1996 eine VwV zu § 26 Abs. 1 Nr. 6 PolG BW, die im wesentlichen im VwVPolG vom 18. Juli 1997 aufgegangen ist, um Begriffe wie „grenzüberschreitende Kriminalität und öffentliche Einrichtungen des internationalen Verkehrs" detailliert zu erläutern. Diese VwV ist mit der Gesetzesänderung am 1. September 1996 in Kraft getreten.

108 Von Filseck, Die Polizei 1997, S. 70, 72 begründet dies damit, dass der Freistaat Bayern Grenzschutzaufgaben im Sinne des § 2 Abs. 1 BGSG mit eigenen Kräften wahrnimmt und deshalb im Hinblick auf § 2 Abs. 4 BGSG ein mit § 23 Abs. 1 BGSG vergleichbares Instrumentarium benötigt.

109 So Zeitler, Polizeirecht, Rn. 247.

110 §§ 29 Abs. 1 und 30 PolG BW.

111 So von Filseck, Die Polizei 1997, S. 70, 72 m.w.Nw., wobei nicht deutlich wird, ob dieser davon ausgeht, dass für eine solche Untersuchung dann die Voraussetzungen der Generalklausel vorliegen müssen.

112 So Würtenberger u.a., Polizeiecht, 3. Aufl., Rn. 218.

3. Freistaat Thüringen

Seit Inkrafttreten des § 14 Abs. 1 Nr. 5 ThürPAG[113] ist auch der Thüringer Polizei die Möglichkeit verdachts- und anlassunabhängiger Personenkontrollen eröffnet. Die Besonderheit besteht im Bundesland Thüringen darin, dass es als Binnenland mit Ausnahme des internationalen Verkehrsflughafens Erfurt keine Außengrenzen hat. Gleichwohl soll auch in Thüringen den Herausforderungen der Erscheinungsformen der organisierten und grenzüberschreitenden Kriminalität begegnet werden. Argumentiert wurde, es sei nicht entscheidend, ob ein Bundesland an einen Schengen-, einen EU-Mitgliedstaat oder sonstigen Drittstaat angrenze. Auf Grund der Mobilität der Straftäter sowie des Wegfalls der Grenzkontrollen innerhalb verschiedener Schengen-Mitgliedstaaten werde ein Höchstmaß an Bewegungsfreiheit erreicht. Gleichzeitig nehme die von den mittel- und ost-europäischen Staaten ausgehende Kriminalität aufgrund ansteigender Migration zu[114]. In dessen Folge seien auch in Thüringen - belegt durch polizeiliche Erkenntnisse - eine Vielzahl von Erscheinungsformen der organisierten und grenzüberschreitenden Kriminalität aufgedeckt worden[115].

4. Land Brandenburg

§ 12 Abs. 1 Nr. 7 BbgPolG ist bereits in seiner ursprünglichen Fassung[116] räumlich und sachlich enger als die bayerische Grundnorm, da Kontrollen nur im Grenzgebiet bis zu einer Tiefe von 30 km zur vorbeugenden Bekämpfung der grenzüberschreitenden Kriminalität und zur Verhütung von Straftaten von erheblicher Bedeutung im Sinne des § 10 Abs. 3 BbgPolG gestattet sind. Es ist durch das Zweite Gesetz zur Änderung des Brandenburgischen Polizeigesetzes weiter entschärft worden. Die Identitätskontrollen sind nunmehr nur zulässig, sofern polizeiliche Erkenntnisse darüber vorliegen, dass am Ort der Maßnahme derartige grenzüberschreitende Kriminalität stattfindet.

---

[113] Das Thüringer Innenministerium hat am 16. Dezember 1997 eine VwV zur Ausführung der verdachts- und anlassunabhängigen Kontrollen nach § 14 Abs. 1 Nr. 5 ThürPAG erlassen, die zeitgleich mit dem Änderungsgesetz zum 1. Januar 1998 in Kraft getreten ist.

[114] Vgl. VwV zu § 14 Abs. 1 Nr. 5 ThürPAG; ebenso Ebert u.a., Polizeigesetz, § 14, Rn. 8.

[115] So die Begründung zum Gesetzesentwurf, LT-Dr. 2/2030.

[116] Die Regelung wurde durch das 1. Gesetz zur Änderung des Gesetzes über die Aufgaben und Befugnisse der Polizei im Land Brandenburg vom 20. Mai 1999 eingeführt. Dieses ist am 23. Dezember 2000 in Kraft getreten. Zu § 12 Abs. 1 Nr. 6 BbgPolG ist am 5. Juni 2001 eine VwV erlassen worden.

5. Freistaat Sachsen

Sachsen hat in § 19 Abs. 1 Nr. 5 SächsPolG[117] als einziges Bundesland eine Befristung der Befugnis[118] vorgesehen: § 19 Abs. 1 S. 1 Nr. 5 SächsPolG tritt mit Ablauf des 31. Mai 2004 außer Kraft[119]. Hintergrund der Befristung[120] ist der Wille des Gesetzgebers, bei neu geschaffenen Maßnahmen seiner Evaluationspflicht in besonderem Maße gerecht zu werden. Die Befristung lässt erkennen, dass sich der Gesetzgeber auf der Basis der bis zum 31. Mai 2004 gesammelten Erfahrungen erneut mit der Regelung beschäftigen will, um gegebenenfalls eine Optimierung der Eingriffsermächtigung vorzunehmen. Die Berichtspflicht soll nach der Gesetzesbegründung „Gewähr für einen sorgfältigen Umgang mit den erweiterten polizeilichen Befugnissen" bieten[121] und sicherstellen, dass die Wirksamkeit der Kontrollen überprüft werden kann[122]. Eine weitere Besonderheit stellt § 19 Abs. 1a SächsPolG dar, der ebenfalls am 31. Mai 2004 außer Kraft tritt. Danach erfasst das Staatsministerium des Innern den Umfang und die Ergebnisse der Anwendung von § 19 Abs. 1 Satz 1 Nr. 5 SächsPolG und berichtet hierüber jährlich dem Sächsischen Landtag. Die betreffenden polizeilichen Maßnahmen werden daher fortlaufend erfasst und ausgewertet[123].

6. Land Hessen

Gemäß § 18 Abs. 2 Nr. 6 HSOG[124] können Personen in Einrichtungen des internationalen Verkehrs, auf Straßen und auf Bundeswasserstraßen nur insoweit zur vorbeugenden Bekämpfung der grenzüberschreitenden Kriminalität kontrolliert werden, als aufgrund von Lageerkenntnissen oder polizeilicher Erfahrung anzunehmen ist, dass diese Orte von erheblicher Bedeutung für die grenzüberschreitende Kriminalität sind. Einführungserlasse, die das Hessische Innenministerium zur Umsetzung der Befugnisse herausgegeben hat, bestimmen, dass die Kontrollorte von den Polizeidienststellen in einem Verzeichnis begründet ausgewie-

[117] Die Regelung beruht auf dem Änderungsgesetz vom 21. Juni 1999. Zu § 19 Abs. 1 Nr. 5 SächsPolG ist am 26. Juni 1999 eine VwV erlassen worden.
[118] Für die auf § 19 Abs. 1 Nr. 5 SächsPolG beruhenden Kontrollen im Freistaat Sachsen ist der Begriff „Schleierfahndung" nicht gebräuchlich. Darauf weist das Sächsische Staatsministerium des Innern mit Schreiben vom 13. August 2001 hin.
[119] Gemäß Art. 5 Abs. 2 des Änderungsgesetzes.
[120] Diese war nicht im Regierungsentwurf enthalten und wurde erst während des parlamentarischen Verfahrens aufgrund eines Antrages der CDU-Fraktion eingeführt: vgl. Rommelfanger/Rimmele, Polizeigesetz, § 19, Rn. 20.
[121] LT-Dr. 2/7794, S. 17.
[122] Rommelfanger/Rimmele, Polizeigesetz, § 19, Rn. 21.
[123] Belz, Polizeigesetz, 3. Aufl., § 19, Rn. 19.
[124] Die Regelung wurde durch Änderungsgesetz vom 22. Mai 2000 eingeführt.

sen sein müssen[125]. Die auf Grundlage von § 18 Abs. 2 Nr. 6 HSOG durchgeführten Maßnahmen und die dabei erzielten Erfolge werden regelmäßig nach einem vorgegebenen Erhebungsraster dokumentiert und dem Hessischen Landeskriminalamt gemeldet, welches auf der Grundlage der entsprechenden Berichte halbjährlich Lagebilder erstellt, in dem besonders relevante Deliktsfelder der grenzüberschreitenden Kriminalität, wie z.B. Menschenhandel, Schleusungs-, Eigentums-, Rauschgift- und Umweltkriminalität betrachtet und bewertet werden[126]. Damit soll sichergestellt werden, dass die gesetzlich geforderten Lageerkenntnisse dokumentiert sind[127].

7. Bund

Die Befugnisse der §§ 22 Abs. 1a, 23 Abs. 1 Nr. 3 und 44 Abs. 2 BGSG wurden nachträglich - durch Änderungsgesetz vom 25. August 1998 - in das Bundesgrenzschutzgesetz eingefügt[128]. Dem Bundesgesetzgeber schien bei ihrer Schaffung ein Zusammenspiel von Bundes- und Landesregelungen vorzuschweben, denn die Änderungen wurden zur Anpassung der Befugnisse des Bundesgrenzschutzes an die Befugnisse der insoweit geänderten Polizeigesetze vorgenommen[129]. Gerade durch den Regelungsgleichklang zwischen Bundes- und Landespolizei sollten Synergieeffekte erzeugt und die Mobilität von Kriminalität und illegaler Migration eingeschränkt werden[130].

Der Bundesgrenzschutz kann nicht „zur Verhinderung grenzüberschreitender Kriminalität", sondern gemäß § 23 Abs. 1 Nr. 3 BGSG ausschließlich „zur Verhinderung oder Unterbindung unerlaubter Einreise" und „zur Verhütung von Straftaten i.S.d. § 12 Abs. 1 Nr. 1 bis 4 BGSG" tätig werden. Die Zielsetzung der Eingriffsbefugnisse weicht damit von derjenigen der neuen Landesbefugnisse ab, was durch die grundsätzlich verschiedenen Aufgaben von Landes- und Bundespolizei bedingt ist. Kontrollen gemäß § 23 Abs. 1 Nr. 3 BGSG sind lediglich im Grenzgebiet zulässig, dass sich grundsätzlich über 30 km, gemäß § 23 Abs. 1a BGSG[131] im Küstengebiet von der seewärtigen Begrenzung an jedoch bis zu einer Tiefe von 50 km und darüber hinaus nur nach Maßgabe der Rechtsverordnung zu § 2 Abs. 2 Satz 2 BGSG erstreckt.

---

[125] So die schriftliche Mitteilung des Hessischen Landeskriminalamtes vom 22. August 2001.

[126] So die schriftliche Mitteilung des Hessischen Landeskriminalamtes vom 22. August 2001.

[127] Vgl. der Hessische Datenschutzbeauftragte, 29. Tätigkeitsbericht 2000, S. 128.

[128] Die ursprüngliche Fassung der Gesetzesnovelle ist im Laufe des Gesetzgebungsverfahrens mehrfach modifiziert worden; siehe zum Gang des Gesetzgebungsverfahrens Müller-Terpitz, DÖV 1999, S. 329, 331 f.

[129] BT-Dr. 13/10790, S. 4.

[130] BT-Dr. 13/10790, S. 5.

[131] § 23 Abs. 1a BGSG wurde neu eingeführt durch das Gesetz zur Bekämpfung des internationalen Terrorismus vom 9. Januar 2002, BGBl. 2002, S. 361.

Die eigenständige Durchsuchungsbefugnis des § 44 Abs. 2 BGSG orientiert sich an der Befugnis des Art. 22 Abs. 1 Nr. 4 Bay PAG[132]. Hier sollen mittels der Durchsuchung von Sachen selbst unerlaubte Einreisen verhindert sowie Straftaten verhütet werden. Die Suche nach Telefonnummern, Wegekarten oder ähnlichem, die für Schleuseraktionen relevant sein können, kann gemäß § 44 Abs. 2 BGSG anlassunabhängig erfolgen. Es ist zu befürchten, dass über § 44 Abs. 2 BGSG die einschränkenden Voraussetzungen des § 23 Abs. 3 S. 5 BGSG umgangen werden, denn nach § 23 Abs. 3 S. 5 BGSG ist die Durchsuchung zur Identitätsfeststellung nur unter der Voraussetzung zulässig, dass die Identität oder die Berechtigung zum Grenzübertritt auf andere Weise nicht oder nur unter erheblichen Schwierigkeiten festgestellt werden kann.

B. Befugnisse zur Befragung

In den Bundesländern Berlin, Brandenburg, Niedersachsen, Sachsen-Anhalt und Saarland wurde in gesetzessystematischer Hinsicht ein anderer Weg eingeschlagen. Diese Bundesländer haben die neuen Kontrollbefugnisse deutlich abweichend[133] vom bayerischen Modell in der Standardbefugnis zur Befragung geregelt.

I. Grundfall: Land Berlin

Im Bundesland Berlin wurde mit § 18 Abs. 7 ASOG Bln[134] die Befugnis zur Befragung erweitert[135].

---

[132] BT-Dr. 13/10790, S. 5.

[133] Der Grad und die Bedeutung der Abweichungen zwischen den einzelnen Landesbefugnissen wird unterschiedlich bewertet. Die Unterschiede relativiert Koch, Diss., S. 112; ebenso Kutscha, cilip 59 (1/1998), S. 5 sowie der Landesbeauftragte für Datenschutz Niedersachsen, 14. Tätigkeitsbericht, 1997/1998, S. 72; anders ders. in XV. Tätigkeitsbericht, 1999/2000, S. 91 f. und Waechter, Polizeirecht, Rn. 545, der feststellt, dass § 12 Abs. 6 NGefAG „etwas anders strukturiert" ist, als die vergleichbaren Normen im BGSG und in den meisten anderen Bundesländern; ders. in DÖV 1999, S. 138.

[134] Die Regelung wurde durch das Gesetz zur Änderung des Allgemeinen Sicherheits- und Ordnungsgesetz vom 11. Mai 1999 eingefügt.

[135] Für Kontrollen auf der Grundlage dieser Befugnis wird der Begriff „Schleierfahndung" nicht verwandt. Nach Auskunft des Polizeipräsidenten von Berlin mit Schreiben vom 24. August 2001 sei dies für die Kontrollen in Berlin keine korrekte Bezeichnung, da § 18 Abs. 7 ASOG Bln als zwingende Zulässigkeitsvoraussetzung die Erhebung von „Lageerkenntnissen" fordere, aufgrund derer anzunehmen ist, dass Straftaten von erheblicher Bedeutung begangen werden sollen.

1. Tatbestand

Gemäß § 18 Abs. 7 ASOG Bln darf jede im öffentlichen Verkehrsraum angetroffene Person befragt werden. Unter den Begriff des „öffentlichen Verkehrsraumes“ fällt jede für die Allgemeinheit freigegebene Straße. Unklar, aber nicht ganz ausgeschlossen ist, ob die Kontrollen auch in Fußgängerzonen erlaubt sein sollen. Maßnahmen nach § 18 Abs. 7 ASOG Bln setzen voraus, dass aufgrund von Lageerkenntnissen anzunehmen ist, dass Straftaten von erheblicher Bedeutung[136] begangen werden sollen. Tatsachen, dass dies im konkreten Fall zur Zeit der Kontrolle der Fall ist, brauchen nicht vorzuliegen. Allerdings müssen die Lageerkenntnisse, auf die sich die Annahme stützt, auf tatsächlichen und "gerichtsfesten" Anhaltspunkten beruhen. Diese Anhaltspunkte, z.B. Erkenntnisse über von grenzüberschreitender Kriminalität bevorzugt genutzte Orte und Wege, Kriminalitätsaufkommen, Delikte, Tatzeiten und Täter müssen von der Polizei in der Vergangenheit in Erfahrung gebracht und über einen gewissen Zeitraum festgehalten worden sein[137]. Bloße Vermutungen reichen nicht aus[138].

Ort, Zeit und Umfang der Maßnahmen müssen gemäß § 18 Abs. 7 S. 3 ASOG Bln vom Polizeipräsidenten angeordnet werden. Deshalb handelt es sich bei diesen Kontrollen - anders als beim Modell der Identitätsfeststellung - nicht um Dauermaßnahmen[139]. Im 14-Tages-Rhythmus ist gemäß § 18 Abs. 7 S. 4 ASOG Bln zu prüfen, ob die Voraussetzungen für die Anordnung der Maßnahmen weiterhin vorliegen. Das Gesetz selbst trifft keine Bestimmungen über die Modalitäten der Anordnung, z.B. in welcher Form sie zu ergehen hat. Das Landeskriminalamt und die Polizeidirektionen sind jedoch nach internen Dienstregelungen angewiesen, „Anträge zur Durchführung einer verdachts- und anlassunabhängigen Kontrolle freitextlich so abzufassen, dass folgende Angaben enthalten sind:

- Erläuterung der Delikte der grenzüberschreitenden Kriminalität,
- Ausführung der Lageerkenntnisse,
- Gewünschter Zeitraum für die Kontrollmaßnahme,
- Möglichst differenzierte Beschreibung des Bereichs der Kontrollmaßnahmen und

---

[136] Straftaten von erheblicher Bedeutung und die ihnen gleichgestellten Ordnungswidrigkeiten sind in § 17 Abs. 3 und 4 ASOG Bln definiert.

[137] So die Auskunft des Polizeipräsidenten von Berlin mit Schreiben vom 24. August 2001.

[138] Berg u.a., ASOG Bln, 8. Aufl., § 18, S. 229.

[139] So die Auskunft des Polizeipräsidenten von Berlin mit Schreiben vom 24. August 2001. Danach wurden bisher sieben Kontrollmaßnahmen nach § 18 Abs. 7 ASOG Bln beantragt und durchgeführt.

- Darlegung des Umfangs der Maßnahme und der eingebundenen Dienstkräfte."[140]

Ist eine solche Maßnahme angeordnet, können Personen lückenlos, wenn auch nur kurzfristig, angehalten werden. Es handelt sich de facto um eine „mobile Kontrollstelle minderer Art"[141].

2. Zweckbestimmung

Ziel der Kontrollen gemäß § 18 Abs. 7 ASOG Bln ist allein die vorbeugende Bekämpfung der grenzüberschreitenden Kriminalität in Form von „Straftaten von erheblicher Bedeutung". Unter die entsprechende Legaldefinition des § 17 Abs. 3 und 4 ASOG Bln fallen neben Verbrechen eine mehr oder weniger bestimmte Anzahl von Vergehenstatbeständen. „Grenzüberschreitende Kriminalität" betrifft auch hier Straftaten, die unter bewusster Ausnutzung der Grenzsituation begangen werden[142].

3. Rechtsfolgen

a. Anhalterecht

Das Anhalterecht ermächtigt dazu, die Fortbewegung der betroffenen Person zu unterbrechen und sie für die Dauer der genannten Maßnahmen daran zu hindern, den Ort der Kontrolle zu verlassen. Zu weitergehenden Einschränkungen der körperlichen Bewegungsfreiheit i.S.d. Art. 2 Abs. 2 Satz 2 GG, wie z.B. zur Mitnahme zur Dienststelle, berechtigt diese Befugnis jedoch nicht. Begrenzt wird die Dauer des Anhaltens in jedem Falle durch das Verbot des zeitlichen Übermaßes nach § 11 Abs. 3 ASOG Bln[143].

b. Recht zur Befragung und Auskunftspflicht

Der Betroffene kann darüber hinaus gemäß § 18 Abs. 7 ASOG Bln befragt werden, wobei überwiegend angenommen wird, dass die Vorschrift der befragten Person keine Auskunftspflicht auferlegt, d.h. dass die befragte Person grundsätz-

---

140 So der Berliner Beauftragte für Datenschutz und Akteneinsicht, Jahresbericht 2000, S. 58 f.

141 Vgl. Waechter, Polizeirecht, S. 379, Rn. 547 für den insoweit identischen § 12 Abs. 6 NGefAG.

142 Vgl. VwV zu § 11 Abs. 3 BbgPolG, Ziff. 11.2.

143 Berg u.a., ASOG Bln, 8. Aufl., § 18, S. 226.

lich keinerlei Angaben zu tätigen braucht[144]. Das ändert sich lediglich für den Fall, dass eine anderweitig begründete gesetzliche Auskunftspflicht besteht[145]. Für dieses Ergebnis spricht auch die Gesetzessystematik, da die in § 18 Abs. 3 ASOG Bln geregelte Verpflichtung, im Rahmen einer Befragung Namen, Vornamen, Tag und Ort der Geburt und Wohnungsanschrift anzugeben, § 18 Abs. 7 ASOG Bln nicht mit einschließt.

c. Pflicht zur Aushändigung der Papiere und Recht zur Prüfung

Der Befugnis der Polizei, vom Befragten die Aushändigung der mitgeführten Ausweispapiere zur Prüfung zu verlangen, entspricht die Pflicht des Betroffenen, die genannten Ausweispapiere auszuhändigen. Die mitgeführten Ausweispapiere sind dem kontrollierenden Beamten bei entsprechender Aufforderung zur Prüfung „in die Hand zu geben" und nicht lediglich vorzuzeigen[146]. Mit dieser Pflicht korrespondiert das Recht der Polizei, die ausgehändigten Ausweispapiere zu prüfen. Fraglich ist allerdings, worauf sich die Prüfung erstrecken darf. In Betracht kommt zum einen die bloße Überprüfung der Papiere auf Authentizität oder Fälschung, zum anderen die Überprüfung der Personaldaten. Nach der Gesetzesbegründung zu § 18 Abs. 7 ASOG Bln umfasst die Befugnis nur die Rechtsfolge „die mitgeführten Ausweispapiere auf Authentizität oder Fälschung zu überprüfen"[147]. Eine Überprüfung der Personaldaten sowie deren weitere Verarbeitung, namentlich ihre Speicherung, ist dagegen von der Befugnis nicht gedeckt. Denn dies käme einer Identitätsfeststellung gleich, zu der die Polizei nach § 18 Abs. 7 ASOG Bln offenbar nicht befugt sein soll[148]. Die Vorstellung, die Polizei werde sich in der Praxis mit dem bloßen Betrachten der mitgeführten Ausweispapiere begnügen, wird von Kritikern als weltfremd kritisiert. Wenn die Polizei schon eine Person auf der Grundlage dieser Regelung angehalten habe, werde sie häufig dazu neigen, auch die Tatbestandsvoraussetzungen einer Identitätskontrolle gemäß § 21 ASOG Bln anzunehmen und diese - notfalls mittels

---

[144] Dies bestätigt der Polizeipräsident von Berlin in seinem Schreiben vom 24. August 2001. Vgl. auch Mahlmann, LKV 2001, S. 102, 104 m.w.Nw.; ebenso Waechter, Polizeirecht, Rn. 545 für den insoweit identischen § 12 Abs. 6 NGefAG; Berg u.a., ASOG Bln, 8. Aufl., § 18, S. 226.

[145] Berg u.a., ASOG Bln, 8. Aufl., § 18, S. 226. § 111 OWiG begründet keine Auskunftspflicht, sondern setzt eine solche auf Grund einer Rechtsvorschrift voraus. Vgl. Göhler, OWiG, 12. Aufl., § 111, Rn. 15; Lemke OWiG, § 111, Rn. 15.

[146] Heesen/Hönle, BGSG, 3. Aufl., § 22, Rn. 18.

[147] AbgH.-Dr. 13/3511.

[148] Berg u.a., ASOG Bln, 8. Aufl., § 18, S. 227; ebenso AB zu § 12 Abs. 6 NGefAG, Ziff. 12.6.

Folgemaßnahmen im Sinne des § 21 Abs. 3 ASOG Bln - durchführen[149]. Dieser Vermutung widerspricht der Bericht des Berliner Datenschutzbeauftragten, demzufolge in Berlin bisher personenbezogene Daten der kontrollierten Personen - abgesehen von den Fällen, in denen strafrechtliche Ermittlungs- oder Ordnungswidrigkeitenverfahren eingeleitet wurden - weder erhoben noch gespeichert worden sind. Die Personalpapiere sind ausweislich dieses Berichtes tatsächlich lediglich auf Echtheit und Authentizität geprüft worden[150].

Fraglich ist, ob das Verlangen, die Papiere herauszugeben, vollstreckbar ist, wenn der Kontrollierte behauptet, er habe keine Papiere dabei. Zwar handelt es sich hier um einen gemäß § 6 Abs. 1 VwVG, § 80 Abs. 2 Satz 1 Nr. 2 VwGO sofort vollstreckbaren Verwaltungsakt. Das in der Praxis zumeist auftretende Problem wird jedoch sein, dass die Polizei ohne Durchsuchung der Person oder der mitgeführten Sachen diesen Verwaltungsakt nicht durchsetzen kann und nicht in den Besitz der Papiere gelangt. Maßnahmen zur Durchsuchung der Person oder der mitgeführten Sachen lässt jedoch § 18 Abs. 7 ASOG Bln nicht zu. Nur dann, wenn die betroffene Person die Papiere zwar vorweist, ihre Aushändigung aber ablehnt, käme eine zwangsweise Wegnahme in Frage. Die Pflicht zur Aushändigung ist daher nur theoretisch vollstreckbar. Die Verweigerung der Aushändigung der Papiere bleibt für den Pflichtigen in der Regel ohne Konsequenzen[151]. Aufgrund von § 18 Abs. 7 ASOG Bln kann von einer Person auch nicht verlangt werden, ein eventuell nicht mitgeführtes Ausweispapier „zu besorgen", da die Kontrolle nach dem eindeutigen Wortlaut der Norm auf die Prüfung „mitgeführter Ausweispapiere" beschränkt ist[152]. Teilweise wird jedoch angenommen, dass die Polizei für den Fall, dass der Betroffene keine Ausweispapiere mit sich führt, „erst recht ‚Verdacht schöpfen', d.h. eine Identitätsfeststellung auf andere Weise für geboten erachten (wird)"[153]. Die Verweigerung der Aushändigung der mitgeführten Ausweispapiere begründet jedoch keine Gefahr für die öffentliche Sicherheit und Ordnung, so dass eine Identitätsfeststellung gemäß § 21 Abs. 1 ASOG Bln auch in diesem Fall nicht zulässig wäre. Die Weigerung, die mitgeführten Ausweispapiere auszuhändigen, verstößt auch nicht gegen § 111 Abs. 1 OWiG, so dass eine Identitätsfeststellung gemäß §§ 46, 53 OWiG in Verbindung mit § 163 b StPO ebenfalls nicht in Betracht kommt. Auch der Polizeipräsident von Berlin räumt ein, dass für den Fall, dass Personen Angaben verweigern oder behaupten, keine Ausweispapiere bei sich zu haben, weitergehende Maßnahmen, wie z.B. eine Identitätsfeststellung oder

---

149 Kutscha, LKV 2000, S. 134, 136; ebenso Mahlmann, LKV 2001, S. 102, 104, nach dessen Ansicht „die Regelung für den kontrollierenden Polizisten somit eine Lage (schafft), die ihm rechtswidriges Verhalten bei lebensnaher Betrachtung nahe legt".

150 Vgl. Berliner Beauftragter für Datenschutz und Akteneinsicht, Jahresbericht 2000, S. 59.

151 Ebenso Waechter, Polizeirecht, Rn. 547 in Bezug auf § 12 Abs. 6 NGefAG.

152 Heesen/Hönle, BGSG, 3. Aufl., § 22, Rn. 18 in Bezug auf den insoweit entsprechenden § 22 Abs. 1a BGSG.

153 Kutscha, LKV 2000, S. 134, 136.

eine Durchsuchung, nur bei Vorliegen der Voraussetzungen der §§ 21, 34 oder 35 ASOG Bln, d.h. bei Hinzukommen weiterer konkreter Verdachtsmomente, vorgenommen werden können[154].

d. Inaugenscheinnahme mitgeführter Sachen

Unter Inaugenscheinnahme ist jede sinnliche Wahrnehmung durch Sehen, Hören, Riechen, Schmecken oder Fühlen zu verstehen[155]. Danach dürfen Gegenstände nur angesehen, nicht hingegen durchsucht werden, selbst wenn diese abgedeckt sind[156]. Durchsuchungen im eigentlichen Sinne sind nur statthaft, wenn im Einzelfall die Voraussetzungen einer Durchsuchungsvorschrift vorliegen[157]. Auch dies wird für wenig sinnvoll und lebensnah erachtet, da die Polizeibeamten damit beispielsweise zwar verdächtige Koffer und Taschen öffnen, nicht jedoch die Zeitung zur Seite schieben dürfen, die deren Boden bedeckt. Es wird bezweifelt, dass der Unterschied zwischen Inaugenscheinnahme und Durchsuchung in der Praxis Berücksichtung findet und statt dessen angenommen, dass die Beamten aus praktischen Gründen rechtswidrig handeln werden[158]. Die Inaugenscheinnahme umfasst allerdings auch das Öffnen mitgeführter Behältnisse sowie von Pkw-Kofferräumen oder Lkw-Ladeflächen[159], denn die Feststellung der äußeren Beschaffenheit ist keine Durchsuchung, sondern eine Untersuchung[160]. In Betracht kommt auch der Einsatz von Diensthunden zum Aufspüren von Betäubungsmitteln[161]. Im Ergebnis stellt sich die Inaugenscheinnahme damit als abgeschwächte Form einer Durchsuchung dar.

e. Datenabgleich und Datenspeicherung

§ 18 ASOG Bln sieht hinsichtlich der durch die anlassunabhängige Kontrolle gewonnenen Daten keine besonderen Vorschriften vor. Es gelten damit die allgemeinen Vorschriften, nach denen die Polizei laut § 28 Abs. 1 ASOG Bln einen Abgleich mit Polizeidaten durchführen kann. Gemäß § 42 Abs. 1 S. 1 ASOG Bln kann die Polizei die auf Grund von § 18 Abs. 7 ASOG Bln rechtmäßig erhobenen, personenbezogenen Daten u.a. speichern, verändern und nutzen, soweit das zur Erfüllung einer polizeilichen Aufgabe erforderlich ist. Laut § 42

---

[154] So der Polizeipräsident von Berlin in seinem Schreiben vom 24. August 2001.
[155] BGHSt 18, S. 51, 53.
[156] Vgl. AB zu § 12 Abs. 6 NGefAG; Ziff. 12.6.
[157] AbgH.-Dr. 13/3511, S. 2.
[158] Mahlmann, LKV 2001, S. 102, 104.
[159] Vgl. AB zu § 12 Abs. 6 NGefAG; Ziff. 12.6.
[160] So von Filseck, Die Polizei 1997, S. 70, 72 m.w.Nw.
[161] Berg u.a., ASOG Bln, 8. Aufl., § 18, S. 228.

Abs. 2 ASOG Bln ist die Datenverarbeitung jedoch an den Erhebungszweck gebunden, es sei denn die Daten hätten auch zu anderen Zwecken rechtmäßig erlangt werden können. Auch im übrigen bleibt es bei den allgemeinen Regelungen des § 42 ff. ASOG Bln.

II. Besonderheiten in den übrigen Bundesländern und im Bund

Die übrigen Regelungen des Modells weichen verschiedentlich - jedoch im Einzelfall nicht erheblich - vom Grundfall der Befugnis ab.

1. Land Brandenburg

Etwa zeitgleich mit der Berliner Regelung hat das Land Brandenburg mit § 11 Abs. 3 BbgPolG[162] eine § 18 Abs. 7 ASOG Bln nahezu wörtlich[163] entsprechende Befugnis zu verdachts- und anlasslosen Kontrollen geschaffen. Da die Polizei im 30-km-Grenzgebiet eine Befragung jedoch nicht nur aufgrund des § 11 Abs. 3 BbgPolG, sondern darüber hinaus auch gemäß § 12 Abs. 1 Nr. 6 BbgPolG im Rahmen einer Identitätsfeststellung durchführen kann, stellt sich die Frage, in welchem Verhältnis die beiden Regelungen zueinander stehen[164]. Da § 11 Abs. 3 BbgPolG keine Auskunftspflicht begründet, kann eine Erfragung der Personalien des Betroffenen auf seiner Grundlage nur dann zulässig sein, wenn auch die Voraussetzungen der Befugnis zur Identitätsfeststellung im Sinne des § 12 Abs. 1 Nr. 6 BbgPolG vorliegen, da sonst deren besondere Eingriffsschwellen systematisch unterlaufen werden.

2. Land Niedersachsen

Niedersachsen hat mit § 12 Abs. 6 NGefAG[165] als erstes Bundesland eine Befugnis zu verdachts- und anlassunabhängigen Kontrollen in die Standardmaßnahme zur Befragung aufgenommen. Anders als § 18 Abs. 7 ASOG Bln sieht § 12 Abs. 6 NGefAG nicht selbst eine Bindung an polizeiliche Lageerkenntnisse vor. Lediglich die Ausführungsbestimmung zu § 12 Abs. 6 NGefAG bestimmt, dass „Ort und Art der Kontrollen nach kriminalistischer Erfahrung oder

---

[162] Die Regelung wurde durch Änderungsgesetz vom 27. Mai 1999 eingeführt. Zu § 11 Abs. 3 BbgPolG ist am 5. Juni 2001 eine VwV erlassen worden.

[163] Eine § 18 Abs. 7 S. 4 ASOG Bln entsprechende Regelung wurde in § 11 Abs. 3 BbgPolG nicht aufgenommen.

[164] Zur grundsätzlichen Abgrenzung von Befragung und Identitätsfeststellung siehe Müller, Diss., S. 128 f.

[165] Die Regelung beruht auf dem Änderungsgesetz vom 20. Februar 1998.

an Hand kriminalistischer Lagebilder hinreichend Aussicht auf Erfolg bieten" müssen[166]. Die Kontrollen können von jeder Polizeidienststelle in eigener Zuständigkeit durchgeführt werden, sind aber wegen des damit verbundenen hohen personellen Aufwandes nicht Bestandteil des täglichen Polizeidienstes. Die Anzahl der Maßnahmen wird nicht erfasst; eine Berichtspflicht nach Durchführung der Maßnahmen besteht ebenfalls nicht[167].

3. Land Sachsen-Anhalt

Anders als im Grundfall sind Kontrollen nach § 14 Abs. 3 SOG LSA nicht im gesamten öffentlichen Verkehrsraum, sondern lediglich auf Bundesfernstraßen zulässig. Bundesfernstraßen gliedern sich in Bundesautobahnen und Bundesstraßen mit den Ortsdurchfahrten und umfassen auch Seiten-, Rand- und Sicherheitsstreifen sowie die Nebenanlagen und die Nebenbetriebe an den Bundesautobahnen[168]. Zwar ermächtigt auch § 14 Abs. 3 SOG LSA nicht zu einer Identitätsfeststellung nach § 20 SOG LSA[169], jedoch sieht § 14 Abs. 3 S. 4 SOG LSA in Abweichung von § 18 Abs. 7 ASOG Bln eine Auskunftspflicht der befragten Person in Bezug auf Namen, Vornamen, Tag und Ort der Geburt, Wohnanschrift und Staatsangehörigkeit vor. Verweigert die Person diese Angaben oder macht sie unrichtige Angaben, so kann eine Ordnungswidrigkeit nach § 111 OWiG vorliegen und deshalb eine Identitätsfeststellung gemäß § 46 OWiG in Verbindung mit § 163 b StPO erforderlich sein[170].

4. Saarland

Zuletzt hat das Saarland mit § 9a SPolG[171] eine Befugnis zu sogenannten „Lagebildabhängigen Kontrollen" in sein Polizeigesetz aufgenommen. Diese Befugnis unterscheidet sich von § 18 Abs. 7 ASOG Bln dadurch, dass Kontrollen nicht im gesamten öffentlichen Verkehrsraum, sondern lediglich im Grenzgebiet bis zu einer Tiefe von 30 Kilometern von den Außengrenzen zu Frankreich und Luxemburg zulässig sind. Darüber hinaus ist die Zweckbestimmung der „vorbeugenden Bekämpfung grenzüberschreitender Kriminalität" nicht auf Straftaten mit erheblicher Bedeutung eingeschränkt. Sie umfasst vielmehr auch die Verfolgung von Bagatelldelikten. Kontrollen nach § 9a SPolG sind außerdem stets, d.h. ohne vorherige Anordnung durch den Behördenleiter zulässig. § 9a Abs. 2

---

[166] Vgl. AB zu § 12 Abs. 6 NGefAG; Ziff. 12.6.
[167] So die Mitteilung der Polizeidirektion Hannover mit Schreiben vom 30. Juli 2001.
[168] Vgl. AB zu § 14 Abs. 3 SOG LSA, A.II. 6.
[169] Vgl. AB zu § 14 Abs. 3 SOG LSA, A.II. 6.
[170] Vgl. AB zu § 14 Abs. 3 SOG LSA, A.II. 6.
[171] Die Regelung wurde durch Änderungsgesetz vom 25. Oktober 2000 eingeführt.

SPolG regelt allerdings ausdrücklich, dass die durch die Kontrolle erhobenen personenbezogenen Daten nicht gespeichert werden dürfen, wenn sich nicht Anhaltspunkte für das Vorliegen einer Gefahr oder die Begehung von Straftaten ergeben. Damit ist dies die einzige Befugnis zu verdachts- und anlassunabhängigen Kontrollen, die zur Datenspeicherung eine eigene explizite Regelung trifft.

5. Bund

Kontrollen nach § 22 Abs. 1a BGSG[172] sind nicht im gesamten öffentlichen Verkehrsraum zulässig, sondern nur in den von §§ 23 Abs. 1 Nr. 3 und 44 Abs. 2 BGSG ausgesparten Örtlichkeiten, d.h. in Zügen, Bahnhöfen[173] sowie Flughäfen mit grenzüberschreitendem Personenverkehr. Voraussetzung für die Befragung von jedermann in Zügen und Bahnhöfen ist, dass aufgrund von Lageerkenntnissen oder grenzpolizeilicher Erfahrung[174] anzunehmen ist, das diese Örtlichkeiten zur unerlaubten Einreise genutzt werden. Durch die Bindung der Bundesgrenzschutzbeamten an Lagebilder, in denen bestimmte Verdachtsstrecken oder -anlagen explizit ausgewiesen sind[175], sollen flächendeckende Personenkontrollen im (Bahn-) Reiseverkehr ausgeschlossen werden[176]. Insoweit wurde der Kritik an einer zu weit reichenden Ausdehnung grenzpolizeilicher Befugnisse auf den Binnenraum Rechnung getragen[177]. Die Lageerkenntnisse müssen nicht auf Mitteilungen, Ermittlungsergebnissen und Erkenntnissen einer Bundesgrenzschutzbehörde beruhen, sondern können auch von anderen Behörden oder Privatpersonen stammen[178]. Nicht erforderlich ist, dass sich die be-

---

[172] Diese Norm wurde zum Ausgleich für die Einschränkungen des ursprünglichen Entwurfs zur Änderung des BGSG eingeführt.

[173] Kontrollen im Servicebereich von Bahnhöfen sind nach Ansicht von Müller-Terpitz, DÖV 1999, S. 329, 332 regelmäßig unzulässig, da diese erfahrungsgemäß nicht zur unerlaubten Einreise genutzt werden.

[174] Die Begriffe „Lageerkenntnisse" und „grenzpolizeiliche Erfahrungen" sind gesetzlich bisher nicht definiert. Laut Schütte, ZRP 2002, S. 393, 395 m.w.Nw. wird in der polizeifachlichen Literatur unter grenzpolizeilichen Erfahrungen „die Ansammlung des sach- und fachkundigen Wissens über die einschlägigen (sich objektiv ähnelnden) Vorgänge der Vergangenheit, die zu Folgerungen intuitiver Art in der Gegenwart geeignet sind" verstanden. Auf der Grundlage von polizeilichen Erkenntnissen „zur polizeilichen Lage des Einsatzgebietes" hingegen werde ein grenzpolizeiliches Lagebild erstellt.

[175] Die so modifizierte Fassung wurde vom Bundestag am 25. Juni 1998 mit den Stimmen von CDU/CSU, SPD und FDP bei Gegenstimmen von Bündnis 90/Die Grünen, PDS und zwei Abgeordneten der FDP angenommen.

[176] So die Intention des Innenausschusses, vgl. BT-Dr. 13/11159, S. 6, Nr. 2.

[177] Müller-Terpitz, DÖV 1999, S. 329, 332 unter Verweis auf BT-Dr. 13 /11159, S. 6, Nr. 2.

[178] Heesen/Hönle, BGSG, 3. Aufl., § 22, Rn. 12.

nannten Orte innerhalb des Grenzgebietes im Sinne des § 2 Abs. 2 Nr. 3[179] BGSG befinden[180]. Ist dies jedoch der Fall, so tritt die Befugnis zur Befragung und Inaugenscheinnahme[181] in Konkurrenz zu den Befugnissen zur Identitätsfeststellung und Durchsuchung nach §§ 23 Abs. 1 Nr. 3, 44 Abs. 2 BGSG. Weitreichender ist die Befugnis zur Befragung auf Flughäfen. Für diese sind keine besonderen Lageerkenntnisse oder grenzpolizeilichen Erfahrungen erforderlich, die auf eine unerlaubte Einreise von Personen schließen lassen. Statt dessen besteht für Flughäfen von vornherein eine entsprechende unwiderlegbare Vermutung[182].

Kontrollen werden von § 22 Abs. 1a BGSG nur „zur Verhinderung oder Unterbindung unerlaubter Einreise“ gestattet[183]. Neben mitgeführten Ausweispapieren[184] können auch Grenzübertrittspapiere[185] zur Prüfung ausgehändigt verlangt werden. Gegenstand der Befragung kann „zum einen die Erhebung von Sachinformationen, zum anderen die Erhebung von personenbezogenen Daten über den Betroffenen oder einen Dritten sein“[186]. Gemäß § 22 Abs. 2 BGSG ist der Befragte verpflichtet, Namen, Vornamen, Tag und Ort der Geburt, Wohnanschrift und Staatsangehörigkeit anzugeben, soweit dies zur Erfüllung der Aufgaben des Bundesgrenzschutzes erforderlich ist[187]. Da die Feststellung der Personalien unabdingbare Voraussetzung für die Verhinderung oder Unterbindung der unerlaubten Einreise ist, dürfte die Einschränkung „soweit“ regelmäßig erfüllt sein. Bei unrichtigen oder verweigerten Angaben begeht der zur Auskunft Verpflich-

---

[179] Gemäß § 2 Abs. 2 Nr. 3 BGSG, der mit dem Gesetz zur Bekämpfung des internationalen Terrorismus vom 9. Januar 2002, BGBl. 2002, S. 361 neu gefasst wurde, besteht das Grenzgebiet grundsätzlich bis zu einer Tiefe von 30 km und von der seewärtigen Begrenzung an bis zu einer Tiefe von 50 km.

[180] Heesen/Hönle, BGSG, 3. Aufl., § 22, Rn. 13.

[181] Näher zum Begriff der Inaugenscheinnahme Schütte, ZRP 2002, S. 393, 395.

[182] Hessen/Hönle, BGSG, 3. Aufl., § 22, Rn. 14.

[183] Schütte, ZRP 2002, S. 393, 395 f. weist auf die Problematik dieses Punktes hin: Da ein Ausländer bereits mit dem Überschreiten der Grenzlinie den Tatbestand der unerlaubten Einreise i.S.d. §§ 58 Abs. 1, 59 Abs. 1 und 2 AuslG vollendet hat, kann der Bundesgrenzschutz nach diesem Zeitpunkt das Normziel nicht mehr erreichen. Eine auf § 22 Abs. 1a BGSG gestützte Unterbindung des unerlaubten Aufenthaltes wäre damit rechtswärig. Daraus folgert er, dass eigentlicher Zweck der Vorschrift ist, „durch die erhaltenen Informationen der befragten Auskunftspersonen weitere operative Maßnahmen treffen zu können, mit deren Hilfe dann die unerlaubte Einreisen noch unbekannter Personen verhindert werden können.“

[184] Dies sind z.B. Pässe, Personalausweise und Aufenthaltsgenehmigungen.

[185] Dies sind z.B. Pässe und Aufenthaltsgenehmigungen. Zur Definition der Ausweis- und Grenzübertrittspapiere, vgl. Hitz in Fischer u.a., BGSG, 2. Aufl., § 23, Rn. 41 und 44; vgl. auch BVerfG, BayVBl. 1992, S. 433 f., wonach auch der Stadtratsausweis ein hinreichendes Ausweispapier darstellen kann.

[186] Müller-Terpitz, DÖV 1999, S. 329, 332 m.w.Nw.

[187] Müller-Terpitz, DÖV 1999, S. 329, 332; ebenso Heesen/Hönle, BGSG, 3. Aufl., § 22, Rn. 23; Eine darüber hinausgehende Auskunftspflicht ist gemäß § 22 Abs. 2 S. 2 BGSG an das Vorliegen weitergehender Voraussetzungen gebunden.

tete eine Ordnungswidrigkeit nach § 111 OWiG mit der Folge, dass seine Personalien auf der Grundlage des § 13 BGSG, § 46 OWiG i.V.m. § 163 b StPO festgestellt werden dürfen. Insofern handelt es sich bei der Befragung nach § 22 Abs. 1a BGSG von ihrer Zielrichtung her um eine Identitätsfeststellung mit teilweise modifizierten Folgemaßnahmen[188]. Die auf der Grundlage des § 22 Abs. 1a BGSG erlangten personenbezogenen Daten können vom Bundesgrenzschutz gemäß § 34 BGSG mit seinem Fahndungsbestand abgeglichen werden. Weitere polizeiliche Maßnahmen - wie das Festhalten und die Mitnahme zur Dienststelle, eine Durchsuchung oder gar erkennungsdienstliche Behandlung - können nur auf der Grundlage anderer Befugnisse, z.B. aufgrund von § 23 Abs. 3 BGSG erfolgen und setzen überdies die dort festgelegten konkreten Verdachtsmomente voraus[189].

Die Befugnis des § 22 Abs. 1a BGSG ist auf fünf Jahre befristet und tritt am 31. Dezember 2003 außer Kraft[190]. Die Befristung soll zu Aussagen darüber zwingen, ob sich das Instrument in seiner konkreten Ausgestaltung bewährt[191].

C. Vergleich der Modelle

Das Modell der Identitätsfeststellung weicht in wichtigen Punkten vom Modell der Befragung ab[192]. Der neue § 27a SOG MV verbindet Elemente des Modells der Identitätsfeststellung mit dem der Befragung. Zur Beurteilung der Frage, ob die Bedenken, die das MVVerfG in seinem Urteil vom 21. Oktober 1999 gegen § 29 Abs. 1 Nr. 5 a.F. SOG MV erhoben hat, auch in Bezug auf die Befugnisse zur Befragung Gültigkeit haben und welche weiteren Probleme sich für diese ergeben, müssen die wesentlichen Unterschiede der Modelle zusammengefasst und deren Relevanz für den weiteren Verlauf der Untersuchung charakterisiert werden.

I. Vergleich der Tatbestände

Der Anwendungsbereich der Befugnis zur Identitätsfeststellung ist auf gesetzlich bestimmte Orte begrenzt. Diese Begrenzung erfährt eine Öffnung durch den unbestimmten Rechtsbegriff der „anderen Straßen von erheblicher Bedeutung für den grenzüberscheitenden Verkehr". Lediglich in den Bundesländern Hessen

---

188 Nach Ansicht von Müller-Terpitz, DÖV 1999, S. 329, 333 hätte die Befugnis wegen ihrer gesetzlichen Systematik in § 23 BGSG integriert werden müssen.
189 BT-Dr. 13/11159, S. 6, Nr. 2.
190 Gemäß Art. 2 Abs. 2 des Ersten Änderungsgesetzes zum Bundesgrenzschutzgesetz.
191 BT-PlPr. 13/244, S. 22631.
192 So auch Mahlmann, LKV 2001, S. 102, 103.

und Brandenburg wird durch das Gesetz selbst zur Ausfüllung dieses Begriffes auf polizeiliche Lageerkenntnisse abgestellt. Die Tragfähigkeit einer solchen Bindung der einzelnen Maßnahme ist in Ermangelung von ausfüllenden Verfahrens- und Formvorschriften jedoch offen und muss im folgenden untersucht werden. In allen übrigen Bundesländern kann der einzelne Polizeibeamte eine eigene Einschätzung der „erheblichen Bedeutung“ abgeben und auf dieser Grundlage auf allen Durchgangsstraßen, d.h. auch auf jeder Nebenstraße, kontrollieren. Die vom Gesetzgeber vorgesehene Begrenzung der Kontrollmöglichkeiten auf bestimmte Orte verliert damit ihre Wirkung. Maßnahmen aufgrund der Befugnis zur Identitätsfeststellung sind überdies stets, d.h. ohne vorherige Anordnung von Ort, Zeit und Umfang der Maßnahme durch einen höheren Polizeibeamten zulässig. Kontrollen zur Identitätsfeststellung werden in der polizeilichen Kontrollpraxis täglich durchgeführt und haben insofern den Charakter von Dauermaßnahmen.

Kontrollen aufgrund der Befugnis zur Befragung sind im Regelfall im gesamten öffentlichen Verkehrsraum zulässig. Ort, Zeit und Umfang der Maßnahmen sind jedoch abhängig davon, dass aufgrund von Lagebildern anzunehmen ist, dass Straftaten mit erheblicher Bedeutung begangen werden sollen. Auch hier begegnet die Bindung der Kontrollen an polizeiliche Erfahrungssätze - mangels weiterer Bestimmungen zur Ausgestaltung und Überprüfung derselben - erheblichen Zweifeln. Erheblich eingeschränkt ist das Ausmaß der Kontrollen jedoch durch den Vorbehalt der Anordnung durch den Behördenleiter, der den Kontrollen den Charakter von Dauermaßnahmen nimmt.

II. Vergleich der Zweckbestimmungen

Die anlass- und verdachtsunabhängige Identitätsfeststellung im Sinne des ersten Modells ist zur Bekämpfung jeder grenzüberschreitenden Kriminalität, teilweise auch zur Verhinderung und Unterbindung der unerlaubten Einreise und des unerlaubten Aufenthaltes zulässig. Soweit Landesbefugnisse Kontrollen zur Verhinderung der unerlaubten Einreise gestatten, zeichnet sich ein besonderes Spannungsverhältnis im Hinblick auf die ausschließliche Gesetzgebungskompetenz des Bundes nach Art. 73 Nr. 5 GG ab.

Eine Befragung im Sinne des zweiten Modells ist regelmäßig nur zur Bekämpfung grenzüberschreitender Kriminalität in Form erheblicher Straftaten erlaubt. Welche Straftaten in diesem Sinne erheblich sind, ergibt sich in einigen Fällen aus einem Verweis auf eine in den Polizeigesetzen befindliche Legaldefinition. Die damit gesteigerte Klarheit des Anwendungsbereiches der Norm könnte Bedenken im Hinblick auf die angeblich nicht hinreichende Bestimmtheit der Befugnisse entkräften. Mittels der Befragung können - anders als im Fall der Identitätsfeststellung - keine Bagatelldelikte bekämpft werden. Dies kann nicht ohne Auswirkungen auf die zu prüfende Verhältnismäßigkeit der Normen bleiben.

III. Vergleich der Rechtsfolgen

Der wohl wesentlichste Unterschied der Regelungsmodelle ergibt sich hinsichtlich Art und Umfang ihrer Rechtsfolgen. Über die sogenannten Grundmaßnahmen hinaus erlaubt die Befugnis zur Identitätsfeststellung schwerwiegende Folgemaßnahmen, wie Freiheitsbeschränkungen und Durchsuchungen - bis hin zur Vornahme erkennungsdienstlicher Maßnahmen - immer dann, wenn die Identitätsfeststellung auf andere Weise nicht oder nur unter erheblichen Schwierigkeiten möglich ist. Wann dieser Fall anzunehmen ist, wird vom Gesetz nicht bestimmt und liegt damit im Ermessen des einzelnen Polizeibeamten. Datenabgleiche mit verschiedenen Datenbanken sowie eine Speicherung der mit der Erhebung oder dem Abgleich gewonnenen Daten sind stets dann möglich, wenn dies zur Erreichung der mit der „Schleierfahndung" verfolgten Ziele erforderlich ist. Die Verknüpfungen der neuen Befugnisse zur Identitätsfeststellung mit Standardmaßnahmen zur Durchsuchung von Personen und Sachen erlauben die Bekämpfung grenzüberschreitender Kriminalität auch mittels dieser Maßnahmen, ohne dass deren Einsatz durch weitere Voraussetzungen beschränkt wäre.

Weit weniger intensiv sind die Eingriffe, die aufgrund der Befugnisse zur Befragung vorgenommen werden können. Dies ergibt sich zunächst daraus, dass über die sogenannten Grundmaßnahmen hinaus, die eine Durchsuchung nicht mit einschließen, weitere Zwangs- und Folgemaßnahmen nicht erlaubt sind. Der Befragte unterliegt regelmäßig keinerlei Auskunftspflicht. Seine Pflicht, Ausweispapiere zur Prüfung auszuhändigen, ist in Ermangelung einer Durchsuchungsbefugnis nur theoretisch vollstreckbar. Die Gesetzgeber haben hinsichtlich der Befugnis zur Befragung den Katalog der Standardmaßnahmen zur Durchsuchung von Personen und Sachen nicht erweitert. Auch die Möglichkeit eines Datenabgleichs und der Datenspeicherung ist aufgrund der fehlenden Auskunftspflicht im Rahmen der Befragung regelmäßig nicht gegeben.

D. Eingrenzung des Prüfungsgegenstandes

Wie die obige Darstellung der neuen Befugnisse zu verdachts- und anlasslosen Kontrollen veranschaulicht hat, wird gerade die Identitätsfeststellung in der Regel nicht als isolierte Maßnahme eingesetzt[193]. Vielmehr handelt es sich bei dieser Ermächtigung „um ein Befugniskonglomerat, das erst in einer Gesamtschau

---

[193] Stephan, DVBl. 1998, S. 81, 83; ebenso MVVerfG, LKV 2000, S. 149, 153.

angemessen beurteilt werden kann“[194]. Die Folgeeingriffe[195], deren Anwendung zur Durchsetzung der neuen Eingriffsbefugnis teilweise erforderlich sein werden, sind deren notwendiger Bestandteil. Erst aus ihnen erschließt sich, welche Maßnahmen zur Feststellung der Identität im Anwendungsbereich der neuen Eingriffsbefugnisse im Einzelnen getroffen werden dürfen[196]. Dadurch, dass diese Normen durch die Einführung der neuen Befugnisse in ein anderes gesetzliches Umfeld eingebettet worden sind, können von ihrer Anwendung neue belastende Wirkungen ausgehen[197]. Sie müssen daher in die Überprüfung der Zulässigkeit der neuen Befugnisse insofern einbezogen werden, als sie Relevanz im erweiterten Anwendungsfeld der Identitätsfeststellung bzw. Befragung aufweisen[198].

Die Standardbefugnisse zur Durchsuchung von Personen und Sachen sowie die Befugnisse zu weiteren Dateneingriffen und schließlich auch Vollstreckungsmaßnahmen, von denen im Gefolge oder im Vollzug der neuen Befugnisse Gebrauch gemacht wird, haben jedoch „eigenständige Bedeutungen und teilweise einen sehr breiten anderweitigen Anwendungsbereich“[199], so dass eine nähere bzw. eigenständige Untersuchung der Dogmatik bzw. Verfassungsmäßigkeit auch dieser Normen den Rahmen dieser Untersuchung sprengen würde. Deshalb können und müssen die Regelungen, die lediglich Wirkung auf der Rechtsfolgeseite der neuen Befugnisse entfalten, nur insofern Berücksichtigung erfahren, als sie Auswirkungen auf die Intensität möglicher Grundrechtseingriffe haben. Primärer Gegenstand der folgenden Untersuchung sind die zu den Zwecken der „Schleierfahndung“ eingeführten neuen Kontrollbefugnisse der beiden dargestellten Modelle.

---

194 Roggan, NordÖR 2000, S. 99, 100; ders., Polizeistaat, S. 120.

195 So bezeichnet das MVVerfG, LKV 2000, S. 149, LS Nr. 6 die Einzeleingriffe, die zur Feststellung der Identität getroffen werden können. Ein anderes Begriffsverständnis entwickelt Rachor in HdBPolR, Teil F, Rn. 317, der unter „Folgeeingriff“ den Abgleich der erhobenen Daten mit verschiedenen Datenbanken versteht.

196 Vgl. MVVerfG, LKV 2000, S. 149, 150.

197 Vgl. MVVerfG, LKV 2000, S. 149, 150 m.w.Nw.

198 Vgl. MVVerfG, LKV 2000, S. 149, 150.

199 So zutreffend Weingart, BayVBl. 2001, S. 69, 72.

2. Teil: Dogmatik neuer Befugnisse zu verdachts- und anlassunabhängigen Polizeikontrollen

Kritiker[200] der neuen Befugnisse zu verdachts- und anlassunabhängigen Polizeikontrollen vertreten die These, diese seien ein Novum, d.h. systemwidrige Ausnahmevorschriften im dogmatischen System des Allgemeinen Polizeirechts und markierten eine „neue Dimension polizeilichen Zugriffs“[201]. Einigen Gesetzesentwürfen wurde bereits im Rahmen des Gesetzgebungsverfahrens entgegengehalten, diese gäben die „überkommene Störerdogmatik“ des Polizeirechts auf[202]. Bereits die Bezeichnung der Kontrollen als „verdachts- und anlassunabhängig“ wurde zum Anlass genommen, das Verhältnis der neuen Befugnisse zu den dogmatischen Grundsätzen des Allgemeinen Polizeirechts zu beleuchten. Im Folgenden soll diesen Thesen nachgegangen und unter Freilegung der dogmatischen Strukturen der neuen Befugnisse zu einer Aussage darüber gelangt werden, ob sich diese in das dogmatische System des Allgemeinen Polizeirechts einfügen (lassen).

Zunächst ist der für die neuen Befugnisse maßgebliche Prüfungsmaßstab herauszuarbeiten. Da anzunehmen ist, dass es sich bei den neuen Befugnissen nicht um klassische Gefahrenabwehr-, sondern um sogenannte Vorfeldbefugnisse handelt, ist zu untersuchen, ob und unter welchen Voraussetzungen Vorfeldbefugnisse bereits Bestandteil polizeirechtlicher Dogmatik sind. Dazu ist der Vorfeldbereich von der klassischen Gefahrenabwehr abzugrenzen und zu untersuchen, ob und wenn ja welche Art von Gefahr Eingriffe im Vorfeld voraussetzen (A). Vor dem Hintergrund dieses Prüfungsmaßstabes wird sodann untersucht, ob es sich bei den neuen Befugnissen ihren allgemeinen Merkmalen nach um Vorfeldbefugnisse handelt und ob ihre dogmatischen Strukturen der Dogmatik bisher bekannter Vorfeldbefugnisse entsprechen. Die Modelle der Identitätsfeststellung und der Befragung werden dabei getrennt voneinander untersucht. Soweit die Untersuchung ergibt, dass die neuen Befugnisse sich systemwidrig von der Typik der Vorfeldbefugnisse abgrenzen, werden Regelungsvorschläge unterbreitet, mit Hilfe derer die neuen Befugnisse in das dogmatische System des Allgemeinen Polizeirechts eingepasst werden können (B).

---

[200] Vor allem Lisken, NVwZ 1998, S. 22 ff.; ders., DRiZ 2000, S. 272 ff.; Kutscha, NJ 2000, S. 63 ff.; ders., KJ 1998, S. 399 ff.; Roggan, NordÖR 2000, S. 99 ff.; ders., cilip 67 (3/2000), S. 2 ff.; ders., Polizeistaat, S. 105 ff.; Stephan, DVBl. 1998, S. 81 sieht die „überkommenen rechtsstaatlichen Grundfeste(n) des Polizeirechts“ bedroht.

[201] Möllers, NVwZ 2000, S. 382.

[202] Von Filseck, Die Polizei 97, S. 70, 72 zu § 26 Abs. 1 Nr. 6 PolG BW mit entsprechenden Nachweisen.

Die Frage, inwieweit der Anwendungsbereich der neuen Befugnisse eingeschränkt werden muss, ist jedoch letztlich eine Frage ihrer Verfassungs-, d.h. insbesondere ihrer Verhältnismäßigkeit[203], auf die erst im Anschluss an die Darstellung der Dogmatik eingegangen wird. Die Präzisierung der dogmatischen Struktur der neuen Befugnisse macht es jedoch möglich, rechtsstaatliche Bedenken, die gegen die neuen Eingriffsermächtigungen der Polizei vorgebracht werden, genauer zu erfassen[204]. Das einfache Gesetzesrecht hat in diesem Sinne für eine „materielle Konkretisierung und verfahrenstechnische Umhegung der eingeräumten Kontrollen Sorge (zu) tragen"[205].

A. Dogmatik polizeilicher Vorfeldbefugnisse

Im Hinblick auf die dogmatischen Strukturen polizeilicher Vorfeldbefugnisse aufschlussreich ist ein Blick auf ihre Entwicklung sowie ihre allgemeinen Merkmale.

I. Entwicklung polizeilicher Vorfeldbefugnisse

Im Zuge der „stufenweisen Zurückdrängung des konkreten Gefahrerfordernisses als Tatbestandsmerkmal der Personenkontrolle"[206] ist auf dem Gebiet der Datenerhebung der Bereich des Gefahrenvorfeldes zu dem der klassischen Gefahrenabwehr hinzugekommen. Ein erster Entwicklungsschub ist dahingehend im Musterentwurf für ein einheitliches Polizeigesetz[207] zu erkennen, der Kontrollmöglichkeiten an „gefährlichen"[208] und „gefährdeten"[209] Orten eingeführt und dabei die polizeiliche Befugnis zur Personenkontrolle vom konkreten Gefahrerfordernis losgelöst hat[210]. Darin, dass polizeiliche Befugnisse nicht an das Vor-

---

[203] So zutreffend Hoppe, Diss., S. 168 generell bezogen auf Vorfeldbefugnisse.
[204] So Darnstädt, Diss., S. 205.
[205] Möllers, NVwZ 2000, S. 382.
[206] Möllers, NVwZ 2000, S. 382 f.
[207] ME PolG vom 25. November 1977, abgedruckt bei Heise/Riegel.
[208] § 9 Abs. 2 Nr. 2 ME PolG; übernommen in § 26 I Nr. 2 PolG BW; Art. 13 I Nr. 2 Bay PAG; § 21 II Nr. 1 ASOG Bln; § 12 I Nr. 2 BbgPolG; § 11 I Nr. 2 BremPolG; § 18 II Nr. 1 HSOG; § 29 I Nr. 1 SOG MV; § 13 I Nr. 2 NGefAG; § 12 I Nr. 2 NWPolG; § 10 I Nr. 1 RhPfPOG; § 9 I Nr. 2 SPolG; § 19 I Nr. 2 SächsPolG; § 20 II Nr. 1 SOG LSA; § 181 Nr. 1 SchlHVG; § 14 I Nr. 2 ThürPAG. § 12 HbgSOG kennt eine solche Regelung nicht.
[209] § 9 Abs. 2 Nr. 3 ME PolG; übernommen in § 26 I Nr. 3 BWPolG; Art. 13 I Nr. 3 Bay PAG; § 21 II Nr. 3 ASOG Bln; § 12 I Nr. 3 BbgPolG; § 18 II Nr. 3 HSOG; § 29 I Nr. 2 SOG MV; § 13 I Nr. 3 NGefAG; § 12 I Nr. 3 NWPolG; § 10 I Nr. 2 RhPfPOG; § 9 I Nr. 3 SPolG; § 19 I Nr. 3 SächsPolG; § 20 II Nr. 3 SOG LSA; § 181 Nr. 2 SchlHVG; § 14 I Nr. 3 ThürPAG. §§ 11 BremPolG, 12 HbgSOG kennen eine solche Regelung nicht.
[210] Vgl. Walter, Die Polizei 1999, S. 33, 37; ebenso Möllers, NVwZ 2000, S. 382, 383.

liegen einer Gefahr, sondern an bestimmte „Verdachts-Situationen" im Vorfeld geknüpft wurden, lag eine der wesentlichsten und meist diskutierten Neuerungen im ME PolG. Diese Neuerung war Folge des massiven Anstieges der Gewaltkriminalität Anfang der 70er Jahre insbesondere durch den als neuartige Bedrohung für den Staat verstandenen Terrorismus und die organisierte Kriminalität sowie der damit verbundenen Forderung nach entsprechenden Schutzmaßnahmen für Bürger und Staat[211]. Der ME PolG wurde zur Grundlage einer neuen Generation von Landespolizeigesetzen. Mit zahlreichen Unterschieden wurden die in ihm enthaltenen Regelungen in den 70er und 80er Jahren in die Länderpolizeigesetze aufgenommen[212]. Um den verfassungsrechtlichen Anforderungen des Volkszählungsurteils des Bundesverfassungsgerichts[213] gerecht zu werden, wurden 1985 und 1986 bei grundlegender Überarbeitung des ME PolG die Vorentwürfe zur Änderung des ME PolG geschaffen[214]. Auf der Grundlage des VE ME PolG in der Fassung vom 12. März 1986 wurden schließlich in den Jahren 1986 bis 1994 die Länderpolizeigesetze novelliert[215] sowie die Polizeigesetze der neuen Bundesländer erarbeitet.

Vorfeldbefugnisse gibt es über das Allgemeine Polizeirecht hinaus in großer Zahl in anderen Gesetzen, sei es im Bereich des Umweltrechts, des Wirtschaftsverwaltungsrechts oder des Straßenverkehrsrechts[216]. Gegenstand der folgenden dogmatischen Betrachtung sollen jedoch lediglich Vorfeldbefugnisse des Allgemeinen Polizeirechts sein. Erst im Rahmen der Prüfung der Verfassungsmäßigkeit der neuen Befugnisse wird Rückgriff auf inhaltliche Strukturen anderer Vorfeldbefugnisse genommen.

II. Merkmale polizeilicher Vorfeldbefugnisse

Die Polizeigesetze selbst definieren das polizeiliche Gefahrenvorfeld nicht[217]. Bei vergleichender Betrachtung aller Vorfeldbefugnisse im Allgemeinen Polizeirecht lassen sich jedoch die folgenden Gemeinsamkeiten herausarbeiten:

---

[211] Hoppe, Diss., S. 67 m.w.Nw.
[212] Hoppe, Diss., S. 68.
[213] Urteil vom 15. Dezember 1983, BVerfGE 65, 1 ff.
[214] Abgedruckt in cilip 21 (2/1985), S. 44 ff. sowie in cilip, 24 (2/1986), S. 74 ff.
[215] Hoppe, Diss., S. 68 mit einer Aufzählung der einzelnen Bundesländer und ihres Novellierungsjahres.
[216] Nur beispielhaft seien hier benannt: Kontrollmaßnahmen zur Bekämpfung des Leistungsmissbrauchs nach §§ 304, 305 Sozialgesetzbuch III, Überprüfungsmaßnahmen nach § 52 Abs. 2 BImSchG, Überwachung des Güterkraftverkehrs nach § 21a Abs. 2 Güterkraftverkehrsgesetz, Grenzkontrollen des BGS nach § 2 BGSG, Verkehrskontrollen nach § 36 Abs. 5 StVO.
[217] So auch Koch, Diss., S. 85.

1. Tatsachen und tatsächliche Anhaltspunkte

Polizeirechtliche Datenerhebungsbefugnisse im Vorfeld einer Gefahr sind überwiegend durch die Formulierung gekennzeichnet, dass „Tatsachen bzw. tatsächliche Anhaltspunkte die Annahme rechtfertigen" müssen, dass Straftaten begangen werden sollen[218]. Die Polizei darf damit auch im Vorfeld nicht aufgrund bloßer Vermutungen tätig werden. Reine Ausforschungen ins Blaue hinein sind unzulässig. Die auf Tatsachen beruhenden polizeilichen Erkenntnisse können sich aus eigenen Beobachtungen der Polizei, der Kriminalitätsstatistik, aus Anzeigen der Bevölkerung oder aus Mitteilungen anderer Behörden ergeben. Allerdings muss es sich dabei um Erkenntnisse handeln, die über einen längeren Zeitraum hinweg gewonnen wurden. Einzelbeobachtungen reichen nicht aus. Die erforderlichen Anhaltspunkte, deren Vorliegen gerichtlich nachprüfbar ist, müssen bereits vor der Personenfeststellung bekannt sein[219].

Beispielhaft seien hier die Befugnisse zur Identitätsfeststellung an „gefährlichen" Orten herausgegriffen, die seit dem ME PolG in den Polizeigesetzen nahezu aller Länder enthalten sind. Diese erlauben der Polizei unabhängig vom Vorliegen einer konkreten Gefahr und der Anknüpfung an die Störereigenschaft Identitätsfeststellungen bei Personen, die sich an Orten aufhalten, von denen aufgrund von Tatsachen bzw. tatsächlichen Anhaltspunkten angenommen wird, dass sich dort erfahrungsgemäß Straftäter verbergen, Personen Straftaten verabreden, vorbereiten oder verüben, sich dort ohne Aufenthaltserlaubnis treffen oder der Prostitution nachgehen[220]. Der Begriff des „gefährlichen" Ortes ist eine Sammelbezeichnung für solche Straßen, Plätze oder Räumlichkeiten, denen wegen der dort zu verzeichnenden Häufung dunkler Existenzen ein gewisses Gefährdungspotential anhaftet. Im Polizeirecht sind damit bestimmte Vergnügungsviertel, Lokale, Großstadtbahnhöfe, Parkplätze, U-Bahnhöfe, Tiefgaragen sowie Parkanlagen gemeint. Die Polizeigesetze definieren den Begriff der „gefährlichen Orte" selbst nicht, nehmen dafür aber eine Typisierung dieser Lokalitäten vor. Die vorangegangene Aufzählung der möglichen Orte ist deshalb keineswegs abschließend.

2. Zur vorbeugenden Bekämpfung von Straftaten

Einige Befugnisse in den Landespolizeigesetzen lassen Datenerhebungen ohne einen - zumindest ausdrücklichen - Bezug auf Tatsachen bzw. tatsächliche An-

---

218 Vgl. die Zusammenfassung von Koch, Diss., S. 79 m.w.Nw.
219 Gusy, Polizeirecht, Rn. 200.
220 Vgl. im Einzelnen Rachor in HdBPolR, Teil F, Rn. 326-330 mit einer Aufzählung der einzelnen Landesbefugnisse.

haltspunkte „zur vorbeugenden Bekämpfung von Straftaten“ zu[221]. Aus ihrer Formulierung ist zu schließen, dass jede Tätigkeit umfasst sein soll, die der vorbeugenden Bekämpfung von Straftaten dient. Es handelt sich deshalb auch bei diesen Befugnissen um vorgelagerte Eingriffsermächtigungen, die Ermittlungen im Vorfeldbereich gestatten[222].

Eine Legaldefinition für den Begriff der „vorbeugenden Bekämpfung von Straftaten“ findet sich in § 1 Abs. 1 S. 2 VE ME PolG. Danach gehören „zur vorbeugenden Bekämpfung von Straftaten“ zum einen die „Vorsorge für die Verfolgung künftiger Straftaten“ und zum anderen die „Verhütung künftiger Straftaten“. Die neuen Landespolizeigesetze haben die „vorbeugende Bekämpfung von Straftaten“ in unterschiedlicher Weise geregelt[223]. Eine Reihe von Polizeigesetzen definiert ähnlich wie der VE ME PolG - dabei jedoch nicht einheitlich - die „vorbeugende Bekämpfung von Straftaten“ in der generellen Aufgabennorm. In der Mehrzahl der Fälle wird der Definition des VE ME PolG gefolgt, teilweise beschränken die Legaldefinitionen die vorbeugende Bekämpfung jedoch auf die Verhütung „zu erwartender Straftaten“. In einigen Polizeigesetzen erscheint der Begriff der „vorbeugenden Bekämpfung von Straftaten“ weder in der Aufgabennorm noch in der Generalklausel, sondern lediglich in speziellen Tatbeständen zur Datenerhebung. In wieder anderen Landespolizeigesetzen wird der Begriff sowohl in der Aufgabennorm als auch in speziellen Befugnissen benannt[224]. Selbst wenn jedoch die Aufgabennorm nicht den Befugnissen entsprechend erweitert wurde, ist eine Aufgabenerweiterung notwendige Konsequenz der Ausweitung der Befugnisse, da die Einräumung letzterer ohne eine entsprechende Aufgabenzuweisung unsinnig wäre.

Bei den polizeirechtlichen Maßnahmen zur „vorbeugenden Bekämpfung von Straftaten“ handelt es sich ausnahmslos um Maßnahmen zur Datenverarbeitung in den Formen der Datenerhebung, -speicherung, -veränderung, -nutzung sowie -übermittlung und des Datenabgleichs. Problematisch bei diesen Befugnissen ist, dass der Wortlaut die Eingriffsvoraussetzungen nur unvollkommen beschreibt, d.h. dass sich aus dem Gesetz nicht ergibt, unter welchen tatsächlichen Gegebenheiten die Maßnahmen ergriffen werden dürfen. Die tatbestandlichen Voraussetzungen für ein Tätigwerden zum Zwecke der vorbeugenden Straftatenbekämpfung sind im allgemeinen weit gefasst. Die Struktur dieser Normen ist deutlich final: sie stellen eine Zielbestimmung voran und benennen dann zulässige Mittel, mit denen das Ziel angestrebt werden darf. Teilweise wird deshalb eine Einschränkung der Befugnisse durch verfassungskonforme Auslegung verlangt. Erhebungen „ins Blaue hinein“ sollen unzulässig sein; für eine Kontrolle

[221] Vgl. Koch, Diss., S. 86.
[222] Koch, Diss., S. 84 m.w.Nw. sowie S. 86.
[223] Vgl. die Zusammenfassung von Hoppe, Diss., S. 26 m.w.Nw.
[224] Vgl. Hoppe, Diss., S. 26 mit einer entsprechenden Aufzählung.

müsse zumindest ein hinreichender Anlass gegeben sein[225]. Unklar bleibt auch dabei, ob polizeiliche Vorfeldmaßnahmen auch auf bloße allgemeine Erfahrungssätze gestützt werden dürfen[226]. Folgt man dieser Auffassung, unterscheiden sich diese Regelungen inhaltlich nicht wesentlich von Tatbeständen des Gefahrenvorfeldes, die „Tatsachen bzw. tatsächliche Anhaltspunkte" voraussetzen. Strukturelemente auch dieser Vorfeldbefugnisse sind dann eine Tatsachenbasis und eine hierauf gegründete Prognose. Vor diesem Hintergrund wird angesichts bereits aufgetretener Anwendungsschwierigkeiten vereinzelt vorgeschlagen, an den Bestimmungen festzuhalten, in denen die Eingriffsvoraussetzungen mit der Formulierung „Tatsachen bzw. tatsächliche Anhaltspunkte" eindeutig normiert sind. Es sei lediglich verwirrend, wenn das gleiche Tätigkeitsfeld in uneinheitlicher Weise - zum einen durch die Voraussetzung von „Tatsachen bzw. tatsächlichen Anhaltspunkten", zum anderen durch die Zweckbestimmung „zur vorbeugenden Bekämpfung von Straftaten" - beschrieben wird[227]. Eine solche Vereinheitlichung liege auch angesichts dessen nahe, dass die Länder, die Ermittlungen „zur vorbeugenden Bekämpfung von Straftaten" zulassen, an anderer Stelle auf die ansonsten benutzte Formulierung der „Tatsachen bzw. tatsächlichen Anhaltspunkte" verweisen[228].

III. Gefahrengrundlage polizeilicher Vorfeldbefugnisse

Fraglich ist, ob sich Vorfeldmaßnahmen durch einen der für das klassische Gefahrenabwehrrecht entwickelten Gefahrenbegriffe legitimieren und auf diese Weise auf das dogmatische System des Allgemeinen Polizeirechts zurückführen lassen. Zu dieser Frage haben sich trotz einer breiten Auseinandersetzung mit den verschiedenen Vorfeldbefugnissen[229] noch keine festen Meinungen durchgesetzt, geschweige denn gefestigt. Zwar werden Tendenzen, angesichts neuer Risiken im Bereich der klassischen Polizeiaufgaben polizeiliche Schadensverhütung bereits frühzeitiger und umfassender ansetzen zu lassen, in der Literatur insgesamt facettenreich diskutiert[230]. In krassem Missverhältnis zu der Häufigkeit der Äußerung rechtsstaatlicher Bedenken gegen die damit einhergehende Erweiterung polizeilicher Eingriffsbefugnisse[231] in das Vorfeld hinein steht je-

---

225 SächsVerfGH, DVBl. 1996, 1423, 1438; Koch, Diss., S. 84 und S. 82 der darauf hinweist, dass die Rechtsprechung zu Vorfeldbefugnissen im allgemeinen dazu nicht ganz einheitlich erscheint.
226 Vgl. Koch, Diss., S. 84 und S. 82.
227 Koch, Diss., S. 85.
228 Koch, Diss., S. 84 f. m.w.Nw.
229 Vgl. zu der Thematik nur Hoffmann-Riem, JZ 1978, S. 335 ff.; Darnstädt, Diss., S. 205 ff.; Wesslau, Diss., S. 295; Neumann, Diss., S. 60; Hoppe, Diss., S. 155 bis 168.
230 Darnstädt, Diss., S. 121 m.w.Nw.
231 Vgl. Hoffmann-Riem, JZ 1978, S. 335; in jüngerer Zeit insbesondere Lisken, NVwZ 1998, S. 22 ff.; Roggan, Polizeistaat, S. 105 bis 127.

doch der Mangel an Versuchen, Vorfeldtatbestände daraufhin zu untersuchen, in welcher Art und in welchem Umfang hier Prognose- und Wertungsaufgaben an die Verwaltung gestellt werden. Entsprechend wenige befriedigende Versuche liegen vor, Vorfeldbefugnisse systematisch in die dogmatischen Strukturen des Allgemeinen Polizeirechts zu integrieren[232].

1. Legitimierung durch konkrete Gefahr

Dort, wo Eingriffsbefugnisse polizeiliche Maßnahmen an das Vorliegen einer „Gefahr" knüpfen, ist nach unbestrittener Ansicht eine „konkrete Gefahr" gemeint, sofern nicht ohnehin spezielle Eingriffsvoraussetzungen normiert sind[233]. Nach allgemeiner Ansicht ist in Ausnahmefällen ein polizeiliches Einschreiten auch dann möglich, wenn objektiv (noch) keine Gefahrenlage, d.h. keine konkrete Gefahr im engeren Sinne gegeben ist. Für diese Fälle sind die Begriffe der Putativgefahr, der Anscheinsgefahr sowie des Gefahrenverdachts entwickelt worden, die auf der Grundlage einer Subjektivierung des Gefahrenabwehrrechts[234] die Grenzen des Gefahrbegriffs abstecken[235].

a. Konkrete Gefahr

aa. Definition

Eine konkrete Gefahr meint eine Sachlage, bei der im Einzelfall die hinreichende Wahrscheinlichkeit besteht, dass in absehbarer Zeit ein Schaden für die öffentliche Sicherheit oder Ordnung eintreten wird[236]. Erst ein begründetes Urteil über die Wahrscheinlichkeit einer zunächst bloß möglichen Schadensverwirklichung kann also polizeiliches Handeln zur Abwehr einer konkreten Gefahr legi-

---

232 So die Feststellung von Darnstädt, Diss., S. 121 f. m.w.Nw.

233 Götz, Polizeirecht, 12. Aufl., Rn. 144; Darnstädt, Diss., S. 31 f.; ebenso Roggan, Polizeistaat, S. 122; anders umfasst die bloße Aufgabennorm neben der konkreten Gefahr auch die abstrakte Gefahr: vgl. dazu Staats, DÖV 1979, S. 158.

234 Siehe dazu Schlink, Jura 1999, S. 169 ff. sowie Poscher, Diss., S. 25 ff.

235 In seiner grundlegenden Arbeit zur Gefahrenabwehr, als deren Ergebnis der Entwurf eines dogmatischen Systems des Rechts der Gefahrenabwehr vorgelegt wird, plädiert Poscher unter Ablehnung der Subjektivierung des Gefahrenabwehrrechts für einen objektiven Gefahrenbegriff und eine objektiv bestimmte Verantwortlichkeit. Poscher zeigt die Defizite des vom derzeitigen dogmatischen Meinungsstand zugrundegelegten subjektiven Maßstabes systematisch auf und weist nach, dass mit Hilfe eines objektiven Ansatzes das Recht der Gefahrenabwehr von „dogmatischem Ballast" befreit sowie „konsistenter, einfacher und effektiver als seine bisherigen Interpretationen" gestaltet werden könnte (Poscher, Diss., S. 204).

236 Waechter, Polizeirecht, S. 17; Hoppe, Diss., S. 82; Roggan, Polizeistaat, S. 122; ebenso die Legaldefinition in § 2 Nr. 3a BremPolG.

timieren[237]. Zum einen wird damit die Grenze zur bloß entfernten Möglichkeit des Schadenseintritts markiert, die nicht zur Annahme einer polizeirechtlichen Gefahr ausreicht[238]. Der Unterschied zwischen Möglichkeit und Wahrscheinlichkeit ergibt sich dabei nicht aus der *Art* der Sachlage, die der Prognose zugrunde liegt, sondern ist ein Unterschied in der *Betrachtung* der Sachlage. Die Möglichkeit eines Schadens stellt man fest, indem man ermittelt, ob es *einen* Umstand gibt, der Bedingung eines Schadens ist. Spricht man von Wahrscheinlichkeit, macht man eine Aussage über die gesamte tatsächliche Lage, nachdem sämtliche für und gegen den Eintritt eines Schadens sprechenden, d.h. *alle* bestehenden Bedingungen gegeneinander abgewogen und nach dem erfahrungsmäßigen voraussichtlichen Zusammenwirken beurteilt wurden[239]. Zum anderen erfährt die hinreichende Wahrscheinlichkeit eine Einschränkung dergestalt, dass zu ihrer Annahme keine Gewissheit eines Schadenseintritts vorzuliegen braucht[240]. Um den zwischen Möglichkeit und Gewissheit liegenden Sicherheitsgrad der Wahrscheinlichkeit, der für die Annahme einer Gefahrenlage festgestellt werden muss, zu konkretisieren, ist die Formel entwickelt worden, dass der Eintritt eines Schadens dann hinreichend wahrscheinlich ist, wenn eine nach der Lebenserfahrung begründete Befürchtung der Gefahrenverwirklichung vorliegt[241].

Über diesen Stand hinaus muss hinsichtlich des Grades der Wahrscheinlichkeit weiter differenziert werden. So ist der erforderliche Sicherheitsgrad der Prognose zum einen abhängig von dem Rang des Rechtsgutes, in das zur Schadensabwehr eingegriffen werden soll[242]. Je höherwertig dieses Rechtsgut ist, desto höher sind die Anforderungen, die an den Sicherheitsgrad zu stellen sind[243]. Zum anderen beeinflusst vor allem auch der Rang des polizeilichen Schutzgutes den Grad der hinreichenden Wahrscheinlichkeit. Die Anforderungen an den erforderlichen Grad sinken mit dem Wert des zu schützenden Rechtsgutes, so dass, wo besonders hochwertige Schutzgüter bedroht sind, auch schon die entferntere Möglichkeit eines Schadens die begründete Befürchtung seines Eintritts auslösen kann. Es fließt somit eine wertende Abwägung in die Wahrscheinlichkeitsprognose ein[244].

---

[237] Hoppe, Diss., S. 82.

[238] Drews u.a., Gefahrenabwehr, 9. Aufl., S. 223 m.w.Nw.; Darnstädt, Diss., S. 35 ff., insbesondere S. 37 erläutert die Differenz zwischen „Wahrscheinlichkeit" und „Möglichkeit" präzise.

[239] Darnstädt, Diss., S. 38.

[240] Götz, Polizeirecht, 12. Aufl., Rn. 142.

[241] Drews u.a., Gefahrenabwehr, 9. Aufl., S. 224; Götz, Polizeirecht, 12. Aufl., Rn. 142.

[242] Drews u.a., Gefahrenabwehr, 9. Aufl., S. 224 m.w.Nw.; OVG Saarlouis, DÖV 1973, S. 863 f.

[243] Vgl. dazu Darnstädt, Diss., S. 75 ff.

[244] Drews u.a., Gefahrenabwehr, 9. Aufl., S. 224.

Gelegentlich wird die Wahrscheinlichkeit als alleiniger Maßstab für die Bestimmung der Gefahr für unbrauchbar gehalten. Statt dessen wird eine Gefahr beschrieben als der letztmögliche Zeitpunkt zur Verhinderung der Rechtsverletzung[245]. Die Einbeziehung des Eingriffszeitpunktes in die Wahrscheinlichkeitsprognose sei notwendig, um einer Ausuferung des Gefahrenbegriffs dergestalt vorzubeugen, dass bei der Annahme eines extrem großen drohenden Schadens die Konstruktion beliebiger Gefahren möglich ist[246]. Erst der letztmögliche Zeitpunkt zur Verhinderung eines Schadenseintritts sei daher der rechtmäßige Handlungszeitpunkt und nicht etwa der frühestmögliche bzw. jeder beliebige spätere, denn nur zu diesem letztmöglichen Zeitpunkt könne feststehen, dass es nicht durch die Erlangung weiterer Informationen zu einer anderen Beurteilung der Sachlage kommen kann, die den polizeilichen Eingriff in Rechtsgüter entbehrlich macht[247]. Nur durch Bezug auf den maßgeblichen Eingriffszeitpunkt könne die Prognosequalität einerseits und die Abwehreffektivität andererseits optimiert werden[248].

bb. Abgrenzung zum Vorfeld

Einigkeit besteht darüber, dass Vorfeldbefugnisse keine konkrete Gefahr voraussetzen[249]. Wodurch und in welchem Maße sich das Gefahrenvorfeld jedoch von der konkreten Gefahr abgrenzt, ist unklar. Es lässt sich insbesondere aus dem Gesetz nichts entnehmen. Aus den Gesetzesbegründungen ergibt sich lediglich, dass sich die Hinweise im Vorfeld noch nicht zu einer konkreten Gefahr verdichtet haben müssen. Ausreichend seien bereits Indizien, die es nach polizeilicher Erfahrung möglich erscheinen lassen, dass eine Rechtsverletzung bevorsteht[250]. Daraus folgt nur, dass für die Abgrenzung des Vorfeldes von der Gefahr der Grad der Wahrscheinlichkeit des Schadenseintritts entscheidend ist und dass die entsprechenden Anforderungen für das Vorfeld herabgesetzt wurden. Die Abgrenzung zwischen Gefahr und Vorfeld wird dem entsprechend zunächst auf die Unterscheidung von „Wahrscheinlichkeit“ und „Möglichkeit“ gestützt. In Abgrenzung zum Gefahrenbegriff liege das Charakteristische der Vorfeldermittlungen darin, dass der Eingriff auch bei einfachen Rechtsgutsverletzungen vorgenommen werden darf, wenn lediglich die entfernte Möglichkeit des Schadenseintritts besteht[251]. Es sei geradezu „Maxime der Vorsorge“, dass auch die noch nicht wahrscheinlichen, aber bereits möglichen Gefahrenquellen einge-

---

[245] Darnstädt, Diss., S. 75 bis 85.
[246] Darnstädt, Diss., S. 77.
[247] So auch Hoppe, Diss., S. 85.
[248] Darnstädt, Diss., S. 89.
[249] Statt vieler Götz, NVwZ 1998, S. 679.
[250] Koch, Diss., S. 80 mit entsprechenden Nachweisen in Fn. 292.
[251] Koch, Diss., S. 85.

grenzt und zum Gegenstand eigenständiger Regelungen werden[252]. Eine präzise Grenzziehung gelingt anhand dieser Unterscheidung jedoch nicht[253]. Auch die Gesetzesbegründungen sind letztlich nicht eindeutig, denn sie verlangen einerseits, dass die Prognose, dass ein Schaden eintreten wird, gesichert sein müsse und halten andererseits eine hinreichende Schadensfeststellung für ausreichend[254]. Der für einen Eingriff erforderliche Grad der Wahrscheinlichkeit drohender Gefahren im Vorfeld bleibt daher solange unbestimmt, bis eine konkrete Eingrenzung auf der Ebene der Befugnisnormen vorgenommen wird[255].

Wendet man das Kriterium des maßgeblichen Eingriffszeitpunktes auf das Gefahrenvorfeld an, ergibt sich eine anschaulichere Unterscheidung. Anders als die konkrete Gefahr ist das Vorfeld der Gefahr zeitlich nicht begrenzt[256]. Es umfasst vielmehr die Vorbereitung auf zeitlich und räumlich noch entfernte Gefahren[257]. Vorfeldmaßnahmen weisen nicht die bei der klassischen Gefahrenprognose notwendige Nähe zum Schadenszeitpunkt auf[258]. Sie sind nämlich - anders als Gefahrenabwehreingriffe, die erst zum letztmöglichen Zeitpunkt zulässig sind - auch dann erlaubt, wenn auch noch später eingegriffen werden kann, um die befürchtete Rechtsverletzung abzuwenden[259]. Dem kann nicht entgegengehalten werden, dass sich bei den Vorfeldeingriffen nicht abschätzen ließe, ob ein weiteres Abwarten risikolos möglich wäre[260], da diese einen polizeilichen Eingriff eben bereits deutlich vor dem Zeitpunkt zulassen, zu dem mit der für das Vorliegen einer konkreten Gefahr geforderten hinreichenden Wahrscheinlichkeit der Eintritt eines Schadens prognostiziert werden kann. Es muss im Vorfeld gerade nicht abgeschätzt werden, welche Konsequenzen ein weiteres Abwarten mit sich bringt, sondern es kann ohne weiteres eingegriffen werden. Der Zeitpunkt, zu dem die Informationserhebung bereits möglich ist, kann damit nie als der letztmögliche Zeitpunkt betrachtet werden, ab dem ein weiteres Abwarten auf zusätzliche Informationen die Effektivität der Schadensverhinderung mindern würde. Vielmehr sind auch nach diesem Eingriffszeitpunkt viele weitere Zeitpunkte denkbar, die dem befürchteten Schadenseintritt erheblich näher stehen und eine Schadensverhinderung noch zulassen[261].

---

[252] Neumann, Diss., S. 93.
[253] So auch Neumann, Diss., S. 90, der den Rückgriff auf diese Kriterien jedoch als richtig und maßgeblich betrachtet.
[254] Koch, Diss., S. 83 m.w.Nw.
[255] Waechter, Polizeirecht, Rn. 275.
[256] Neumann, Diss., S. 70.
[257] Waechter, Polizeirecht, Rn. 275.
[258] Hoppe, Diss., S. 86.
[259] Koch, Diss., S. 81.
[260] So aber Koch, Diss., S. 81, der deshalb meint, es wäre sinnvoller, die Annahme des Gefahrenvorfelds ausschließlich davon abhängig zu machen, wie sicher die Anfangsprognose ist, dass eine Straftat begangen wird.
[261] Hoppe, Diss., S. 85; Darnstädt, Diss., S. 79.

Eine konkrete Gefahr kann nicht allein mit der Begründung angenommen werden, dass auch im Vorfeld auf der Grundlage der erforderlichen tatsächlichen Anhaltspunkte eine Prognose über die Wahrscheinlichkeit einer erstmaligen oder erneuten Straftatenbegehung durch die betroffene Person erstellt wird. Zwar könnte man annehmen, dass damit bereits alle als relevant erkennbaren und zum Prognosezeitpunkt verfügbaren Informationen in die Gefahrenprognose eingeflossen seien[262]. Das würde aber genau zu jener Ausuferung des Gefahrenbegriffs führen, die durch die an den Prognosezeitpunkt zu stellenden Anforderungen vermieden werden sollen. Gerade dadurch, dass bis zum Eintritt des befürchteten Schadens noch viele weitere Informationen abgewartet werden können, die den Grad der Sicherheit des Schadenseintritts erhöhen würden, ohne dass ein immer noch rechtzeitiges Eingreifen zur Verhinderung des Schadens auszuschließen wäre, wird das Vorfeld von der konkreten Gefahr getrennt[263]. Maßnahmen zur vorbeugenden Bekämpfung von Straftaten können daher nicht als Maßnahmen zur Abwehr einer konkreten Gefahr betrachtet werden[264]. Das Vorfeld von Straftat und Polizeigefahr spielt sich vielmehr in einem Bereich der Gesellschaft ab, in dem ein normales, ungestörtes Zusammenleben der Bürger stattfindet. Mit dem Wegfall des Gefahrerfordernisses wird automatisch auch das persönliche Zurechnungskriterium aufgehoben, da, wo keine Gefahr ist, begriffslogisch auch kein Störer sein kann[265].

b. Putativ- und Anscheinsgefahr

Eine sogenannte Putativgefahr[266] liegt vor, wenn die Polizei aufgrund subjektiver, mit den tatsächlichen Gegebenheiten nicht übereinstimmender Vorstellungen des handelnden Beamten zu dem Ergebnis kommt, es liege eine Gefahr vor. Eine solche Putativgefahr fällt nicht - auch nicht grenzwertig - unter den Begriff der Gefahr im polizeirechtlichen Sinne. Ein Eingreifen der Polizei in solchen Fällen ist rechtswidrig[267]. Entsprechend können auch Maßnahmen zur vorbeugenden Bekämpfung von Straftaten nicht durch die Annahme einer Putativgefahr gerechtfertigt werden.

Zwar erweist sich die Beurteilung einer Situation als „gefährlich" auch bei der Anscheinsgefahr als fehlerhaft. Jedoch beruht die Qualifizierung hier nicht auf einem vorwerfbaren Irrtum des handelnden Beamten, sondern entspricht dem

---

[262] Diesen Ansatz erkennt Hoppe, Diss., S. 86.
[263] Hoppe, Diss., S. 86.
[264] Hoppe, Diss. S. 86; ebenso Neumann, Diss., S. 55; ausführlich Wesslau, Diss., S. 28 ff.
[265] Poscher, Diss., S. 128 f.
[266] Auch Scheingefahr genannt.
[267] Hoppe, Diss., S. 87 m.w.Nw.

Urteil eines fähigen, besonnenen und sachkundigen Amtswalters[268]. Mag die Schadensnähe bei der Anscheinsgefahr auch nur gedacht sein, ist sie doch zur Legitimation eines Gefahrenabwehreingriffes ausreichend, denn im übrigen ergeben sich keine Unterschiede zur konkreten Gefahr[269]. Im Falle der vorbeugenden Bekämpfung von Straftaten wird jedoch auch das Urteil eines besonnenen und sachkundigen Amtswalters nicht dahingehend ausfallen, dass ein Schaden nach dem ihm zur Verfügung stehenden Erfahrungssätzen mit hinreichender Wahrscheinlichkeit eintreten wird.

c. Konkreter Gefahrenverdacht

Ein Gefahrenverdacht[270] wird durch eine im maßgeblichen Zeitpunkt unklare Sachlage hervorgerufen, die ebenso gut gefährlich wie ungefährlich sein kann[271]. Im Gegensatz zur Situation bei der Anscheinsgefahr sind dem Handelnden hier jedoch die Unsicherheiten seiner Prognose bewusst[272]. Erscheint ein weiteres Abwarten bis zur Erlangung etwaiger zusätzlicher Informationen zu riskant, sind im Rahmen der durch den Verhältnismäßigkeitsgrundsatz gezogenen Grenzen sogenannte Gefahrerforschungsmaßnahmen zulässig[273].

Fraglich ist, ob Vorfeldmaßnahmen als solche Gefahrerforschungsmaßnahmen angesehen werden können. Teilweise wurde die dogmatische Konstruktion des Gefahrenverdachts für Vorfeldbefugnisse herangezogen, um zu begründen, dass sich Maßnahmen zur vorbeugenden Bekämpfung von Straftaten in die polizeirechtliche Dogmatik einfügen und ihre Zulässigkeit daher nicht in Frage steht[274]. In neuerer Zeit versucht beispielsweise *Roggan* Vorfeldbefugnisse auf diesem Weg in das dogmatische System des Allgemeinen Polizeirechts zu integrieren. Dabei setzt er voraus, dass Datenerhebungen im Vorfeld einer Gefahr an hinreichende tatsächliche Anhaltspunkte für den Verdacht einer Gefahr anknüpfen müssen, für die die Polizei die Beweislast trägt. Das tatsächliche Eintreten der Gefahr sei deshalb wenigstens wahrscheinlich und nicht etwa nur nicht auszuschließen. Der Polizei obliege der Nachweis einer hinreichenden Wahrscheinlichkeit, denn schon im Hinblick auf eine spätere gerichtliche Kontrolle, die

---

[268] Drews u.a., Gefahrenabwehr, 9. Aufl., S. 226.
[269] Hoppe, Diss., S. 88.
[270] Poscher, Diss., S. 201 erklärt den Gefahrenverdacht zur „zentrale(n) Herausforderung für das dogmatische System des Rechts der Gefahrenabwehr".
[271] Götz, Polizeirecht, 12. Aufl., Rn. 154.
[272] Poscher, Diss., S. 120 nennt aus diesem Grund den Gefahrenverdacht, dem keine Gefahr zugrunde liegt, eine „reflektierte Anscheinsgefahr".
[273] Drews u.a., Gefahrenabwehr, 9. Aufl., S. 227. In Fällen der Anscheinsgefahr hingegen sind Gefahrerforschungseingriffe ausgeschlossen, da der von der Gefahr überzeugte Polizeibeamte keinen Anlass zu weiteren Erforschungsmaßnahmen hat, vgl. Poscher, Diss., S. 133.
[274] Vgl. Kniesel, ZRP 1987, S. 377, 380 f.; wohl auch Schäfer, GA 1986, S. 49, 66.

nicht von vornherein zum Scheitern verurteilt sein soll, sei die Offenlegung der der Polizei bekannten Indizien und Ermittlungsansätze zu fordern. Könne die Gefahreneintrittswahrscheinlichkeit dargelegt und rational nachvollzogen werden, bestehe ein „begründeter, weil begründbarer Gefahrenverdacht". In einer solchen Situation dürfe die Polizei ohnehin „gefahrerforschend und damit gefahrenabwehrend" tätig werden[275]. Daraus wiederum schließt *Roggan*, „dass aus gefahrenabwehrender Sicht eine tatsächliche Notwendigkeit für die stets beschworene Möglichkeit zur Ermittlung zur Gefahrenvorsorge bei einer dogmatisch sauberen Handhabung der polizeilichen Konzeption überhaupt nicht besteht, will man der Polizei kein völlig gefahrenunabhängiges Eingriffsinstrumentarium verschaffen"[276].

Die Annahme, dass sich aus jeder Anknüpfung an Tatsachen bzw. tatsächliche Anhaltspunkte die Wahrscheinlichkeit eines Schadenseintritts ableiten ließe, geht jedoch fehl. Zutreffend erkennt *Koch,* dass die Ausdehnung des Gefahrbegriffes auf den Gefahrenverdacht lediglich bedeutet, dass die Gefahr für den Einsatz der entsprechenden Maßnahmen *weniger* wahrscheinlich sein muss, das Charakteristische von Vorfeldermittlungen jedoch gerade darin liegt, dass der Eingriff auch vorgenommen werden darf, wenn lediglich die entfernte Möglichkeit des Schadenseintritts besteht. Bei Vorfeldmaßnahmen könne damit gerade nicht auf die Konstruktion des Gefahrenverdachts zurückgegriffen werden[277]. Auch beim Gefahrenverdacht wird nämlich die Schwelle zur bloßen Möglichkeit einer Gefahr nicht unterschritten, da es immer noch um die Abwendung einer Gefahr geht, deren Annahme eine entsprechende Wahrscheinlichkeitsprognose voraussetzt. Auch beim Gefahrenverdacht wird also auf der Grundlage vorhandenen Wissens eine Prognose gestellt, die die Befürchtung eines Schadenseintritts zulässt, auch wenn die Wahrscheinlichkeit geringer sein darf, als für die Annahme einer konkreten Gefahr im engeren Sinne erforderlich[278]. Bei den Vorfeldermächtigungen handelt es sich zwar gegenüber der klassischen Polizeirechtsdogmatik nicht um etwas kategorisch Anderes[279]. Vielmehr sind sowohl klassische Gefahrenabwehrbefugnisse als auch Ermächtigungen zu Eingriffen im Vorfeld der Gefahr Prognosetatbestände[280]. Die Prognose wird bei den Vorfeldbefugnissen allerdings auf Lagebeurteilungen gegründet, „bei denen ein weit größerer Grad an Ungewissheit in Kauf genommen wird, als dies schon bei der Annahme eines Gefahrenverdachtes der Fall ist"[281].

---

[275] Roggan, KritV 1998, S. 336, 340.
[276] Roggan, KritV 1998, S. 336, 340.
[277] Koch, Diss., S. 85.
[278] Hoppe, Diss., S. 91.
[279] Darnstädt, Diss., S. 122.
[280] Darnstädt, Diss., S. 130.
[281] Rachor in HdBPolR, Teil F, Rn. 172. Auch Albers, Diss., S. 353 kommt zu dem Ergebnis, dass Befugnisse zur „vorbeugenden Bekämpfung von Straftaten" „von den Strukturmerkma-

2. Legitimierung durch abstrakte Gefahr

Nicht selten werden Versuche unternommen, Vorfeldbefugnisse durch die Annahme einer abstrakten Gefahr zu legitimieren[282]. Diesen Versuchen liegen jedoch häufig Fehlvorstellungen darüber zugrunde, was die abstrakte Gefahr ausmacht und wie sie sich von anderen Gefahrenkategorien des dogmatischen Systems des Allgemeinen Polizeirechts unterscheidet.

a. Definition und Abgrenzung zur konkreten Gefahr

Eine abstrakte Gefahr ist eine nach allgemeiner Lebenserfahrung - oder den Erkenntnissen fachkundiger Stellen - mögliche Sachlage, die im Fall ihres Eintritts eine konkrete Gefahr darstellen würde[283]. Sie meint von der Polizei vorgestellte, hypothetische, d.h. abstrakt umschriebene[284], typischerweise gefährliche Sachverhalte[285]. Für die Prognose über eine konkrete Gefahr müssen alle zum Prognosezeitpunkt zur Verfügung stehenden Informationen über den Einzelfall herangezogen werden[286]. Abstrakte Gefahren hingegen treffen keine Aussagen über Einzelfälle, sondern statistische Aussagen über die Häufigkeitsbeziehungen von Schäden in der Realität[287]. In die Prognose über eine abstrakte Gefahr werden also keinerlei Einzelfall-Informationen einbezogen. Darüber hinaus unterscheidet sich die abstrakte Gefahr von der konkreten Gefahr - entgegen dahingehender Annahmen[288] - weder durch den Grad der Wahrscheinlichkeit noch durch die zeitliche Nähe des erwarteten Schadenseintritts[289]. Den Anforderungen an das Ausmaß der relativen Häufigkeit liegen bei der abstrakten Gefahr die gleichen Betrachtungen zugrunde, wie bei der konkreten Gefahr in Bezug auf den Grad der Wahrscheinlichkeit des konkreten Schadenseintritts: „Je größer der befürchtete Schaden, desto geringer der erforderliche Grad an Wahrscheinlich-

---

len der Gefahrenabwehr im Sinne der Generalklausel abweichen und die polizeilichen Eingriffsmöglichkeiten ausweiten".

[282] Vgl. nur BayVerfGH, DVBl. 95, S. 347, 348 f.; Weingart, BayVBl. 2001, S. 33, 34; Würtenberger u.a., Polizeirecht, 3. Aufl., Rn. 214.

[283] So die Legaldefinition des § 2 Nr. 2 NGefAG.

[284] BVerwG, NJW 1970, S. 1890, 1892; Drews u.a., Gefahrenabwehr, 9. Aufl., S. 227 und 495 ff.; Götz, Polizeirecht, 12. Aufl., Rn. 145.

[285] Denninger in HdBPolR, Teil E, Rn. 32.

[286] Darnstädt, Diss., S. 35 ff.

[287] Darnstädt, Diss., S. 101, 103.

[288] Insofern irrt Weingart, BayVBl. 2001, S. 33, 34, wenn er annimmt, dass die abstrakte Gefahr im Verhältnis zur konkreten Gefahr einen geringeren Wahrscheinlichkeitsgrad voraussetzt und sich so von dieser abgrenzt. Hier zeigt sich bereits die Verwechselung der abstrakten Gefahr mit der allgemeinen Gefahr.

[289] BVerwG, NJW 1970, S. 1890, 1892. So auch Albers, Diss., S. 353: „Die Anforderungen an die Prognose sind bei der abstrakten Gefahr nicht reduziert."

keit bzw. Häufigkeit"[290]. Alleiniger und damit entscheidender Unterschied der beiden Gefahrenkategorien ist also, dass man sich - anders als bei der konkreten Gefahr - für die Beurteilung einer abstrakten Gefahr darauf beschränkt, typische Schadensursachen festzustellen, die gerade unabhängig von einem bestimmten Zeitpunkt und den Umständen des Einzelfalles zu einem Schaden führen können. Mit anderen Worten: Konkrete Gefahr und abstrakte Gefahr unterscheiden sich hinsichtlich des „Realitätsmodus der Gefahrenlage"[291], d.h. dadurch, dass mittels ersterer die „induktive Wahrscheinlichkeit eines einzelnen Schadensereignisses", mit der zweiten die „statistische Relevanz einer Bedingungsklasse" bezeichnet wird[292].

b. Kategorie des abstrakten Gefahrenverdachts

Der Erkenntnis, dass die Anforderungen an die Wahrscheinlichkeit des Schadenseintritts im Vorfeld herabgesetzt sind, versucht *Hoppe* durch Eröffnung der Kategorie eines „abstrakten Gefahrenverdachts" Rechnung zu tragen. Dieser abstrakte Gefahrenverdacht sei in gleicher Weise ein Unterfall der abstrakten Gefahr, wie der konkrete Gefahrenverdacht die Vorstufe der konkreten Gefahr. Der abstrakte Gefahrenverdacht trete damit neben den herkömmlichen, konkreten Gefahrenverdacht, wie die abstrakte Gefahr neben die konkrete Gefahr, und sei der Verdacht, dass eine abstrakte Gefahrenlage entstehen wird[293]. Wie die abstrakte Gefahr betrifft der abstrakte Gefahrenverdacht also die typische Schadensgeneigtheit eines Sachverhaltes, nur dass der Grad der verlangten Schadenshäufigkeit dieser gegenüber abgesenkt und die Annahme einer als gefährlich zu bezeichnenden Situation zeitlich vorverlagert ist[294].

Hoppe unternimmt den Versuch, Vorfeldbefugnisse auf der Grundlage des abstrakten Gefahrenverdachts in das dogmatische System des allgemeinen Polizeirechts zu integrieren[295]. Vorfeldermittlungen seien auf die Beseitigung von Situationen gerichtet, die als gefahrgeneigt gelten, d.h. von denen nur abstrakt vermutet werde, dass aus ihnen Gefahren entstehen können. Vorfeldermittlungen dienten mithin der Erforschung abstrakter Lebenssachverhalte, die aufgeklärt werden müssten, um festzustellen, ob eine abstrakte Gefahr entstehen könne.

---

[290] Darnstädt, Diss., S. 112 m.w.Nw. aus Rechtsprechung und Literatur.

[291] Denninger in HdBPolR, Teil E, Rn. 32.

[292] Darnstädt, Diss., S. 119. Die der Gefahrenabwehr dienende Reaktion ist dem entsprechend „entweder typisierend-übergreifend oder einzelfallbezogen gestaltet"; vgl. Albers, Diss., S. 353.

[293] Hoppe, Diss., S. 166, die die Bedeutung der Kategorie des „abstrakten Gefahrenverdachtes" zur Komplettierung der Systematik des Gefahrenbegriffs hervorhebt.

[294] Hoppe, Diss. S. 167.

[295] Hoppe, Diss., S. 167 f. Den Begriff des „abstrakten Gefahrenverdachts" verwendet auch Würtenberger u.a., Polizeirecht, 3. Aufl., Rn. 214.

Eine Anknüpfung an eine konkrete Sachlage werde im Vorfeld hingegen nicht vorgenommen[296]. Die Frage der grundsätzlichen Anerkennung der Kategorie eines „abstrakten Gefahrenverdachts" im Rahmen polizeirechtlicher Dogmatik dahinstehen lassend, muss geklärt werden, ob sich das Vorfeld überhaupt durch eine abstrakte Gefahr beschreiben lässt. Ist dies nicht der Fall, kommt es auf - wie von Hoppe vorgenommene - Abstufungen im Grad der vorausgesetzten Häufigkeit des Schadenseintrittes nicht mehr an.

c. Vorfeldbefugnisse als Aussage über typische Schadensverläufe

Wie im Rahmen der Abgrenzung zur konkreten Gefahr festgestellt, treffen abstrakte Gefahren gerade keine Aussage über einen Einzelfall. Aussagen über abstrakte Gefahren beschränken sich vielmehr darauf, typische Schadensursachen festzustellen, die gerade unabhängig von einem bestimmten Zeitpunkt und den Umständen des Einzelfalles zu einem Schaden führen können. Dieser definitorischen Beschränkung unterliegt auch der abstrakte Gefahrenverdacht, der - erkennt man diese Kategorie grundsätzlich an - nichts anderes beschreibt als eine abstrakte Gefahr geringerer Wahrscheinlichkeit.

Vorfeldmaßnahmen hingegen setzen regelmäßig Tatsachen bzw. tatsächliche Anhaltspunkte voraus, die die Annahme begründen, dass Straftaten begangen werden sollen[297]. Auch wenn sich diese Tatsachen und tatsächlichen Anhaltspunkte nicht auf eine konkrete Person, d.h. einen potentiellen Störer beziehen, knüpft die polizeiliche Maßnahme damit zwingend an ein tatsächliches Einzelfallgeschehen an. Auch für diejenigen Vorfeldbefugnisse, deren Tatbestände keinen Bezug auf „Tatsachen bzw. tatsächliche Anhaltspunkte" nehmen, sondern mit der „vorbeugenden Bekämpfung von Straftaten" lediglich den Zweck der Maßnahme bestimmen, wird eine Bindung an tatsächliche Geschehnisse gefordert[298]. Unabhängig davon, welcher Konkretisierungsgrad dieser Prognosebasis abverlangt wird, ist deshalb eine Anknüpfung an konkrete Geschehnisse der Vergangenheit oder Gegenwart für Eingriffe im Vorfeld unumgänglich. Vorfeldbefugnisse können daher nicht der Abwehr abstrakter Gefahren dienen.

---

[296] Hoppe, Diss., S. 167.
[297] Vgl. 2. Teil, A. II. 1.
[298] Vgl. 2. Teil, A. II. 2.

3. Legitimierung durch allgemeine Gefahr

Teilweise wird der Versuch unternommen, Vorfeldbefugnisse über die allgemeine Gefahr in das dogmatische System des allgemeinen Polizeirechts zu integrieren[299].

a. Definition und Abgrenzung zur konkreten Gefahr

Allgemeine Gefahren bestehen, wenn in bestimmten Lebenssachverhalten eine konkrete Gefährdung polizeilicher Schützgüter zu erwarten ist[300]. Eine allgemeine Gefahr ist also eine konkrete Sachlage, aus der sich nach allgemeiner Lebenserfahrung eine konkrete Gefahr entwickeln kann. Mit der Abwehr allgemeiner Gefahren wird der Entstehung konkreter Gefahren vorgebeugt[301]. Allgemeine Gefahren liegen folglich zeitlich im Vorfeld konkreter Gefahren und beziehen sich deshalb - auch wenn der konkrete Schadenseintritt nicht wahrscheinlich, sondern nur möglich ist - auf ein bestimmtes Einzelfallgeschehen.

b. Abgrenzung zur abstrakten Gefahr

Der Begriff der „allgemeinen Gefahr“ wird häufig unzulässig mit dem Begriff der „abstrakten Gefahr“ vermengt[302]. So versucht z.B. der *BayVerfGH* Vorfeldbefugnisse über den Begriff der allgemeinen Gefahr in das System rechtsstaatlicher Sicherungen zu integrieren. Dabei geht er davon aus, dass bei einer allgemeinen Gefahr der Gefahreneintritt nicht lediglich möglich, sondern schon wahrscheinlich ist[303]. Ebenso ist *Staats* der Auffassung, dass allgemeine Gefahren im Sinne der Aufgabenzuweisungsnorm[304] abstrakten Gefahren entsprechen[305]. Auch *Weingart* geht davon aus, eine abstrakte Gefahr verlange - ebenso wie die allgemeine Gefahr - eine geringere Wahrscheinlichkeit des Schadenseintritts als eine konkrete Gefahr und grenze sich so von dieser ab[306]. Diese Vermi-

---

[299] BayVerfGH, DVBl. 1995, S. 347, 348 f.

[300] Knemeyer, Polizeirecht, 9. Aufl., Rn. 89; ebenso Götz, Polizeirecht, 12. Aufl., Rn. 150.

[301] Knemeyer, Polizeirecht, 9. Aufl., Rn. 89.

[302] Vgl. Darnstädt, Diss., S. 112 ff. m.w.Nw.; ebenso Knemeyer, Polizeirecht, 9. Aufl., Rn. 91 m.w.Nw.

[303] BayVerfGH, DVBl. 1995, S. 347, 348 f. Ob sich die vorbeugende Bekämpfung von Gefahren so umstandslos in die Dogmatik der Gefahrenabwehr integrieren lässt, bezweifelt zu Recht Trute, Die Verwaltung 1999, S. 91.

[304] Vgl. nur § 1 Abs. 1 ME PolG.

[305] Staats, DÖV 1979, S. 158. Eine Vermengung der beiden Gefahrenkategorien ist auch bei Prümm, Sicherheitsrecht, Rn. 44 zu beobachten.

[306] Weingart, BayVBl. 2001, S. 33 f. m.w.Nw. aus Literatur und Rechtsprechung.

schung der Begriffe der abstrakten und allgemeinen Gefahr lässt eine Abgrenzung der beiden Gefahrenkategorien nötig erscheinen.

Wie festgestellt beziehen sich abstrakte Gefahren nicht auf einen ***bestimmten*** Lebenssachverhalt, d.h. auf einen Einzelfall, sondern auf einen verallgemeinerten *typischen* Fall[307]. Abstrakten Gefahren wird dem entsprechend mit abstrakt - generellen Mitteln, d.h. mit dem Erlass von Rechtsverordnungen begegnet[308]. Im polizeilichen Vollzugsdienst hingegen hat der Begriff der abstrakten Gefahr grundsätzlich keine Bedeutung[309]. Eine der Ermächtigung zur Abwehr konkreter Gefahren entsprechende Befugnis für abstrakte Gefahren würde lauten: „Wenn eine abstrakte Gefahr vorliegt, hat der Verordnungsgeber geeignete Verordnungen zu ihrer Abwehr zu erlassen."[310] Abstrakte Gefahren als abstrakt-generelle Schadenshäufigkeiten können nicht mittels eines Verwaltungsaktes, d.h. einer konkret-individuellen Entscheidung abgewehrt werden. Sobald der Bezug zum Einzelfall gegeben ist, handelt es sich nämlich nicht mehr um eine abstrakte Gefahr. Der einzelne, auf der Grundlage der Polizeiverordnung ergehende Verwaltungsakt bekämpft keine abstrakte, sonder eine konkret gewordene Gefahr. Anders als abstrakte Gefahren sind allgemeine Gefahren wie konkrete Gefahren, in deren Vorfeld sie angesiedelt sind, zwingend an Einzelfallaussagen gebunden. Der Charakter abstrakter Gefahren schließt mithin eine Gleichstellung mit dem Begriff der allgemeinen Gefahr aus. Zwar wird auch durch Polizeiverordnungen zur Abwehr abstrakter Gefahren Gefahrenvorsorge betrieben[311]. Von dieser mit Hilfe von Polizeiverordnungen betriebenen Gefahrenvorsorge ist jedoch die allgemeine Gefahrenvorbeugung beziehungsweise -verhütung durch Abwehr allgemeiner Gefahren zu trennen, die „weder durch eine konkrete Gefahr noch durch einen typisierten abstrakten Gefahrentatbestand situativ eingegrenzt"[312] wird.

c. Abgrenzung zur latenten Gefahr

Von allgemeiner und abstrakter Gefahr wiederum abzugrenzen ist die latente bzw. potentielle Gefahr. Darunter wird eine „Gefahr" verstanden, die erst durch das Hinzutreten weiterer Umstände, z.B. durch Veränderungen der Umwelt akut wird, ohne dass sich der nunmehr störende Gegenstand substanziell verändert

---

[307] Vgl. 2. Teil, A. III. 2. a.

[308] Vgl. nur Darnstädt, Diss., S. 99 m.w.Nw.; ebenso Denninger in HdBPolR, Teil E, Rn. 33; Knemeyer, Polizeirecht, 9. Aufl., Rn. 91, der sich gegen eine Gleichstellung von abstrakter und allgemeiner Gefahr ausspricht.

[309] Knemeyer, Polizeirecht, 9. Aufl., Rn. 91.

[310] Darnstädt, Diss., S. 99 f.

[311] Denninger in HdBPolR, Teil E, Rn. 31.

[312] Denninger in HdBPolR, Teil E, Rn. 35.

hat[313]. Sie hat also weder etwas mit allgemeinen noch mit abstrakten Gefahren zu tun. Mit der latenten „Gefahr“ wird vielmehr ein Zustand bezeichnet, der zwar noch nicht aktuell gefährlich ist, wohl aber zu späterer Zeit oder unter gewandelten Verhältnissen gefährlich werden könnte. Bei der Qualifizierung einer solchen Sachlage als Gefahr wird verkannt, dass Gefahren niemals „als solche“ bestehen, sondern stets in Beziehung zu einer konkreten Umweltsituation. „Latente Gefahren“ sind demnach keine Gefahren, solange sie sich noch nicht realisiert haben. Zutreffend wird daher behauptet, dass der Begriff der „latenten Gefahr“ bzw. „potentiellen Gefahr“ dogmatisch entbehrlich, wenn nicht gar irreführend ist[314].

d. Allgemeine Gefahren als Befugnisgrundlage

Auch wenn allgemeine Gefahren Situationen im Vorfeld der konkreten Gefahr beschreiben, sind sie keine ausreichende Grundlage für grundrechtsbeschränkende Vorfeldbefugnisse. Der Begriff der allgemeinen Gefahr deckt die vorbeugende Bekämpfung von Straftaten nämlich nur im Rahmen der Aufgabennorm[315]. Eingriffe in die grundrechtlich geschützte Freiheit des Bürgers hingegen bedürfen jedoch nach dem Grundsatz des Vorbehaltes des Gesetzes neben einer Aufgabenzuweisung einer besonderen Befugnisnorm[316]. Eine polizeiliche Befugnis zur Gefahrenabwehr setzt wiederum - anders als die bloße Aufgabennorm - stets das Bestehen einer konkreten Gefahr voraus, sofern nicht andere, besondere Voraussetzungen geregelt sind[317]. Eine nur allgemein bestehende, d.h. noch nicht konkrete Gefahr, berechtigt deshalb nicht zu eingreifenden Maßnahmen. Solche Maßnahmen dürfen erst dann getroffen werden, wenn das Gesetz es zulässt[318].

Hier zeigt sich, dass die rechtsdogmatisch einwandfreie Unterscheidung abstrakter und allgemeiner Gefahren für die Einordnung von Vorfeldbefugnissen in das dogmatische System des Allgemeinen Polizeirechts von erheblicher Bedeutung ist. Werden Vorfeldeingriffe, denen eine allgemeine und damit denklogisch kei-

---

313 Knemeyer, Polizeirecht, 9. Aufl., Rn. 93.

314 Gusy, Polizeirecht, 4. Aufl., Rn. 127; ebenso Drews u.a., Gefahrenabwehr, 9. Aufl., S. 223.

315 Götz, Polizeirecht, 12. Aufl., Rn. 150. Bereits die polizeiliche Aufgabennorm verlangt für jedwedes präventives Handeln der Polizei eine - wenn auch gegebenenfalls fern liegende - Gefahr. Ob Vorfeldbefugnisse überhaupt der Gefahrenabwehr dienen und daher eine polizeiliche Aufgabennorm eröffnen, wird im Zusammenhang mit der Frage der formellen Verfassungsmäßigkeit der neuen Befugnisse behandelt und hier zunächst positiv vorausgesetzt.

316 Weingart, BayVBl. 2001, S. 33 f.

317 Götz, Polizeirecht, 12. Aufl., Rn. 171.

318 Knemeyer, Polizeirecht, 9. Aufl., Rn. 89, der als Beispiel für eine Norm mit solchen besonderen Voraussetzungen § 9 Abs. 1 Nr. 2 ME PolG zitiert.

ne abstrakte Gefahr zugrunde liegt, unter dem begrifflichen Deckmantel der „abstrakten Gefahr" in das dogmatische System des Allgemeinen Polizeirechts integriert, führt dies zwangsweise zu einer Umgehung der Regeln über die Trennung von Aufgaben und Befugnissen.

4. Legitimierung durch dispositionelle Gefahr

Eine hinreichende Grundlage für grundrechtsbeeinträchtigende polizeiliche Eingriffe im Vorfeld der konkreten Gefahr ist gegeben, soweit Vorfeldbefugnisse an sogenannte „dispositionelle Gefahren" anknüpfen[319].

a. Definition

Aussagen über dispositionelle Gefahren charakterisieren die Schadensgeneigtheit einer Sache durch ihre „Gefährlichkeit"[320]. Das Dispositionsprädikat „gefährlich" bezeichnet eine Eigenschaft, Kraft oder Neigung einer Sache, unter gewissen Umständen in gewisser Weise zu reagieren[321]. Eine gefährliche Sache ist also eine Sache, die die Möglichkeit, Neigung bzw. Tendenz hat, unter geeigneten Bedingungen eine Gefahr auszulösen oder eine solche zu begünstigen[322].

Der Begriff der dispositionellen Gefahr wird in Rechtsprechung und Literatur oftmals unzulässig vermischt oder gleichgesetzt mit den Kategorien der konkreten und abstrakten Gefahr, was damit zu erklären sein mag, dass man sich in der Auseinandersetzung mit der polizeirechtlichen Dogmatik regelmäßig damit begnügt, herauszuarbeiten, dass es konkrete oder abstrakte Gefahren gibt[323]. Was tatsächlich unter dem Begriff der dispositionellen Gefahr zu verstehen ist und welche Rolle dieser im dogmatischen System des allgemeinen Polizeirechts zukommt, erschließt sich am ehesten durch Abgrenzung der dispositionellen Gefahr zu den bereits untersuchten Gefahrenkategorien.

---

[319] Erstmals festgestellt, dass es mit „dispositionellen Gefahren" außer der konkreten und abstrakten Gefahr noch andere Arten von Gefahren gibt, hat Darnstädt, Diss., S. 74. Darnstädt verwendet anstelle des Begriffes der „dispositionellen Gefahr" (vgl. S. 116) auch den Begriff der „dispositionellen Gefährlichkeit" (vgl. S. 112). Später hat auch Wesslau, Diss., S. 295 dispositionelle Gefahren als Grundlage von Vorfeldeingriffen anerkannt.

[320] Darnstädt, Diss., S. 74.

[321] Darnstädt, Diss., S. 70.

[322] Darnstädt, Diss., S. 141.

[323] Vgl. Darnstädt, Diss., S. 63 ff. und 112 für die konkrete und die abstrakte Gefahr m.w.Nw.

b. Abgrenzung zur konkreten Gefahr

Vorfeldtatbestände sind Prognosetatbestände. Die Beurteilung einer „vorsorgebedürftigen" Situation weist damit gewisse Parallelen zur Beurteilung konkreter Gefahren auf. Bei der dispositionellen Gefahr handelt es sich jedoch um einen von der konkreten Gefahr verschiedenen Typus von Prognose-Tatbestand, denn eine Aussage über eine dispositionelle Gefahr stellt nicht - wie jede Aussage über eine konkrete Gefahr - auf die Störergefährlichkeit ab[324]. Bei einer Aussage über eine konkrete Gefahr geht es darum, ob angesichts *aller* relevanten Umstände - und zu diesen gehört auch die Störergefährlichkeit - die Erwartung eines Schadenseintritts begründet ist. Eine konkrete Gefahr wird also durch die Störergefährlichkeit bezeichnet, über die nur in Ansehung einer Gesamtsituation zu einem bestimmten Zeitpunkt gesprochen werden kann. Im vorsorgebedürftigen Fall hingegen geht es darum, ob ein *einzelner*, isoliert betrachteter Umstand - nämlich eine Sache, Situation oder ein Ort - im Hinblick auf seine Schadensgeneigtheit als relevant betrachtet werden kann[325]. Weitere Aussagen, insbesondere solche über die Störergefährlichkeit einzelner Personen, die mit der Sache oder dem Ort in Berührung kommen, sind für die Feststellung dispositioneller Gefahren nicht von Bedeutung. Polizeiliche Eingriffe zur Bekämpfung dispositioneller Gefahren sind deshalb „nicht aufgrund einer punktuellen Gefahrenannahme", sondern „aufgrund langfristiger Situationseinschätzungen" gerechtfertigt[326].

Die beiden Forderungen, einerseits ausschließlich sach-, situations- bzw. ortsbezogene Faktoren in die Beurteilungsgrundlage einzubeziehen, andererseits zur Beurteilung der Gefahr das Gesamtbild aller relevanten Umständen heranzuziehen, schließen sich gegenseitig aus, da die eine zwingend hinter der anderen zurückbleibt. Zwar knüpfen Prognose-Schlüsse über die Disposition einer Sache, Situation bzw. eines Ortes ebenso wie die konkrete Gefahr an konkrete Umstände an. Da diese Prognosen jedoch streng begrenzt sind auf den Bezug zur Sache, zur Situation bzw. zum Ort, d.h. keinen konkreten Störer in den Blick nehmen, sind Aussagen über dispositionelle Gefahren verschieden von Aussagen über das Vorliegen einer konkreten Gefahr und sorgsam von diesen zu trennen[327].

c. Abgrenzung zur allgemeinen Gefahr

Hoppe benutzt den Begriff der dispositionellen Gefahr als Synonym der allgemeinen Gefahr und begründet dies damit, dass sowohl die allgemeine als auch

---

[324] Darnstädt, Diss., S. 69 f.
[325] Darnstädt, Diss., S. 132.
[326] Darnstädt, Diss., S. 135.
[327] So im Ergebnis auch Wesslau, Diss., S. 295.

die dispositionelle Gefahr lediglich die Möglichkeit eines Schadenseintritts voraussetzen[328]. Zwar ist dies im Hinblick auf die Störergefährlichkeit richtig[329], der von Hoppe gezogene Schluss greift dennoch zu kurz. Der Unterschied zwischen den Gefahrenbegriffen liegt darin, dass die Anknüpfung an die Gefährlichkeit einer Sache, einer Situation oder eines Ortes - gegenüber der allgemeinen Gefahr - ein weiteres Eingrenzungskriterium mit sich bringt. Aufgrund dieser erhöhten Eingriffsschwelle kann die dispositionelle Gefahr - im Gegensatz zur allgemeinen Gefahr - Grundlage einer polizeilichen Befugnis sein.

d. Abgrenzung zur abstrakten Gefahr

Dispositionelle Gefahren werden auch mit dem Begriff der abstrakten Gefahr unzulässig vermischt[330]. Es ist jedoch notwendig, begrifflich zwischen abstrakter und dispositioneller Gefahr zu unterscheiden[331]. Die Anknüpfung an Dispositionen ist eine sehr beliebte Regelungstechnik und in zahlreichen Gesetzen zu finden. Sie bildet ein Regelungsmuster, auf das in vielen Gebieten des Gefahrenabwehrrechts, insbesondere im technischen Sicherheits- und Umweltschutzrecht zurückgegriffen wird, um Kontrollen bereits im Vorfeld konkreter Gefahren zuzulassen[332]. Darüber hinaus erfordern es Dispositionen - im Gegensatz zu abstrakten Gefahren - geradezu definitionsgemäß, konkrete Gefährlichkeiten in den Blick zu nehmen, denn „eine Aussage über eine Disposition *ist* die Aussage über die konkrete Gefährlichkeit“[333]. Zwar lässt sich eine Disposition ebenfalls als Eignung zur Herbeiführung von Schäden charakterisieren, nur handelt es sich nicht - wie bei der abstrakten Gefahr - um die Eignung einer ganzen Klasse, sondern um die Eignung einzelner Individuen, wie bestimmter Sachen, Situationen oder Orte[334]. Aussagen über abstrakte Gefahren sind Aussagen über Schadensereignisse pro Ereignisklasse. Knüpft eine Schadensprognose nicht an eine Ereignisklasse, sondern - wie bei Aussagen über Dispositionen - an die Neigung eines Individuums, z.B. eines bestimmten Ortes, gibt es keinen Grund, eine Regelung bezüglich der ganzen Klasse zu treffen, zu der der Ort gehört. Das wäre nur dann sinnvoll, wenn sich eine Schadenserwartung gerade auf die ganze

---

[328] Vgl. Hoppe, Diss., 157.
[329] Vgl. Darnstädt, Diss., S. 188.
[330] So bezeichnet Waechter, Polizeirecht, S. 17 eine abstrakte Gefahr als „eine typischerweise gefährliche Situation (Disposition), ohne dass ein konkreter Schadenseintritt im Einzelfall schon absehbar ist“. So letztlich auch Hoppe, Diss., S. 167, 168.
[331] Zu den Unterschieden vgl. Darnstädt, Diss., S. 116, dem dies jedoch lediglich „nützlich“ erscheint.
[332] Wesslau, Diss., S. 295; einen Versuch, Entwicklungstendenzen im Gefahrenabwehrrecht aufzuzeigen und zu bewerten, unternimmt auch Martens, DÖV 1982, S. 89 ff.
[333] Darnstädt, Diss., S. 116.
[334] Darnstädt, Diss., S. 117.

Klasse von Orten beziehen würde. Dies würde dann wiederum keine Dispositionsaussage erfordern, sondern eine Aussage über eine abstrakte Gefahr[335].

Instruktiv ist insofern ein Vergleich von § 9 Abs. 1 Nr. 2 b ME PolG mit § 9 Abs. 1 Nr. 2 a ME PolG[336]. § 9 Abs. 1 Nr. 2 b ME PolG erlaubt polizeiliche Vorfeldeingriffe an jedem Ort, an dem Prostitution betrieben wird, ohne dass die Gefährlichkeit des konkreten Kontrollortes durch Tatsachen bzw. tatsächliche Anhaltspunkte belegt sein müsste. Hier hat der Gesetzgeber ausnahmsweise eine Aussage über die statistische Häufigkeit von Schadenseintritten getroffen. An Orten, wo Prostitution betrieben wird, halten sich häufig Personen i.S.d. § 9 Abs. 1 Nr. 2a aa) bis cc) auf. Aufgrund dieses Umstandes hat der Gesetzgeber eine abstrakte Gefahr gesehen. Wären so eindeutig abstrakte Gefahren auch für „gefährliche" Orte im Sinne des § 9 Abs. 1 Nr. 2 a ME PolG zu bejahen, dann wären diese nach dem gleichen Muster normiert worden. Vorfeldeingriffe auf Grundlage von § 9 Abs. 1 Nr. 2 a ME PolG hat der Gesetzgeber jedoch statt dessen von Tatsachen bzw. tatsächlichen Anhaltspunkten abhängig gemacht, die den konkreten Kontrollort gefährlich erscheinen lassen. § 9 Abs. 1 Nr. 2 a ME PolG bestimmt damit nicht selbst die gesamte Klasse von Orten, an denen eine bestimmte Kriminalität denkbar ist, sondern setzt eine Einzelfall-Prognose durch den einzelnen Polizeibeamten voraus. § 9 Abs. 1 Nr. 2 a ME PolG knüpft zwar nicht an die konkrete Störergefährlichkeit, trifft jedoch eine Aussage über die Disposition eines konkreten Ortes. Die Norm bezieht sich damit nicht auf die Gefährlichkeit einer ganzen Klasse von Orten, sondern auf die Gefährlichkeit einer ganz bestimmten Lokalität[337]. Bei der Beurteilung der Frage, ob Tatsachen bzw. tatsächliche Anhaltspunkte für die Gefährlichkeit des Ortes vorliegen, ist auf den konkreten Ort und nicht auf seine abstrakten Eigenschaften abzustellen. Deshalb sind auch nicht Kneipen im allgemeinen, sondern „die Eigenschaft der Kneipe K als typische Gangsterkneipe"[338] Gegenstand einer Prognose-Entscheidung. Dem entsprechend ist die polizeiliche Erkenntnis „In Pizzerias werden oft illegale Ausländer getroffen und hier handelt es sich um eine Pizzeria." keine ausreichende Grundlage für Kontrollen an „gefährlichen" Orten im Sinne des § 9 Abs. 1 Nr. 2 a) bb) ME PolG, denn Erfahrungen mit Pizzerias im allgemeinen reichen als „tatsächliche Anhaltpunkte" im Sinne des § 9 Abs. 1 Nr. 2a ME PolG nicht aus[339].

---

[335] Darnstädt, Diss., S. 116.
[336] So bereits Darnstädt, Diss., S. 206.
[337] A.A. das OVG Berlin, NJW 1986, S. 3223, dass bezüglich des § 9 Abs. 1 Nr. 2 ME PolG im wesentlichen entsprechenden § 15 Abs. 1 Nr. 3 ASOG Bln a.F. annimmt, „das Gesetz geht davon aus, dass ein Ort, über den die genannten tatsächlichen Erfahrungen vorliegen, abstrakt gefährlich ist". Im Ergebnis ebenso Würtenberger u.a., Polizeirecht, 3. Aufl., Rn. 214.
[338] Gusy, Polizeirecht, 4. Aufl., Rn. 200.
[339] Darnstädt, Diss., S. 206.

Vorfeldbefugnisse setzen regelmäßig „Tatsachen und tatsächliche Anhaltspunkte“ voraus, die die Annahme rechtfertigen, dass Straftaten begangen werden sollen[340]. Sie knüpfen damit regelmäßig an die Disposition einer konkreten Sache, Situation oder eines konkreten Ortes an. Polizeilichen Vorfeldbefugnissen liegt deshalb - mit Ausnahme des § 9 Abs. 1 Nr. 2 b ME PolG - keine abstrakte, sondern eine dispositionelle Gefahr zugrunde. Die gesetzestechnischen Strukturen von Vorfeldbefugnissen im Allgemeinen Polizeirecht sind aufgrund dessen mit denen von Vorfeldbefugnissen im technischen Sicherheitsrecht vergleichbar[341].

e. Arten dispositioneller Gefahren

Aussagen über dispositionelle Gefahren setzen zwei - voneinander zu trennende - Prognosen voraus. Zum einen ist zu prognostizieren, ob die konkrete Sache, Situation bzw. der konkrete Ort aufgrund der vorliegenden Tatsachen bzw. tatsächlichen Anhaltspunkte als gefährlich einzuschätzen ist. Im Anschluss an diese Prognoseentscheidung ist eine Aussage darüber zu treffen, ob aufgrund der Gefährlichkeit der Eintritt eines Schadens zumindest möglich ist.

An die zu prognostizierende „Gefährlichkeit“ können verschieden hohe Anforderungen gestellt werden[342]. Diese lassen sich an folgendem Beispiel[343] verdeutlichen: Fraglich ist, ob eine scharfe, unübersichtliche Kurve, die jedoch für den Verkehr gesperrt ist, als gefährlich zu bezeichnen ist. Man kann die Gefährlichkeit der Kurve annehmen, indem man argumentiert: Unabhängig davon, ob auf dieser Straße Autos fahren oder nicht - es käme jedenfalls zu einem Unfall, wenn ein Auto käme und zu schnell führe. Man kann die Gefährlichkeit aber auch verneinen, indem man argumentiert: Auf dieser Straße kann es mangels Verkehr zu keinem Unfall kommen. Für sich betrachtet ist die Kurve nur möglicherweise gefährlich. Erst ihr tatsächliches Befahren macht ihre Gefährlichkeit wahrscheinlich. Die Differenzierung zwischen Möglichkeit und Wahrscheinlichkeit, wie sie auch schon zur Charakterisierung einer konkreten Gefahr vorgenommen wurde, erweist sich hier „ein zweites Mal als fruchtbar“[344]. Allgemeine Aussagen über einen Ort, eine Sache oder Situation lassen diesen bzw.

---

[340] Vgl. 2. Teil, A. II. 1.

[341] Darnstädt, Diss., S. 205 ff. und 122; zustimmend auch Wesslau, Diss., S. 295; In Literatur und Rechtsprechung hat sich ein Bewusstsein für diese dogmatische Struktur von Vorfeldbefugnissen im Allgemeinen Polizeirecht jedoch noch nicht gefestigt. Gusy, Polizeirecht, 4. Aufl., Rn. 200, erkennt zwar, dass bei Identitätsfeststellungen an gefährlichen Orten das Merkmal der Gefahr nicht durch die Eigenschaften der dort angetroffenen Personen, sondern durch den Ort bedingt wird. Er kann diese Besonderheit jedoch nicht dem Begriff der „dispositionellen Gefahr“ zuordnen.

[342] Darnstädt, Diss., S. 134.

[343] Dieses verwendet Darnstädt, Diss., S. 134 f.

[344] Vgl. Darnstädt, Diss., S. 135.

diese stets nur abstrakt gefährlich sein. Kommen jedoch in Bezug auf den Zeitpunkt der Benutzung der Sache oder den Aufenthalt an dem Ort konkrete Informationen hinzu, lässt sich eine Aussage über deren oder dessen konkrete Gefährlichkeit machen. Aussagen über dispositionelle Gefahren weisen mit den Bezugspunkten der zu stellenden Prognosen sowohl ein konkretes als auch ein abstraktes Element auf und stehen damit dogmatisch zwischen der konkreten und der abstrakten Gefahr[345].

Zu klären bleibt, ob zur Annahme einer dispositionellen Gefahr bei polizeilichen Vorsorgebefugnissen die Disposition des konkreten Individuums nur möglich oder gar wahrscheinlich sein muss. Bezogen auf Befugnisse an „gefährlichen" Orten ist also fraglich, ob Voraussetzung für eine darauf beruhende Identitätsfeststellung der „allgemeine Verdacht" gegen alle Personen an einem *konkret* oder einem nur *abstrakt* verdächtigen Ort ist[346]. Ganz überwiegend wird angenommen, bereits die Möglichkeit der Gefährlichkeit des konkreten Ortes legitimiere entsprechende Eingriffe. Die damit verbundene Ereignisunabhängigkeit des Eingriffs lasse sich bereits aus dem Wortlaut, d.h. insbesondere der Formulierung „aufgrund tatsächlicher Anhaltspunkte erfahrungsgemäß anzunehmen" ableiten. Auch routinemäßige Kontrollen an diesen Orte seien damit zulässig[347]. § 9 Abs. 1 Nr. 2 a ME PolG knüpfe mit diesem Wortlaut - zumindest auch - an polizeiliche Erfahrungen, d.h. an Geschehnisse der Vergangenheit an, die die Annahme begründen, dass auch zukünftig an dem konkreten Ort Straftaten begangen werden[348]. Es müsse gerade nicht die volle Gewissheit über die Gefährlichkeit des betreffenden Ortes bestehen. Abgestellt werden könne vielmehr auch auf eine allgemeine polizeiliche Lagebeurteilung[349]. Razzien an „gefährlichen" Orten seien daher auch erlaubt, wenn keine Anhaltspunkte für aktuelle Verabredungen von Straftaten vorliegen[350]. Dies ergebe sich auch aus der Systematik des Gesetzes, denn die Einbeziehung von Wahrscheinlichkeitsüberlegungen sei bei Kontrollen an „gefährlichen" Orten durch die Abgrenzung zu § 9 Abs. 1 Nr. 1 ME PolG unterbunden. Systematisch sei außerdem ein Vergleich mit den Befugnissen zu Kontrollen an „gefährdeten" Orten fruchtbar, bei denen konkrete Hinweise im Einzelfall auf eine bevorstehende Straftat hinweisen müssen; allgemeine Erfahrungssätze über die Eigenschaft eines bestimmten Ortes genügen hier nicht[351]. In Abgrenzung dazu könne die Polizei an „gefährlichen"

---

[345] Darnstädt, Diss., S. 122 erkennt, dass Vorfeldbefugnisse der abstrakten Gefahr näher als diese konkreten Gefahren sind.

[346] Darnstädt, Diss., S. 208. Unbestritten ist wohl, dass maßgeblich nicht ist, ob ein bestimmter Ort tatsächlich gefährlich, sondern ausschließlich, ob die Polizei aufgrund der Umstände zu einer solchen Annahme berechtigt ist.

[347] Vgl. Darnstädt, Diss., S. 209.

[348] OVG Berlin, NJW 1996, S. 3223.

[349] Rachor in HdBPolR, Teil F, Rn. 332 f. m.w.Nw.

[350] Vgl. Hoffmann-Riem, JZ 1978, S. 335 f.

[351] Rachor in HdBPolR, Teil F, Rn. 340.

Orten ohne konkreten Anlass oder entsprechendes Ereignis im Zeitpunkt der Kontrolle bereits aufgrund des „polizeilichen Erfahrungsschatzes von der ortstypischen Gefährlichkeit“ kontrollieren[352], den sie in Form von tatsächlichen Erkenntnissen gewonnen haben muss[353]. Auch der Gesetzgeber scheint allgemeine Erfahrungen für ausreichend zu halten, da nach den Gesetzesbegründungen zwar „Tatsachen“ die gesicherte Erkenntnis voraussetzen sollen, dass ein bestimmter Sachverhalt wirklich bestehe oder mit Wahrscheinlichkeit zu erwarten sei, für „tatsächliche Anhaltspunkte“ jedoch schon bestimmte Beobachtungen, Zeichen, Spuren, Hinweise oder Erfahrungen genügen sollen, die einen hinreichenden Anhalt vermitteln[354].

Nur vereinzelt wird verlangt, dass aktuelle Geschehnisse den fraglichen Ort konkret gefährlich erscheinen lassen. Nur dann, wenn das aktuelle Geschehen am Ort, d.h. die konkrete Disposition des Ortes zur Zeit der Kontrolle in die Prognose miteinbezogen werde, könne eine Gefährlichkeit des Ortes mit einer gewissen Wahrscheinlichkeit angenommen werden[355]. Wenn die Polizei ihr Wissen allein auf allgemeine Erfahrungssätze stütze, bestehe gerade kein Zusammenhang mit einem tatsächlichen Geschehen[356]. Durch eine solche Auslegung des Begriffs der „Gefährlichkeit“ werde auch nicht der eigentliche Zweck des § 9 Abs. 1 Nr. 2 ME PolG, eine Personenkontrolle ohne konkreten Verdacht gegen diese Person durchführen zu können, in Frage gestellt. Anhaltspunkte über die konkrete Gefährlichkeit des Ortes seien schon aus Effektivitätsgründen zu fordern. Wenn prinzipiell eine Aussage über die Wahrscheinlichkeit möglich sei, dürfe es nicht genügen, es bei der puren Möglichkeit zu belassen[357].

Es ist festzuhalten, dass an die „Gefährlichkeit“ eines Individuums im Sinne einer dispositionellen Gefahr verschieden hohe Anforderungen gestellt werden können und gestellt werden. So sind polizeiliche Vorfeldeingriffe an „gefährdeten“ Orten zwar verdachts-, nicht jedoch anlassunabhängig. In Abgrenzung dazu ist für Kontrollen an „gefährlichen“ Orten eine abstrakte Gefährlichkeit des Kontrollortes ausreichend. Gegen die Anlassunabhängigkeit von Personenkontrollen an „gefährlichen“ Orten werden rechtsstaatliche Bedenken erhoben. Ob diese Bedenken berechtigt sind, kann nur verfassungsrechtlich beurteilt werden.

---

[352] Möllers, NVwZ 2000, S. 382 f.; ebenso OVG Berlin, NJW 1986, S. 3223; KG, NJW 1975, S. 887 f.; Rachor in HdBPolR, Teil F, Rn. 331 f.

[353] Möllers, NVwZ 2000, S. 382 f.

[354] Koch, Diss., S. 83 mit entsprechenden Nachweisen der Gesetzesbegründungen in Fn. 312. Koch findet diese Abgrenzung nicht überzeugend. Es sei unklar, warum Beobachtungen, Zeichen, Spuren und Hinweise bloß tatsächliche Anhaltspunkte sein sollen, jedoch keine Tatsachen.

[355] Vgl. Darnstädt, Diss., S. 205 ff.; ebenso Koch, Diss., S. 85.

[356] Koch, Diss., S. 83.

[357] Darnstädt, Diss., S. 209.

5. Zusammenfassung

Polizeiliche Vorfeldbefugnisse setzen keine konkrete Gefahr voraus. Von dieser Gefahrenkategorie - auch in Form des konkreten Gefahrenverdachts - grenzt sich das Vorfeld dadurch ab, dass der Schadenseintritt nicht wie gefordert wahrscheinlich, sondern lediglich möglich ist. Eine Wahrscheinlichkeitsaussage, die verlangt, dass alle Umstände, die Bedingung für einen Schadenseintritt sind, bei der entsprechenden Prognose berücksichtigt werden, kann nicht getroffen werden, da Eingriffe im Vorfeld unabhängig sind von jeder Störergefährlichkeit.

Polizeilichen Vorfeldbefugnissen liegt - mit Ausnahme des § 9 Abs. 1 Nr. 2 b ME PolG, der insofern systemwidrig erscheint - auch keine abstrakte Gefahr zugrunde. Abstrakte Gefahren bezeichnen die statistische Relevanz einer Bedingungsklasse, d.h. in die Prognose über eine abstrakte Gefahr werden keinerlei Einzelfall-Informationen einbezogen. Vorfeldbefugnisse knüpfen dem gegenüber an Tatsachen bzw. tatsächliche Anhaltspunkte über die Gefährlichkeit eines Individuums in Form eines Ortes, einer Sache oder Situation und damit zwingend an ein Einzelfallgeschehen an.

Auch allgemeine Gefahren legitimieren Eingriffe im Vorfeld nicht, da diese zwar Grundlage einer polizeilichen Aufgabennorm, nicht jedoch einer polizeilichen Befugnis sein können. Eine hinreichende Befugnisgrundlage ist erst dann geschaffen, wenn die polizeiliche Maßnahme an die Disposition eines Individuums gebunden ist. Eine dispositionelle Gefahr liegt polizeilichen Vorfeldbefugnissen regelmäßig zugrunde, da diese ganz überwiegend Tatsachen bzw. tatsächliche Anhaltspunkte voraussetzen, die die Annahme der Gefährlichkeit bestimmter Orte bzw. Situationen begründen. Dispositionelle Gefahren setzen damit zum einen die Prognose über die Gefährlichkeit des konkreten Ortes bzw. der konkreten Situation und zum anderen die Prognose über die daraus resultierende Möglichkeit des Schadenseintritts voraus. Die Gefährlichkeit der Situation, des Ortes oder der Sache kann entweder nur „möglich“ oder aber „wahrscheinlich“ sein. An „gefährlichen“ Orten ist nach überwiegender Ansicht ein „allgemeiner Verdacht“ gegenüber allen Personen an einem „allgemein gefährlichen“ Ort ausreichend. Für polizeiliche Maßnahmen an „gefährlichen“ Orten muss mithin nicht auf konkrete Einzelfallerkenntnisse zur Zeit der Kontrolle abgestellt werden. Gegen diese Auslegung von Kontrollbefugnissen an „gefährlichen“ Orten werden rechtsstaatliche Bedenken vorgebracht, die nur verfassungsrechtlich beurteilt werden können.

B. Dogmatik neuer Befugnisse zu verdachts- und anlassunabhängigen Polizeikontrollen

Vor dem Hintergrund dieses Prüfungsmaßstabes ist nunmehr zu untersuchen, inwieweit sich die neuen Befugnisse zu verdachts- und anlassunabhängigen Polizeikontrollen aufgrund ihrer allgemeinen Merkmale dem Bereich des Vorfeldes zuordnen lassen (I.), ob sie vollständig vom Erfordernis der konkreten Gefahr abgekoppelt sind (II.) und auch darüber hinaus der vorstehend herausgearbeiteten Dogmatik von Vorfeldbefugnissen entsprechen (III.).

I. Einordnung als Vorfeldbefugnisse

Die neuen Befugnisse - insbesondere diejenigen zur Identitätsfeststellung - scheinen mit den Vorfeldbefugnissen zur sogenannten „Ortshaftung"[358] verwandt. Systematisch spricht dafür der Umstand, dass letztere in den Katalog der Standardbefugnis zur Identitätsfeststellung aufgenommen wurden. Darüber hinaus knüpfen die neuen Befugnisse zur Identitätsfeststellung inhaltlich wie Kontrollbefugnisse an „gefährlichen" und „gefährdeten" Orten an den tatsächlichen Aufenthalt einer Person an[359]. Zwar setzen Eingriffe aufgrund der neuen Befugnisse ihrem Wortlaut nach weder „Tatsachen" noch „tatsächliche Anhaltspunkte" voraus, die die Annahme einer Gefahrensituation begründen. Insofern könnte jedoch dem Merkmal der „polizeilichen Lageerkenntnisse" bzw. „polizeilichen Erfahrung" eine vergleichbare Bedeutung zukommen.

Insbesondere mit ihrer Zweckbestimmung „zur vorbeugenden Bekämpfung von Straftaten" weisen die neuen Befugnisse zu verdachts- und anlassunabhängigen Polizeikontrollen ein typisches Merkmal von Vorfeldbefugnissen auf[360]. Soweit die neuen Befugnisse zur Identitätsfeststellung nicht ausdrücklich der *„vorbeugenden* Bekämpfung der grenzüberschreitenden Kriminalität", sondern lediglich ihrer „Bekämpfung" dienen[361], ist dies unproblematisch, da die „Bekämpfung grenzüberschreitender Kriminalität" deren „vorbeugende Bekämpfung" mit ein-

---

[358] Dieser untechnische, aber anschauliche Begriff wurde von Hoffmann-Riem, JZ 1978, S. 335, 337 geprägt und wird inzwischen vielfach verwandt: vgl. statt vieler Walter, Kriminalistik 1999, S. 290, 292; ebenso Roggan, Polizeistaat, S. 112; Auflistung der einzelnen Landesbefugnisse bei Rachor in HdBPolR, Teil F, Rn. 326-330, 337 f., 343.

[359] Roggan, Polizeistaat, S. 112; Würtenberger u.a., Polizeirecht, 3. Aufl., Rn. 214.

[360] Laut Stephan, DVBl. 1998, S. 81 f. sind die anderen Zwecke lediglich Unterfälle dieser Zweckbestimmung und daher „strenggenommen entbehrlich".

[361] So Art. 13 Abs. 1 Nr. 5 Bay PAG, § 26 Abs. 1 Nr. 6 PolG BW, § 14 Abs. 1 Nr. 5 ThürPAG, § 12 Abs. 1 Nr. 7 BbgPolG.

schließt[362]. Auch die neuen Befugnisse zur Befragung dienen ihrem Wortlaut nach - mit Ausnahme der niedersächsischen Norm - der „vorbeugenden Bekämpfung der grenzüberschreitenden Kriminalität“. § 12 Abs. 6 NGefAG enthält statt dessen die Formulierung „zur Vorsorge für die Verfolgung oder zur Verhütung von Straftaten von erheblicher Bedeutung mit internationalem Bezug“, die der Definition des Begriffs der „vorbeugenden Bekämpfung von Straftaten“ in der Aufgabennorm entspricht.

Die Frage, ob sich die neuen Befugnisse zu verdachts- und anlasslosen Polizeikontrollen strukturell in den Grenzen der Dogmatik polizeilicher Vorfeldbefugnisse bewegen, ist damit noch nicht beantwortet. Vielmehr ist mit der Feststellung, dass es sich bei den neuen Befugnissen zu verdachts- und anlassunabhängigen Polizeikontrollen um polizeiliche Vorfeldbefugnisse handelt, nur die Grundlage für einen entsprechenden Vergleich geschaffen.

II. Abkoppelung von jeder konkreten Gefahr

Unbestritten setzen Eingriffe auf Grundlage der neuen Befugnisse keine konkrete Gefahr voraus[363]. Die Norm selbst bestimmt ihre Adressaten, indem sie Eingriffe gegenüber „jedermann“ zulässt. Im wissenschaftlichen Schrifttum wird gleichwohl vereinzelt vertreten, den neuen Befugnissen läge ein konkreter Gefahrenverdacht zugrunde[364]. Auch von Polizeipraktikern wird mitgeteilt, dass Personen aufgrund der neuen Befugnisse lediglich dann kontrolliert werden, wenn gegen sie ein konkreter Gefahrenverdacht besteht[365].

In der polizeilichen Praxis überwiegen Selektivkontrollen. Verdachtsunabhängige „Totalkontrollen“ nach dem Zufallsprinzip hingegen, wie sie insbesondere aus der sogenannten „Terroristenfahndung“ in den siebziger Jahren bekannt sind, werden heute selten praktiziert, was darauf zurückzuführen ist, dass Totalkontrollen einen hohen Personaleinsatz erforderlich machen, massive Verkehrsstörungen verursachen und sich dabei die Aufgriffserfolge in Grenzen halten[366]. Um motivisch gesteuerte Selektivkontrollen handelt es sich auch bei den Kontrollen auf Grundlage der neuen Befugnisse. Dies bestätigt ein Blick auf die Kontrollpraxis insbesondere in denjenigen Ländern, die das Modell der Identitätsfeststellung umgesetzt haben. Aussagekräftig erscheint hier die Ankündigung des bayerischen Innenministers Beckstein: „Wir wollen nicht jeden kontrollieren, der unauffällig ist, ..., uns interessiert, wenn etwas nicht zusammenpasst.“[367]

[362] So Stephan, DVBl. 1998, S. 81 f.
[363] Vgl. statt vieler Roggan, Polizeistaat, S. 123 m.w.Nw.
[364] So Soria, NVwZ 1999, S. 270, 272; Jutzi, NJ 1999, S. 474 f.
[365] Vgl. 1. Teil, A. I. 1. b.
[366] Vgl. Herrnkind, Unbequem 3/2000, S. S. 4, 6 f. m.w.Nw.
[367] Vgl. Herrnkind, Unbequem 3/2000, S. 4, 6.

Auch von anderer Seite wird beteuert, dass „eine völlig undifferenzierte ... Kontrolle von Bürgern mit ‚legalem Betragen' auch auf der Grundlage der neuen Befugnisnormen nicht erfolge“[368]. Die kontrollierenden Polizeibeamten haben danach also in jedem Einzelfall ein wie auch immer geartetes Motiv „diese und nicht jene“ Person zu kontrollieren[369]. Im polizeitaktischen Verständnis handelt es sich damit um Kontrollen, denen ein Verdacht zugrunde liegt. Für die verfassungsrechtliche wie für die dogmatische Beurteilung einer Norm ist jedoch ohne Belang, was in der polizeilichen Praxis auf ihrer Grundlage geschieht. Von Interesse ist vielmehr ausschließlich, was auf ihrer Grundlage geschehen kann[370]. Den Unterschied zwischen Gesetz und Rechtsanwendungspraxis vor Augen, weist *Herrnkind* deshalb zutreffend darauf hin, dass die Begrifflichkeit „Verdacht“ als rein juristische Kategorien zu verstehen ist und nicht in die „inhaltlich fast uneingrenzbare polizeitaktische Kategorie des Verdachts transformiert“[371] werden darf.

Weingart unternimmt den Versuch, die neuen Befugnisse in das klassische Gefahrenabwehrrecht zurückzuführen, indem er Personen, die an den in Art. 13 Abs. 1 Nr. 2 bis 5 Bay PAG bezeichneten Örtlichkeiten angetroffen werden, als potenzielle Störer bezeichnet. Zwar sei ein potenzieller Störer weder ein Störer im engeren Sinn noch ein Nichtstörer. Der Begriff des „potenziellen Störers“ überschreite vielmehr diese Kategorien. Art. 70 Abs. 1 S. 1 Bay PAG zeige jedoch, dass das Polizeirecht auch Personengruppen außerhalb des strengen Störerschemas kenne[372]. Ähnlich unbegründet nehmen auch *Berner/Köhler* an, die Anwesenheit an einem gefahrgeneigten Ort begründe für jede Person den „Anfangsverdacht, selbst Störer zu sein“[373]. Die neuen Befugnisse setzen jedoch nach Wortlaut und Struktur gerade keinen konkreten Gefahrenverdacht voraus. Bei den auf sie gestützten Maßnahmen handelt es sich nicht um Gefahrerfor-

---

[368] Herrnkind, KJ 2000, S. 188, 192 mit Verweis auf Frankfurter Rundschau vom 24. Juni 1998, S. 3.

[369] Rachor in HdBPolR, Teil F, Rn. 371 spricht in diesem Zusammenhang von auf „diffusen Selektionskriterien beruhende(n) Handlungsroutinen“.

[370] MVVerfG, LKV 2000, S. 149, 154. Eine dogmatische Beurteilung wurde vom MVVerfG nicht vorgenommen, daher hat es diese Aussage lediglich auf die verfassungsrechtliche Prüfung bezogen. Dieser Grundsatz muss jedoch in gleichem Maße auch Geltung für die Prüfung der Befugnisse in dogmatischer Hinsicht haben, denn hier geht es nicht um eine Frage des Prüfungsmaßstabes, sondern um eine Frage des Prüfungsgegenstandes.

[371] Herrnkind, Unbequem 3/2000, S. 4 f.; im Ergebnis ebenso Stephan, DVBl. 1998, S. 81 f.

[372] Warum Weingart, BayVBl. 2001, S. 33, 35 dann davon ausgeht, der Begriff des „potentiellen Störers“ gehöre zu einer dieser Personengruppen und könne als solcher „systemgerecht unter den Begriff des Störers im weiteren Sinn“ subsumiert werden, bleibt in Ermangelung einer Begründung unverständlich.

[373] Berner/Köhler, Bay PAG, Art. 13, Rn. 4, allerdings im Hinblick auf Art. 13 Abs. 1 Nr. 4 Bay PAG.

schungseingriffe[374]. Wie bei Kontrollen an gefährlichen Orten besteht auch bei den neuen Befugnissen an bestimmten Orten ein „allgemeiner Verdacht“ gegen jede sich dort aufhaltende Person. Dieser Verdacht ist jedoch kein konkreter Gefahrenverdacht im Sinne polizeirechtlicher Dogmatik. Auch die neuen Befugnisse knüpfen nämlich nicht an die Störergefährlichkeit, sondern an den Aufenthalt der kontrollierten Person und damit an bestimmte Orte an. Bei den neuen Befugnissen handelt es sich nicht um klassische Gefahrenabwehr-, sondern um Vorfeldbefugnisse[375]. Wie die Kontrollbefugnisse an „gefährlichen“ und „gefährdeten“ Orten sind auch die Personenkontrollen aufgrund der neuen Befugnisse von jeder konkreten Gefahr abgekoppelt[376].

Vor diesem Hintergrund scheinen die hier untersuchten verdachtslosen Polizeikontrollen auf den ersten Blick voll im diagnostizierten Trend zu liegen, ja gar keine eigentliche Neuerung darzustellen. Allein der Umstand, dass die Kontrollen verdachtsunabhängig durchgeführt werden können, macht die neuen Befugnisse nämlich nicht zu etwas Neuem, denn verdachtsunabhängige Kontrollen tauchen in diversen Gesetzen auf[377]. Dieser Umstand verführt zu dem vorschnellen Schluss, die neuen Befugnisse fügten sich unproblematisch in das dogmatisches System des Allgemeinen Polizeirechts ein[378]. Dies greift jedoch zu kurz[379]. Die hier untersuchten Befugnisse sind nämlich nicht im Hinblick auf Abweichungen vom System des klassischen Gefahrenabwehrrechts zweifelhaft. Vielmehr steht ihre Konformität mit der Dogmatik von Vorfeldbefugnissen, denen die Verdachtsunabhängigkeit immanent ist, in Frage. Zu untersuchen ist deshalb allein, ob die neuen Befugnisse eine qualitative Neuerung gegenüber der bisherigen Rechtslage im Gefahrenvorfeld mit sich bringen.

---

374 So zutreffend Stephan, DVBl. 1998, S. 81 f.; ebenso Roggan, Polizeistaat, S. 124; differenzierend Herrnkind, KJ 2000, S. 188, 192.

375 Weingart, BayVBl. 2011, S. 33, 35, befürchtet, der Ausdruck „verdachts- bzw. ereignisunabhängige Kontrollen“ könnte auf rechtsstaatswidrige, polizeiliche Willkür hinweisen und schlägt alternativ den Ausdruck „lage-(bild-)abhängige“ Kontrollen als treffender und unverfänglicher vor. Abgesehen davon, dass der von ihm untersuchte § 13 Abs. 1 Nr. 5 Bay PAG eine Abhängigkeit der Kontrollen von der polizeilichen Lage nicht voraussetzt, würde die Umbenennung nur über die Tatsache hinwegtäuschen, dass die neuen Befugnisse tatsächlich verdachts- und ereignisunabhängige Kontrollen zulassen. Daran kann auch eine „unverfänglichere“ Bezeichnung nichts ändern.

376 So erkennt Herrnkind, Unbequem 3/2000, S. 4 f. die „vorgebliche Ereignis- und Verdachtslosigkeit'' als das Gemeinsame der durch den ME PolG eingeführten Kontrollen an „gefährlichen“ und „gefährdeten“ Orten sowie an Kontrollstellen und der neuen verdachts- und anlassunabhängigen Kontrollen.

377 Vgl. 2. Teil, A. I.

378 So Beinhofer, BayVBl. 1995, S. 193, 196; von Filseck, Die Polizei 1997, S. 70, 73; Walter, Die Polizei 1999, S. 33, 37.

379 So auch Möllers, NVwZ 2000, S. 382 f.

III. Neue Befugnisse als Novum im Vorfeldbereich

Versuche, die den neuen Befugnissen zugrundeliegenden Strukturen unter dieser Fragestellung freizulegen, sind wenige zu verzeichnen[380]. Nach Ansicht von *Möllers* stellen die neuen Befugnisse in der deutschen Polizeirechtsdogmatik „ein Novum dar, weil zum ersten Mal die Eröffnung der polizeilichen Kontrollbefugnis vollständig vom konkreten Erkenntnisstand der Polizei abgekoppelt wird“[381]. Vor dem Hintergrund dieser These sind die neuen Befugnisse zu verdachts- und anlassunabhängigen Polizeikontrollen am Maßstab der Dogmatik des polizeirechtlichen Vorfeldes zu messen.

1. Befugnisse zur Identitätsfeststellung

Die neuen Befugnisse zur Identitätsfeststellungen gestatten Kontrollen im 30-km-Grenzgebiet[382], in öffentlichen Einrichtungen des internationalen Verkehrs[383] sowie auf Durchgangsstraßen[384].

Sowohl das 30-km-Grenzgebiet als auch die öffentlichen Einrichtungen des internationalen Verkehrs sowie Bundes- und Europastraßen sind Begriffe, die sich mit Hilfe formeller bzw. materieller Gesetze - insbesondere mittels der zu den Befugnissen ergangenen Verwaltungsvorschriften - konkretisieren lassen[385]. Eine Kontrolle an diesen Orten verlangt den Polizeibeamten lediglich die Subsumtionsentscheidung darüber ab, ob der Ort, an dem die Person angetroffen wird, einem dieser bestimmten Kontrollbereiche zuzuordnen ist. Eine darüber hinausgehende polizeiliche Einschätzung des Gefährdungspotentials der allgemeinen oder spezifischen Situation setzen Kontrollen an diesen Orten nicht voraus.

Von diesem Ablauf des Kontrollvorganges hebt sich derjenige auf „anderen Straßen mit erheblicher Bedeutung für den grenzüberschreitenden Verkehr“ deutlich ab. Der Begriff der „anderen Straßen“ ist nicht in gleicher Weise be-

---

380 Hervorzuheben ist Möllers, NVwZ 2000, S. 382 ff.; nicht konsequent hingegen Herrnkind, Unbequem 3/2000, S. 4 ff.; Ansätze auch bei Roggan, NordÖR 2000, S. 99 f.

381 Möllers, NVwZ 2000, S. 382, 387.

382 Die Regelungen in Baden-Württemberg und Thüringen erlauben keine Kontrollen im 30-km-Grenzgebiet.

383 In Brandenburg sind Kontrollen in öffentlichen Einrichtungen des internationalen Verkehrs nicht und im Grenzgebiet nur insoweit zulässig, als polizeiliche Erkenntnisse vorliegen, dass am Ort der Maßnahme derartige grenzüberschreitende Kriminalität stattfindet.

384 Durchgangsstraßen werden teils von der Befugnis selbst, teils von der zu ihr ergangenen Verwaltungsvorschrift als Bundesautobahnen, Europastraßen und andere Straßen von erheblicher Bedeutung für den grenzüberschreitenden Verkehr definiert. In Sachsen darf ausweislich der Befugnis nur auf Bundesfernstraßen und anderen Straßen von erheblicher Bedeutung für die grenzüberschreitende Kriminalität kontrolliert werden.

385 Vgl. 1. Teil, A. I. 1. a. und 3. Teil, B. I. 3. a. bb. aaa. (1).

stimmt bzw. bestimmbar. Für die Konkretisierung der Straße, die die Voraussetzungen dieses Begriffes erfüllt, ist eine polizeiliche Lageeinschätzung nicht hinwegzudenken. Hier ist der Kontrolle ein polizeilicher Entscheidungsprozess vorgelagert, in dem die tatsächlichen Gegebenheiten des Einzelfalles berücksichtigt werden müssen.

Vor dem Hintergrund dieser unterschiedlichen Voraussetzungen für Kontrollen in den verschiedenen Kontrollbereichen differenziert das *MVVerfG* bei seiner verfassungsrechtlichen Überprüfung des § 29 Abs. 1 Nr. 5 a.F. SOG MV zwischen Maßnahmen im 30-km-Grenzgebiet und in öffentlichen Einrichtungen des internationalen Verkehrs einerseits sowie solchen auf Durchgangsstraßen andererseits[386]. Im wissenschaftlichen Schrifttum werden entsprechende Maßnahmen demgegenüber ganz überwiegend undifferenziert betrachtet. Eine Unterscheidung der Kontrollorte - wie sie das MVVerfG vornimmt - ist nach Ansicht der Verfasserin jedoch notwendige Voraussetzung für eine exakte dogmatische Zuordnung der neuen Befugnisse.

a. Grenzgebiet und öffentliche Einrichtungen des internationalen Verkehrs

Befugnisse zu Identitätsfeststellungen im 30-km-Grenzgebiet und in öffentlichen Einrichtungen des internationalen Verkehrs dienen der Bekämpfung dispositioneller Gefahren, wenn Anknüpfungspunkt der einzelnen Kontrolle die Disposition des konkreten Kontrollortes ist. Ist hingegen die Gefährlichkeit aller Orte in den benannten Kontrollbereichen Gegenstand der Regelungen, sollen diese Gefahren abstrakter Art abwehren.

aa. Dispositionelle Gefahr

Dem Wortlaut der neuen Befugnisse zufolge darf innerhalb des 30-km-Grenzgebietes und der öffentlichen Einrichtungen des internationalen Verkehrs an jedem Ort kontrolliert werden. Weitere objektive Voraussetzungen, insbesondere „Tatsachen bzw. tatsächliche Anhaltspunkte“ darüber, dass am Ort der Kontrolle grenzüberschreitende Kriminalität stattfindet oder stattfinden soll, müssen gerade nicht gegeben sein. Das ersatzweise bemühte „polizeiliche Motiv der Kriminalitätsbekämpfung“[387] stellt keine vergleichbare Einschränkung der Befugnisse dar, denn dieses ist objektiv nicht überprüfbar[388], da es nicht an ein konkretes äußeres Geschehen anknüpfen muss. Anders als Kontrollbefugnisse

---

[386] Vgl. MVVerfG, LKV 2000, S. 149, 152 ff.
[387] Roggan, Polizeistaat, S. 115.
[388] So auch Stephan, DVBl. 1998, S. 81 f.

an „gefährlichen“ und „gefährdeten“ Orten, die bezüglich des konkreten Einsatzortes Tatsachen bzw. tatsächliche Anhaltspunkte darüber verlangen, dass sich die im Gesetz genannten Vorgänge dort zu ereignen pflegen, erfordern die hier untersuchten Befugnisse solche ortsbezogenen Tatsachen nicht. Vielmehr hat hier der Gesetzgeber selbst die Festlegung bestimmter Gebiete bzw. Einrichtungen übernommen, in denen die kriminellen Zielpersonen am ehesten anzutreffen und zu erfassen sind. Die vom Gesetzgeber als gemeinwohlschädlich beurteilte Gefahrenlage basiert auf der Annahme, dass das 30-km-Grenzgebiet sowie Verkehrseinrichtungen, wie Züge, Bahnhöfe und Flughäfen besonders häufig zur Begehung grenzbezogener Straftaten oder zur unerlaubten Einreise genutzt werden[389]. Den Regelungen liegt die Vorstellung zugrunde, dass diese Örtlichkeiten eine ausreichende abstrakte Gefahrbezogenheit aufweisen[390].

Anders als Kontrollbefugnisse an „gefährlichen“ und „gefährdeten“ Orten setzen die neuen Befugnisse - für den Bereich des Grenzgebietes und der öffentlichen Einrichtungen des internationalen Verkehrs - keine auch nur irgendwie geartete Gefahrenprognose durch die Polizei voraus[391]. Weder knüpft die Kontrolle an die Gefährlichkeit der kontrollierten Person an, noch wird sie mit der Gefährlichkeit des konkreten Kontrollortes in Verbindung gebracht. Für die Ergreifung der Maßnahme muss keinerlei Zusammenhang zu einem tatsächlichen Geschehen beispielsweise derart gegeben sein, dass zu befürchten ist, dass in einem Bahnhofsgebäude eine Bombe gezündet wird. Die Polizei kann an diesen Orten jederzeit und unabhängig von einer konkreten Gefährlichkeit kontrollieren. Es mag so sein, dass in der Praxis an die Stelle eines objektiven Prognoseerfordernisses der „polizeiliche Instinkt“ tritt, dessen sich Polizisten gern berühmen[392]. Die Beurteilung, ob eine Kontrolle zulässig ist, wird jedoch abschließend auf der gesetzlichen Ebene vorgenommen[393]. Den neuen Befugnissen liegt für den Bereich des 30-km-Grenzgebietes und der öffentlichen Einrichtungen in Ermangelung einer Anknüpfung an die Gefährlichkeit des konkreten Kontrollortes keine dispositionelle Gefahr zugrunde. Vielmehr hat der Gesetzgeber die typische Schadensgeneigtheit des gesamten Grenzgebietes sowie aller öffentlichen Einrichtungen des internationalen Verkehrs prognostiziert.

---

[389] Müller-Terpitz, DÖV 1999, S. 329, 336.

[390] So Weingart, BayVBl. 2001, S. 33, 36; ebenso von Filseck, Die Polizei 1997, S. 70 f. m.w.Nw.

[391] Davon, dass im Vergleich zu den bisherigen Ermächtigungen an „gefährlichen“ und „gefährdeten“ Orten die polizeilichen Kontrollbefugnisse „erheblich ausgedehnt“ werden, spricht auch Albers, Diss., S. 142.

[392] Vgl. nur Berner/Köhler, Polizeiaufgabengesetz, 16. Aufl., Art. 13, Rn. 8.

[393] So zutreffend Möllers, NVwZ 2000, S. 382 f.; zur Abgrenzung der neuen Befugnisse von Kontrollbefugnissen an „gefährlichen“ Orten auch Rachor in HdBPolR, Teil F, Rn. 354; ebenso Koch, Diss., S. 111.

bb. Abstrakte Gefahr

Diese Erkenntnis legt den Schluss nahe, den Kontrollbefugnissen im 30-km-Grenzgebiet sowie in öffentlichen Einrichtungen des internationalen Verkehrs läge - nach dem Muster des § 9 Abs. 1 Nr. 2 b ME PolG - eine abstrakte Gefahr zugrunde. Im wissenschaftlichen Schrifttum wird dies ganz überwiegend angenommen[394]. Dabei fällt auf, dass die entsprechende Annahme auf einen Vergleich mit Kontrollbefugnissen an „gefährlichen" und „gefährdeten" Orten gestützt wird[395]. Wie gezeigt, setzen Befugnisse an diesen Orten jedoch - mit Ausnahme des § 9 Abs. 1 Nr. 2 b ME PolG - keine abstrakte, sondern eine dispositionelle Gefahr voraus.

In Frage steht, ob der gesetzgeberischen Wertung folgend die abstrakte Gefährlichkeit des 30-km-Grenzgebietes und öffentlicher Einrichtungen des internationalen Verkehrs anzunehmen ist. Sämtliche Örtlichkeiten innerhalb des 30-km-Grenzgebietes sowie der öffentlichen Einrichtungen des internationalen Verkehrs sind durch ihren Bezug zur Grenze definiert[396]. Bei einer unerlaubten Einreise müssen diese Orte notgedrungen passiert werden. Auch wenn Schutzzweck nur die Verhinderung oder Unterbindung des unerlaubten Aufenthaltes ist - wie im Falle des § 29 Abs. 1 Nr. 5 a.F. SOG MV - ist ein zumindest kurzer Aufenthalt an diesen Orten nahezu zwingend, da ein unerlaubter Aufenthalt zumeist mit einer unerlaubten Einreise verbunden ist. Ebenso zwangsläufig werden Grenzen von Personen überquert, die in Zusammenhang mit grenzüberschreitender Kriminalität stehen, da grenzüberschreitende Kriminalität solche ist, die unter Ausnutzung der Grenzsituation begangen wird[397]. Dem 30-km-Grenzgebiet sowie den öffentlichen Einrichtungen des internationalen Verkehrs kann deshalb eine erhöhte Gefährlichkeit grundsätzlich nicht abgesprochen werden[398]. Die entsprechende, im Rahmen einer Einschätzungsprärogative getroffene gesetzgeberische Wertung lässt insofern keinen eklatanten Abwägungsfehler erkennen. Beachtet werden muss jedoch, dass auch ein Grenzschleier mit einer Tiefe von 30 km und Bahnanlagen im gesamten Bundesgebiet - ebenso wenig

---

[394] Weingart, BayVBl. 2001, S. 33 f. und 38; ebenso Würtenberger u.a., Polizeirecht, 3. Aufl., Rn. 214; a.A. Stephan, DVBl. 1989, S. 81 f.

[395] Vgl. Weingart, BayVBl. 2001, S. 33 f.

[396] Für die öffentlichen Einrichtungen des internationalen Verkehr käme dies noch deutlicher zum Ausdruck, wenn diese - wie im neuen § 27a SOG MV - auf solche mit direktem Grenzbezug beschränkt wären.

[397] Vgl. die VwV in Baden-Württemberg, Thüringen, Niedersachsen, Brandenburg und Hessen.

[398] Aus diesem Grund nimmt auch das MVVerfG, LKV 2000, S. 149, 156 an, dass es sich im Hinblick auf Orte innerhalb des 30-km-Grenzgebietes sowie öffentliche Einrichtungen des internationalen Verkehrs stets um „örtliche Sondersituationen" handelt, die mit denjenigen an „gefährlichen" und „gefährdeten" Orten vergleichbar sind.; a.A. Waechter, DÖV 1999, 138, 146, der die Annahme einer örtlichen Sondersituation für die Kontrollbereiche der neuen Befugnisse zur Schleierfahndung ablehnt.

wie ein ganzes Bundesland oder gar die ganze Bundesrepublik - das Gefährdungspotential eines Bordells im Sinne des § 9 Abs. 1 Nr. 2 b ME PolG haben. Denn bei weitem nicht jedes Mal, wenn eine Grenze überschritten wird, besteht die konkrete Gefahr grenzüberschreitender Kriminalität. Vielmehr ist die Redlichkeit der die Grenze passierenden Personen der Normalfall. In diesem Sinne besitzen weder Grenzgebiet noch öffentliche Einrichtungen des internationalen Verkehrs eine mit § 9 Abs. 1 Nr. 2 b ME PolG vergleichbare „kriminogene Valenz". Vielmehr ist der Aufenthalt an solchen Orten für die gesamte Bevölkerung sozialtypisch und praktisch kaum vermeidbar[399]. Grenzgebiet und öffentliche Einrichtungen werden auch - aber nicht vornehmlich - von Straftätern frequentiert. Orte, an denen Prostitution betrieben wird, sind überdies oftmals eng abgegrenzt. Der Normalbürger kann sich hier der Kontrolle leicht dadurch entziehen, dass er diese Orte meidet[400]. Das 30-km-Grenzgebiet und öffentliche Einrichtungen des internationalen Verkehrs stellen keine vergleichbaren eingrenzbaren Bereiche dar[401]. Zusammenfassend lässt sich festhalten, dass Orte wie das „Rotlicht-Milieu" einerseits stets gefahrenbelastet und zum anderen wesentlich enger begrenzt sind als die hier in Frage stehenden Kontrollbereiche.

Fraglich ist jedoch, ob die Vermeidbarkeit des Aufenthaltes im 30-km-Grenzgebiet und in öffentlichen Einrichtungen des internationalen Verkehrs relevant ist für Art und Umfang der von diesen Orten ausgehenden Gefahren. Setzt die typische Gefährlichkeit von Orten tatsächlich voraus, dass sich an diesen zahlenmäßig mehr Straftäter und potenzielle Störer als unbescholtene Bürger aufhalten? Auch an „gefährlichen" Orten im Sinne des § 9 Abs. 1 Nr. 2 a ME PolG, d.h. in Zügen sowie auf Bahnhöfen und Flughäfen ist der Aufenthalt unbescholtener Bürger sozialtypisch und unvermeidbar. Auch diese Orte sind der Bevölkerung in concreto nicht bekannt, da sie von der Polizei nicht öffentlich bekannt gemacht werden. Es ist vielmehr so, dass sich die Polizei bisweilen ausdrücklich weigert, die gefährlichen Orte einer Stadt oder Gemeinde bekannt zu geben[402]. Auch bei § 9 Abs. 1 Nr. 2 b ME PolG ist keine gesetzgeberische Absicht zu erkennen, dass verhaltensunabhängige Jedermannkontrollen für den Bürger vermeidbar sein sollen[403]. Auch für die abstrakte Gefährlichkeit von Orten im Sinne des § 9 Abs. 1 Nr. 2 b ME PolG kommt es - entgegen anderweitiger Äußerungen - mithin nicht darauf an, ob und für wen sie vermeidbar sind,

---

[399] Roggan, Polizeistaat, S. 113 f. m.w.Nw. auch für den Bereich der „Durchgangsstraßen".
[400] Stephan, DVBl. 1998, S. 81, 83; ebenso Waechter, DÖV 1999, S. 138, 142.
[401] Roggan, Polizeistaat, S. 113 f. m.w.Nw. auch für den Bereich der „Durchgangsstraßen".
[402] Roggan, Polizeistaat, S. 114 m.w.Nw. Auf die entsprechende Anfrage Roggan's vom 26. Oktober 1998 beim Polizeipräsidium der Freien Hansestadt Bremen wurde diese Vorgehensweise damit begründet, dass „die Kriminalitätsentwicklung in den einzelnen Deliktsbereichen sehr unterschiedlich verläuft und sich beispielsweise aufgrund jahreszeitlicher Einflüsse und /oder polizeilicher Maßnamen mehr oder minder stark verändert bzw. örtlich verlagert".
[403] Roggan, Polizeistaat, S. 114 in Bezug auf alle gefährlichen Orte; a.A. jedoch ohne Begründung Mahlmann, LKV 2001, S. 102 f.

sondern allein darauf, ob sie die Disposition aufweisen, dass an ihnen Straftaten häufiger als anderswo geplant bzw. begangen werden[404]. Dies wiederum wird regelmäßig davon abhängig sein, ob der Ort ein Kriminalität begünstigendes „Klima“ aufweist. Ein solches „Klima“ kann jedoch im Hinblick auf bestimmte Delikte, wie auf z.B. Trick- und Taschendiebstähle, durch die Anwesenheit einer Vielzahl von Personen geradezu begünstigt werden. Die Vermeidbarkeit von Orten für unbescholtene Bürger ist folglich kein maßgebliches Kriterium für deren abstrakte Gefährlichkeit. Angesichts der im 30-km-Grenzgebiet und den öffentlichen Einrichtungen des internationalen Verkehrs bestehenden örtlichen Sondersituationen und der diesbezüglichen Einschätzungsprärogative des Gesetzgebers kann den neuen Befugnissen für diese Kontrollbereiche die Grundlage einer - wie mit § 9 Abs. 1 Nr. 2 b ME PolG bekämpften - abstrakten Gefahr nicht abgesprochen werden.

cc. Zusammenfassung und Ausblick

Soweit die neuen Befugnisse zu verdachts- und anlassunabhängigen Identitätsfeststellungen Kontrollen im 30-km-Grenzgebiet und in öffentlichen Einrichtungen des internationalen Verkehrs zulassen, dienen sie nicht der Abwehr dispositioneller Gefahren. Vielmehr liegt den Kontrollbefugnissen insoweit die gesetzgeberische Erkenntnis zugrunde, dass in diesen Bereichen die abstrakte Gefahr der Begehung grenzüberschreitender Kriminalität und der unerlaubten Einreise besteht. Kontrollbefugnisse im 30-km-Grenzgebiet und in öffentlichen Einrichtungen des internationalen Verkehrs fügen sich nicht in das dogmatische System des Allgemeinen Polizeirechts ein, da Vorfeldbefugnisse regelmäßig an dispositionelle, nicht jedoch an abstrakte Gefahren anknüpfen. Die allgemeine Typisierung des Grenzgebietes und der öffentlichen Einrichtungen des internationalen Verkehrs als gefährliche Orte hebt die im Polizeirecht übliche Arbeitsteilung zwischen Gesetzgeber und Polizei auf. Nach dem überkommenen polizeirechtlichen System obliegt es dem Polizeibeamten, Anhaltspunkte für das Vorliegen einer polizeilichen Gefahr aus seinem Erfahrungswissen zu ermitteln und umzusetzen, womit auch die Verpflichtung des Polizisten einhergeht, den vorgenommenen Eingriff aus seiner konkreten Situation heraus begründen und rechtfertigen zu können[405]. Diese Synthese aus Flexibilität und objektiv nachvollziehbarer

---

[404] Auch Weingart, BayVBl. 2001, S. 33, 34 f., dort Fn. 14 hält den „zumeist vermeidbaren Aufenthalt“ an der „gefahrträchtigen Örtlichkeit“ für kein so markantes Abgrenzungskriterium zwischen Nummer 5 und den Nummern 2 bis 4 des Art. 13 Abs. 1 Bay PAG; a.A. MVVerfG, LKV 2000, S. 149, 156 f., das eine Differenzierung nach der Vermeidbarkeit jedoch unter verfassungsrechtlichen Aspekten diskutiert.

[405] Möllers, NVwZ 2000, S. 382 f.; vgl. dazu Rachor in HdBPolR, Teil F, Rn. 394: „Nur diese Argumentationslast hat eine verlässlich machtbegrenzende und damit freiheitssichernde Wirkung.“

Eigenverantwortung des Polizisten wird mit den neuen Befugnissen im 30-km-Grenzgebiet und in öffentlichen Einrichtungen beendet, womit auch die disziplinierende Funktion, die die Begründung eines Eingriffs für den Polizisten vor sich selbst hat, aufgehoben wird. Für den Bereich des Grenzgebietes und der öffentlichen Einrichtungen des internationalen Verkehrs nehmen die neuen Befugnisse dem Polizisten die Pflicht ab, eine eigenständige situationsabhängige Bewertung zu treffen[406]. Zwar mag der Polizeibeamte im Einzelfall entsprechend der Einlassung der Polizeipraktiker auch in Anwendung dieser Normen eine solche situationsabhängige Bewertung treffen, eine Pflicht dazu obliegt ihm nicht. Der Polizist wird damit zum „Agenten eines komplexen Gefahrenabwehrkonzepts, für das er selbst keine Verantwortung mehr trägt"[407]. Dies wäre rechtspolitisch „nur mit einem durch die Befugnisnorm zu ermöglichenden polizeilichen Handlungsprogramm" zu rechtfertigen, „das durch eine individuelle Gefahrenprognose gestört würde"[408]. Ein solches Programm mag zwar polizeiintern gegeben sein, ist den neuen Befugnissen selbst jedoch nicht zu entnehmen[409]. Die zweckgebundene Kontrolle von jedermann muss von der Polizei auch hier im Rahmen eines nachvollziehbaren und gerichtlich überprüfbaren Abwehrkonzepts ausgeübt werden, denn nur dann ist die Rationalität hoheitlichen Handelns gewährleistet und eine Willkürgrenze gezogen[410]. Durch Anknüpfung an polizeiliche Erkenntnisse und Erfahrungen, die für Ort, Zeit und Umfang jeder Kontrolle maßgeblich sind, wird ein Bezug zum tatsächlichen Geschehen und zur dispositionellen Gefährlichkeit des Kontrollortes begründet[411]. Es mag sein, dass im Grenzgebiet und in öffentlichen Einrichtungen des internationalen Verkehrs die Häufigkeit der Aufgriffe grenzüberschreitender Straftäter beziehungsweise unerlaubt Eingereister insgesamt höher ist, als an anderen Orten. Trotzdem gleicht eine Suche ohne tatsächliche Anhaltspunkte im Einzelfall der sprichwörtlichen „Suche nach der Nadel im Heuhaufen". Nur wenn im konkreten Fall Anhaltspunkte für die Gefährlichkeit des konkreten Kontrollortes vorliegen, kann Gefahrenabwehr in Form der Gefahrenvorsorge effektiv vorgenommen werden.

Trotz dieser bedenklichen Auswirkungen der Regelungstechnik der neuen Befugnisse sind Tendenzen erkennbar, in ihrem Fall eine Ausnahme von den dogmatischen Grundsätzen des polizeilichen Vorfeldes zuzulassen. So wird behaup-

---

[406] Möllers, NVwZ 2000, S. 382 f.

[407] Möllers, NVwZ 2000, S. 382, 384.

[408] Möllers, NVwZ 2000, S. 328, 384.

[409] Möllers, NVwZ 2000, S. 328, 384.

[410] Möllers, NVwZ 2000, S. 382, 387.

[411] In diesem Sinne darf inzwischen gemäß § 12 Abs. 1 Nr. 6 BbgPolG im Gebiet der Bundesgrenze bis zu einer Tiefe von dreißig Kilometern nur noch kontrolliert werden, sofern polizeiliche Erkenntnisse vorliegen, dass am Ort der Maßnahme derartige grenzüberschreitende Kriminalität stattfindet. Diese Einschränkung wurde nach Erlass der Vorschrift durch das Zweite Gesetz zur Änderung des BbgPolG vom 19. Dezember 2000 eingefügt.

tet, die im 30-km-Grenzgebiet und in öffentlichen Einrichtungen des internationalen Verkehrs bestehenden abstrakten Gefahrenlagen seien so gewichtig, dass sie den normalen, für einen Eingriff erforderlichen konkreten Gefahrenlagen gleichgestellt werden könnten. Außerdem sei der für das Vorliegen abstrakter oder konkreter Gefahren erforderliche Wahrscheinlichkeitsgrad je nach Gewichtung des gefährdeten Rechtsgutes verschieden. Zwar würde für das polizeiliche Einschreiten zur Verhütung einer Ordnungswidrigkeit eine lediglich abstrakte Gefahr niemals genügen, sehr wohl aber für präventive Maßnahmen gegen illegale Einreise und illegalen Aufenthalt sowie gegen jedwede Form grenzüberschreitender Kriminalität[412]. Die Berufung auf das Gewicht der Gefährdungslage und die Hochwertigkeit der zu schützenden Rechtsgüter macht deutlich, dass es letztlich verfassungsrechtliche Erwägungen sind, die die Zulässigkeit der Abweichung der neuen Befugnisse vom dogmatischen System des polizeilichen Vorfeldes begründen sollen. Ziel dieser Untersuchung war es bis hierher nur, die dogmatischen Grenzen von Vorfeldbefugnissen abzustecken und zu beurteilen, ob diese Grenzen bei der Schaffung der neuen Befugnisse beachtet wurden. An dieser Stelle wird jedoch deutlich, dass die dogmatischen Strukturen des Allgemeinen Polizeirechts nicht nur eng mit den Grundrechten und dem Verhältnismäßigkeitsgrundsatz verknüpft, sondern geradezu Spiegelbild solcher verfassungsrechtlicher Maßstäbe sind. Erwägt man, die hergebrachten dogmatischen Grundsätze zugunsten von Datenerhebungsbefugnissen im Vorfeldbereich aufzuweichen, bewegt man sich auf verfassungsrechtlichem Terrain. Eine entsprechende verfassungsrechtliche Überprüfung der neuen Befugnisse ist Gegenstand des dritten Teils dieser Untersuchung.

b. Durchgangsstraßen

Auf der Grundlage der neuen Befugnisse darf die Polizei auch auf Durchgangsstraßen kontrollieren. Der Begriff der „Durchgangsstraßen" wird teils durch die Befugnisse selbst, teils durch die zu diesen ergangenen Verwaltungsvorschriften als „Bundesautobahnen, Europastraßen und andere Straßen von erheblicher Bedeutung für den grenzüberschreitenden Verkehr" definiert. Auf jeder Bundesautobahn und Europastraße sind polizeiliche Kontrollen ohne weitere Einschränkungen zulässig. Auf sonstigen Durchgangsstraßen darf die Polizei nur kontrollieren, wenn diese von erheblicher Bedeutung für den grenzüberschreitenden Verkehr sind.

Von dieser Regel weicht lediglich § 18 Abs. 2 Nr. 6 HSOG ab, nach dem jede Kontrolle auf einer Straße, d.h. auch Maßnahmen auf Bundesautobahnen und Europastraßen - von Gesetzes wegen - auf polizeiliche Lageerkenntnisse oder polizeiliche Erfahrungen darüber zurückzuführen sein muss, dass diese von er-

412 Berner/Köhler, Polizeiaufgabengesetz, 16. Aufl., Art. 13, Rn. 8.

heblicher Bedeutung für die grenzüberschreitende Kriminalität ist. Die Begriffe „Lageerkenntnis“ und „grenzpolizeiliche Erfahrung“ sind gesetzlich nicht definiert. Es kann jedoch davon ausgegangen werden, dass „polizeiliche Lageerkenntnis“ die Feststellung und Analyse von *gegenwärtigen* Situationen meint, „polizeiliche Erfahrungen“ hingegen eine Menge von *historischen* Tatsachen umfasst, die, wenn sie von einem verständigen Polizeibeamten in intellektuelle Beziehung zueinander gesetzt werden, die Annahme rechtfertigen, dass unerlaubte Einreise gerade hier stattfinden könnte. Da Maßnahmen also auch an ein tatsächliches, jedoch vergangenes Geschehen anknüpfen können, das sich in polizeilicher Erfahrung abbildet, sind sie - wie Kontrollen an „gefährlichen“ Orten - anlass- und ereignisunabhängig.

aa. Bundesautobahnen und Europastraßen

Für Kontrollen auf Bundesautobahnen und Europastraßen kann auf die Ausführungen zu den Kontrollbereichen des 30-km-Grenzgebietes und der öffentlichen Einrichtungen des internationalen Verkehrs verwiesen werden. Auch in diesen Bereichen knüpft die Maßnahme - mit Ausnahme solcher auf Grundlage des § 18 Abs. 2 Nr. 6 HSOG - nicht an die Gefährlichkeit des konkreten Kontrollortes an. Auch für diese Kontrollbereiche liegt den Befugnissen die gesetzgeberische Prognose über die Häufigkeit grenzüberschreitender Kriminalität zugrunde. Der Gesetzgeber selbst hat im Rahmen seiner Ermessensprärogative entschieden, dass diese Straßenkategorien unabhängig von der Gefährlichkeit des einzelnen Kontrollortes von erheblicher Bedeutung für die grenzüberschreitende Kriminalität sind. Auch im Hinblick auf diese gesetzgeberische Wertung ist ein gravierender Ermessensfehler nicht erkennbar. Zwar ist die Benutzung von Bundesautobahnen und Europastraßen durch Täter und Teilnehmer grenzüberschreitender Kriminalität nicht in gleichem Maße zwingend wie ein Aufenthalt im 30-km-Grenzgebiet. Es kann jedoch wie bei den öffentlichen Einrichtungen des internationalen Verkehrs von einer im Vergleich zu anderen Örtlichkeiten deutlich gesteigerten Häufigkeit von Schadenseintritten auf Bundesautobahnen und Europastraßen ausgegangen werden, da diese für den Bereich der Fortbewegung mittels eines Kraftfahrzeuges schnellen und reibungslosen Verkehr sowie Transport gewährleisten[413]. Der Befugnis liegt daher auch in Bezug auf diese Kontrollbereiche eine Aussage über eine abstrakte Gefahr zugrunde. Die Befugnisse unterliegen insoweit denselben dogmatischen Bedenken wie hinsichtlich der Kontrollbereiche des 30-km-Grenzgebietes und der öffentlichen Einrichtungen des internationalen Verkehrs. Auch hier ist kein Konzept erkennbar,

---

[413] A.A. MVVerfG, LKV 2000, S. 149, 153, das diese bestimmten Straßenkategorien verfassungsrechtlich nicht anders behandelt als sonstige Durchgangsstraßen.

welches die Gefahrenabwehr effektivieren könnte. Konsequenterweise muss auch hier auf spätere verfassungsrechtliche Erörterungen verwiesen werden.

bb. Andere Straßen von erheblicher Bedeutung

Keine abstrakte Gefahr liegt den neuen Befugnissen zur Identitätsfeststellung zugrunde, soweit sie Kontrollen auch auf „anderen Straßen von erheblicher Bedeutung für den grenzüberschreitenden Verkehr" zulassen. Da diese Voraussetzung jede beliebige Straße erfüllen kann, es also an einer von solchen Straßen abzugrenzenden Vergleichsgruppe mangelt, kann hier nicht mehr von einer besonderen Häufigkeit von zu erwartenden Schadensfällen gesprochen werden. Besonders typisch kann grenzüberschreitende Kriminalität nicht auf allen Straßen sein. „Andere Straßen von erheblicher Bedeutung" stellen daher keine gefahrenträchtigen Örtlichkeiten dar. Angesichts der Weite der Kategorie der „anderen Straßen" muss vielmehr davon ausgegangen werden, dass nur eine verschwindende Minderheit der Verkehrsteilnehmer im Zusammenhang mit Straftaten der grenzüberschreitenden Kriminalität steht[414].

Fraglich ist, welche Bedeutung für die dogmatische Bewertung die Einschränkung „von erheblicher Bedeutung für den grenzüberschreitenden Verkehr" hat. Die Befugnisse - mit Ausnahme von § 18 Abs. 2 Nr. 6 HSOG - regeln nicht, welche Anforderungen an die Erheblichkeit der Bedeutung für den grenzüberschreitenden Verkehr zu stellen beziehungsweise anhand welcher Maßstäbe diese zu ermitteln sind. Auch in den Verwaltungsvorschriften finden sich nur vereinzelt entsprechende Hinweise. So regelt z.B. Ziffer 13.7 der VollzBek. zu Art. 13 Abs. 1 Nr. 5 Bay PAG, dass „nicht auf bestimmte Straßenklassen abgestellt (wird), sondern auf die wandelbaren tatsächlichen Gegebenheiten, wie sie nach dem polizeilichen Lagebild zu erkennen sind". Eine Konkretisierung dieses Merkmals setzt somit eine polizeiliche Prognose über die Gefährlichkeit der zur Kontrolle vorgesehenen Straße voraus. Nicht gesagt ist damit jedoch bereits, dass die Kontrollen auf „anderen Straßen" der Abwehr dispositioneller Gefahren dienen. Regelmäßig ist dazu die Anknüpfung des Eingriffs an „Tatsachen bzw. tatsächliche Anhaltspunkte" notwendig. Es geht weder aus den Befugnissen selbst noch aus den zu ihnen ergangenen Verwaltungsvorschriften deutlich hervor, ob die - soweit überhaupt geforderten - Lagererkenntnisse den Charakter von „Tatsachen und tatsächlichen Anhaltspunkten" aufweisen müssen. Die Annahme dispositioneller Gefahren kommt jedoch ohnehin nur in Betracht, soweit sich die entsprechenden Anforderungen aus dem Gesetz und nicht lediglich aus einer - von der Verwaltung letztlich jederzeit änderbaren - Verwaltungsvorschrift ergeben, die zwar die Verwaltung intern bindet, jedoch gegenüber dem Bürger keine unmittelbare Wirkung entfaltet und in Ermangelung konkretisie-

[414] MVVerfG, LKV 2000, S. 149, 153.

render Verfahrensregelungen auch gerichtlich nicht überprüfbar ist. Die Annahme dispositioneller Gefahren als Grundlage der Kontrollbefugnisse auf „anderen Straßen mit erheblicher Bedeutung für den grenzüberschreitenden Verkehr“ setzt eine gesetzliche Bindung der einzelnen Kontrolle an „polizeiliche Lageerkenntnisse bzw. polizeiliche Erfahrungen“ voraus. Da diese Voraussetzung von den neuen Befugnissen - mit Ausnahme von § 18 Abs. 2 Nr. 6 HSOG - nicht erfüllt wird, kann eine Übereinstimmung der neuen Befugnisse mit dem dogmatischen System des polizeirechtlichen Vorfeldes auch für diesen Kontrollbereich nicht angenommen werden.

c. Zusammenfassung

Die neuen Befugnisse zur Identitätsfeststellung sind hinsichtlich der unterschiedlichen Kontrollbereiche dogmatisch verschieden zu beurteilen. Kontrollbefugnisse im 30-km-Grenzgebiet und in öffentlichen Einrichtungen des internationalen Verkehrs sowie auf Bundesautobahnen und Europastraßen liegt die gesetzgeberische Erkenntnis zugrunde, dass an solchen Orten abstrakte Gefahren bestehen. Da Vorfeldbefugnisse typischerweise nicht an abstrakte, sondern an dispositionelle Gefahren anknüpfen und abstrakte Gefahren grundsätzlich keine Maßnahmen mit Einzelfallcharakter legitimieren, stellen die neuen Kontrollbefugnisse im Hinblick auf diese Kontrollbereiche tatsächlich ein Novum im dogmatischen System des Allgemeinen Polizeirechts dar. Ob diese „dogmatische Schwäche“ der neuen Befugnisse aus verfassungsrechtlichen Gründen - wie im Fall des § 9 Abs. 1 Nr. 2 b ME PolG - ausnahmsweise überwunden werden kann, ist Gegenstand ihrer verfassungsrechtlichen Prüfung. Eindeutig lässt sich für den Kontrollbereich der „anderen Straßen von erheblicher Bedeutung“ feststellen, dass die neuen Befugnisse zur Identitätsfeststellung - mit Ausnahme des § 18 Abs. 2 Nr. 6 HSOG - nicht mit dem dogmatischen System des polizeirechtlichen Vorfeldes übereinstimmen. Zwar sind Ansätze dafür vorhanden, dass an die Disposition bestimmter Orte angeknüpft werden soll, jedoch finden diese Ansätze in den Befugnissen keine hinreichende Stütze. Die neuen Befugnisse zur Identitätsfeststellung können in das dogmatische System des Vorfeldbereiches integriert werden, indem sie hinsichtlich aller Kontrollbereiche nach dem Vorbild des § 12 Abs. 1 Nr. 6 BbgPolG insoweit eingeschränkt werden, dass Kontrollen nur zulässig sind, „sofern polizeiliche Erkenntnisse vorliegen, dass am Ort der Maßnahme derartige grenzüberschreitende Kriminalität stattfindet“. Zu beachten ist, dass die neuen Befugnisse zur Identitätsfeststellung im Falle einer solchen Einschränkung - nicht zuletzt wegen ihrer Anlassunabhängigkeit - den Kontrollbefugnissen an „gefährlichen“ Orten soweit angenähert wären, dass ihre Erforderlichkeit in Frage stünde.

2. Befugnisse zur Befragung

Kontrollen aufgrund der neuen Befugnisse zur Befragung sind nicht auf gesetzlich bestimmte Orte begrenzt, sondern regelmäßig im gesamten öffentlichen Verkehrsraum zulässig. Eine Ausnahme davon macht lediglich § 9a SPolG, wonach Befragungen nur im 30-km-Grenzgebiet zu Frankreich und Luxemburg zulässig sind, sowie § 14 Abs. 3 SOG LSA, der Kontrollen nur auf Bundesfernstraßen erlaubt[415].

Sämtliche neuen Befugnisse zur Befragung - mit Ausnahme des § 12 Abs. 6 NGefAG - binden die einzelne Maßnahme ausdrücklich daran, dass aufgrund von polizeilichen Lageerkenntnissen anzunehmen ist, dass Straftaten mit erheblicher Bedeutung begangen werden sollen. Für § 12 Abs. 6 NGefAG ergibt sich diese Einschränkung aus der zu der Befugnis ergangenen Ausführungsvorschrift, die regelt, dass Ort und Art der Maßnahmen nach kriminalistischer Erfahrung oder an Hand kriminalistischer Lagebilder hinreichende Aussicht auf Erfolg bieten müssen. Damit knüpfen alle neuen Befugnisse zur Befragung an ein konkretes Geschehen an und dienen daher nicht der Abwehr abstrakter Gefahren. Eine besondere Häufigkeit grenzüberschreitender Kriminalität ließe sich für den gesamten öffentlichen Verkehrsraum auch kaum begründen[416]. Die Bindung an ein konkretes Geschehen wird in einigen Befugnissen[417] noch verstärkt durch einen Anordnungsvorbehalt, demzufolge Ort, Zeit und Umfang jeder Maßnahme angeordnet werden müssen, sowie der teilweise[418] auftretenden Besonderheit, dass nach jeweils 14 Tagen zu prüfen ist, ob die Voraussetzungen für die Maßnahmen weiterhin vorliegen. Diese zusätzlichen Verfahrensregelungen erhöhen die Rechtfertigungsschwelle für die einzelne Maßnahme. Indem die neuen Befugnisse zur Befragung die Einzelmaßnahme davon abhängig machen, dass „aufgrund von Lageerkenntnissen anzunehmen ist, dass Straftaten von erheblicher Bedeutung begangen werden", setzen sie die dispositionelle Gefährlichkeit des Kontrollortes voraus. Anders als im Fall der Identitätsfeststellungen auf „anderen Straßen mit erheblicher Bedeutung für den grenzüberschreitenden Verkehr" gibt hier das Gesetz vor, dass Lagererkenntnisse auf die Gefährlichkeit eines Ortes schließen lassen müssen. Fraglich bleibt jedoch, ob, wo und wie Organisation und Verfahren zur Gewinnung sowie Aus- und Anwendung der polizeilichen Lageerkenntnisse, d.h. ein objektiv nachvollziehbares Verfahren zur Ermittlung der eingriffseröffnenden Lage zu regeln ist. Es handelt sich dabei um die Frage der hinreichenden Bestimmtheit der neuen Befugnisse, die erst im Rahmen der verfassungsrechtlichen Prüfung zu behandeln ist.

---

415 Vgl. insofern 1. Teil, B. II. 3. und 4.

416 Insofern kann der Ansicht von Waechter, Polizeirecht, Rn. 274, auch im Fall des § 12 Abs. 6 NGefAG müsse eine Eintrittswahrscheinlichkeit zumindest im Sinne einer abstrakten Gefahr vorliegen, weder nachvollzogen, noch gefolgt werden.

417 Vgl. § 18 Abs. 7 ASOG Bln, § 11 Abs. 3 BbgPolG, § 14 Abs. 3 SOG LSA.

418 Vgl. § 18 Abs. 7 ASOG Bln, § 11 Abs. 3 BbgPolG.

Obwohl die neuen Befugnisse zur Befragung in Ermangelung einer örtlichen Beschränkung der Kontrollen viel weiter zu gehen scheinen als die Befugnisse zur Identitätsfeststellung, ergibt eine genaue dogmatische Untersuchung gerade das Gegenteil. Die Befugnisse zur Befragung haben wegen ihrer Bindung an „polizeiliche Lageerkenntnisse bzw. polizeiliche Erfahrung“ in Bezug auf die Gefährlichkeit des konkreten Kontrollortes nicht die reine, unzulässige Finalstruktur wie die Befugnisse zur Identitätsfeststellung. Aus diesem Grund fügen sich die neuen Befugnisse zur Befragung - anders als die Befugnisse zur Identitätsfeststellung - in das dogmatische System des polizeirechtlichen Vorfeldbereiches ein[419]. Durch die Bezugnahme auf „polizeiliche Lageerkenntnisse bzw. polizeiliche Erfahrung“ scheinen sich die Neuregelungen zur Befragung an die Kontrollbefugnisse an „gefährlichen“ Orten anzunähern. Sie sind - wie diese - ebenso verdachts- wie anlassunabhängig. Die neuen Befugnisse zur Befragung sind im Vergleich zu den herkömmlichen Kontrollmöglichkeiten an „gefährlichen“ Orten gewissermaßen eine Ermächtigung an die Polizei, zu konkretisieren, was nach gegenwärtiger kriminalistischer Erfahrung als gefährlicher Ort zu verstehen ist[420].

---

[419] So im Ergebnis auch Mahlmann, LKV 2001, S. 102, 104.
[420] Mahlmann, LKV 2001, S. 102, 104.

3. Teil: Verfassungsmäßigkeit neuer Befugnisse zu verdachts- und anlassunabhängigen Polizeikontrollen

Die Verfassungsmäßigkeit der neuen Befugnisse zu verdachts- und anlassunabhängigen Polizeikontrollen ist sowohl in formeller als auch materieller Hinsicht in Zweifel gezogen worden.

A. Formelle Verfassungsmäßigkeit

Bereits im Verlauf der Gesetzgebungsverfahren zur Einführung der neuen Befugnisse zu verdachts- und anlassunabhängigen Polizeikontrollen auf Bundes- als auch auf Landesebene wurde die formelle Verfassungsmäßigkeit der Änderungsgesetze bezweifelt. In der die Einführung der neuen Befugnisse begleitenden Auseinandersetzung im Schrifttum wird jedoch nicht selten übersehen, dass die formelle Verfassungsmäßigkeit in zweifacher Hinsicht zu problematisieren ist[421]. Denn sowohl die Änderungen des Bundesgrenzschutzgesetzes als auch die Novellierungen der Landesbefugnisse werden hinsichtlich der erforderlichen Gesetzgebungsbefugnis mit Skepsis betrachtet, unterliegen aber als Bundesgesetze zum einem und Landesgesetze zum anderen unterschiedlichen verfassungsrechtlichen Maßstäben.

I. Formelle Verfassungsmäßigkeit der Änderungen des BGSG

Die neuen Befugnisse im Bundesgrenzschutzgesetz begegnen Bedenken im Hinblick auf einen Verstoß gegen das in Art. 70 Abs. 1 GG verankerte Prinzip der Polizeihoheit der Länder[422]. Das bundespolizeiliche Handeln beeinträchtigt die Polizeihoheit der Länder nicht, wenn es der Erfüllung von Grenzschutzaufgaben dient, denn die Aufgabe des „Grenzschutzes" ist eine Polizeiaufgabe des Bundes, die gemäß Art. 73 Nr. 5 GG Gegenstand der ausschließlichen Gesetzgebungszuständigkeit des Bundes ist. Auch die sonderpolizeiliche Verwaltungskompetenz des Bundes ist gemäß Art. 30, 83, 87 Abs. 1 S. 2 GG von vornherein aus der Polizeihoheit der Länder ausgenommen. Ein Zusammenhang der Änderungen des Bundesgrenzschutzgesetzes mit der Aufgabe des „Grenzschutzes" ist

---

[421] Dies führt teilweise dazu, dass die Frage nur einseitig diskutiert wird oder die unterschiedlichen Prüfungspunkte miteinander vermengt werden. Vgl. nur Schmid, LKV 1998, S. 477, 479 f.

[422] Zum Prinzip der Polizeihoheit der Länder vgl. BVerfG, NJW 1959, S. 29 sowie Götz, Polizeirecht, 12. Aufl., Rn. 42.

jedoch aufgrund der Fassung der neuen Befugnisse sowohl in örtlicher als auch in sachlicher Hinsicht zweifelhaft.

1. Örtliche Zuständigkeit des Bundesgrenzschutzes

Gegenstand von Zweifeln an der örtlichen Zuständigkeit des Bundesgrenzschutzes sind ausschließlich die Kontrollen auf dem Gebiet der Bahnanlagen der Eisenbahnen des Bundes, die nach Einfügung des § 22 Abs. 1a BGSG nunmehr verdachts- und anlassunabhängig möglich sind. Mit der Einbeziehung aller Bahnanlagen in § 22 Abs. 1 a BGSG ist diese Befugnis darauf gerichtet, im gesamten Bundesgebiet, d.h. auch fern aller Grenzen, eine unerlaubte Einreise zu verhindern oder unterbinden. Dabei drängt sich die Frage auf, ob sich die Aufgabe der Bahnpolizei tatsächlich auf sämtliche inländische Bahnanlagen erstrecken darf oder aber auf Bahnhöfe im Grenzbereich beschränkt werden muss.

Bereits seit dem 1. April 1992 nimmt der Bundesgrenzschutz die Aufgaben der Bahnpolizei und des Fahndungsdienstes der Deutschen Bundesbahn wahr[423]. Aus dem Prinzip der Polizeihoheit der Länder folgt, dass jede Erweiterung der Befugnisse des Bundesgrenzschutzes verfassungsrechtlich gerechtfertigt sein muss[424]. Das Bundesverfassungsgericht hat jüngst zur Frage der Übertragung polizeilicher Befugnisse auf den Bundesgrenzschutz erklärt, dass sowohl die Gesetzgebungskompetenz des Bundes für den Grenzschutz nach Art. 73 Nr. 5 GG als auch dessen entsprechende Verwaltungskompetenz gemäß Art. 87 Abs. 1 S. 2 GG neben der polizeilichen Überwachung der Grenzen die Kontrolle des grenzüberschreitenden Verkehrs erfasse[425]. Darüber hinaus erfordere der grenzpolizeiliche Schutz des Bundesgebietes nicht nur die Überwachung der unmittelbaren Bundesgrenzen, sondern auch die Kontrolle des anliegenden Hinterlandes und des grenzüberschreitenden Verkehrs auf Flughäfen und des „gestreckten Einreiseprozesses" über Grenzbahnhöfe durch das Hauptverkehrsmittel Bahn[426].

Kritiker halten es aufgrund des Erfordernisses des unmittelbaren Bezugs zur Grenze für ausgeschlossen, dem Bundesgrenzschutz für das gesamte Bundesgebiet Befugnisse zuzuweisen[427]. Diese Auffassung bestätige der bei anderem Verständnis grundlos eingeführte Art. 115 f Abs. 1 Nr. 1 GG, nach dem der Bundesgrenzschutz im Verteidigungsfall - soweit erforderlich - ausnahmsweise im gesamten Bundesgebiet eingesetzt werden darf[428]. Des weiteren gebe auch der

---

[423] Gesetz vom 23. Januar 1992, BGBl. I, S. 178.
[424] Soria, NVwZ 1999, S. 270 f.
[425] BVerfG, NVwZ 1998, S. 495 f.
[426] BVerfG, NVwZ 1998, S. 495 f.; kritisch zu dieser Entscheidung: Hecker, NVwZ 1998, S. 707 ff.
[427] Seebode, Gutachten, S. 7 m.w.Nw.
[428] Seebode, Gutachten, S. 7 f.

Wortlaut der Zweckbestimmung der „Verhinderung oder Unterbindung unerlaubter Einreise" zu erkennen, dass Kontrollen nur auf Bahnhöfen innerhalb des Grenzgebietes des § 2 Abs. 2 Nr. 3 BGSG durchgeführt werden können, denn die „Einreise" sei nach allgemeinem und vom Gesetzgeber zu beachtenden Sprachgebrauch jedenfalls bei einem Aufenthalt in einer Bahnanlage außerhalb der weiträumig als grenznah definierten 30-km-Zone als beendet anzusehen und könne aus diesem Grund auf Bahnhöfen im Inland nicht mehr verhindert bzw. unterbunden werden[429]. Zwar sollen Kontrollen zu diesem Zweck dem Bundesgrenzschutz ausschließlich die Aufdeckung von Straftaten ermöglichen, die sich aus der unerlaubten Einreise von Personen oder verbotenen Wareneinfuhr ergeben. Doch dieser vage Auslandsbezug begründe weder den für die Aufgabe des Grenzschutzes im Sinne der Art. 73, 87 GG nötigen, unmittelbaren Grenzbezug noch stelle er sich als Grenzschutz im weitesten Sinne dar. Die Kontrollbefugnisse seien daher formell verfassungswidrig, soweit sie dem Bundesgrenzschutz Befugnisse zuweisen, die auf Bahnanlagen außerhalb des grenznahen Bereichs auszuüben sind. Die Gesetzgebungskompetenz des Art. 73 Nr. 5 GG decke Kontrollen in Zügen außerhalb des grenznahen Bereichs lediglich dann, wenn deren erster Halt nicht schon innerhalb der deutschen 30-km-Zone liegt[430].

Soria hingegen hält es kompetenzrechtlich für nicht zu beanstanden, dass mit § 22 Abs. 1a BGSG der Grenzschutz auf das Landesinnere ausgedehnt werde. Aus der zitierten Rechtsprechung des Bundesverfassungsgerichts könne nicht gefolgert werden, dass der Bundesgrenzschutz seine Grenzschutzaufgaben auf das unmittelbare Grenzgebiet beschränken muss, da das Bundesverfassungsgericht über diese Frage nicht zu entscheiden hatte. Auch die Kontrolle der Einreisevorschriften im Landesinneren gehöre daher nach der Rechtsprechung des Bundesverfassungsgerichts zum Bereich der dem Bund obliegenden Grenzsicherung[431]. *Müller-Terpitz* ist der Ansicht, dass der Gesetzgeber den räumlichen Geltungsbereich des § 22 Abs. 1a BGSG durch die Lagebindung näher präzisiert und damit ausdrücklich eine wohl bedenkliche flächendeckende Präsenz des Bundesgrenzschutzes im Bahnreiseverkehr ausgeschlossen habe. Da der grenzpolizeiliche Schutz des Bundesgebietes im übrigen nicht nur die Überwachung

---

[429] Seebode hat sein Gutachten zum 1. Entwurf der Novelle geschrieben. Nach diesem Entwurf waren neben den Kontrollen im Grenzgebiet nach § 23 Abs. 1 Nr. 3 und § 44 Abs. 2 BGSG auch Maßnahmen in Bahnhöfen, Zügen, Flughäfen möglich. Die §§ 23 Abs. 1 Nr. 3 und 44 Abs. 2 BGSG wurden dann jedoch wegen erheblicher Bedenken auf die bekannte Weise eingeschränkt. Als Ersatz für die vorgenommenen Streichungen wurde § 22 Abs. 1a BGSG eingeführt, der dem Bundesgrenzschutz Befragungen „zur Verhinderung oder Unterbindung unerlaubter Einreise in das Bundesgebiet" in Zügen und auf dem Gebiet der Bahnanlagen der Eisenbahnen des Bundes erlaubt. Das Argument Seebode's hat sich somit nicht mit Streichung der entsprechenden Formulierungen aus den §§ 23 Abs. 1 Nr. 2 und 44 Abs. 2 BGSG erledigt.

[430] Seebode, Gutachten, S. 7 bis 10.

[431] Soria, NVwZ 1999, S. 270 f.

der Grenzlinien, sondern auch des anliegenden Hinterlandes umfasse, bestünden gegen die örtliche Zuständigkeit des Bundesgrenzschutzes für die Kontrollen aufgrund von § 22 Abs. 1a BGSG im Ergebnis keine kompetenzrechtlichen Bedenken[432]. Ohne dies weiter zu begründen gehen auch *Heesen/Hönle* davon aus, dass der Bundesgrenzschutz die Aufgabe „Grenzschutz" nicht nur unmittelbar an der Staatsgrenze oder im 30-km-Grenzgebiet, sondern auch im Inland auf Flug- und in Seehäfen mit grenzüberschreitendem Verkehr sowie auf allen Bahnanlagen des Bundes sowie in Zügen im Sinne des § 3 BGSG wahrnehmen kann[433]. Die Verfasserin schließt sich dieser Meinung an. Die Ausdehnung der Aufgabe „Grenzschutz" auf den Bereich der Bahnpolizei durch die Rechtsprechung des Bundesverfassungsgerichts hat sonst keinen Sinn, da Kontrollen auf Bahnhöfen im 30-km-Grenzgebiet örtlich ohnehin vom „normalen" Grenzschutzbetrieb umfasst sind[434]. Darüber hinaus erscheint die Auslegung *Seebodes*, eine Einreise wäre bei Verlassen des 30-km-Grenzgebietes bereits beendet, willkürlich und überzeugt daher nicht. Ebenso kann vertreten werden, dass die Einreise erst mit Verlassen des Einreiseverkehrsmittels beendet ist. Die mit der Befugnis zur sogenannten lageabhängigen Befragung nach § 22 Abs. 1a BGSG verbundene Ausdehnung der Kompetenz auf inländische Bahnanlagen und Bahnfahrzeuge ist daher im Hinblick auf die erforderliche Gesetzgebungskompetenz nicht zu beanstanden.

2. Sachliche Zuständigkeit des Bundesgrenzschutzes

Die von Art. 73 Nr. 5 GG dem Bund ausdrücklich eingeräumte Befugnis zur Regelung des Grenzschutzes erstreckt sich sachlich - wie schon Wortlaut, Sinn und Entstehungsgeschichte der Art. 73 Nr. 5, 87 GG ergeben - auf die Überwachung der Grenzen und die Kontrolle des grenzüberschreitenden Verkehrs, insbesondere die Passkontrolle[435]. Dies bedeutet, dass für die Beachtung der Bundeskompetenz der sachliche Grenzbezug entscheidend und der notwendige räumliche Bezug nur mitbestimmend ist[436].

§ 22 Abs. 1a BGSG gestattet Maßnahmen nur zur Verhinderung oder Unterbindung der unerlaubten Einreise in das Bundesgebiet. Auch § 23 Abs. 1 Nr. 3 BGSG ist in seiner Zweckrichtung auf die Verhinderung oder Unterbindung der unerlaubten Einreise in das Bundesgebiet sowie die Verhütung von Straftaten im

[432] Müller-Terpitz, DÖV 1999, S. 329, 334.
[433] Heesen/Hönle, BGSG, 3. Aufl., § 2, Rn. 4; im Ergebnis ebenso Walter, Die Polizei 1999, S. 33 ff.
[434] Die Einschränkung des § 27a SOG MV auf öffentliche Einrichtungen „mit unmittelbarem Grenzbezug" kann hier nicht beispielhaft herangezogen werden, da diese als Landesbefugnis keinen Grenzschutzzwecken i.S.d. Art. 73 Nr. 5 GG dient.
[435] Degenhart in Sachs, GG, 2. Aufl., Art. 73, Rn. 24; Jutzi, DÖV 1992, S. 650.
[436] Papier, DVBl. 1992, S. 1, 3.

Sinne des § 12 Abs. 1 Nr. 1 bis 4 BGSG beschränkt. Die in Rede stehenden neuen Befugnisse lassen sich damit - zumindest formell - der Aufgabe des Grenzschutzes im oben beschriebenen Sinne zuordnen.

Zwar ist dem Bund die Aufgabe der Grenzsicherung nicht konturenlos übertragen. Wie das Bundesverfassungsgericht in dem erwähnten Beschluss festgestellt hat, macht es die verfassungsrechtliche Entscheidung, „die Polizeigewalt in die Zuständigkeit der Länder zu verweisen und aus Gründen der Rechtsstaatlichkeit, der Bundesstaatlichkeit und des Grundrechtsschutzes den Ausnahmefall einer Bundespolizei in der Verfassung zu begrenzen, erforderlich, das Gepräge des BGS als einer Sonderpolizei zur Sicherung der Grenzen des Bundes (Art. 87 Abs. 1 S. 2 i.V.m. Art. 73 Nr. 5 GG) und zur Abwehr bestimmter, das Gebiet oder die Kräfte eines Landes überschreitender Gefahrenlagen (Art. 35 Abs. 2 und 3, 91, 115 f Abs. 1 S. 1 Nr. 1 GG) zu wahren. Der Bundesgrenzschutz darf deshalb nicht zu einer allgemeinen, mit den Landespolizeien konkurrierenden Bundespolizei ausgebaut werden und damit sein Gepräge als Polizei mit begrenzten Aufgaben verlieren."[437] Zur Konkretisierung des Gepräges der Tätigkeiten des Bundesgrenzschutzes hat das Bundesverfassungsgericht in seinem Beschluss darauf abgestellt, dass es sich um eine örtlich auf die Bahnanlagen begrenzte und auch sachlich eingeschränkte Zuständigkeit handelt[438]. Wie festgestellt, erweitern die Änderungen des Bundesgrenzschutzgesetzes die örtliche Zuständigkeit des Bundesgrenzschutzes lediglich in zulässigem Maße. Wenn aber das Bundesverfassungsgericht im Bereich der Bahnhöfe und Züge bereits die Übertragung von Aufgaben ohne sachlichen Grenzbezug gebilligt hat, muss erst recht die Übertragung polizeilicher Befugnisse zum alleinigen Zweck der Unterbindung der unerlaubten Einreise - einer klassischen Grenzschutzaufgabe - verfassungsmäßig gerechtfertigt sein[439].

Die Bekämpfung der grenzüberschreitenden Kriminalität, die allgemeine Gefahrenabwehr darstellt[440], fällt hingegen in den Kompetenzbereich der Länder. Eine Tätigkeit des Bundesgrenzschutzes zu diesem Zweck wäre unzulässig. Dies bestätigt ein Blick auf die Kompetenzverteilung durch das Grundgesetz: Neben der Kompetenz „Grenzschutz" steht die Kompetenz für die „internationale Verbrechensbekämpfung" gemäß Art. 73 Nr. 10 GG. Der Legislativkompetenz aus Art. 73 Nr. 10 GG entspricht jedoch - anders als der Kompetenz aus Art. 73 Nr. 5 GG mit Art. 87 Abs. 1 S. 2 GG - keine Verwaltungskompetenz des Bundes, wie ein Vergleich mit den Art. 87 ff. GG ergibt. Soweit der Bund mit der Neuregelung dem Bundesgrenzschutz verdachtsunabhängige Kontrollen im nahen Hinterland gestattet, macht er zugleich von seiner Verwaltungskompetenz

---

437 BVerfG, NVwZ 1998, S. 495, 497.

438 BVerfG, NVwZ 1999, 495, 498; kritisch Hecker, NVwZ 1998, S. 707 f.

439 Soria, NVwZ 1999, S. 270 f.; im Ergebnis ebenso Waechter, DÖV 1999, S. 138, 141, dort Fn. 24 sowie Heesen/Hönle, BGSG, 3. Aufl., § 2, Rn. 4.

440 So Waechter, DÖV 1999, S. 138, 141, dort Fn. 24.

Gebrauch[441]. Die Bekämpfung der „grenzüberschreitenden Kriminalität" dürfte also dem Bundesgrenzschutz nur dann zugewiesen werden, wenn sie zum Sachbereich „Grenzschutz" und nicht zur „internationalen Verbrechensbekämpfung" gehörte. Die Zuordnung ist jedoch für diesen Zweck eindeutig zugunsten der Verbrechensbekämpfung vorzunehmen und entspricht damit den Bundesaktivitäten im Bereich des Amtes Europol, dessen Aufgabe es ist, „Formen der internationalen Kriminalität zu verhüten und zu bekämpfen"[442]. Die Tätigkeit der Bekämpfung grenzüberschreitender Kriminalität kann also klar von der Aufgabe des „Grenzschutzes" getrennt werden. Innerstaatlich sind damit für die Bekämpfung der grenzüberschreitenden Kriminalität nicht die Beamten des Bundesgrenzschutzes, sondern die Polizeien der Länder zuständig[443].

Da die Bekämpfung der grenzüberschreitenden Kriminalität nicht Zweck der neuen Bundesbefugnisse ist, sprechen unter Zugrundelegung des verfassungsrechtlichen Maßstabes überzeugende Argumente dafür, dass sich die Novelle im Rahmen der Kompetenz des Art. 73 Nr. 5 GG hält. Durch die Gesetzesänderung wird das „Gepräge" des Bundesgrenzschutzes als Sonderpolizei zur Sicherung der Bundesgrenzen nämlich nicht verändert. Grenzpolizeiliche Befugnisse werden lediglich in einem sachlich - Verhinderung oder Unterbindung unerlaubter Einreise sowie Verhütung grenzbezogener Straftaten - und räumlich - 30 km-Grenzgebiet, Bahn- und Luftverkehrsanlagen[444] - eng umgrenzten Bereich erweitert[445]. Die neuen Ermächtigungen zu verdachts- und anlasslosen Kontrollen im BGSG sind daher in örtlicher und sachlicher Hinsicht der Grenzschutzaufgabe des Bundes zuzuweisen[446]. Ein Verstoß gegen die Polizeihoheit der Länder kann den neuen Befugnissen im Bundesgrenzschutzgesetz nicht zur Last gelegt werden.

II. Formelle Verfassungsmäßigkeit der neuen Landesbefugnisse

Als weitaus schwieriger erweist sich die kompetenzrechtliche Einordnung der neuen Befugnisse zu verdachts- und anlassunabhängigen Personenkontrollen in

441 Soria, NVwZ 1999, S. 270 f.; BVerfG, NVwZ 1998, S. 495 f.
442 Vgl. Art. 2 Abs. 1 Europol-Abkommen.
443 Vgl. Waechter, DÖV 1999, S. 138, 141, dort Fn. 24.
444 Im Bahn- und Flughafenbereich ist der Bundesgrenzschutz ohnehin mit vom Bundesverfassungsgericht gebilligten spezifischen Gefahrenabwehraufgaben im Sinne der §§ 3 und 4 BGSG betraut.
445 Müller-Terpitz, DÖV 1999, S. 329, 334.
446 A.A. Schütte, ZRP 2002, S. 393, 396 f., der ohne nähere Begründung annimmt, die Befugnis des § 22 Abs. 1a BGSG diene ihrem „wahren Charakter" nach nicht dem Grenzschutz, sondern der „Verhütung von Straftaten im Raum". Für die Befugnis sei deshalb generell „im materiellen Polizeirecht kein Platz". Der Annahme Schütte's steht jedoch der insoweit eindeutige Wortlaut der Befugnis entgegen.

den Landespolizeigesetzen. Verschiedentlich wird vertreten, die neuen Landespolizeibefugnisse verstießen gegen die Gesetzgebungskompetenzen des Bundes aus Art. 73 Nr. 10 GG (Internationale Verbrechensbekämpfung), Art. 73 Nr. 5 GG (Grenzschutz) beziehungsweise Art. 74 Abs. 1 Nr. 1 GG (Strafverfolgung)[447].

Eine Gesetzgebungskompetenz steht den Ländern für ihre neuen Befugnisse zu verdachts- und anlassunabhängigen Polizeikontrollen zutreffenderweise dann nicht zu, wenn für die von den Befugnissen betroffene Materie eine Bundeskompetenz geregelt ist und diese einer Landeskompetenz nach dem System der Art. 70 ff. GG vorgeht.

1. Internationale Verbrechensbekämpfung, Art. 73 Nr. 10 GG

Die internationale Verbrechensbekämpfung betrifft die grenzüberschreitende Verfolgung strafbarer Handlungen und die internationale Amtshilfe bei einer solchen Strafverfolgung. Entscheidend ist dabei nicht die „Internationalität" - d.h. die grenzüberschreitende Natur - des Verbrechens, sondern die Notwendigkeit seiner internationalen Bekämpfung, die sich im Bedürfnis nach internationaler Amtshilfe ausdrückt. Art. 73 Nr. 10 GG begründet keine Befugnis zur unmittelbaren Strafverfolgung, sondern betrifft allein die internationale Zusammenarbeit durch Austausch von Erfahrungen und Nachrichten sowie sonstiger Formen der Amtshilfe[448]. Anders gesagt: Verbrechensbekämpfung im Sinne des Art. 73 Nr. 10 3. Alt. ist international, wenn sie internationale Zusammenarbeit, z.B. durch Nachrichtenaustausch, Amtshilfe und gemeinsame Organisation erfordert. Auf die Schwere oder die Internationalität des Verbrechens beziehungsweise auf die Internationalität der Täter oder ihrer Organisation kommt es dagegen nicht an[449]. Das Gebiet internationaler Verbrechensbekämpfung erstreckt sich also sowohl auf die Strafverfolgung durch deutsche Behörden jenseits der Bundesgrenzen als auch auf die internationale Amtshilfeleistung deutscher Behörden auf Ersuchen ausländischer Strafverfolgungsbehörden. Nicht umfasst von dieser Kompetenznorm ist jedoch die Regelung der unmittelbaren Strafverfolgung auf dem Bundesgebiet. Zulässig ist lediglich die internationale Zusammenarbeit, etwa durch Informationsaustausch und Transfer von Erfahrungen[450]. Die internationale Verbrechensbekämpfung erfasst somit nur spezifisch internationale Aspekte, nicht aber nationale Maßnahmen zur Bekämpfung entsprechender Kriminalität.

---

[447] Vgl. statt vieler nur Roggan, Polizeistaat, S. 111 f.; Lisken, NVwZ 1998, S. 22 f.; differenzierend Schmid, LKV 1998, S. 477, 479 f.

[448] Kunich in von Münch/Kunig, GG, Bd. 3, 3. Aufl., Art. 73, Rn. 42.

[449] Heinzten in von Mangoldt u.a., GG, Bd. 2, Art. 73, Rn. 101.

[450] Sannwald in Schmidt-Bleibtreu/Klein, GG, 9. Aufl., Art. 73, Rn. 136.

Von den neuen Befugnissen in den Landespolizeigesetzen betrifft keine die Materie der Bund-Länder-Zusammenarbeit im Sicherheitsbereich. Sie stellen materielle Regelungen zum Zweck der Bekämpfung der grenzüberschreitenden Kriminalität dar, der das Bedürfnis nach internationaler Zusammenarbeit in Form von Amtshilfe oder ähnlichem nicht immanent ist. Die Befugnisse sind vielmehr rein nationale Maßnahmen zur Bekämpfung einer bestimmten Kriminalitätsform. Die neuen Landespolizeibefugnisse tangieren somit nicht die Materie der internationalen Verbrechensbekämpfung. Der Hinweis von *Heesen/Hönle*, die Länder machten, soweit polizeigesetzliche Regelungen zur Bekämpfung der Kriminalität mit internationalem Bezügen bestehen, von ihrer Verwaltungskompetenz zur Ausführung der „internationalen Verbrechensbekämpfung" im Sinne des Art. 73 Nr. 10 letzte Variante GG Gebrauch[451], geht daher fehl. Von internationaler Verbrechensbekämpfung kann nämlich schon der Sache nach nicht gesprochen werden.

2. Grenzschutz, Art. 73 Nr. 5 GG

Soweit die Landesbefugnisse zu verdachts- und anlassunabhängigen Polizeikontrollen Ersatzmaßnahmen für die mit dem Schengener Abkommen entfallenen Grenzkontrollen sind, könnten sie jedoch der Aufgabe „Grenzschutz" unterfallen, für die der Bund - wie bereits festgestellt - die ausschließliche Gesetzgebungs- und Verwaltungskompetenz besitzt[452].

a. Grenzgebiet

Die Bedenken hinsichtlich eines Kompetenzverstoßes richten sich zunächst gegen diejenigen Befugnisse, die den Landespolizeien auch Kontrollen im 30-km-Grenzgebiet gestatten[453], denn der Kompetenztitel „Grenzschutz" kann nur in dem engen Teilbereich berührt sein, in dem es um den Schutz der Bundesgrenze gegen Grenzverletzungen geht. Dies trifft jedenfalls für Kontrollen im Landesinnern - auf Durchgangsstraßen und in Einrichtungen des internationalen Verkehrs - nicht zu.

---

451 Heesen/Hönle, BGSG, 3. Aufl., § 2, Rn. 4.

452 Entsprechende Zweifel an der Zuständigkeit der Länder äußert Lisken, NVwZ 1998, S. 22 f.

453 Für das Modell der Identitätsfeststellung: Art. 13 Abs. 1 Nr. 5 Bay PAG, § 29 Abs. 1 Nr. 5 a.F. SOG MV, § 12 Abs. 1 Nr. 7 BbgPolG und § 19 Abs. 1 Nr. 5 SächsPolG. Die Befugnisse zur Befragung gestatten Kontrollen im gesamten öffentlichen Verkehrsraum, d.h. auch im Grenzgebiet.

aa. Örtlicher Bezug

Der Grenzschutz umfasst gemäß § 2 Abs. 2 Nr. 1 BGSG die polizeiliche Überwachung der Grenzen. Als staatliche Grenzen sind in diesem Zusammenhang die Staatsgrenze Deutschlands gegenüber dem Ausland und die Grenze des Küstenmeeres anzusehen[454]. Der Bundesgrenzschutz hat also nur die Aufgabe, die Bundesgrenze zu schützen.

Teilweise wird vertreten, der Schutz der Landesgrenzen sei von vornherein aus der Grenzschutzaufgabe des Bundesgrenzschutzes ausgenommen. Dem Landesgesetzgeber stehe es daher frei, eigene Befugnisse zum Schutz der Landesgrenzen auch für die Grenzbereiche zu erlassen, die gleichzeitig Bundesgrenze sind. Die ausschließliche Zuständigkeit des Bundesgesetzgebers für den Grenzschutz bei Bundesgrenzen verwehre es dem Landesgesetzgeber nicht, zum Schutz der Landesgrenzen, die gleichzeitig Bundesgrenzen sind, ebenfalls gesetzgeberisch tätig zu werden[455]. Abgelehnt wird diese Einschränkung von *Degenhart*: Ob neben der Bundeskompetenz für den Grenzschutz auch eine Landeskompetenz für den Schutz derjenigen Landesgrenzen, die zugleich Bundesgrenzen sind, bejaht werden könne, sei fraglich, im Ergebnis jedoch zu verneinen. Da Bundesgrenzen stets auch Landesgrenzen sind, sei diese Konstellation von Art. 73 Nr. 5 GG umfasst[456].

bb. Sachlicher Bezug

Maßgeblicher Anknüpfungspunkt für die Kompetenzprüfung ist jedoch auch hier der Gesetzeszweck[457]. Eine Überschneidung der Kompetenzen im 30-km-Grenzgebiet muss mithin trotz eventueller örtlicher Überschneidungen nicht befürchtet werden, wenn die neuen Landespolizeibefugnisse sachlich keinen Grenzschutzzwecken dienen.

Die Materie des Art. 73 Nr. 5 GG umfasst den Schutz des deutschen Hoheitsgebietes vor dem Eindringen von Personen und Sachen aus dem Ausland über die Grenze außerhalb einer militärischen Sicherung der Grenze. Art. 73 Abs. 1 Nr. 5 GG beschränkt sich also auf die polizeiliche Überwachung des Grenzübertritts und schlägt dem Bund nicht den polizeilichen Schutz in der Nähe der Staatsgrenzen schlechthin zu.

---

[454] Heesen/Hönle, BGSG, 3. Aufl., § 2, Rn. 48.

[455] Sannwald in Schmidt-Bleibtreu/Klein, GG, 9. Aufl., Art. 75, Rn. 60; ebenso Maunz in Maunz/Dürig, GG, Art. 73, Rn. 104; Beinhofer, BayVBl. 1995, 193, 195.

[456] Degenhart in Sachs, GG, 2. Aufl., Art. 73, Rn. 24.

[457] So BVerfG, NJW 1954, S. 1235; BVerfG, NJW 1961, S. 2299; BVerfG, NJW 1969, S. 179; BVerfG, NJW 1973, S. 505; BVerfG, NJW 1974, S. 356; BVerfG, NJW 1992, S. 2213.

aaa. Bekämpfung der grenzüberschreitenden Kriminalität

Die in Frage stehenden neuen Landespolizeigesetze dienen zunächst in allen Fällen der „Bekämpfung der grenzüberschreitenden Kriminalität" und bezwecken damit gerade nicht den Schutz der gesamtstaatlichen Außengrenzen, sondern knüpfen an diese an, um die Gefahrenabwehr zu ermöglichen. Dies gilt auch für das 30-km-Grenzgebiet. Die Zweckrichtung der neuen Landespolizeibefugnisse entspricht damit nicht der mit der Aufgabe des Grenzschutzes verbundenen Tätigkeiten. Die neuen Landesregelungen - ob nun an die Befugnis zur Identitätsfeststellung oder an die Befugnis zur Befragung gekoppelt - betreffen nach ihrem Wortlaut nicht die Aufgabe „Grenzschutz" im Sinne des § 2 BGSG, sondern enthalten mit dem Ziel der Bekämpfung grenzüberschreitender Kriminalität beziehungsweise Kriminalität mit internationalem Bezug sachlich eine in die Landeshoheit fallende Polizeirechtsmaterie.

bbb. Verhütung und Unterbindung von unerlaubter Einreise und unerlaubtem Aufenthalt

Die neuen Befugnisse könnten jedoch sachlich dem Aufgabenbereich „Grenzschutz" zuzuweisen sein, sofern sie den Zwecken der „Verhütung und Unterbindung der unerlaubten Einreise und des unerlaubten Aufenthaltes" dienen. Diese Zwecke werden nicht mit allen neu eingeführten Landespolizeibefugnissen zu verdachts- und anlasslosen Kontrollen, sondern lediglich mit derjenigen Bayerns (Art. 13 Abs. 1 Nr. 5 Bay PAG), Thüringens (§ 14 Abs. 1 Nr. 5 ThürPAG) und Mecklenburg-Vorpommerns (§ 29 Abs. 1 Nr. 5 SOG MV) verfolgt.

(1) Freistaat Thüringen

Allein § 14 Abs. 1 Nr. 5 Thür PAG deutet die Problematik der Kompetenzüberlagerung von Bundes- und Landespolizei durch den Zusatz „soweit dies nicht Aufgabe der Bundespolizei ist" an[458]. Die thüringische „Schleierfahndungsbefugnis" gilt damit nur unter dem Vorbehalt der Nicht-Zuständigkeit des Bundesgrenzschutzes, womit ein Überschneiden der Aufgabenbereiche ausdrücklich ausgeschlossen ist. Sie trägt der Abgrenzung der Aufgabenbereiche daher besonders Rechnung.

[458] So auch Schmid, LKV 1998, S. 477, 480.

(2) Freistaat Bayern

Im Freistaat Bayern besteht die Besonderheit[459], dass die Bayerische Grenzpolizei[460] aufgrund eines Verwaltungsabkommens mit dem Bund[461] die polizeiliche Kontrolle des grenzüberschreitenden Verkehrs an allen in Bayern zugelassenen Grenzübergangsstellen mit Ausnahme des Flughafens München übernimmt. Darüber hinaus nimmt diese in gleicher Weise an der bayerisch-österreichischen und der bayerisch-schweizerischen Grenze auch Aufgaben des grenzpolizeilichen Einzeldienstes bei der polizeilichen Überwachung der sogenannten „Grünen Grenze" wahr. Der Bundesgrenzschutz ist insoweit in Bayern auf die Überwachung der „Grünen Grenze" zur Tschechischen Republik beschränkt.

Diese Aufgabenwahrnehmung ist gesetzlich gerechtfertigt, denn im Bereich der ausschließlichen Gesetzgebung des Bundes haben die Länder gemäß Art. 71 GG die Befugnis zur Gesetzgebung, wenn und soweit sie hierfür in einem Bundesgesetz ausdrücklich ermächtigt werden. Eine solche Ermächtigung erteilt für den Bereich des Grenzschutzes § 2 Abs. 4 BGSG in Verbindung mit § 2 Abs. 1 BGSG. Nimmt ein Land - wie der Freistaat Bayern aufgrund des oben zitierten Verwaltungsabkommens - entsprechend dieser Vorschrift im Einvernehmen mit dem Bund Aufgaben des grenzpolizeilichen Einzeldienstes mit eigenen Kräften wahr, richtet sich die Durchführung der Aufgaben nach dem Landesgesetz, in dem entsprechende grenzpolizeiliche Befugnisse geregelt werden dürfen[462]. Unter Hinweis auf diese besondere Rechtfertigung wird im Schrifttum die bayerische Schleierfahndungsbefugnis des Art. 13 Abs. 1 Nr. 5 Bay PAG überwiegend für formell verfassungsgemäß befunden[463]. Die Übernahme der Grenzschutzaufgaben durch die Bayerische Grenzpolizei gemäß § 2 Abs. 1 BGSG sei der „Punkt, an dem sich die Situation in Bayern wesentlich von derjenigen in den anderen Bundesländern unterscheidet"[464].

Gelegentlich wird jedoch behauptet, die formelle Verfassungsmäßigkeit von Kontrollen bayerischer Fahnder im 30-km-Grenzgebiet sei nicht mit dem Hinweis auf den Grenzschutzvorbehalt zugunsten der Länder in § 2 BGSG zu be-

[459] Die Grenzkontrolle an den bayerischen Landesgrenzen obliegt seit der unmittelbaren Nachkriegszeit der Bayerischen Grenzpolizei. Schnekenburger, BayVBl. 2001, S. 129, 131 spricht insofern vom „Sonderweg Bayerns".

[460] Nach Aufhebung der Grenzkontrollen mit dem Schengener Abkommen sind die Grenzkontroll-Dienststellen in Bayern aufgelöst und statt ihrer fünf Fahndungsinspektionen gegründet worden, die ausschließlich sogenannte „mobile Fahndung" betreiben.

[461] Derzeit gültige Fassung des Verwaltungsabkommens zwischen dem Bundesminister des Innern und der Bayerischen Staatsregierung über die Wahrnehmung von Aufgaben des grenzpolizeilichen Einzeldienstes in Bayern (Bekanntmachung vom 12. Juli 1975 (BayRS 2012-3-5-I), geändert durch Bekanntmachung vom 18. Dezember 1991 (GVBl. S. 518).

[462] Schnekenburger, BayVBl. 2001, S. 129, 131.

[463] Beinhofer, BayVBl. 1995, S. 193, 195 f.

[464] Stephan, DVBl. 1998, S. 81, 85, dort in Fn. 38.

gründen. Gemäß § 2 BGSG könne die Landespolizei allenfalls „im Einvernehmen mit dem Bund Aufgaben des grenzpolizeilichen Einzeldienstes mit eigenen Kräften“ wahrnehmen, also grenzpolizeiliche Aufgaben im Sinne des Bundesgrenzschutzgesetzes übernehmen und mittels Landesrecht erfüllen. Jedoch könne das Land nicht durch Schaffung eigenen Landesrechts das Bundesrecht „ergänzen“ und so gegebenenfalls Kontrollregelungen schaffen, die über die vom Bund gesetzten Regelungsgrenzen hinausgehen, um neben dem Bundesgrenzschutz weitergehende Kontrollen auszuüben[465]. Genau dies sei jedoch durch Einführung des Art. 13 Abs. 1 Nr. 5 Bay PAG geschehen, da die Eingriffsbefugnisse des Bundesgrenzschutzes immer noch eine mögliche Gefahr im Grenzbereich voraussetzen, die abzuwehren ist. Diese grundlegende rechtstaatliche Eingriffsschwelle fehle hingegen in der bayerischen Landesbefugnis zu verdachts- und anlassunabhängigen Polizeikontrollen. Könnte der Landesgesetzgeber von den inhaltlichen Vorgaben des Bundesgrenzschutzgesetzes abweichen, läge es im politischen Belieben eines Landes, die Zuständigkeit der Grenzpolizei gegebenenfalls mit Hilfe des nach § 2 Abs. 3 BGSG zuständigen Bundesministers des Innern an sich zu ziehen und vermeintliche Defizite der Bundesregelung auszugleichen. Die ausschließliche Gesetzgebungsbefugnis des Bundes gemäß Art. 73 Nr. 5 GG würde damit überspielt. Der deswegen ohnehin von Anfang an bedenkliche Ländervorbehalt in § 2 BGSG[466] könne aus diesem Grund nur im Sinne einer Zuständigkeitsverlagerung für die Ausführung der Bundesvorgaben gedeutet werden. Eine inhaltliche Ergänzung der Grenzkontrollmöglichkeiten durch Landespolizeirecht scheide jedenfalls bei Umgehung der Gesetzgebungszuständigkeiten des Bundes aus[467].

Die so kritisierte „Systemwidrigkeit“ lässt sich jedoch wie folgt erklären: Der Bundestag hielt es schon bei der Beratung des Bundesgrenzschutzgesetzes 1972 für angebracht, dass nicht nur bei Wahrnehmung von Grenzschutzaufgaben durch ein Bundesland, sondern auch in anderen Fällen der Gefahrenabwehr das Befugnisrecht des Landes angewendet werden sollte, da in der Praxis die allgemeinpolizeilichen und grenzpolizeilichen Aufgaben ohnehin häufig von denselben Dienststellen und Beamten wahrgenommen werden. Diese Auffassung ist in § 2 Abs. 4 BGSG verfestigt. Die Polizeien der Länder Bayern, Hamburg und Bremen wenden daher bei Wahrnehmung der Aufgabe „Grenzschutz“ das präventive Landesrecht an[468]. Abgesehen davon, dass die rechtliche Lage so eine plausible Erklärung erfährt, kann ihren Kritikern auch auf der Subsumtionsebene nicht gefolgt werden. Zu einer „Systemwidrigkeit“ kommt es nämlich im hier

---

[465] Lisken, NVwZ 1998, S. 22, 25.
[466] Lisken, NVwZ 1998, S. 22, 26 m.w.Nw. zur Geschichte dieses Ländervorbehaltes.
[467] Lisken, NVwZ 1998, S. 22, 26; vgl. dazu auch BVerfGE 70, S. 251, 264.
[468] Heesen/Hönle, BGSG, 3. Aufl., § 2, Rn. 100.

untersuchten Fall nicht, da auch Grenzkontrollen nach dem BGSG stets verdachts- und anlassunabhängig zulässig waren und sind[469].

(3) Land Mecklenburg-Vorpommern

In Mecklenburg-Vorpommern sind sowohl nach alter Rechtslage aufgrund von § 29 Abs. 1 Nr. 5 a.F. SOG MV als auch nach § 27a SOG MV Kontrollen neben der Bekämpfung der grenzüberschreitender Kriminalität zum Zweck „der *Unterbindung* des unerlaubten *Aufenthaltes*“ zulässig. Es sollen hingegen weder eine unerlaubte Einreise noch ein unerlaubter Aufenthalt von Personen *verhindert* werden. Folgerichtig stellt das *MVVerfG* zum Zweck der polizeilichen Überwachung des Grenzübertritts fest: „Diesem Zweck dient § 29 Abs. 1 S. 2 Nr. 5 SOG ersichtlich nicht. Die Norm betrifft gegenständlich die Bekämpfung von Gefahren, die durch den Aufenthalt von bestimmten Personen im Landesgebiet hervorgerufen werden oder deswegen bevorstehen können. Diesem Zweck dient auch die Befugnis zur Identitätsfeststellung innerhalb des Grenzgebietes bis zu einer Tiefe von 30 km: Bekämpft werden soll nicht die Verletzung der Grenze durch illegalen Übertritt, sondern die Gefahren, die von Personen ausgehen können, die unter Ausnutzung der Grenzsituation die öffentliche Sicherheit und Ordnung stören (wollen). (...) Die streitbefangene Regelung erfasst daher erst Tatbestände vor und nach der Überschreitung der Grenze, unabhängig davon, ob die Grenze legal oder illegal überschritten worden ist“[470].

Auch die Regelung des § 27a SOG MV greift aus diesem Grund nicht in den Bereich des Grenzschutzes hinein, für den nach Art. 73 Nr. 5 GG der Bund die ausschließliche Gesetzgebungskompetenz besitzt. Unabhängig davon, ob bereits der Auffassung gefolgt wird, der Schutz der Landesgrenzen sei von vornherein aus der ausschließlichen Gesetzgebungskompetenz des Bundes auszunehmen, greifen die kompetenzrechtlichen Bedenken gegen die neu eingeführten Landesbefugnisse nicht durch, soweit diese den Verlauf der Bundesgrenze einbezogen haben, da in keinem Fall die ausschließliche Bundesgesetzgebungskompetenz für den Grenzschutz nach Art. 73 Nr. 5 GG ausgelöst wird[471].

---

469 Vgl. Müller-Terpitz, DÖV 1999, S. 329, 336.
470 MVVerfG, LKV 2000, S. 149, 151.
471 Im Ergebnis ebenso: Möllers, NVwZ 2000, S. 382, 384; Heesen/Hönle, BGSG, 3. Aufl., § 23, Rn. 18; Beinhofer, BayVBl. 1995, S. 193, 195 f.; Waechter, DÖV 1999, S. 138, 140.

b. Bahnanlagen

Soweit der örtliche Bezug zur Bundesgrenze von den Landesbefugnissen nicht hergestellt wird[472], kommt eine Verletzung der Kompetenzregelung des Art. 73 Nr. 5 GG nur für den Aufgabenbereich der Bahnpolizei in Betracht. Entsprechende Zweifel an der formellen Verfassungsmäßigkeit der neuen Landesbefugnisse setzen sich jedoch auch hier nicht durch, denn die bahnpolizeilichen Aufgaben des Bundesgrenzschutzes, d.h. Regelungen, die den Bundesgrenzschutz zu Maßnahmen auch diesseits der Grenzen ermächtigen, verdrängen nicht die Zuständigkeit der Landespolizei für die öffentliche Sicherheit und Ordnung an diesen Plätzen. Es bedarf vielmehr umgekehrt einer besonderen bundesgesetzlichen Legitimation für das Tätigwerden des Bundesgrenzschutzes im Landesinnern, denn der Bundesgrenzschutz ist als Bundespolizei ein Ausnahmefall[473]. Entsprechend sind landespolizeiliche Kontrollen in Zügen der Deutschen Bahn AG und auf Bahngleisen durch die Zuständigkeit des Bundesgrenzschutz nach § 3 BGSG nicht ausgeschlossen, da letztere sich auf die Abwehr bahnspezifischer Gefahren beschränkt, von der die Bekämpfung der grenzüberschreitenden Kriminalität in der Regel nicht erfasst ist, so dass es insoweit gemäß § 1 Abs. 7 BGSG bei der Zuständigkeit der Landespolizeien verbleibt[474]. Eine Gesetzgebungskompetenz des Bundes gemäß Art. 73 Nr. 5 GG für die Materie der neuen Landesbefugnisse ergibt sich also auch unter diesem Gesichtspunkt nicht.

3. Strafverfolgung, Art. 74 Abs. 1 Nr. 1 GG

Die Diskussion über die formelle Verfassungsmäßigkeit der neuen Landespolizeibefugnisse im Hinblick auf einen möglichen Verstoß gegen Art. 74 Abs. 1 Nr. 1 GG zeichnet sich durch Heftigkeit und Langlebigkeit aus. Gemäß Art. 74 Abs. 1 Nr. 1 GG fällt dem Bund die konkurrierende Gesetzgebungskompetenz für das Recht des „gerichtlichen Verfahrens“[475] zu. Von dieser Kompetenz hat der Bund mit Erlass der Strafprozessordnung Gebrauch gemacht, die die Verfolgung von Straftaten regelt[476]. Beim Strafprozessrecht handelt es sich um die vergangenheitsbezogene Reaktion auf konkret begangenes, in der Vergangenheit liegendes strafbares Verhalten, das sich seinerseits aus dem materiellen Strafrecht ergibt. Das Strafverfahrensrecht ist daher prinzipiell tatbezogen.

Im Gegensatz dazu unterfallen allgemeine Präventivmaßnahmen zur Verhinderung von Straftaten als Maßnahmen polizeilicher Gefahrenabwehr der Rege-

---

[472] So in § 26 Abs. 1 Nr. 6 PolG BW, § 14 Abs. 1 Nr. 5 ThürPAG, § 18 Abs. 2 Nr. 6 HSOG.

[473] MVVerfG, LKV 2000, S. 149, 151.

[474] Im Fall des § 26 Abs. 1 Nr. 6 PolG BW weist die dazu ergangene VwV des baden-württembergischen Innenministeriums vom 7. August 1996 ausdrücklich darauf hin.

[475] Zur Auslegung des Begriffs des „gerichtlichen Verfahrens“ siehe Albers, Diss., S. 267 f.

[476] Maunz in Maunz/Dürig, GG, Bd. 4, Art. 74, Rn. 79.

lungskompetenz der Länder gemäß Art. 70 Abs. 1 GG[477]. Der Zweck des Gefahrenabwehrrechts besteht darin, drohende Störungen der öffentlichen Sicherheit abzuwehren und bereits eingetretene Störungen zu beseitigen. Bei dieser Rechtsmaterie geht es um eine ereignisbezogene, möglichst effektive und flexible Reaktion auf eine Schadenswahrscheinlichkeit, bei der es auf die störenden Personen als Individuen nicht ankommt, wenngleich selbstverständlich natürliche Personen von der gefahrenabwehrenden Polizeimaßnahme betroffen sind. Ziel von Polizeirechtsbefugnissen ist Prävention, d.h. die Verhinderung von Schäden im weitesten Sinne.

Der unschwer festzustellende Unterschied zwischen Polizei- und Strafprozessrecht liegt also darin, dass das eine in der Zukunft liegende Gefahren vermeiden will, das andere hingegen der staatlichen Reaktion auf bereits verwirklichtes strafbares Verhalten dient[478]. Die systematische Unterscheidung der Verfahrenszwecke - Strafverfolgung einerseits und Verhinderung drohenden Unrechts andererseits - ist jedoch zunehmend aus dem Blick geraten. Dies lässt sich - zumindest auch - darauf zurückführen, dass in der sicherheitspolitischen Diskussion Prävention und Repression immer häufiger unter dem „problemverhüllenden und ganz unjuristischen Begriff"[479] der „Bekämpfung von Straftaten" zusammengefasst worden sind. Auch im Fall der neuen Landesbefugnisse ist Hauptzweck die „Bekämpfung von Straftaten", die hier jedoch einen grenzüberschreitenden Charakter aufweisen müssen. Die Zuordnung zu einem Kompetenzbereich gestaltet sich bereits aus diesem Grund schwierig.

a. Bisherige Zuordnung von Vorfeldbefugnissen

Ansatzpunkte für eine kompetenzrechtliche Lösung könnte die entsprechende Handhabung in Bezug auf andere Vorfeldbefugnisse liefern. Über die Frage der kompetenzrechtlichen Zuordnung von Vorfeldbefugnissen im allgemeinen[480] ist seit der Einführung der ersten Befugnisse zur Bekämpfung organisierter Kriminalität[481] in die Landespolizeigesetze eine lebhafte Diskussion im Gange. Diese Diskussion hat bis heute keinen Abschluss gefunden, sondern ist anlässlich der Einführung der neuen Befugnisse zu verdachts- und anlassunabhängigen Polizeikontrollen wieder aufgegriffen worden.

---

[477] Maunz in Maunz/Dürig, GG, Bd. 4, Art. 74, Rn. 82.
[478] Roggan, Polizeistaat, S. 34.
[479] Lisken, NVwZ 1998, S. 22 f.; ebenso Möllers, NVwZ 2000, S. 382, 384.
[480] Der Streit zur Zuordnung polizeilicher Vorfeldbefugnissen zu einer Gesetzgebungsmaterie und das diesen repräsentierende Meinungsbild wird in jüngster Zeit von Koch, Diss., S. 48 kurz und prägnant zusammengefasst. Ausführlich und differenziert gleichermaßen Albers, Diss., S. 265-275.
[481] Erstmals sind solche Befugnisse mit der Umsetzung des ME PolG in die Landespolizeigesetze eingeführt worden, vgl. 2. Teil, A. I.

Die Mehrzahl der Landespolizeigesetze unterteilt den Aufgabenbereich der „vorbeugenden Bekämpfung von Straftaten“ in die „Verhütung von Straftaten“[482] zum einen und die „Vorsorge für die künftige Strafverfolgung“[483] zum anderen[484]. Soweit Maßnahmen zur „vorbeugenden Bekämpfung von Straftaten“ der Straftatenverhütung dienen, werden sie von der ganz überwiegenden Meinung der Gefahrenabwehr zugeordnet, denn „mit der Abwehr von Gefahren ist verbunden, dass Rechtsverletzungen und somit auch Straftaten verhindert werden“[485]. Von der Gefahrenabwehr hingegen nicht umfasst sind nach herkömmlichen Verständnis solche Maßnahmen, „deren Ziel es ist, unerlaubte Handlungen einer strafrechtlichen Sanktionierung zuzuführen“[486]. Für kompetenzrechtlich problematisch wurden vor diesem Hintergrund Vorfeldbefugnisse bis heute insbesondere insoweit befunden, als sie Vorsorge für die künftige Strafverfolgung schaffen sollen. In Bezug auf die kompetenzrechtliche Bewertung von Vorfeldtätigkeit mit diesem Ziel werden im wesentlichen drei Ansichten vertreten.

Die wohl herrschende Meinung ordnet auch diesen Bereich der Vorfeldtätigkeit der Gefahrenabwehr zu[487]. Dieser Sicht haben sich auch die Gesetzgeber der Länder angeschlossen[488]. Es wird behauptet, dass auch die Vorsorge für die künftige Strafverfolgung anders als die Strafverfolgung, der ausschließlich die Aufklärung bereits begangener Straftaten zuzurechnen ist, in die Zukunft gerichtet sei. Es ginge daher bei der „vorbeugenden Bekämpfung“ insgesamt um die Verhinderung künftiger Straftaten und damit um Gefahrenabwehr. Dagegen wird eingewandt, es sei unerheblich, dass die Maßnahmen sich auf die Begehung zukünftiger Delikte beziehen würden, denn die Strafprozessordnung umfasse typischerweise alles, was der Strafverfolgung dienlich sei. Soweit Vorfeldbefugnisse zur Vorsorge für die Strafverfolgung genutzt würden, käme daher

[482] Gegenstand der „Verhütung von Straftaten“ ist nach Albers, Diss., S. 357 „die Verhütung der durch Straftaten entstehenden Gefahren“, wobei „die Verhinderung unmittelbar bevorstehender Straftaten (...) darin nicht eingeschlossen“ ist.

[483] Die „Verfolgungsvorsorge“ definiert Albers, Diss., S. 357 als „die künftige Verfolgung von Straftaten oder die (künftige) Verfolgung künftiger Straftaten“. Sie solle das Wissen produzieren, dass zur Verdachtsschöpfung im Verdachtsvorfeld und zur Aufklärung übergreifender Kriminalitätsstrukturen notwendig ist.

[484] Vgl. 2. Teil, A. II. 2.

[485] So Koch, Diss., S. 48 f. m.w.Nw.; im Ergebnis ebenso Hoppe, Diss., S. 170 und Beinhofer, BayVBl. 1995, 193, 196; a.A. Albers, Diss., S. 347, 361, die auch die “Straftatenverhütung“ als neue eigenständige Aufgabe der Polizei ansieht.

[486] Koch, Diss., S. 48 m.w.Nw.

[487] Vgl. nur Götz, Polizeirecht, 12. Aufl., Rn. 86 ff.; Knemeyer, Polizeirecht 9. Aufl., Rn. 15; Riegel, JR 1981, S. 229, 233; Baumann, JuS 1987, S. 681, 683; Kniesel, ZRP 1989, S. 329, 332; ders., ZRP 1992, S. 164, 166.

[488] Koch, Diss., S. 48 m.w.Nw.

für sie als Regelungsstandort allein das Strafverfahrensrecht in Frage[489]. Von einer dritten Gruppe wird die Vorsorge für die künftige Strafverfolgung als ein eigenständiger Regelungskomplex angesehen, bei dem weder die Gefahrenabwehr noch die Strafverfolgung im Vordergrund stehe[490]. Vielmehr falle hier beides auf einer übergreifenden Ebene zusammen. Diese Betrachtung und Einordnung des sogenannten „operativen Vorgehens" der Polizei im Rahmen der Vorsorge für die künftige Strafverfolgung basiert auf einem gewandeltem Verständnis vom polizeilichen Aufgabenfeld der Prävention[491].

Die Überlegungen derjenigen, die jegliche Vorfeldtätigkeit im Sinne der polizeilichen Aufgabennorm der Gefahrenabwehr zurechnen, werden klarer, verdeutlicht man sich die historischen Hintergründe des umrissenen Streits. Dieser entbrannte anlässlich der Einführung von Vorfeldbefugnissen in den 70iger Jahren zur Bekämpfung von Terrorismus und organisierter Kriminalität. Ein operatives Vorgehen und das frühzeitige Erheben von Informationen durch die Polizei erschien dem Gesetzgeber im Zusammenhang mit der Bekämpfung der organisierten Kriminalität notwendig, um wirksam gegen ihre Erscheinungsformen einschreiten zu können. Man ging davon aus, dass es bei der Bekämpfung dieser Kriminalitätsform weniger darauf ankomme, die einzelne Straftat aufzuklären, zu verfolgen und den Täter seiner gerechten Strafe zuzuführen. Auch erschien es nicht vordringlich, konkret bevorstehende Straftaten zu verhindern. Entscheidendes Ziel war vielmehr, die Ausgangsbasis, Struktur und Logistik dieser Kriminalitätsform zu neutralisieren, auszuheben und zu beseitigen. Wesentliche Voraussetzung dafür war, die - für die damals neuartigen Kriminalitätsformen typischen - Gruppierungen zu erforschen und zu durchleuchten, um damit die kriminellen Strukturen möglichst bereits im Ansatz zu bekämpfen und ihre Verfestigung verhindern zu können. Die planmäßige Gewinnung von Informationen über Arbeitsweise und Struktur einer kriminellen Organisation, über ihre Mitglieder und deren Funktionen hatte neben dem Anspruch der Verfolgung bereits begangener Straftaten regelmäßig das Ziel der Zerstörung der Organisation durch Ermittlung und Überführung der „Hintermänner" und „Bosse"[492]. Letzteres wurde als reine Gefahrenabwehr im Sinne der Polizeigesetze verstanden.

---

[489] Vgl. Denninger, CR 1988, S. 51, 54; Schweckendieck, ZRP 1989, S. 125, 127; Dreier, JZ 1987, S. 1009, 1014 ff.; Hund, ZRP 1991, S. 463, 466; Merten, ZRP 1991, S. 213; Wick, DRiZ 1992, S. 217, 221.

[490] Vgl. nur Albers, Diss., S. 347, 351, 361.

[491] Vgl. Gusy, Polizeirecht, 4. Aufl., Rn. 187 m.w.Nw.; Tegtmeyer, Polizeigesetz, 8. Aufl., § 1, Rn. 22; Keller, StV 1984, S. 521 f.

[492] Vgl. zu den Zwecken und Hintergründen verschiedener Vorfeldbefugnisse zur Bekämpfung der organisierten Kriminalität Hoppe, Diss., S. 27-43.

b. Zuordnung neuer Landespolizeibefugnisse

Die Einführung der neuen Befugnisse zu verdachts- und anlassunabhängigen Kontrollen „zur (vorbeugenden) Bekämpfung von Straftaten“ hat die Diskussion um die Zuordnung von Vorfeldbefugnissen zu einem Kompetenzbereich wiederbelebt, da sich auch diese Vorfeldermächtigungen kompetenzrechtlich nicht ohne weiteres einordnen lassen. Dabei fällt auf, dass vormals verwandte Argumente bzw. Ergebnisse ohne Überprüfung ihrer heutigen Gültigkeit und Berücksichtigung möglicher Unterschiede in den Regelungszwecken für die neuen Befugnisse übernommen werden. Sämtliche Befugnisse zur Bekämpfung von Straftaten jeglicher Art werden damit gleichsam pauschal einer Regelungsmaterie zugewiesen. Insbesondere Befürworter der neuen Befugnisse machen es sich in diesem Sinne einfach und berufen sich zur Begründung ihres Ergebnisses auf den oben dargestellten Meinungsstreit und die sich darin durchsetzende herrschende Meinung, die jegliche Tätigkeiten „zur vorbeugenden Bekämpfung von Straftaten“ dem Gefahrenabwehrbereich zuweist.

Exemplarisch für diese Argumentationsweise sei hier *Weingart* erwähnt, nach dessen Ansicht „die Maßnahmen nach Art. 13 Abs. 1 Nr. 2 bis 5 Bay PAG der vorbeugenden Bekämpfung von Straftaten dienen“ und „diese Tätigkeit eindeutig dem Handlungsfeld der Gefahrenabwehr zuzuordnen (ist)“[493]. Der Fall des Art. 13 Abs. 1 Nr. 5 Bay PAG liege „nicht anders als bei Art. 31 Abs. 1 Nr. 1 PAG, für den der BayVerfGH[494] die Zugehörigkeit zum präventiven, gefahrenabwehrenden Tätigkeitsbereich ausdrücklich ausgesprochen hat“[495]. Gleichermaßen undifferenziert ordnet *Walter* die neuen Befugnisse zur Schleierfahndung der „vorbeugenden Bekämpfung von Straftaten“ und diese unter Hinweis auf den oben zitierten Streit dem Gefahrenabwehrrecht zu[496]. Denselben - zugegebenermaßen - naheliegenden, gleichwohl zu kurz greifenden Schluss zieht nicht zuletzt das *MVVerfG*, das erklärt, das die der Polizei mit § 29 Abs. 1 S. 2 Nr. 5 a.F. SOG MV eingeräumte Befugnis wie andere Vorfeldbefugnisse auch auf der Aufgabenzuweisung des § 7 Abs. 1 Nr. 4 SOG MV beruhe, die gefahrenabwehrenden Charakter habe[497].

Diese Vorgehensweise lässt mögliche Abweichungen der Regelungszwecke der neuen Befugnisse außer Betracht. Eine Übertragbarkeit der für andere Vorfeldbefugnisse gefundenen Ergebnisse auf die hier untersuchten Befugnisse erscheint fraglich. Denn diese würde voraussetzen, dass die neuen Befugnisse vor

---

[493] Weingart, BayVBl. 2001, S. 33, 35; ebenso Beinhofer, BayVBl. 1995, S. 193, 196.
[494] BayVerfGH, BayVBl. 1995, S. 143, 145.
[495] Weingart, BayVBl. 2001, S. 33, 35.
[496] Walter, Die Polizei 1999, S. 33, 37.
[497] MVVerfG, LKV 2000, S. 149, 150 f.

einem vergleichbaren rechtspolitischen Hintergrund[498] entstanden sind und eine ihren Vorläufern entsprechende Argumentationsgrundlage geschaffen ist. Bevor vorgefertigte Meinungen zur kompetenzrechtlichen Natur von Vorfeldbefugnissen auf die neuen Befugnisse übertragen werden, ist durch Auslegung zu ermitteln, welchen konkreten Zielen letztere tatsächlich dienen[499]. Erst dann kann beurteilt werden, ob sich die neuen Befugnisse im Rahmen der vom MVVerfG zitierten Aufgabennorm bewegen, über diese hinausgehen oder gar ein völlig anderes Gepräge aufweisen. Ergibt sich aufgrund dieser Auslegung für die neuen Befugnisse eine eigenständige Zweck-Situation, ist diese im Hinblick auf ihre kompetenzrechtlichen Folgen eigenständig zu beurteilen[500].

aa. Regelungszwecke

aaa. Wortlaut

Ausweislich ihres Wortlautes dienen sämtliche neuen Befugnisse zur Befragung und die Mehrzahl derjenigen zur Identitätsfeststellung der „vorbeugenden Bekämpfung grenzüberschreitender Kriminalität". Allein in Bayern, Baden-Württemberg, Thüringen und Brandenburg scheint der Wortlaut des Zweckes mit der Bestimmung zur „Bekämpfung der grenzüberschreitenden Kriminalität" weiter zu sein.

Eine Legaldefinition für den Begriff der „Bekämpfung" enthält weder das Allgemeine Polizeirecht noch die Strafprozessordnung. Nach herkömmlichen Sprachverständnis sagt der Begriff der „Bekämpfung" zunächst nur aus, das gegen eine Person oder Sache vorgegangen wird. Die zeitliche Richtung dieses Handelns wird durch den Begriff der „Bekämpfung" selbst nicht bezeichnet. Es ist danach sowohl denkbar, die grenzüberschreitende Kriminalität zu bekämpfen, bevor sie sich verwirklicht hat, als auch nach Eintritt des Schadensfalles gegen sie vorzugehen, d.h. die Täter zu verfolgen.

---

[498] Stephan, DVBl. 1998, S. 81 f. betont die Bedeutung der historischen Hintergründe für das Normverständnis.

[499] Wie Albers, Diss., S. 361 zutreffend erkennt, unterliegen auch die neuen Aufgabenzuweisungen der Straftatenverhütung und der Verfolgungsvorsorge „keinem pauschalen Verfassungswidrigkeitsverdikt". Vielmehr müssen diese, wie auch die hier untersuchten - die polizeilichen Aufgaben konkretisierenden - Vorfeldbefugnisse, „unter Beachtung verfassungsrechtlicher Maßgaben nach Normtext, Systematik, Entstehungsgeschichte sowie Sinn und Zweck in den jeweiligen Polizeigesetzen konkretisiert werden."

[500] Auch Albers, Diss., S. 273 betont, dass „das Problem der Gesetzgebungskompetenz wegen der Vielfältigkeit der Verfolgungsvorsorge und ihrer unterschiedlich dichten Bezüge zur Strafverfolgung *nicht nach gewohnten Mustern lösbar* ist."

Diese Doppelbedeutung des Begriffs der „Bekämpfung" wird im Schrifttum regelmäßig verkannt oder es wird bewusst darüber hinweg gesehen[501]. Je nach vertretener kompetenzrechtlicher Zuordnung wird die passende Auslegung hervorgehoben. So betont *Würtenberger* den präventiven Charakter einer Tätigkeit „zur Bekämpfung von Kriminalität". Seiner Ansicht nach kommt der „präventivpolizeiliche Zweck polizeilicher Kontrollstellen (...) in der Formulierung des § 26 Abs. 1 Nr. 4 PolG BW nicht hinreichend klar zum Ausdruck, da hier lediglich von einer „Fahndung nach Straftätern" gesprochen wird. Aus den gleichen Gründen sei § 26 Abs. 1 Nr. 5 PolG BW „eine kompetenzwidrige, in das Strafprozessrecht hinübergreifende Regelung, weil auch die Einrichtung von Kontrollbereichen primär Zwecken der Strafverfolgung dient". Der neue § 26 Abs. 1 Nr. 6 PolG BW hingegen knüpfe „demgegenüber deutlicher an präventivpolizeiliche Zielsetzungen an, da auf eine „Bekämpfung der grenzüberschreitenden Kriminalität abgestellt wird"[502]. In geradezu entgegengesetzter Weise versteht *Roggan* den Begriff der „Bekämpfung" als Ausdruck von zumindest „(auch) repressive(n) Tätigkeiten"[503]. Bereits die Wahl des Begriffs „Bekämpfung" der Kriminalität deute mithin darauf hin, dass es hier im wesentlichen darum gehe, den zur internationalen Fahndung ausgeschriebenen Straftäter zu fassen[504].

Der Wortlaut der Befugnisse könnte einen präventiven Charakter jedoch insoweit zwingend vorgeben, als von „vorbeugender" Bekämpfung von Straftaten die Rede ist. Dies könnte bedeuten, dass die Begehung der Straftat gerade verhindert, d.h. Kriminalität bereits vor Eintritt des Schadensfalles bekämpft werden soll. Die polizeiliche Aufgabe erklärt jedoch die hinsichtlich ihrer Zielrichtung umstrittene „Vorsorge für die Verfolgung künftiger Straftaten" ebenso zum Bestandteil der „vorbeugenden Bekämpfung von Straftaten" wie die „Verhütung von Straftaten". Auch in diesem Fall kann der Wortlaut eine eindeutige Zuordnung zu einem Kompetenzbereich nicht leisten. Vielmehr ergibt eine Interpretation des Wortlauts der neuen Befugnisse keine Besonderheiten gegenüber zuvor geschaffenen Vorfeldbefugnissen. Auch soweit die neuen Befugnisse zur Identitätsfeststellung - namentlich diejenigen in Bayern, Thüringen und Mecklenburg-Vorpommern - daneben der „Verhütung oder Unterbindung von unerlaubter Einreise und unerlaubtem Aufenthalt" dienen, können damit vom Wortlaut her sowohl präventive als auch repressive Zwecke verfolgt werden.

Fraglich ist, ob dies auch für die neuen Befugnisse zur Befragung gilt, da Kontrollen danach nur gestattet sind, wenn „polizeiliche Lageerkenntnisse darüber

---

501 Anders jedoch Albers, Diss., S. 142, die erkennt, dass bereits dieser Begriff vermuten lässt, dass „die Maßnahmen doppelfunktional angelegt und insbesondere auf die - dem Regime der Strafprozessordnung unterfallende - Fahndung nach Straftätern gerichtet sind."

502 Würtenberger u.a., Polizeirecht, 3. Aufl., Rn. 214 m.w.Nw.

503 Roggan, Polizeistaat, S. 110 f.

504 Roggan, Polizeistaat, S. 110 f.

vorliegen, dass Straftaten begangen werden sollen“. Dies könnte so verstanden werden, dass Straftaten, die es zu bekämpfen gilt, noch nicht begangen worden sind, sondern erst begangen werden sollen. Die die polizeiliche Aufgabennorm insoweit einschränkenden Befugnisse wären dann ausschließlich in die Zukunft gerichtet und hätten allein gefahrenabwehrenden Charakter. Die Voraussetzung der begründeten Annahme, dass Straftaten begangen werden sollen, wurde jedoch in der Vergangenheit gerade als Argument dafür verwandt, dass diese Normen „antizipierte Strafverfolgung“ regeln[505]. Dies überzeugt angesichts des klaren Wortlautes „begangen werden sollen“ nicht. Eine eindeutige Zuordnung zum Bereich der Gefahrenabwehr erscheint anhand des Wortlautes der neuen Befugnisse zur Befragung - anders als im Fall der Identitätsfeststellung - daher durchaus möglich.

bbb. Systematik

Bisheriger Regelungsstandort der neuen Befugnisse ist das Allgemeine Polizeirecht, nicht die Strafprozessordnung. Erkennt man jedoch bereits diesen Umstand als Argument für den zutreffenden Regelungsstandort „Polizeigesetz“ an, wird die aufgestellte These mit sich selbst begründet. Fraglich ist nämlich nicht, in welche Gesetzesmaterie die neuen Befugnisse tatsächlich eingeführt wurden, sondern ob dies systemimmanent geschehen ist.

Eine Zuordnung der neuen Befugnisse zum präventiven Bereich ergibt sich nicht allein aus dem Umstand, dass auch die vorbeugende Bekämpfung der grenzüberschreitenden Kriminalität nur im Rahmen der polizeilichen Aufgabennorm erfolgen darf. Denn diese gestattet die Vorbeugung gegen Gefahren ja bereits in ihrem Vorfeld[506]. Im übrigen ist gerade umstritten, ob diese Aufgabennorm in all ihren Teilbereichen tatsächlich der Gefahrenabwehr zuzuschlagen ist. Darüber hinaus kann zwar keine Befugnis aus einer Aufgabe, eine Aufgabe jedoch aus der Befugnis abgeleitet werden.

Andersherum sind die fraglichen Regelungen nicht allein aufgrund des Verzichts auf das konkrete Gefahrerfordernis der Strafverfolgung zuzuschlagen. Vielmehr ist auch im Fall der neuen Befugnisse die Kompetenzprüfung an den konkreten Gesetzeszweck anzuschließen[507]. Dabei wird vertreten, dass bereits geltende Vorschriften der Polizeigesetze und der Strafprozessordnung zeigen, dass Regelungen aus dem jeweils anderen Bereich nicht systemfremd sind. So

[505] So Keller/Griesbaum, NStZ 1990, S. 416, 419 für die insoweit fast identisch eingeschränkten Befugnisse zur Identitätsfeststellung an „gefährlichen“ bzw. „gefährdeten“ Orten.
[506] So Schoreit, DRiZ 1991, S. 320, 325 für Befugnisse „zur vorbeugenden Bekämpfung von Straftaten“ im allgemeinen.
[507] So auch Möllers, NVwZ 2000, S. 382, 384.

diene die Regelung der Identitätsfeststellung an „verrufenen Orten" häufig nicht oder nur nebenher der eigentlichen Gefahrenabwehr und sei „antizipierte Strafverfolgung". Auch die Identitätsfeststellung zum Schutz gefährdeter Objekte sei eine vorverlagerte Strafverfolgungsmaßnahme, da sie voraussetze, dass Tatsachen die Annahme rechtfertigen, dass in oder an Objekten dieser Art Straftaten begangen werden sollen. Andererseits stellten Maßnahmen für erkennungsdienstliche Zwecke gemäß § 81 b Alt. 2 StPO materielles Polizeirecht dar[508]. Da gerade die neuen Befugnisse zur Identitätsfeststellung diesbezüglich ähnlichen Bedenken ausgesetzt sind, wie die erwähnten Befugnisse an „gefährlichen" und „gefährdeten" Orten, kann allein aus der Systematik des Gesetzes keine eindeutige Aussage in Bezug auf den Charakter der Normen hergeleitet werden.

ccc. Entstehungsgeschichte

Konkrete Anhaltspunkte dafür, welche Zwecke mit der Einführung der neuen Befugnisse verbunden waren, ergeben sich aus den entstehungsgeschichtlichen Hintergründen der hier untersuchten Normen. Wie bereits einführend erwähnt, gehen die neuen Befugnisse zur Identitätsfeststellung auf die Aufforderung des ehemaligen Innenministers Kanther an die Bundesländer im Dezember 1995 zurück, angesichts des Abbaus der Grenzkontrollen an den Schengen-Staaten-Innengrenzen zur wirksamen Bekämpfung insbesondere der international organisierten, grenzüberschreitenden Kriminalität ihre Polizeigesetze in Anlehnung an die bayerische Regelung zu ergänzen und einen Sicherheitsschleier aufzubauen. Hintergrund der Empfehlung Kanthers war die Annahme, dass der europäische gemeinsame Binnenmarkt mit seinem freizügigen Personen- und Warenverkehr - quasi als Nebeneffekt - hochmobilen Kriminellen neue Tatgelegenheiten und günstige Kriminalitätsstrukturen eröffne[509]. Im Schrifttum wird - möglicherweise etwas vorschnell - bereits aus dieser den gesetzgeberischen Aktivitäten zugrundeliegenden Befürchtung geschlossen, dass mit Hilfe der neuen Eingriffsbefugnisse nicht nur zukünftige Straftaten verhindert, sondern in erster Linie bereits begangene Straftaten verfolgt werden sollen[510].

Diese Annahme bestätigt jedoch die Überlegung, dass mit der „Schleierfahndung" ein Ersatz für die ehemalige Grenzfahndung im Sinne des § 2 BGSG geschaffen werden sollte[511]. Denn bei der Grenzfahndung handelte es sich um eine

---

508 Keller/Griesbaum, NStZ 1990, S. 416, 419.

509 Vgl. zur Begründung im einzelnen Walter, Die Polizei 1999, S. 33 ff.; von Filseck, Die Polizei 1997, S. 70 ff.; zum entsprechenden Regelungsanlass des 1. BGSG-Änderungsgesetzes Müller-Terpitz, DÖV 1999, S. 329 ff.

510 Vgl. Roggan, Polizeistaat, S. 110; Lisken, NVwZ 1998, S. 22 f.; Schmid, LKV 1998, S. 477, 479, die dem Entwurf der sächsischen Staatsregierung entnimmt, dass die Kontrollen zumindest auch dazu dienen sollen, bessere Fahndungsmöglichkeiten zu schaffen.

511 Vgl. die VwV zu § 18 Abs. 2 Nr. 6 HSOG, Ziff. 2.

Suche nach Personen, die - soweit die grenzbezogene Prävention weggefallen war - ganz überwiegend aus strafrechtlichen Gründen stattfand und insofern stets ein Teil der strafprozessualen Aufgabenerfüllung war. Entsprechende Fahndungskontrollen an der Grenze sollten Unerwünschte fernhalten und Gesuchte nicht ins Ausland entkommen lassen. Die Grenzfahndung war damit fester Bestandteil jeder grenzpolizeilichen Kontrolle. Ziel war es, Personen zu ermitteln, die strafbare Handlungen begangen hatten oder aus anderen Gründen für ein Verfahren von Bedeutung waren[512]. Mit Wegfall dieser Filterfunktion der Grenze beschränkt sich die strafprozessuale Fahndung nunmehr auf die Instrumentarien der Strafprozessordnung, nach der eine systematische Jedermann-Kontrolle wie an den Grenzen nie zulässig war[513]. Nach Ansicht von *Lisken* beziehen die neuen Regelungen zur „Schleierfahndung" ihre „innere Rechtfertigung" daher nicht aus dem Wegfall weniger Grenzkontrollen, sondern aus dem schon immer bestehenden „Defizit" an strafprozessualen Möglichkeiten[514]. Zwingend ist dieser Schluss jedoch nicht, da die am Schlagbaum weggefallene Kontrolle zumindest auch präventiver Natur war. Entgegen dem durch den Begriff der „Schleierfahndung" erregten Anschein könnte deshalb auch von präventiv-polizeilichen Maßnahmen gesprochen werden[515]. Die Zweckrichtung der neuen Befugnisse kann kaum dahingehend pauschaliert werden, dass sie ausschließlich der „Optimierung der Gefahrenabwehr"[516] dienen oder die „Kriminalitätsbekämpfung effizienter (..) gestalten"[517] sollen. Richtig ist vielmehr, dass die Landesgesetzgeber selbst bei Erlass der neuen Regelungen teilweise weniger die Gefahrenabwehr, als die Strafverfolgung im Blick hatten.

In den Gesetzesbegründungen ist von „Fahndungen" die Rede, was dafür sprechen könnte, dass hier nach Rechtsbrechern gesucht und die Existenz begangenen Unrechts vorausgesetzt wird[518]. Der Begriff der „Fahndung" ist jedoch keine Beschreibung rein strafverfolgender Tätigkeiten, sondern eine zusammenfassende Bezeichnung für „alle Maßnahmen und Einrichtungen zur planmäßigen Suche nach Personen und Sachen im Rahmen der Strafverfolgung *und* zum Schutz der öffentlichen Sicherheit und Ordnung"[519]. Bei der „Personenfahndung" geht es einerseits um die Suche nach Personen, die sich der Strafverfolgung und -vollstreckung, dem Strafvollzug oder anderen Anordnungen der Justiz beziehungsweise Verwaltung entziehen wollen, andererseits aber auch um die Suche

---

512 Rupprecht, Polizei Lexikon, S. 243; a.A. Walter, Die Polizei 1999, S. 33, 35.
513 Lisken, NVwZ 1998, S. 22 f.
514 Lisken, NVwZ 1998, S. 22 f.; auch von Filseck, Die Polizei 1997, S. 70, 73 erklärt, die neuen Befugnisse sollen die „Fahndungsmöglichkeiten zur Bekämpfung von Straftaten (...) verbessern".
515 So Waechter, DÖV 1999, S. 138.
516 Möllers, NVwZ 2000, S. 382, 385.
517 Stephan, DVBl. 1998, S. 81, 85.
518 So Roggan, Polizeistaat, S. 110 mit Verweis auf BW LT-Dr. 12/52, S. 4.
519 Rupprecht, Polizei Lexikon, S. 176.

nach Personen, die im Sinne des Polizeirechts gefährlich sind. Ebenso kann eine „Sachfahndung" auch auf Sachen abzielen, von denen eine polizeiliche Gefahr ausgeht[520]. Zur Bekämpfung solcher Gefahren kann die Polizei zum einen auf die Generalklausel, zum anderen auf spezielle Standardmaßnahmen zurückgreifen[521]. Der Begriff der „Fahndung" ist folglich doppeldeutig und kann sowohl repressive als auch präventive Maßnahmen beschreiben. Insofern ist *Weingart* zuzustimmen, wenn er einer rein strafprozessualen Auslegung entgegenhält, diese messe dem Begriff der „Fahndung" „zuviel Bedeutung" bei[522].

Die Gesetzesbegründungen sprechen jedoch im Hinblick auf den Charakter der Befugnisse spätestens insoweit eine deutliche Sprache, als in ihnen nicht von der Gefahr, statt dessen - auch unter Bezugnahme auf die polizeiliche Kriminalitätsstatistik - ausschließlich von Taten und Delikten die Rede ist. Als Adressaten der Maßnahmen werden folgerichtig keine Störer, sondern Täter benannt[523]. Den gesetzgeberischen Willen auf den Punkt bringt die parlamentarische Begründung der sächsischen Regelung, in der ausgeführt wird, „dass es zahlreiche Fälle gibt, in denen trotz fehlenden Anfangsverdachts im Sinne der Strafprozessordnung eine Personenüberprüfung erforderlich und erfolgreich ist"[524]. Die neuen Befugnisse zur Identitätsfeststellung stellen sich somit als Fahndungsbefugnisse dar, die gerade nicht zur Verhinderung oder Aufdeckung von grenzbezogener oder grenzüberschreitender Kriminalität, sondern zur Erfassung von Straftätern geschaffen wurden[525].

ddd. Kontrollpraxis

Aufschluss über die Zielrichtung der neuen Befugnisse kann schließlich auch eine Betrachtung der gängigen Kontrollpraxis geben. Zwar ist diese nicht unmittelbarer Maßstab für eine verfassungsrechtliche Überprüfung der Norm, denn im Rahmen einer solchen Prüfung interessiert nicht, was auf deren Grundlage ge-

---

[520] Rupprecht, Polizei Lexikon, S. 177.

[521] Rupprecht, Polizei Lexikon, S. 176; Als Beispiele für Standardmaßnahmen werden in diesem Zusammenhang die Gewahrsamnahme und die Durchsuchung von Personen, Sachen und Wohnungen genannt.

[522] Weingart, BayVBl. 2001, S. 69, 71 insbesondere in Bezug auf Lisken, NVwZ 1998, S. 22.

[523] So Roggan, Polizeistaat, S. 110 mit Verweis auf BW LT-Dr. 12/52, S. 4.: Soweit die Gesetzesbegründungen auf „kriminelle" Personen abstellen, können nach Ansicht von Roggan nur solche Personen gemeint sein, „die bereits Straftaten begangen haben und nicht diejenigen, die das irgendwann einmal tun werden".

[524] Schnekenburger, BayVBl. 2001, S. 129 f. m.w.Nw.

[525] Lisken in Bäumler, Polizei und Datenschutz, S. 32, 36, der sich dabei auf Erfolgsberichte aus süddeutschen Bundesländern beruft, vgl. Fn. 10; auch nach Ansicht von Waechter, Polizeirecht, Rn. 546; ders. in DÖV 1999, S. 138, 143 taugen diese fast ausschließlich zur Strafverfolgung und nicht zur Gefahrenabwehr.

schieht, sondern ausschließlich, was auf ihrer Grundlage geschehen kann[526]. Es ist bereits hier auf eine Trennung der Prüfung der Verfassungsmäßigkeit der Befugnisse von der Rechtmäßigkeit der auf diesen beruhenden Kontrollmaßnahmen zu achten. Die Einbeziehung der in der Praxis verfolgten Ziele kann jedoch eine Konkretisierung der nach der Auslegung der Normen schwammig gebliebenen Zwecke ergeben. Dazu soll untersucht werden, ob und inwieweit die Kontrollen tatsächlich zu den durch den Wortlaut und den gesetzgeberischen Willen vorgegebenen Zwecken durchgeführt werden.

(1) Verhütung von Straftaten

(a) Direkte Verhütung von Straftaten

Störungen der öffentlichen Sicherheit können - müssen aber nicht - Straftaten oder Ordnungswidrigkeiten sein, denn das Polizeirecht greift auch dort ein, wo es um die Verhinderung von nicht sanktionsbewährten Störungen der öffentlichen Sicherheit geht[527]. Stets ist jedoch die direkte Verhinderung unmittelbar bevorstehender Störungen gemeint. In diesem Sinne mag es um Gefahrenabwehr gehen, wenn - wie Berichte aus Bayern verlauten lassen - das Einführen von Betäubungsmitteln, gestohlenen Waren, Waffen oder gar illegal Eingereister durch Drogen- und Schlepperbanden unmittelbar verhindert wird. Es ist jedoch schwer vorstellbar, dass allein mittels einer Befragung der betroffenen Personen beziehungsweise einer Kontrolle ihrer Personalien, Drogen, Waffen oder sonst gesuchte Sachen oder Personen aufgespürt und die Begehung geplanter Straftaten verhindert werden kann[528]. Gerade bei der Bekämpfung der grenzüberschreitenden Kriminalität dürfte ein Erfolg durch die direkte Verhütung solcher Straftaten sehr gering sein und die entsprechende polizeiliche Tätigkeit einer Suche nach der Nadel im Heuhaufen gleichen. Denn die maßgeblichen Kriminalitätsformen - wie z.B. unerlaubter Waffen- und Drogenhandel - sind nicht verdächtig aussehenden Individuen vorbehalten[529]. Allenfalls ist denkbar, dass eine Inaugenscheinnahme der mitgeführten Sachen, wie sie die neuen Befugnisse zur Befragung gestatten, zur Entdeckung illegal mitgeführter Sachen oder Personen führt. Regelmäßig wird jedoch eine Durchsuchung von Personen oder Sachen notwendig sein, um entsprechende Erfolge zu erzielen. Die insofern allein maßgeblichen neuen Befugnisse lassen jedoch entweder gar keine[530] oder nur für den Fall

[526] MVVerfG, LKV 2000, S. 149, 154 in Bezug auf die materielle Verfassungsmäßigkeit.
[527] Roggan, Polizeistaat, S. 33.
[528] Waechter, DÖV 1999, S. 138 f., 143; Rachor in HdBPolR, Teil F, Rn. 321 in Bezug auf die Tauglichkeit der Identitätsfeststellung an „gefährlichen" und „gefährdeten" Orten zur direkten Verhinderung von Straftaten oder anderen Störungen.
[529] So Waechter, DÖV 1999, S. 138, 144.
[530] Vgl. 1. Teil B. I. 3. d.

Durchsuchungen zu, dass diese zur Feststellung der Identität erforderlich sind[531]. Diese Ermächtigungen zu Durchsuchungen unterscheiden sich insoweit von der eigenständigen Standardbefugnis zur Durchsuchung, dass sie nicht auf die Gefahrenabwehr durch die Durchsuchung, sondern auf Gefahrenabwehr durch die Identitätsfeststellung gerichtet sind[532]. Eine direkte Verhütung von Straftaten durch die neue Befugnisse ist daher nur im Ausnahmefall zu erwarten und kann deshalb nicht rechtfertigender Zweck derselben sein.

(b) Indirekte Verhütung von Straftaten

In Praxis und Literatur wird stets betont, dass die neuen Befugnisse der Abschreckung und Verunsicherung potentieller Straftäter sowie der Stärkung des Sicherheitsgefühls in der Bevölkerung dienen[533]. Die so beschriebenen abschreckenden Effekte polizeilicher Maßnahmen sind statistisch aber nicht belegbar[534]. Der Aussagewert der polizeilichen Kriminalitätsstatistik wird wegen all ihrer Schwächen schon allein im Hinblick auf das tatsächliche Ausmaß begangener Kriminalität zu Recht angezweifelt[535]. Insbesondere jedoch für die Beurteilung von präventiven Maßnahmen taugt die polizeiliche Kriminalitätsstatistik nur sehr bedingt. Geeignete Maßnahmen zur Verhinderung von Straftaten lassen sich schon deshalb nicht aus der Statistik ablesen, da diese lediglich Geschehenes und polizeilich bekannt Gewordenes widerspiegelt[536]. Auch wenn entsprechende Erfolge aus diesen Gründen statistisch nicht belegbar sind, kann doch zumindest nicht ausgeschlossen werden, dass die neuen Befugnisse die behauptete abschreckende Wirkung zeitigen, indem potentielle Straftäter von der Ausführung der Tat abgehalten und die Bürger in ihrem Sicherheitsgefühl gestärkt werden[537]. Zu klären bleibt, ob Abschreckung im Rahmen der Gefahrenabwehr ein legitimes Mittel ist. Zu bedenken ist weiter, dass die Funktion der Abschreckung lediglich eine untergeordnete ist. Es stellt sich deshalb auch die Frage, ob die abseits des eigentlichen Zwecks erreichten Erfolge einen so tiefen Eingriff in

---

531 Vgl. 1. Teil A. I. 3. b.

532 Vgl. 1. Teil A. I. 3. c.

533 Diese präventive Zielrichtung der Kontrollen betont der Polizeipräsident von Berlin im Schreiben vom 24. August 2001. Das korrespondiert mit den von der Senatsverwaltung für Inneres von Berlin beschriebenen Folgen der Kontrollmaßnahmen. Vgl. insoweit den Berliner Datenschutzbeauftragten, Jahresbericht 2000, S. 59; ebenso Waechter, DÖV 1999, S. 138, 143.

534 Vgl. Berliner Datenschutzbeauftragter, Jahresbericht 2000, S. 59.

535 Vgl. Ebert, Kriminalität und Prävention 1997, S. 5.

536 Vgl. Ebert, Kriminalität und Prävention 1997, S. 5; ebenso Waechter, DÖV 1999, S. 138, 143.

537 So auch Weingart, BayVBl. 2001, S. 69, 73; Würtenberger u.a., Polizeirecht, 3. Aufl., Rn. 213 m.w.Nw.

das informationelle Selbstbestimmungsrecht rechtfertigen[538]. Fragen der Legitimität des Mittels sowie seiner Angemessenheit können jedoch erst im Zusammenhang mit der materiell-rechtlichen Prüfung der neuen Befugnisse diskutiert werden. Festzuhalten ist hier, dass die neuen Befugnisse aufgrund ihrer abschreckenden Wirkung zumindest auch präventiv wirken können.

(2) Vorsorge für die künftige Strafverfolgung

Anders als die Befugnisse zur Bekämpfung der organisierten Kriminalität dienen die hier untersuchten Polizeibefugnisse nicht der Vorbereitung auf die künftige Strafverfolgung. Zwar kann auch grenzüberschreitende Kriminalität in Form organisierter Kriminalität auftreten. Auch sollen mit Hilfe der neuen Befugnisse insbesondere gemeinschaftlich begangene Taten durch Schlepper- und Drogenbanden bekämpft werden. Grundsätzlich sind jedoch die Begriffe der „organisierten Kriminalität" einerseits und der „grenzüberschreitenden Kriminalität" andererseits auseinander zu halten, denn diese sind nicht zwingend deckungsgleich[539].

Es geht bei der Abwehr grenzüberschreitend begangener Straftaten nicht vordringlich darum, Auskünfte über die Struktur oder Logistik einer Organisation zu erhalten, um diese bei ausreichendem Wissenstand durch Festsetzung ihrer „Köpfe" ausschalten zu können. Dazu eignen sich die neuen Kontrollformen schon aufgrund ihres Charakters als offene Informationserhebungsmaßnahmen nicht. Die Polizei begibt sich nicht an exponierte Orte, von denen anzunehmen ist, dass sie einer gewissen „Szene" Raum für die Planung und Begehung von Straftaten geben. Grenzüberschreitende Kriminalität, die hauptsächlich auf Verkehrswegen bekämpft wird, zeichnet sich vielmehr gerade durch die Mobilität ihrer Täter aus. Bei der Bekämpfung der grenzüberschreitenden Kriminalität geht es nicht darum, Gruppierungen zu erforschen und zu durchleuchten, damit die kriminellen Strukturen möglichst bereits im Ansatz bekämpft und ihre Verfestigung verhindert werden kann. Ziel ist nicht die planmäßige Gewinnung von Informationen über Arbeitsweise und Struktur einer kriminellen Organisation, über ihre Mitglieder und deren Funktionen. Dies setzte voraus, dass Informationen kontinuierlich gesammelt werden. Die mittels der anlassunabhängigen Kontrollen erhobenen Daten werden jedoch regelmäßig - mit Ausnahme der Fälle, in denen ein Datenabgleich ergibt, dass es sich um eine strafrechtlich gesuchte oder unerlaubt eingereiste Person handelt - nicht gespeichert. Es ist damit keinesfalls

---

[538] Zweifel meldet in dieser Hinsicht auch der Berliner Datenschutzbeauftragte im Jahresbericht 2000, S. 59 an.

[539] Nach Ansicht von Weingart, BayVBl. 2001, S. 69, 72 wollte der Gesetzgeber die neuen Befugnisse nicht auf die Bekämpfung „organisierter Kriminalität" beschränken, um auch international agierende Einzeltäter zu erfassen.

so, dass alle erhobenen Daten für einige Zeit vorrätig gehalten werden[540]. Dies wäre angesichts der Vielzahl der Kontrollen einerseits und der geringen Aufgriffsquoten andererseits weder sinnvoll noch praktikabel[541]. Eine kontinuierliche Speicherung von Daten kann insbesondere von den Befugnissen zur Befragung nicht bezweckt sein, da diese regelmäßig keine Auskunftspflicht begründen. Es kann daher realistischerweise nicht angenommen werden, dass das Ziel neuer Befugnisse zu verdachts- und anlassunabhängigen Kontrollen darin liegt, Bewegungsprofile bzw. Verhaltensmuster der kontrollierten Personen anzufertigen[542]. Die kompetenzrechtliche Einordnung von Maßnahmen zur Vorsorge für die künftige Strafverfolgung kann wegen dieser abweichenden Ausgangslage nicht auf die hier untersuchten Befugnisse übertragen werden. Auf die generelle Frage, welcher Gesetzgebungskompetenz die Aufgabe der „Verfolgungsvorsorge" zuzuordnen ist[543], kommt es daher für die kompetenzrechtliche Betrachtung der neuen Befugnisse zu verdachts- und anlassunabhängigen Polizeikontrollen nicht an.

(3) Verfolgung von Straftaten

Dass die neuen Befugnisse zu verdachts- und anlassunabhängigen Kontrollen zumindest auch strafprozessuale Ziele verfolgen, bestätigt der Umstand, dass die Polizei diese in der Praxis regelmäßig auch im vorbenannten Sinne anwendet[544]. Die mittels der Befragung erlangten Angaben über die Identität einer kontrollierten Person sagen für sich nichts über die Gefährlichkeit dieser Person oder darüber aus, ob sie bereits Straftaten begangen hat. Erscheint jedoch die Person aufgrund von polizeilicher Erfahrung und Lageerkenntnissen verdächtig, wird mittels Datenabgleich festgestellt, ob es sich um eine zur Fahndung ausgeschriebene Person handelt. Polizeiliche Erfahrungen und Lageerkenntnisse werden durch sogenannte „Lagebilder" bestimmt. Gemäß Ziffer 3. der Verwaltungsvorschrift zu § 14 Abs. 1 Nr. 5 ThürPAG soll das vom Landeskriminalamt auf der Basis von angelieferten Erkenntnissen der Polizeidirektionen zu erstellende und ständig zu aktualisierende Fahndungslagebild Auskunft über „besondere Fahndungsmaßnahmen, -erfolge sowie künftige Fahndungsschwerpunkte und -räume" geben. Ein solches Fahndungslagebild enthält zunächst eine Zu-

---

[540] So aber MVVerfG, LKV 2000, S. 149, 157.

[541] Davon geht auch Rachor, HdBPolR, Teil F, Rn. 367 aus.

[542] So jedoch MVVerfG, LKV 2000, S. 149, 157; Mahlmann, LKV 2001, S. 102, 106; Lisken in Bäumler, Polizei und Datenschutz, S. 32, 35.

[543] Siehe dazu die generell ansetzende Arbeit von Albers, Diss., S. 265 bis 275 sowie Teil 3, A. II. 3.a.

[544] So Schoreit, DRiZ 1991, S. 320, 324 allgemein zur Vorgehensweise bei der Prüfung neuerer Polizeigesetze unter der Überschrift „Vorbeugende Bekämpfung von Straftaten"; Schnekenburger, BayVBl. 2001, S. 129 f. räumt lediglich die entsprechende Möglichkeit ein.

sammenfassung von Tatort, -zeit und -hergang der letzten herausragenden Einzeldelikte und Straftatenhäufungen sowie Seriendelikte, deren Täter regelmäßig unbekannt sind. Nur ausnahmsweise ist die Identität eines solchen Täters bekannt, dieser jedoch flüchtig. In diesem Fall enthält das Lagebild eine konkrete Beschreibung der gesuchten Person bzw. Sache, die Gegenstand der aktuellen Fahndung ist[545]. Mit Hilfe dieser Lagebilder sollen also primär diejenigen Personen aus der Masse der Bürger herausgegriffen werden, die potentiell als Täter bisher unaufgeklärter Straftaten in Frage kommen. Vereinzelt veranlassen die Lagebilder sogar konkrete Personen- oder Sachfahndungen aufgrund begangener Straftaten. Eigentliches Ziel und nicht nur mögliche Nebenfolge der Informationserhebungsmaßnahmen ist in beiden Fällen die Einleitung eines strafrechtlichen Ermittlungsverfahrens.

Zwar ist dem *MVVerfG* zuzugeben, dass der Polizei durch die Befugnisse Aufgaben im Vorfeld der repressiven Tätigkeit zugewiesen werden, die noch keinen Bezug zu einer konkreten Straftat haben. Daraus kann jedoch nicht ohne weiteres - wie es das *MVVerfG* unter einfacher Verweisung auf die entsprechende Aufgabennorm tut - geschlossen werden, dass es sich bei der fraglichen Tätigkeit um eine solche zur Verhütung von Straftaten oder zur Erleichterung künftiger mit der konkreten polizeilichen Aktion noch nicht verbundenen Strafverfolgung handelt[546]. Wie *Schoreit* zutreffend erkennt, läuft die Strafverfolgung wegen bereits begangener Taten, sofern sie angezeigt worden sind, längst, auch wenn sie, weil der „Täter unbekannt“ ist, faktisch ruht. Zutreffend zieht er daraus den Schluss, dass es jedenfalls „insoweit nichts mehr zu verhüten“[547] gibt. Ist die Tat bereits begangen, dienen die Kontrollen nicht mehr der Vorsorge für die Strafverfolgung, sondern der Strafverfolgung selbst. Sie fördern die Täterermittlung in allen „Täter-unbekannt-Verfahren“. Dass die einzelne Kontrolle nicht einem bestimmten Strafverfahren zugeordnet werden kann, liegt in der Natur der heutigen Datenverarbeitung begründet. Moderne EDV-Systeme können unbegrenzt große Zahlen von Tätern auf zusammenpassende oder ähnliche Tatmodalitäten überprüfen. Der Sachbearbeiter für Kapitalverbrechen früherer Zeit konnte nur die „Handschrift“ der ihm bekannt gewordenen Täter mit den Begehungsweisen bei den in seinem Bereich begangenen Taten vergleichen. Stellte er derartige Vergleiche an, hat niemand bezweifelt, dass diese als Strafverfolgungsmaßnahmen in allen von ihm zu bearbeiteten Verfahren legitim waren. Daran hat sich allein durch die Tatsache, dass die Polizei heute mit Hilfe ihrer Dateien die noch immer notwendige Zusammenführung von Tätern und Tatbeständen erheblich ausdehnen kann, nichts geändert. Diese Dateienauswertung ist

[545] Vgl. Lagebild des LKA Thüringen vom 4. Oktober 2000.
[546] MVVerfG, LKV 2000, S. 149, 150 f.
[547] Schoreit, DRiZ 1991, S. 320, 324.

Strafverfolgung[548]. Ein Bezug zu einer konkreten Straftat ist stets dadurch gegeben, dass der Täter einer konkret bekannten Straftat gesucht wird. Konkreter kann der Bezug nach der Natur der Sache nicht sein, wenn noch kein Tatverdacht besteht. Dass dieser Tatverdacht nicht besteht, ändert jedoch nichts daran, dass es Ziel der polizeilichen Tätigkeit ist, Straftaten aufzudecken. Aus diesem Grund kann sich auch das MVVerfG nicht des Arguments bedienen, in Ermangelung eines konkreten Tatverdachts seien die Maßnahmen nicht solche der Strafverfolgung.

Vielfach wird auch auf die bisher veröffentlichten Erhebungen, die die „Erfolge" der Schleierfahndungen in ergriffenen Straftätern messen, Bezug genommen[549]. Die Daten belegten einerseits eine niedrige prozentuale Erfolgsquote, anderseits die Eignung der Vorschriften zur Umgehung der Strafprozessordnung, nicht aber zur Gefahrenabwehr oder einer entsprechenden Vorbeugung[550]. Die vorbezeichneten Erfolgsmeldungen verrieten die tatsächliche Zielrichtung der Regelung, denn bekanntermaßen messen sich Erfolge an den gesetzten Zielen und nicht an unbeabsichtigten Nebeneffekten. Insbesondere werden durch Aufgriff gesuchter Personen - mittels Abgleich mit dem Fahndungsbestand und der Ausschreibung zur Aufenthaltsermittlung - und mit der Sicherstellung von Drogen und Diebesgut - die eine Durchsuchungsbefugnis voraussetzt - Erfolge erzielt. Gefahrenabwehrrechtliche Erfolge würden nur erzielt, sofern andauernde Störungen beendet werden. Nachweise zu verhinderten Straftaten fänden sich jedoch ganz überwiegend überhaupt nicht[551].

Fraglich ist jedoch, ob die zitierten Erfolgsmeldungen zuverlässig Auskunft geben können über die Zielrichtung der polizeilichen Maßnahmen, denn es erscheint bereits schwierig, die Fahndungserfolge den verschiedenen Befugnisgrundlagen zuzuordnen[552]. Die in Aussagen von Polizeivertretern bekannt gemachte Zunahme von Aufgriffen unerlaubt eingereister Personen könnte auch auf eine insgesamt gestiegene illegale Einreise zurückzuführen sein. Die bisher verfügbaren Informationen über den Einsatz der Befugnisnormen sind spärlich und empirisches Datenmaterial kaum vorhanden. Bei den behördlichen Mitteilungen über „Aufgriffsquoten" handelt es sich zumeist um intransparentes Da-

---

[548] Schoreit, DRiZ 1991, S. 320, 324; im Ergebnis ebenso Keller/Griesbaum, NStZ 1990, S. 416, 418 f.

[549] Vgl. Schnekenburger, BayVBl. 2001, S. 129, 130 m.w.Nw.; vgl. auch die den Freistaat Bayern betreffenden Darstellungen bei Spörl, Polizei 1997, S. 217; ebenso Roggan, Polizeistaat, S. 110 f. m.w.Nw.; Waechter, DÖV 1999, S. 138, 143.

[550] Waechter, DÖV 1999, S. 138, 143.

[551] Waechter, DÖV 1999, S. 138, 143.

[552] So Waechter, DÖV 1999, S. 138, 144; zur Fragwürdigkeit der „gefeierten statistischen Erfolge der neuen Kontrollbefugnisse des Bundesgrenzschutzes" Schütte, ZRP 2002, S. 393, 396.

tenmaterial, das starke Schwankungen aufweist[553]. Insgesamt lässt also das vorliegende Material keine eindeutige Aussage über den Normerfolg zu. Darüber hinaus bestehen Zweifel grundsätzlicher Art daran, dass die „Erfolgsstatistiken" als Beleg herangezogen werden können, denn insbesondere für die Prävention taugt die polizeiliche Kriminalitätsstatistik nur sehr bedingt[554]. Ergebnisse von Kriminalprävention sind deshalb bisher nicht messbar[555]. Jedoch ist die Brauchbarkeit einiger kriminalstatistischer Größen und Werte als Indikatoren zur Annäherung an kriminalpräventive Maßstäbe anzuerkennen: insbesondere Tatort-, Täter-, Opfer- und Schadensmerkmale lassen in begrenztem Umfang Wahrscheinlichkeitsannahmen zu[556]. Zumindest unter Vorbehalt können die Erfolgsstatistiken daher zur Begründung des strafverfolgenden Charakters der Polizeipraxis herangezogen werden.

Auch in Anbetracht des Ziels der „Unterbindung des unerlaubten Aufenthalts" wird die Tätigkeit schwerpunktmäßig der Strafverfolgung zugerechnet. Ein unerlaubter Aufenthalt könne unterbunden werden, indem entweder der Aufenthalt durch Erlass einer Aufenthaltsgenehmigung legalisiert oder durch Ausreiseaufforderung bzw. Ausweisung und Abschiebung beendet wird. Für beides sei nicht die Polizei, sondern die Ausländerbehörde zuständig[557]. Die Polizei sei in diesem Zusammenhang lediglich befugt, den Verstößen gegen ausländerrechtliche Straftatbestände bzw. Ordnungswidrigkeiten nachzugehen. Entsprechende polizeiliche Kontrollen seien als Verdachtsschöpfungsmaßnahmen eher im Vorfeld des strafprozessualen Tatverdachts als im Bereich der Gefahrenabwehr anzusiedeln[558]. Einzuräumen ist, dass unerlaubter Aufenthalt von Ausländern auch eine andauernde Störung der öffentlichen Sicherheit darstellt, deren Beendigung Gegenstand der Gesetzgebungskompetenz der Länder ist[559]. Dies bedeutet jedoch nur, dass auch in Bezug auf diesen Zweck der neuen Regelungen von einer Doppelfunktionalität der Maßnahmen ausgegangen werden muss. Einerseits soll der jeweilige unerlaubte Aufenthalt als andauernde Störung beendet, andererseits die damit bereits verwirklichte Straftat bzw. Ordnungswidrigkeit verfolgt werden.

---

553 Herrnkind, Unbequem 3/2000, S. 5; polizeiliche Erfolgsmeldungen genügen laut Möllers, NVwZ 2000, S. 382 f. selten den Standards der Rechtstatsachenforschung.
554 Vgl. 3. Teil, A. II. 3. b. aa. ddd. (1) (b).
555 Ebert, Kriminalität und Prävention 1997, S. 5.
556 Ebert, Kriminalität und Prävention 1997, S. 6.
557 Den Länderpolizeien obliegt dann erst die Durchführung der Abschiebung: siehe Renner, AuslG, 7. Aufl., § 63, Rn. 14.
558 Rachor in HdBPolR, Teil F, Rn. 367.
559 MVVerfG, LKV 2000, S. 149, 151; ebenso Schnekenburger, BayVBl. 2001, S. 129 f.

eee. Zusammenfassung

Die neuen Befugnisse dienen ihrem Wortlaut nach - ebenso wie andere Vorfeldbefugnisse - der „vorbeugenden Bekämpfung von Straftaten“ im Sinne der polizeilichen Aufgabennorm. Lediglich Befugnisse zur Befragung können ihrem Wortlaut nach auf präventive Zwecke eingeschränkt werden. Hingegen lässt die Entstehungsgeschichte - in Abkehr von den durch Wortlaut und Systematik vorgegebenen Tendenzen - den Schluss auf den gesetzgeberischen Willen zu, Ermächtigungen zur anfangsverdachtsunabhängigen Strafverfolgung zu schaffen. Auch ein Blick auf die Kontrollpraxis und die polizeitaktischen Hintergründe der neuen Befugnisse ergibt: Anders als die mit dem ME PolG eingeführten, in der Regel heimlichen Informationserhebungsbefugnisse zur Bekämpfung der organisierten Kriminalität, sollen die hier untersuchten Maßnahmen eine Vorsorge für die künftige Strafverfolgung nicht leisten. Die neuen Befugnisse zur Identitätsfeststellung zielen in der Praxis vielmehr schwerpunktmäßig auf die Verfolgung von Straftaten ab[560] und sollen nur als Nebeneffekt auch der Abschreckung potentieller Täter und damit der Gefahrenabwehr dienen[561]. Die weit verbreitete Übertragung der Argumente und Ergebnisse des oben zitierten Streites auf die Frage der kompetenziellen Zuordnung der neuen Befugnisse zu verdachts- und anlassunabhängigen Polizeikontrollen ist daher von vornherein verfehlt. Mit den neuen Befugnissen ist es vielmehr zunehmend schwieriger geworden, die für das Sicherheitsrecht der Bundesrepublik Deutschland so essentielle Unterscheidung zwischen repressivem und präventivem polizeilichen Handeln aufrechtzuerhalten[562]. Bei der Zuordnung der neuen Befugnisse zu einem Regelungsstandort müssen die Besonderheiten der gesetzgeberischen Zielvorstellung berücksichtigt werden.

bb. Konsequenzen für die Gesetzgebungskompetenz

Außer Frage steht damit, dass Zweck der Maßnahmen neben dem der Gefahrenabwehr auch die Verfolgung von Straftaten ist. Damit ist jedoch noch nicht die Frage beantwortet, ob die neuen Befugnisse zwangsweise in der Strafprozessordnung zu regeln gewesen wären.

---

[560] So Roggan, Polizeistaat, S. 110 f.; Rachor in HdBPolR, Teil F, Rn. 367; Lisken, NVwZ 1998, S. 22 ff.; Schmid, LKV 1998, S. 477, 479; a.A. MVVerfG, LKV 2000, S. 149, 150 f.; Beinhofer, BayVBl. 1995, S. 193, 196; Weingart, BayVBl. 2001, S. 69, 71; Möllers, NVwZ 2000, S. 382, 384.

[561] So im Ergebnis auch Mahlmann, LKV 2001, S. 102, 104 und Rachor in HdBPolR, Teil F, Rn. 367.

[562] Möllers, NVwZ 2000, S. 382, 384; Götz, Polizeirecht, 12. Aufl., Rn. 544; Waechter, DÖV 1999, 138, 140.

aaa. Landeskompetenz aufgrund Regelungslücke

Im Bereich der konkurrierenden Gesetzgebung haben die Länder gemäß Art. 72 Abs. 2 GG die Befugnis zur Gesetzgebung, solange und soweit der Bund von seiner Kompetenz nicht durch Gesetz Gebrauch gemacht hat. Weist ein Regelungsgegenstand sachliche Verknüpfungen mit der Materie verschiedener Gesetzgebungszuständigkeiten auf, kann der Bundesgesetzgeber ein Sachgebiet des Art. 74 GG nur teilweise regeln und den Rest den Ländern belassen[563]. Selbst dann, wenn für die hier betroffene Regelungsmaterie eine Gesetzgebungskompetenz des Bundes gemäß Art. 74 Abs. 1 Nr. 1 GG bestünde, wäre diese „bloß" konkurrierend. Es bliebe damit bei einer Gesetzgebungskompetenz der Länder für all die Fälle, die der Bund nicht geregelt hat. Auf dieser argumentativen Grundlage wird vertreten, dass für den Regelungsbereich der Vorfeldbefugnisse im allgemeinen noch keine Sperrwirkung für die Gesetzgebung der Länder eingetreten sei, da bislang eine abschließende Regelung für den Bereich der vorsorglichen Strafverfolgung in der Strafprozessordnung nicht existiere[564]. Vorfeldmaßnahmen werden dabei als Tätigkeit begriffen, die auch oder sogar ausschließlich der Verfolgung künftiger Straftaten dient, ohne dabei jedoch Strafverfolgung im Sinne der Strafprozessordnung zu sein[565]. Diese Argumentation kann hier schon deshalb nicht überzeugen, weil die neuen Befugnisse zu verdachts- und anlassunabhängigen Polizeikontrollen gerade nicht der Verfolgung künftiger Straftaten dienen. Durch die neuen Regelungen soll vielmehr die Verfolgung konkreter, bereits begangener Straftaten derart erleichtert werden, dass bereits im Vorfeld des Anfangsverdachtes mit Ermittlungen begonnen werden kann. Eine Regelungslücke in der Strafprozessordnung für den Bereich der Vorsorge für die künftige Strafverfolgung steht damit hier ausdrücklich nicht zur Debatte.

Die Strafprozessordnung könnte jedoch eine Regelungslücke für den Bereich der Strafverfolgung im Vorfeld eines Anfangsverdachtes aufweisen. Regelmäßig hat der Bund von einer ihm zufallenden konkurrierenden Gesetzgebungskompetenz Gebrauch gemacht, wenn das Bundesgesetz eine bestimmte Frage ausdrücklich - auch negativ[566] - regelt oder wenn dem Gesetz durch „Gesamtwürdigung des betreffenden Normenbereichs" zu entnehmen ist, dass es eine erschöpfende Regelung einer bestimmten Materie darstellt[567]. Umgekehrt wurde jedenfalls nicht abschließend von der Kompetenz Gebrauch gemacht, wenn der Bund in einer bestimmten Materie überhaupt nicht gesetzgeberisch tätig geworden ist oder wenn das Bundesgesetz bloße Wert- und Zielvorstellungen enthält, die ei-

[563] Maunz in Maunz/Dürig, GG, Bd. 4, Art. 74, Rn. 20.
[564] So Koch, Diss., S. 57.
[565] Keller/Griesbaum, NStZ 1990, S. 416, 418 f.
[566] BVerfGE 2, S. 232, 236; BVerfGE 34, S. 9, 28.
[567] BVerfGE 7, S. 342, 347; BVerfGE 49, S. 343, 358; BVerfGE 67, S. 299, 324.

ner Ausfüllung bedürfen[568]. Die Begrenzung jedweder Strafverfolgung durch den Anfangsverdacht im Sinne des § 152 Abs. 2 StPO ist jedoch keine bloße Zielvorstellung, die ausgefüllt werden soll, sondern eine feste Grenze für die polizeiliche Tätigkeit im Rahmen der Strafverfolgung, die sich aus den Grundrechten und insbesondere dem Rechtsstaatsprinzip herleitet. Der Bundesgesetzgeber hat sich mit Schaffung des § 152 Abs. 2 StPO für eine bestimmte inhaltliche Konzeption entschieden, deren Aufhebung aus materiell-verfassungsrechtlichen Gründen nicht ohne weiteres möglich ist. Dem Ausgleich eines angeblichen Defizits strafprozessualer Verfolgungsmöglichkeiten sind somit verfassungsrechtliche Grenzen gesetzt[569]. An dieser insoweit verbindlichen Konzeption ändern auch Ausnahmeregelungen wie die §§ 111, 98 a, 163 b StPO nichts, vielmehr bestätigen sie die Konzeption als Regelfall. So setzt § 163 b Abs. 2 StPO zwar keinen Anfangsverdacht gegen die kontrollierte Person voraus, gewährt Befugnisse aber auch nicht ohne jede Anbindung an einen Verdacht im Sinne des § 152 Abs. 2 StPO, da ein solcher gegen den Verdächtigen vorliegen muss. Die Ausnahmevorschrift des § 163 Abs. 2 StPO ist durch die Voraussetzung gerechtfertigt, dass der kontrollierte Unbeteiligte - in der Regel ein Zeuge der Tat - der Aufklärung der Straftat maßgeblich dienen kann. Das Bundesverfassungsgericht hat § 152 Abs. 2 StPO zur absoluten Grenze der Zulässigkeit von Identitätsfeststellungen nach § 163 b StPO erklärt[570]. Jenseits der Grenze der „zureichenden tatsächlichen Anhaltspunkte“ im Sinne des § 152 Abs. 2 StPO ist die Staatsanwaltschaft weder verpflichtet noch berechtigt, nach Straftaten zu forschen[571]. Eine Regelungslücke für das Vorfeld des Anfangsverdachtes besteht grundsätzlich nicht. Die neuen Befugnisse zu verdachts- und anlassunabhängigen Polizeikontrollen erweitern die polizeilichen Befugnisse selbst im Vergleich zur Ausnahmevorschrift des § 163 b Abs. 2 StPO. Die Personenkontrolle wird im Fall der neuen Befugnisse nämlich von der Notwendigkeit eines konkreten Tatverdachts völlig entbunden und die Grenze des § 152 Abs. 2 StPO damit deutlich überschritten[572]. Gemessen an der Rechtsprechung des Bundesverfassungsgerichtes, überschreiten die Befugnisse zur verdachts- und anlassunabhängigen Identitätsfeststellung damit die Grenze zur Verfassungswidrigkeit[573]. Auch als Ausnahmevorschriften zu § 152 Abs. 2 StPO kämen die neuen Befugnisse nicht in Betracht. Gerade nachdem der Bund z.B. mit Einführung der Kontrollstellenregelung in § 111 StPO und der Rasterfahndung gemäß § 98 a StPO zur Aufklärung bestimmter Delikte bereits eine Kontrollstelle für Unverdächtige erlaubt hat, hat er den Ländern auch insoweit keine Regelungslücke gelassen.

[568] BVerfGE 49, S. 343, 359.
[569] Lisken, NVwZ 1998, S. 22 f.
[570] BVerfG, NJW 1995, S. 3110 ff.
[571] Keller/Griesbaum, NStZ 1990, S. 416, 417.
[572] So Roggan, Polizeistaat, S. 119 m.w.Nw.
[573] So auch Stephan, DVBl. 1998, S. 81 f.; Roggan, Polizeistaat, S. 120 m.w.Nw.

Eine Auslegung der Strafprozessordnung ergibt also, dass der Bereich der Verfolgung bereits begangener Straftaten durch den Bund erschöpfend geregelt wurde. Eine über diese hinausgehende Kontrollmöglichkeit im „Vorfeld" jeglichen Verdachts kann der Landesgesetzgeber auch in dem ihm vorbehaltenen Bereich des Polizeirechts nicht schaffen, jedenfalls nicht zur Verbesserung der Fahndungsmöglichkeiten im Rahmen einer Strafverfolgung. Eine polizeirechtlich geregelte „Schleierfahndung" für Zwecke des Strafverfahrens ist unzulässig[574]. Das Polizeirecht als Verfahrensrecht für die Prävention darf nicht dem Strafverfahren nutzbar gemacht werden, weil die Kompetenzregeln der Verfassung, in denen auch das Rechtsstaatsprinzip zum Ausdruck kommt, gebieten, die jeweils zugewiesenen Aufgaben nur mit den hierfür zugewiesenen Befugnissen zu verfolgen[575]. Insoweit dienen Polizeikontrollen der Prävention und nicht der „Fahndung" nach Verdächtigen im Sinne der Strafprozessordnung. Allenfalls können polizeirechtlich gebotene Kontrollen zufällig zum Auffinden eines in einem Strafverfahren Gesuchten führen. Wer also z.B. bei einer Verkehrskontrolle zufällig als Gesuchter erkannt wird, kann verhaftet werden. Die Kontrolle darf indes nicht für solche Zwecke installiert werden[576].

bbb. Landeskompetenz bei Doppelfunktionalität

Allenfalls stände den Landesgesetzgebern eine Regelungskompetenz für die neuen Befugnisse auf Grundlage ihrer präventiven Zielrichtung zu. Dienen Befugnisse verschiedenen - präventiven und repressiven - Zwecken, handelt es sich bei den auf ihnen beruhenden Kontrollen fast zwangsläufig um sogenannte „doppelfunktionale Maßnahmen". Von doppelfunktionalen Maßnahmen wird immer dann gesprochen, wenn die Polizei gleichzeitig oder in unmittelbarer Folge gefahrenabwehrend *und* strafverfolgend handelt. Das bedeutet keineswegs unmittelbar einen Verstoß gegen das Prinzip der Trennung von Prävention und Repression, sondern ergibt sich aus alltäglichen Lebenssachverhalten[577]. Geht es um die Frage der Rechtmäßigkeit polizeilichen Handels und um die Bestimmung des Rechtsweges[578] zu dessen Überprüfung ist - soweit mehrere Ziele verfolgt werden - auf den Schwerpunkt des Zwecks abzustellen[579]. Das bedeutet, dass die Polizei vor Beginn ihres Tätigwerdens die primäre Zweckrichtung fest-

---

[574] So auch Lisken, NVwZ 1998, S. 22 f.

[575] BVerfGE 65, S. 1 ff.; Lisken, NVwZ 1998, S. 22 f. zieht daraus den Schluss: „Es gibt aus diesem Grund auch keine Befugnisleihe im Wege der Amtshilfe".

[576] Lisken, NVwZ 1998, S. 22 f.

[577] Roggan, Polizeistaat, S. 35.

[578] In Frage kommen der Verwaltungsrechtsweg gemäß § 40 VwGO und der Rechtsweg zu den ordentlichen Gerichten gemäß § 23 EGGVG.

[579] Roggan, Polizeistaat, S. 35 m.w.Nw.; ebenso Schnekenburger, BayVBl. 2001, S. 129 f. und Knemeyer, Polizeirecht, 9. Aufl., Rn. 400; laut Roggan, Polizeistaat, S. 36 wird diese Bestimmung mitunter als Dominanzentscheidung bezeichnet.

zulegen hat und sich ihre Befugnisse dann nur aus dem jeweiligen Rechtsgebiet ergeben können[580]. An dieser Stelle ist eine klare Zuordnung zu einem der beiden Bereiche unerlässliche Voraussetzung, da Polizeirecht und Strafprozessrecht oft unterschiedlich hohe Eingriffsschwellen haben, die unterlaufen werden könnten. Die Frage der Gesetzgebungskompetenz für eine bestimmte Befugnis ist jedoch der Frage der Rechtmäßigkeit der einzelnen auf dieser Befugnis beruhenden Maßnahme vorgelagert. Es darf daher nicht der Fehler begangen werden, die Schwerpunkttheorie, die sich auf die einzelne Maßnahme bezieht, zur Beantwortung der Frage heranzuziehen, wem die Gesetzgebungskompetenz für multifunktionale Befugnisse zusteht.

Kann ein und dieselbe Regelung aufgrund ihrer verschiedenen Zweckrichtungen sowohl unter dem Gesichtspunkt einer Bundeskompetenz als auch unter dem Gesichtspunkt einer Landeskompetenz geregelt werden, stellt sich ein eigener Kompetenzkonflikt[581]. Wie dieser zu lösen ist, ist streitig. Im Schrifttum werden in solchen Fällen wohl überwiegend echte Kompetenzüberschneidungen dergestalt angenommen, dass sowohl der Bund als auch die Länder die betreffende Frage regeln können[582]. Bei widerstreitenden Regelungen ist über Art. 31 GG eine Lösung herbeizuführen. Da die neuen Befugnisse zu verdachts- und anlassunabhängigen Polizeikontrollen auch gefahrenabwehrende Zwecke verfolgen, ist nach dieser Ansicht eine Regelung in den Landespolizeigesetzen unter Wahrung der Kompetenzvorschriften zulässig. Das Bundesverfassungsgericht und eine Mindermeinung in der Literatur hingegen lehnen Doppelzuständigkeiten ab[583]. Ihrer Meinung nach muss die Materie entweder dem einen oder dem anderen Kompetenzbereich zugeordnet werden. Diese Ansicht muss sich jedoch entgegenhalten lassen, dass sich - wie in unserem Fall - nicht alle Regelungssachverhalte abstrakt gegeneinander abgrenzen lassen und daher ein Regelungsgegenstand unlösbare sachliche Verknüpfungen mit der Materie verschiedener Gesetzgebungszuständigkeiten aufweisen kann. Dies vor Augen wurden in Rechtsprechung und Literatur zur Lösung des Kompetenzkonfliktes Kriterien für die Zuordnung zu einem Kompetenzbereich herausgearbeitet[584].

Besondere Bedeutung kommt dabei nach der Rechtsprechung des Bundesverfassungsgerichts der herkömmlichen, d.h. wesensmäßigen und historischen Zuordnung einer Materie zum einen oder anderen Kompetenzbereich zu[585]. Entschei-

[580] Dies ist streitig: vgl. Roggan, Polizeistaat, S. 36 mit Streitstandsnachweisen.
[581] Maunz in Maunz/Dürig, GG, Bd. 4, Art. 74, Rn. 8.
[582] Vgl. Pestalozza, DÖV 1972, S. 181 ff.; Lerche, JZ 1972, S. 468 ff. ; Wolfrum, DÖV 1982, S. 674, 676; Brohm, DÖV 1983, S. 525, 528.
[583] BVerfGE 36, S. 193, 202; BVerfGE 61, S. 149, 204; ebenso Maunz in Maunz/Dürig, GG, Bd. 4, Art. 74, Rn. 8 ff., der den Streitstand zusammenfasst.
[584] Vgl. insofern zusammenfassend Maunz in Maunz/Dürig, GG, Bd. 4, Art. 74, Rn. 10 ff.
[585] BVerfGE 7, S. 29, 40; BVerfGE 36, S. 193, 203 und 206; BVerfGE 36, S. 314, 319; BVerfGE 41, S. 231, 241; BVerfGE 48, S. 367, 373; BVerfGE 61, S. 149, 175.

dend sind hier die Entstehungsgeschichte der Norm und die Staatspraxis hinsichtlich des Normenkomplexes[586]. Auch wenn die neuen Befugnisse ihren eigentlichen Zwecken nach über die des Aufgabenbereiches der „vorbeugenden Bekämpfung von Straftaten" hinausgehen, sind sie diesem Aufgabenbereich, der herkömmlicherweise Polizeirechtsmaterie ist[587], doch grundsätzlich zuzuordnen. Mit demselben Argument wird auch eine verfassungskonforme Auslegung im Sinne des Wortlautes der Norm vertreten[588]. Das Bundesverfassungsgericht hat diese Form der Auslegung in ständiger Rechtsprechung bei Rechtsnormen entwickelt, die ihrem Wortlaut nach unter verfassungsrechtlichen Gesichtspunkten bedenklich sind, die aber auch eine Auslegung im Sinne der Verfassung zulassen. Mit dieser Auslegung sind sie dann gültig[589]. Es wird angenommen, dass jedenfalls nach einer solchen Auslegung der neuen Befugnisse im Ergebnis nicht mehr von einem Kompetenzverstoß ausgegangen werden könne. Jedenfalls in überwiegender Hinsicht handele es sich bei der „vorbeugenden Bekämpfung von Straftaten der grenzüberschreitenden Kriminalität" dem Wortlaut nach um eine gefahrenpräventive Aufgabe. Dies wiederum ergebe sich daraus, dass die vorbeugende Bekämpfung von Straftaten als solche bereits vielfach Aufnahme in die Landespolizeigesetze gefunden habe und sie - auch soweit ihr ein Strafunrecht verhindernder Ansatz zugrunde liegt - keine Überscheidungen zur Strafverfolgung begründe. Eine solche Überschneidung werde auch nicht dadurch belegt, dass die im Rahmen der Kontrollen festgestellten Sachverhalte zu Maßnahmen der Strafverfolgung führen können, da solche weiteren Maßnahmen sowohl einen Anfangsverdacht als auch eine eigene Rechtsgrundlage in der Strafprozessordnung voraussetzten[590]. Dem Vorschlag verfassungskonformer Auslegung wird entgegengehalten, dass er die Möglichkeit der einschränkenden Auslegung des Begriffs der Kriminalitätsbekämpfung auf präventive Zwecke voraussetze, eine Auslegung der Befugnisse im Sinne der Begrenzung auf präventive Zwecke jedoch zum einen der Wortlaut nicht erlaube, zum anderen vom Gesetzgeber ganz offensichtlich nicht gewollt sei[591]. Die Kritik überzeugt jedoch nicht, da der Wortlaut - wie festgestellt - wenigstens auch eine Auslegung im Sinne der Verfassung zulässt. Soweit der Gesetzgeber Befugnisse zur verdachtsunabhängigen Strafverfolgung schaffen wollte, verstößt er materiell gegen Grundrechte und das Rechtsstaatsprinzip sowie formell gegen das Prinzip der Trennung von Strafverfolgung und Gefahrenabwehr. Sein Wille kann daher insoweit nicht erheblich sein. Eine Einordnung aufgrund des maßgeblichen Kriteriums des wesensmäßigen und historischen Herkommens ergibt somit die Zu-

---

586 BVerfGE 33, S. 125, 152 f.; BVerfGE 42, S. 20, 29; BVerfGE 61, S. 149, 175.

587 Schnekenburger, BayVBl. 2001, S. 129 f.

588 Schnekenburger, BayVBl. 2001, S. 129 f.; zur Chance der verfassungskonformen Auslegung auch Weingart, BayVBl. 2001, S. 69, 75.

589 Creifels, Rechtswörterbuch, 15. Aufl., S. 126.

590 Schnekenburger, BayVBl. 2001, S. 129 f.

591 Ebenso Roggan, Polizeistaat, S. 112.

ständigkeit der Landesgesetzgeber. Eine verfassungskonforme Auslegung ist damit nicht notwendig, da eine Anwendung der Kriterien des Bundesverfassungsgericht ergibt, dass der Kompetenzkonflikt ohnehin zugunsten der Landesgesetzgeber zu lösen ist. Für die wesensmäßige Zuordnung der neuen Befugnisse zum Polizei- und Ordnungsrecht sprechen gerade die von *Schnekenburger* zur Begründung seines Auslegungsvorschlages vorgebrachten Argumente.

Erst bei Kompetenzabgrenzungen, bei denen das Abgrenzungsmerkmal der herkömmlichen Zuordnung versagt, kann der Gesichtspunkt des überwiegenden Sachzusammenhangs ein entscheidendes Auslegungskriterium sein. Die Beantwortung der Frage, ob ein bestimmter Regelungsgegenstand einem Kompetenzbereich des Bundes oder des Landes zuzuordnen ist, hängt dann davon ab, zu welchem Kompetenzbereich die größere Sachnähe besteht[592]. Auch unter diesem Gesichtspunkt wäre im Fall der neuen Befugnisse von einer Landeskompetenz auszugehen, da eine so weitreichende und voraussetzungslose Informationserhebungsbefugnis im Vorfeld des Anfangsverdachts im Sinne des § 152 Abs. 2 StPO kaum denkbar, dem Allgemeinen Polizeirecht hingegen Vorfeldbefugnisse mittlerweile weit weniger fremd sind. Schon im Zusammenhang mit dem oben zitierten Streit um die Zuordnung von Vorfeldbefugnissen zur vorbeugenden Bekämpfung der organisierten Kriminalität argumentierten die Befürworter des Regelungsstandortes „Polizeigesetz“ mit dem Hinweis, das System würde gesprengt, wollte man ein Vorfeld des konkreten Anfangsverdachts bejahen[593].

Den Ausschlag gibt letztlich der Grundsatz des Art. 30 GG, der vom Primat der Länderzuständigkeit ausgeht und als Hintergrund und zusätzliche Abgrenzungshilfe stets zu beachten ist. Dieser Grundsatz gilt ausweislich Art. 70 GG auch im Bereich der Gesetzgebung. Aus ihm ergibt sich eine allgemeine Schranke der für die in Art. 73 bis 75 GG aufgeführten Bundeskompetenzen, so dass sich ihre extensive Auslegung verbietet[594]. Besondere Zurückhaltung bei der Auslegung einer Bundeskompetenz ist erforderlich, wenn es um das Hineinragen in Bereiche geht, von denen im Kompetenzkatalog des Art. 74 GG selbst deutlich wird, dass sie im wesentlichen oder weitgehend in der Kompetenz der Länder verbleiben sollen. Einen solchen Bereich stellt das Polizei- und Ordnungsrecht dar[595].

Der von Rechtsprechung und Schrifttum geführte Streit über die Zulässigkeit einer sogenannten „Doppelzuständigkeit“ muss daher hier nicht entschieden werden. Nach beiden Ansichten besteht eine Gesetzgebungskompetenz der Länder für die neuen Befugnisse[596]. Wie gezeigt kann der Landesgesetzgeber auch

---

[592] Maunz in Maunz/Düring, GG, Bd. 4, Art. 74, Rn. 12 m.w.Nw.
[593] Keller/Griesbaum, NStZ 1990, S. 416, 419.
[594] BVerfGE 26, S. 246, 254; vgl. auch BVerfGE 42, S. 20, 28.
[595] Maunz in Maunz/Dürig, GG, Bd. 4, Art. 74, Rn. 15 bis 17.
[596] Der Ansicht von Roggan, dass eine Verletzung von Art. 74 Abs. 1 Nr. 1, 72 GG unausweichlich ist, solange sich repressive Zielrichtungen hinter dem Begriff der Kriminalitätsbe-

dann für den Erlass einer Regelung zuständig sein, wenn ihr Gegenstand sachliche Verknüpfungen mit der Materie anderer Gesetzgebungszuständigkeiten aufweist. Die Beschränkung auf präventive Zwecke bei der einzelnen Kontrolle muss nicht im einfachen Gesetz festgelegt werden, denn diese ergibt sich bereits aus der oben zitierten „Schwerpunkttheorie".

c. Zusammenfassung

Die neuen Befugnisse zu verdachts- und anlassunabhängigen Polizeikontrollen dienen nicht der vorsorglichen Informationserhebung „zur Vorsorge für die künftige Strafverfolgung". Sie zielen vielmehr schwerpunktmäßig auf die unmittelbare Strafverfolgung ab, sollen jedoch daneben auch der Abschreckung potentieller Täter und damit der Gefahrenabwehr dienen. Der Regelungsgegenstand der neuen Befugnisse weist damit Verknüpfungen sowohl mit der Materie der Bundesgesetzgebungskompetenz des Art. 74 Abs. 1 Nr. 1 GG als auch mit dem derjenigen der Polizeihoheit der Länder auf. Polizeikontrollen auf der Grundlage der neuen Befugnisse sind doppelfunktional.

Zwar weist die Strafprozessordnung keine Regelungslücke für den Bereich der Strafverfolgung im Vorfeld eines Anfangsverdachtes auf, die eine landesgesetzliche Regelung legitimieren könnte. Die neuen Befugnisse zu verdachts- und anlassunabhängigen Polizeikontrollen unterfallen jedoch trotz ihrer schwerpunktmäßigen Einführung zu Zwecken der Strafverfolgung wegen ihrer für die kompetenzrechtliche Zuordnung bestimmenden präventiven Zielrichtung der Gesetzgebungskompetenz der Länder gemäß Art. 70 Abs. 1 GG. Ergibt die Auslegung einer doppelfunktionalen Befugnisnorm - wie hier - die größere wesensmäßige, historische und sachliche Nähe zum Gefahrenabwehrrecht, ist der Landesgesetzgeber auch dann für ihren Erlass zuständig, wenn ihr Gegenstand darüber hinaus sachliche Verknüpfungen mit der Materie des Strafprozessrechts aufweist. Die Bundeskompetenz nach Art. 74 Abs. 1 Nr. 1 GG steht den landesrechtlichen Regelungen zur vorbeugenden Bekämpfung von grenzüberschreitender Kriminalität daher nicht entgegen[597].

Auf der Ebene der Rechtsanwendung ist jedoch ein - wenn nicht gar überwiegender - Gebrauch der Befugnisse auch zu Zwecken der Strafverfolgung absehbar. Dieser ist rechtswidrig, denn wird die Polizei zumindest auch strafverfolgend tätig, bedeutet dies „dass die Ermächtigung Prävention durch Repression

---

kämpfung verbergen und keine Beschränkung auf die Verhinderung von Straftaten gesetzlich festgelegt ist (davon scheint hinsichtlich Art. 13 Abs. 1 Nr. 5 Bay PAG Beinhofer, BayVBl. 1995, S. 193, 196 auszugehen), kann daher nicht gefolgt werden.

[597] MVVerfG, LKV 2000, S. 149, 150 f.; Beinhofer, BayVBl. 1995, S. 193, 196; Weingart, BayVBl. 2001, S. 69, 71; Möllers, NVwZ 2000, S. 382, 384; a.A. Lisken, NVwZ 1998, S. 22 ff.

bewirken soll"[598]. Das jedoch widerspricht dem Prinzip, dass Gefahrenabwehr ebenso wenig durch Strafverfolgung zulässig ist, wie das umgekehrt der Fall wäre[599]. Allenfalls können Kontrollen im Rahmen des Polizeirechts zufällig zum Auffinden eines in einem Strafverfahren Gesuchten führen. Jedoch dürfen die Kontrollen nicht auf eine Verbesserung der Fahndungsmöglichkeiten abzielen, sondern nur zum Zweck der Gefahrenabwehr angeordnet werden. Ein Abgleich der erhobenen Daten mit Fahndungsdateien erscheint daher grundsätzlich unzulässig, da ein solcher schwerpunktmäßig der Strafverfolgung dient. Darüber hinaus lässt sich die Problematik des rechtswidrigen Gebrauchs zu Zwecken der Strafverfolgung letztlich auf ein materielles Problem zurückführen. Wären die Befugnisse in mehr als dem sich abbildenden Maße auch zur Gefahrenabwehr tauglich, bestünde eine Missbrauchsgefahr jedenfalls nicht in dem hier absehbaren Umfang. Ob aber aufgrund mangelnder Eignung bzw. Tauglichkeit der Befugnisse zu ihrem zulässigen Zweck der Prävention bereits ein Verstoß gegen das Grundgesetz anzunehmen ist, ist nicht Frage ihrer formellen Verfassungsmäßigkeit, sondern Gegenstand der Verhältnismäßigkeitsprüfung.

---

[598] Roggan, NordÖR 2000, S. 99, 101.

[599] Wohl überwiegende Meinung: vgl. nur Gusy, Polizeirecht, 12. Aufl., S. 9 und Seebode, MDR 1976, S. 537 f.; zur „Trennlinie zwischen Prävention und Repression" vgl. Roggan, Polizeistaat, S. 37; für eine „Gesamtstrategie, die sowohl Repression als auch Prävention umfasst" hingegen Schily, RuP 1999, S. 1.

B. Materielle Verfassungsmäßigkeit

Die materielle Verfassungsmäßigkeit der neuen Befugnisse zu verdachts- und anlassunabhängigen Polizeikontrollen steht sowohl im Hinblick auf ihre Vereinbarkeit mit grundgesetzlich garantierten Freiheitsrechten als auch Gleichheitsgrundrechten in Frage.

I. Verstoß gegen Freiheitsrechte

Ein Verstoß gegen Freiheitsrechte liegt vor, wenn in den Schutzbereich eines Grundrechtes eingegriffen wird, ohne dass dies verfassungsrechtlich gerechtfertigt ist[600].

1. Betroffene Grundrechte

Materieller Maßstab für die verfassungsrechtliche Prüfung der neuen Befugnisse zu verdachts- und anlassunabhängigen Polizeikontrollen ist vornehmlich das Recht auf informationelle Selbstbestimmung[601], welches das Bundesverfassungsgericht im sogenannten „Volkszählungsurteil“ vom 15. Dezember 1993[602] aus dem durch Art. 2 Abs. 1 i.V.m. Art. 1 Abs. 1 GG gewährleisteten allgemeinen Persönlichkeitsrecht abgeleitet hat[603]. Das Recht auf informationelle Selbstbestimmung ist ein Individualgrundrecht, das unter den Bedingungen der modernen Datenverarbeitung den Schutz des Einzelnen gegen unbegrenzte Erhebung, Speicherung, Verwendung und Weitergabe seiner persönlichen Daten umfasst. Mit diesem Recht ist es unvereinbar, wenn der Einzelne aus Unsicherheit, ob abweichende Verhaltensweisen jederzeit notiert und als Information dauerhaft gespeichert, verwendet oder weitergegeben werden, auf die Wahrnehmung seiner grundrechtlich verbrieften Rechte verzichtet. Dem Einzelnen steht daher grundsätzlich das Recht zu, selbst über die Preisgabe und Verwendung seiner persönlichen Daten zu bestimmen[604].

---

[600] Vgl. Pieroth/Schlink, Staatsrecht II, 17. Aufl., Rn. 9.

[601] Das von Lisken, NVwZ 1998, S. 22, 25 zitierte „Recht auf Anonymität und Privatheit“ ist Bestandteil des Rechts auf informationelle Selbstbestimmung.

[602] BVerfGE 65, 1 ff.; Urteilsbesprechungen von Baumann, DVBl. 1984, S. 612 ff.; Simitis, NJW 1984, S. 398 ff.; kritisch Krause JuS 1984, S. 268 ff.

[603] Durch die einzelnen Landesbefugnisse sind auch die entsprechenden Landesverfassungsrechte betroffen, vgl. nur MVVerfG, LKV 2000, S. 149 ff., Weingart, BayVBl. 2001, S. 69 f. Diese sollen hier jedoch außer betracht bleiben. Die Personalien, die im Wege der Personenkontrolle festgestellt werden sollen, gehören zu den dem informationellen Selbstbestimmungsrecht unterliegenden personenbezogenen Daten, vgl. Würtenberger, Polizeirecht, 3. Aufl., Rn. 211.

[604] BVerfGE 65, S. 1 ff.

Die hier untersuchten Polizeibefugnisse berühren jedoch über dieses Recht hinaus auch andere Grundrechte. Das Anhalten, das Verlangen, Angaben zur Identität zu machen und Ausweispapiere auszuhändigen, die Durchsuchung der Person und ihrer Sachen[605] sowie die Anordnung und Durchführung erkennungsdienstlicher Maßnahmen greifen je für sich in die durch Art. 2 Abs. 1 GG gewährleistete freie Entfaltung der Persönlichkeit ein. Das Festhalten einer Person und ihr Verbringen zur Dienststelle sind unter Umständen Freiheitsentziehungen und an Art. 2 Abs. 2 S. 2 GG sowie an Art. 104 GG zu messen[606]. Im Recht auf Bewegungsfreiheit nach Art. 2 Abs. 2 S. 2 GG enthalten ist auch die „Freiheit des unkontrollierten Reisens"[607]. Schließlich stellen alle Zwangsmaßnahmen im Rahmen der Durchsetzung von Identitätsfeststellungen, etwa die Vollstreckung des Anhaltens, der Aushändigung der Ausweispapiere und die zwangsweise Wegnahme, das zwangsweise Verbringen zur Polizeidienststelle sowie die zwangsweise Durchführung von erkennungsdienstlichen Maßnahmen Beeinträchtigungen der Grundrechte nach Art. 2 Abs. 2 S. 1 GG dar[608].

Umstritten ist das Verhältnis des Rechts auf informationelle Selbstbestimmung zu diesen Grundrechten. Soweit es um die Verwendung der gewonnen Daten geht, ist man sich einig, dass das Grundrecht auf informationelle Selbstbestimmung alleiniger Maßstab ist. Nicht eindeutig geklärt ist diese Frage in Bezug auf die Erhebung der Daten. Vereinzelt wird die Ansicht vertreten, dass der Eingriff an allen betroffenen Grundrechten zu messen sei, wenn eine gezielte Datenerhebung faktische Auswirkungen auf die Wahrnehmung auch anderer spezieller Freiheitsrechte hat. Denn das Recht auf informationelle Selbstbestimmung sei im Verhältnis zu den Einzelverbürgungen der Grundrechte kein Auffanggrundrecht, sondern ebenfalls Spezialgrundrecht[609]. Im Fall der neuen Befugnisse verkörpert jedoch das Recht auf informationelle Selbstbestimmung die verbindende Klammer[610] für alle Datenerhebungseingriffe, denn sämtliche entsprechenden Maßnahmen erfolgen zum Zweck der Identitätsfeststellung.

---

[605] Nicht Prüfungsgegenstand sind Maßnahmen zur Durchsuchung von Personen und Sachen aufgrund eigenständiger Standardmaßnahmen, die nicht der Identitätsfeststellung, sondern der vorbeugenden Kriminalitätsbekämpfung im Rahmen der „Schleierfahndung" dienen. Bei Durchsuchungen zur Identitätsfeststellung geht das Grundrecht auf informationelle Selbstbestimmung den im übrigen betroffenen Grundrechten aus Art. 2 Abs. 1 GG - Durchsuchung von Personen - bzw. Art. 14 Abs. 1 S. 1 GG - Durchsuchung von Sachen - als die speziellere Regelung vor. Vgl. Weingart, BayVBl. 2001, S. 69 f.

[606] Vgl. nur Lisken, DRiZ 2000, S. 272 f.

[607] Diesen Begriff verwendet Lisken, NVwZ 1998, S. 22, 25, der das Recht auf Bewegungsfreiheit jedoch aus Art. 2 Abs. 1 GG ableitet. In diesem Falle tritt es als subsidiär gegenüber Art. 2 Abs. 2 S. 2 zurück, vgl. dazu Jarass in Jarass/Pieroth, GG, 6. Aufl., Art. 2, Rn. 2.

[608] Weingart, BayVBl. 2001, S. 69 f.

[609] Weingart, BayVBl. 2001, S. 69 f.; Waechter, Polizeirecht, Rn. 515 mit Streitstandsnachweisen.

[610] MVVerfG, LKV 2000, S. 149, 151.

Gelegentlich wird in den neuen Befugnissen außerdem ein Angriff auf die von Art. 1 Abs. 1 GG geschützte Menschenwürde gesehen[611]. Art. 1 Abs. 1 GG ist jedoch kein eigenständiger Prüfungsmaßstab[612]. Es ist schon zweifelhaft, ob Art. 1 Abs. 1 GG ein eigenständiges Grundrecht enthält[613]. Praktisch ist diese Frage jedoch wenig bedeutsam, denn die Gewährung der Menschenwürde steuert die Reichweite der nachfolgenden Grundrechte mit der Folge, dass ein Betroffener jeden Verstoß gegen Art. 1 Abs. 1 GG geltend machen kann, auch wenn Art. 1 Abs. 1 GG selbst kein Grundrecht enthält[614]. Indem die nachfolgenden Grundrechte im Lichte des Art. 1 Abs. 1 S. 1 GG ausgelegt werden, wird dessen Gewährleistung konkretisiert. Daher sind, selbst wenn man in Art. 1 Abs. 1 GG ein eigenständiges Grundrecht sieht, die nachfolgenden Grundrechte als konkretere Normen zuerst zu prüfen. Zwar steht der besondere Rang des Art. 1 Abs. 1 GG einem echten Spezialitätsverhältnis entgegen. Wird aber bei der Auslegung der nachfolgenden Grundrechte die Gewährleistung der Menschenwürde ausreichend berücksichtigt, erübrigt sich regelmäßig ein Rückgriff auf Art. 1 Abs. 1 GG, der im wesentlichen wie eine Schranken-Schranke wirkt[615]. Eine eigenständige Prüfung des Art. 1 Abs. 1 GG scheidet damit hier aus, da das Recht auf informationelle Selbstbestimmung eine Ausprägung des allgemeinen Persönlichkeitsrechtes des Art. 2 Abs. 1 i.V.m. Art. 1 Abs. 1 GG ist[616]. Auch der Schutzbereich des Art. 11 GG, der das Recht auf Freizügigkeit schützt, ist nicht eröffnet, da die Kontrollen aufgrund der neuen Befugnisse zwar möglicherweise zu einer Verlängerung von Reisezeiten führt, jedoch die Erreichung des Reiseziels im Regelfall nicht unmöglich macht[617].

2. Eingriff

Bis heute ist streitig, ob *verdeckte* Informationserhebungsmaßnahmen im Vorfeld der Gefahr klassische Grundrechtseingriffe, d.h. insbesondere Rechtsakte

---

[611] So Lisken, NVwZ 1998, S. 22, 24, der dies auch als Angriff auf das Recht auf Achtung der „psychischen Integrität" versteht.; vgl. zum Menschenbild des Grundgesetzes BVerfGE 27, S. 1, 6 f.

[612] So zutreffend Weingart, BayVBl. 2001, S. 69, 70, dort Fn. 112.

[613] Vgl. Jarass in Jarass/Pieroth, GG, 6. Aufl., Art. 1, Rn. 3; Das Bundesverfassungsgericht (E 61, 126, 137) hat diese Frage offengelassen.

[614] Jarass in Jarass/Pieroth, GG, 6. Aufl., Art. 1, Rn. 3.

[615] Jarass in Jarass/Pieroth, GG, 6. Aufl., Art. 1, Rn. 4. Wo allerdings ein Grundrecht einen Menschenwürdegehalt hat, dürfte er praktisch mit dem Wesensgehalt dieses Grundrechts übereinstimmen: so Pieroth/Schlink, Staatsrecht II, 17. Aufl., S. 80, Rn. 306.

[616] Jarass in Jarass/Pieroth, GG, 6. Aufl., Art. 1, Rn. 2; vgl. auch zur Abgrenzung von Menschenwürde und allgemeinem Persönlichkeitsrecht jüngst Zacharias, NJW 2001, S. 2950 ff.

[617] So im Ergebnis auch Waechter, DÖV 1999, S. 138, 141.

mit rechtlicher und nicht bloß faktischer Wirkung sind[618]. Die hier untersuchten *offenen* Informationserhebungsmaßnahmen hingegen entfalten als vollstreckbare Verwaltungsakte im Sinne des § 35 VwVfG unstreitig rechtliche Wirkung und erfüllen auch im übrigen unproblematisch die Voraussetzungen eines klassischen Grundrechtseingriffes. Mittels der neuen Befugnisse kann die Polizei den Einzelnen zur Preisgabe seiner persönlichen Daten zwingen und diese weiterverwenden, ohne dass der Betroffene - auch nur grundsätzlich - über die Preisgabe der Daten bestimmen könnte. Für den Eingriffscharakter ist es unerheblich, welcher Lebensbereich von einer Datenerhebung berührt wird, denn es gibt keine äußere Sphäre, in der kein Grundrechtsschutz existiert. Anerkannt ist vielmehr heute, dass jede Erhebung personenbezogener Daten ein Eingriff in die grundrechtlich geschützte Verfügungsbefugnis über die eigenen Daten ist[619]. Der Sensibilität der Daten für die Persönlichkeit des Betroffenen muss erst im Rahmen der Verhältnismäßigkeitsprüfung Rechnung getragen werden[620].

3. Verfassungsrechtliche Rechtfertigung

Dem Gesetzgeber obliegt es, das Polizeirecht und seine Befugnisse neuen Gefahrenlagen anzupassen[621]. Die allgemeine Handlungsfreiheit sowie das Recht auf informationelle Selbstbestimmung können zur Erfüllung dieser Pflicht im überwiegenden Allgemeininteresse beschränkt werden. Der Gesetzgeber ist dabei gleichwohl an die Wertentscheidung des Grundgesetzes gebunden, nach der „die Freiheit systematisch vorgegeben“[622] ist. Sein gesetzgeberischer Spielraum ist daher zwar weit, aber nicht unbegrenzt[623]. Anderenfalls liefen Art. 1 und 2 GG gegenüber dem Gesetzgeber leer[624]. Die hier untersuchten Eingriffe in das Recht auf informationelle Selbstbestimmung unterliegen wegen ihrer die Wesensgehaltssperre des Art. 19 Abs. 2 GG bereits berührenden Ereignis- und Verdachtsunabhängigkeit noch verstärkten Rechtfertigungsanforderungen[625].

Für Eingriffe in das Grundrecht auf informationelle Selbstbestimmung hat das Bundesverfassungsgericht im Volkszählungsurteil Maßstäbe aufgestellt, an denen sich auch die neuen Befugnisse messen lassen müssen[626]. Einschränkungen des Rechts auf informationelle Selbstbestimmung sind seitdem nur aufgrund ei-

---

618 Siehe zu dieser Problematik und zu den Voraussetzungen eines klassischen Grundrechtseingriffes Neumann, Diss., S. 120 ff.
619 BVerfGE 65, S. 1 ff., 45.
620 Waechter, Polizeirecht, Rn. 516.
621 SächsVerfGH, JZ 1996, S. 957, 959.
622 Murwick in Sachs, GG, 2. Aufl., Art. 2, Rn. 12.
623 BVerfGE 26, S. 302, 310; BVerfGE 65, S. 104, 113; BVerfGE 65, S. 325, 354.
624 Murwick in Sachs, GG, 2. Aufl., Art. 2, Rn. 101.
625 Seebode, Gutachten, S. 11, 13 m.w.Nw.
626 Stephan, DVBl. 1998, S. 81 f.

ner „speziellen gesetzlichen Grundlage“ zulässig. Dieses Gesetz muss im überwiegenden Interesse der Allgemeinheit erforderlich sein, dem Gebot der Normenklarheit entsprechen und den Grundsatz der Verhältnismäßigkeit beachten[627]. Vereinzelt werden erhöhte Anforderungen an die Verhältnismäßigkeit solcher Gesetze gestellt. Je nach Intensität des Eingriffs käme es über die Verhältnismäßigkeit hinaus auf die Erforderlichkeit „zur Überlebenssicherung“ an, denn das „Verrechtlichungsgebot“ des Art. 20 GG ermächtige den Gesetzgeber ebenso wenig wie ein grundrechtlicher Gesetzesvorbehalt zur Schaffung neuer Eingriffsbefugnisse nach politischem Ermessen. Daher sei nicht jede nützliche Ermittlungsmethode und -befugnis verfassungsrechtlich zulässig[628]. Der auf prinzipielle Offenheit aller staatlichen Tätigkeit angelegte demokratische Rechtsstaat erlaube zur Abwehr konkreter Gefahren und zur Strafverfolgung durch die Polizei weder staatliche Kriminalität noch geheimdienstliche Methoden, die der gerichtlichen Kontrolle entzogen sind. Das Rechtsstaatsgebot des Grundgesetzes nehme vielmehr den Verlust an Verwaltungseffektivität vielerorts in Kauf, um die Freiheit des Einzelnen vor den Gefahren, die nach aller Erfahrung von einer nicht hinreichend begrenzten Staatsmacht ausgehen, zu bewahren[629].

a. Hinreichende Bestimmtheit

Nicht erst seit dem Volkszählungsurteil des Bundesverfassungsgerichts, sondern bereits aufgrund der Art. 20 Abs. 3, Art. 28 Abs. 1 S. 1 GG und einer Reihe von Einzelbestimmungen des Grundgesetzes muss eine grundrechtseinschränkende einfachgesetzliche Norm das Rechtsstaatsprinzip beachten. Der Verstoß gegen das aus dem Rechtsstaatsprinzip abgeleitete verfassungsrechtliche Bestimmtheitsgebot stellt einen Hauptkritikpunkt an den neuen Befugnissen zu verdachts- und anlassunabhängigen Polizeikontrollen dar[630]. Oftmals lässt die entsprechende Kritik jedoch bei der Abbildung ihres Prüfungsmaßstabes die gebotene Sorgfalt vermissen. Die Erfassung der konkreten Anforderungen des Bestimmtheitsgrundsatzes ist erste Voraussetzung für eine sachgerechte Beurteilung der neuen Befugnisse.

---

[627] BVerfGE 65, S. 1 ff.

[628] Lisken, DRiZ 1987, S. 184, 187 m.w.Nw.: Was Lisken unter „Überlebenssicherung“ versteht, wird nicht erläutert.

[629] Lisken, DRiZ 1987, S. 184, 187 nennt hier beispielhaft die Prinzipien der Gewaltenteilung, Selbstverwaltung und Gesetzesgebundenheit.

[630] Der Streit über die Frage der hinreichenden Bestimmtheit hat sich in der Literatur im Wesentlichen an den Begriffen „andere Straßen von erheblicher Bedeutung für den grenzüberschreitenden Verkehr“ und „Bekämpfung der grenzüberschreitenden Kriminalität“ entzündet.

aa. Anforderungen des Bestimmtheitsgrundsatzes

Die generelle Funktion des Bestimmtheitsgrundsatzes wird überwiegend darin gesehen, dass die Rechtsunterworfenen bereits aus der gesetzlichen Regelung mit größtmöglicher Genauigkeit voraussehen sollen können, wann und in welchem Umfang sie mit staatlichen Eingriffen zu rechnen haben[631]. Dem Bestimmtheitsgrundsatz ist jedoch keineswegs die generelle Regel eines „so bestimmt wie irgend möglich" zu entnehmen und dem Gesetzgeber insbesondere die Verwendung unbestimmter Rechtsbegriffe durch den Bestimmtheitsgrundsatz nicht untersagt[632]. Entgegen einem verbreitetem Verständnis enthält der Bestimmtheitsgrundsatz nämlich kein Prinzip maximaler gesetzlicher Regelungspräzision. Die Verwendung unbestimmter Rechtsbegriffe wäre auch unvermeidlich, weil anders die vielfältigen Formen gefahrenträchtiger oder sozialschädlicher Handlungen nicht erfasst werden könnten. Auf Grund des Bestimmtheitsgebotes sind Rechtsvorschriften allein so genau zu fassen, wie dies nach der Eigenart der zu ordnenden Lebenssachverhalte mit Rücksicht auf den Normzweck möglich ist[633]. Der Bestimmtheitsgrundsatz verpflichtet den Gesetzgeber vielmehr in erster Linie dazu, die wichtigen Entscheidungen selbst zu treffen und diese nicht den Anwendungsinstanzen frei zu überlassen[634]. Dabei ist mit den Grundrechten zugleich ein Anspruch auf effektiven Rechtsschutz verbunden[635]. Die Ausgangsfrage für die Prüfung der neuen Eingriffsbefugnisse ist deshalb nicht, ob sich in ihren Eingriffsvoraussetzungen mehr begriffliche Präzision erreichen ließe, sondern, ob der Gesetzgeber die wesentlichen Regelungen selbst getroffen hat.

Was diese wesentlichen Regelungen sind, lässt sich allerdings nicht dem allgemeinen Bestimmtheitsgrundsatz entnehmen, sondern ergibt sich aus dem parallel dazu entwickelten, zum Parlamentsvorbehalt gesteigerten, allgemeinen Rechtssatzvorbehalt. Denn für den Bereich grundrechtswesentlicher Eingriffsnormen dient der Parlamentsvorbehalt als Ersatz für ein zu unspezifisches aus

---

[631] Kritisch dazu Neumann, Diss., S. 146 f. m.w.Nw., der Funktion und Wirkungen des Bestimmtheitsgrundsatzes im Vorfeld der Gefahr untersucht; Auf die Voraussehbarkeit in diesem Sinne stellt sowohl Lisken, NVwZ 1998, S. 22, 24 als auch Weingart, BayVBl. 2001, S. 69, 71 ab.

[632] Neumann, Diss., S. 146 m.w.Nw.; In Bezug auf die hier untersuchten Befugnisse erkennen dies auch von Filseck, Die Polizei 1997, S. 70, 72; Müller-Terpitz, DÖV 1999, S. 329, 336; Beinhofer, BayVBl. 1995, S. 193, 197.

[633] BVerfGE 49, S. 169, 181; ebenso Walter, Die Polizei 1999, S. 33, 37, der auf das Spannungsfeld zwischen Generalklausel und enumerativer Aufzählung als „Crux des Polizeirechts" hinweist.

[634] Jarass in Jarass/Pieroth, GG, 6. Aufl., Art. 20, Rn. 54 m.w.Nw. zur Rechtsprechung des BVerfG.

[635] Jarass in Jarass/Pieroth, GG, 6. Aufl., Art. 20, Rn. 93 m.w.Nw.

dem Rechtsstaatsprinzip abgeleitetes Bestimmtheitsgebot[636]. Danach kommt der Gesetzgeber bei der Schaffung grundrechtsgefährdender Eingriffstatbestände seinen wesentlichen Regelungsaufgaben in materieller Hinsicht nur dann nach, wenn im Gesetz ausreichende Abstufungen nach Umfang und Intensität von Grundrechtseingriffen vorgenommen werden. Zum anderen gehören ausreichende Bestimmungen zur Organisation und zum Verfahren zu den wesentlichen Elementen einer gesetzlichen Regelung, wenn anders ein effektiver Grundrechtsschutz nicht oder nicht ausreichend gewährleistet werden kann[637]. Für die konkrete Ausgestaltung dieser materiellen sowie formellen Regelungsaufgaben besitzt der Gesetzgeber zwar rechtspolitischen Regelungsspielraum[638]. Die Anforderungen an die Regelungsaufgaben lassen sich gleichwohl weiter konkretisieren.

aaa. Materielle Regelungsaufgaben

Im Rahmen seiner materiellen Regelungsaufgaben muss der Gesetzgeber in der gesetzlichen Regelung nach den unterscheidungsfähigen Intensitäten der Grundrechtsgefährdung durch die Informationserhebungen differenzieren. Er muss die wesentlichen Verhältnismäßigkeitsabwägungen bereits in der gesetzlichen Regelung niederlegen. Aus dieser selbst muss sich erkennen lassen, dass überhaupt eine Abwägung und verhältnismäßige Zuordnung zwischen den staatlichen Vorsorgeinteressen einerseits und den betroffenen Grundrechten andererseits stattgefunden hat[639]. Entscheidend für die Kontrollfähigkeit einer Vorsorgenorm ist, ob diese dem prinzipiell „leeren“ Schema des Verhältnismäßigkeitsgrundsatzes eine genügende Zahl von Abwägungsgesichtspunkten liefert, die selbst eine ausreichend kompakte Gestalt besitzen[640]. An dieser Stelle laufen Verhältnismäßigkeit und hinreichende Bestimmtheit der Befugnis in einem Punkt zusammen, denn der Verhältnismäßigkeitsgrundsatz wirkt in seiner Anwendung auf der E-

[636] Jarass in Jarass/Pieroth, GG, 6. Aufl., Art. 20, Rn. 44 f., 54, wonach die Anforderungen des allgemeinen Bestimmtheitsgrundsatzes und des Gesetzesvorbehaltes an die Bestimmtheit häufig schwer zu trennen sind und deshalb meist zusammen angewandt werden. Bei grundrechtsbeschränkenden Gesetzen dürfte jedoch der Vorbehalt des Gesetzes im Vordergrund stehen.
[637] Neumann, Diss., S. 157.
[638] Neumann, Diss., S. 161.
[639] Auch das MVVerfG, LKV 2000, S. 149, 155 leitet Regelungsanforderungen aus dem Gebot der Verhältnismäßigkeit ab: Seiner Verantwortung dürfe sich der Gesetzgeber nicht dadurch entziehen, dass er, statt Eingrenzungen selbst zu treffen, rechtlich gebotene Einschränkungen der Exekutive auf der Rechtsfolgenseite - durch Anwendung der § 14 und 15 SOG MV - oder den Gerichten überlässt.
[640] Neumann, Diss, S. 134.

bene des Gesetzes als ein zwar immer noch vages, aber doch erkennbares Begrenzungsprinzip[641].

Die vom Gesetzgeber aufgrund des Bestimmtheitsgebotes vorzunehmenden ausreichenden Verhältnismäßigkeitsabwägungen auf der Ebene des Gesetzes betreffen verschiedene Regelungsbereiche[642]. In allen diesen Bereichen kann die Verfassungsmäßigkeit der Regelung wegen mangelnder Bestimmtheit nur dann beanstandet werden, wenn die wesentlichen Abwägungen im Gesetz überhaupt keinen Ausdruck gefunden haben[643].

(1) Tatbestand

Der Gesetzgeber muss zunächst einen Tatbestand mit möglichst hoher Regelungsdichte schaffen, d.h. die Voraussetzungen auf der Tatbestandsseite selbst festlegen. Dieser Anspruch verkennt nicht, dass die Funktion des verfassungsrechtlichen Bestimmtheitsgebotes im Sachbereich der vorbeugenden Bekämpfung von Kriminalität weitgehend nicht zu erfüllen ist, weil nämlich die Voraussehbarkeit des Eingriffs für den Betroffenen der sachgerechten Wahrnehmung dieser Aufgabe geradezu zuwiderlaufen kann. Vielmehr ist es *gerade deshalb* notwendig, dass der Gesetzgeber selbst regelt, was geregelt werden kann, ohne dass die sachgerechte Wahrnehmung der Befugnis in Frage gestellt wird[644]. Dabei kann einer inhaltlichen Unbestimmtheit insbesondere dadurch begegnet werden, dass Tatbestandsmerkmale, die ausfüllungsbedürftig und konkretisierungsfähig sind, soweit wie möglich definiert werden[645].

(2) Zweckbestimmung

Die staatsbegrenzenden Effekte des Verhältnismäßigkeitsprinzips können überdies nur erreicht werden, wenn der Zweck der Regelung und die zur Zweckerreichung zugelassenen Mittel hinreichend präzise beschrieben werden. Je stärker die Zwecke spezifiziert sind, desto deutlicher fällt die Beziehung zu den Mitteln aus - und umgekehrt. Ist der Zweck einer Eingriffsermächtigung eng und präzise beschrieben, kann unter den Gesichtspunkten der Eignung, Erforderlichkeit und Zumutbarkeit vergleichsweise sicher über die Rechtmäßigkeit eines Grundrechtseingriffs geurteilt werden. Ist der Zweck hingegen umfassend formuliert oder hochrangig angesetzt, verlieren diese Beurteilungsmaßstäbe an Begren-

---

641 So deutlich hat dies - soweit ersichtlich - nur Neumann, Diss., S. 171 ausgesprochen.
642 Neumann, Diss., S. 172 f.
643 Neumann, Diss., S. 179.
644 MVVerfG, LKV 2000, S. 149, 155.
645 Neumann, Diss., S. 173.

zungskraft oder laufen völlig leer[646]. Der Gesetzgeber selbst hat deshalb die Art und damit den Umfang der Straftaten, zu deren Bekämpfung die Informationserhebung vorbeugend zulässig sein soll, hinreichend deutlich zu machen. In der gesetzlichen Regelung muss festgelegt sein, zur Bekämpfung welcher Straftatbestände die kriminalpräventive Informationserhebung erlaubt sein soll. Eine Abwägung auf dieser Regelungsebene findet nicht statt, wenn die Informationserhebung unterschiedslos für alle Straftaten erlaubt ist.

(3) Rechtsfolgen

In Bezug auf die Rechtsfolgen des Gesetzes sind differenzierte Regelungen für die unterschiedlichen Eingriffsintensitäten zu treffen. Der Umfang der Informationserhebung ist nach den erkennbaren Unterschieden in der Intensität der möglichen Grundrechtseingriffe abzustufen. Die gesetzgeberischen Abwägungen müssen dabei umso deutlicher ausfallen, je schwerer die Grundrechtsbeeinträchtigung wiegt[647]. Auch wenn sich aufgrund solcher Erwägungen eine hinreichend präzise Skala von Intensitäten nicht ermitteln lässt, liefert dieser Grundsatz zumindest einen ausreichenden Hintergrund für generelle Unterscheidungen[648]. Differenzierungen darüber hinaus können vom Gesetzgeber nicht erwartet oder verlangt werden, diese grundlegenden Unterscheidungen aber müssen getroffen werden. Dieser Pflicht wird nur dann Genüge getan, wenn die spezifischen Gefährdungen durch spezifische Handlungen erkennbar mit der staatlichen Aufgabenstellung abgewogen werden. Im Ergebnis müssen die unterschiedlichen Gefährdungslagen differenziert und die Eingriffsbefugnisse entsprechend begrenzt werden[649]. Der Tatbestand des Gesetzes muss mithin besonders differenziert ausfallen, soweit die Norm Eingriffe mit unterschiedlicher Intensität zulässt.

(4) Datenschutzregelungen

Im Hinblick auf verdeckte Informationserhebungsbefugnisse wurde vom Gesetzgeber stets verlangt, den Umfang der erhobenen Daten zu konkretisieren[650]. Diese Kritik findet auf die neuen Befugnisse keine Anwendung. Zum einen lässt sich der Umfang der zu erhebenden Daten mittels Auslegung der Norm ermitteln. Zum anderen ist dem Betroffenen bei der offenen Erhebung auch der Umfang der konkret preisgegebenen Daten bekannt. Verlangt werden jedoch „bereichsspezifische Regelungen“ für die Verarbeitung und Nutzung der erhobenen

---

[646] Neumann, Diss., S. 95.
[647] Neumann, Diss., S. 175.
[648] So einschränkend Neumann, Diss., S. 176.
[649] Neumann, Diss., S. 176.
[650] Neumann, Diss., S. 173.

Daten, die den Besonderheiten des Bereichs der „vorbeugenden Bekämpfung der grenzüberschreitenden Kriminalität" Rechnung tragen[651]. Eine entsprechende Forderung kann sich verfassungsrechtlich jedoch nicht aus dem Bestimmtheits-, sondern nur aus dem Verhältnismäßigkeitsgrundsatz herleiten. Da zumindest die allgemeinen Regelungen der Landespolizeigesetze zur Datenübermittelung und Datennutzung auch auf die neuen Befugnisse Anwendung finden, ist das Mindestmaß an gesetzgeberischer Abwägung in Bezug auf den Datenschutz gewahrt.

bbb. Organisation und Verfahren

Die auf der Ebene von Einzelfällen verminderte Kontrollwirkung des Verhältnismäßigkeitsgrundsatzes soll durch seine Anwendung auf der Gesetzesebene kompensiert werden. Im Fall von Vorfeldbefugnissen besteht aber das Grundsatzproblem, dass in Anbetracht schwacher Eingriffsvoraussetzungen materielle Eingriffsgrenzen nur in geringem Umfang gefunden werden können[652]. Für den Bereich der Vorfeldarbeit der Gefahrenabwehrbehörden sind finale Normstrukturierungen - in Abkehr vom klassischen Gefahrenabwehrrecht mit seiner konkreten Gefahr als Eingriffsschwelle - zunehmend typisch[653]. Die Natur von Vorfeldbefugnissen erschwert eine Anknüpfung an konkrete Lebenssachverhalte. Deshalb ist die Regelungsdichte ereignisloser Kontrollbefugnisse zwangsläufig niedriger als bei ereignisabhängigen Kontrollen[654]. Vorsorgebefugnisse sind zwar nach bisherigem Verständnis als unbestimmte Rechtsbegriffe ohne Beurteilungsspielraum konzipiert und ausgewiesen. Sie funktionieren jedoch ähnlich wie unbestimmte Rechtsbegriffe mit Beurteilungsspielraum. Wie bei diesen ist hier „das Entscheidungsprogramm offen formuliert, die Anwendungsinstanz nur schwach gebunden und die gerichtliche Kontrolle materiell überfordert"[655].

Selbst, wenn die wesentlichen Verhältnismäßigkeitsentscheidungen auf der Ebene des Gesetzes getroffen werden, verbleibt ein weiter Bereich von Entscheidungsmöglichkeiten für grundrechtsgefährdende Informationserhebungen der Polizei. Auch dann, wenn die notwendigen Verhältnismäßigkeitsabwägungen gesetzlich fixiert sind, werden dadurch die typischen Kontrollschwächen von Vorsorgenormen nicht beseitigt. Mit den wesentlichen materiellen Verhältnismäßigkeitsabwägungen im Gesetz werden die Verwaltungsentscheidungen zwar

---

651 MVVerfG, LKV 2000, S. 149, LS Nr. 8; so im Ergebnis wohl auch Mahlmann, LKV 2001, S. 102, 106; a.A. Weingart, BayVBl. 2001, S. 69, 73.
652 Neumann, Diss., S. 179.
653 Waechter, DÖV 1999, S. 138, 142.
654 Müller-Terpitz, DÖV 1999, S. 329, 336.
655 Neumann, Diss., S. 183.

konditioniert, aber keineswegs ausreichend kontrolliert. Da also materiellrechtliche Grenzen bei Vorfeldbefugnissen nur schwer zu ziehen sind bzw. nur in bestimmtem Umfang erwartet werden können und das Gebot der möglichsten Schonung der angetroffenen Nichtstörer leicht durchbrochen werden kann, ist eine zusätzliche verfahrensmäßige Sperre geboten[656].

Die ergänzenden Kontrollmöglichkeiten müssen sich aus Regelungen über die Organisation und das Verfahren der Entscheidung ergeben. Die Rechtsprechung des Bundesverfassungsgerichts zu den wesentlichen Regelungsaufgaben des Gesetzgebers bei Vorfeldbefugnissen orientiert sich deshalb insgesamt an dem Problem, wie unter den Bedingungen neuer Gefährdungslagen, insbesondere in den Fällen, in denen kontrollschwache Rechtsnormen verwendet werden, effektiver Grundrechtsschutz gleichwohl gewährleistet werden kann[657]. Wie in den vergleichbaren rechtlichen Vorsorgekonzepten ist diesem Problem nur durch höhere Anforderungen an die Regelungen zur Organisation und zum Verfahren der Entscheidung zu begegnen, die unzureichende materielle Grenzen von Eingriffsbefugnissen in dem ihnen möglichen Umfang ersetzen sollen[658]. Ohne komplementäre Regelungen zur Organisation und zum Verfahren der Maßnahmen, für die ein weiter gesetzgeberischer Regelungsspielraum besteht, werden die wesentlichen Regelungsaufgaben des Gesetzgebers nicht erfüllt[659]. Materielle Eingriffsgrenzen können gleichwohl auch durch den Umweg über das Verfahrensrecht nicht formuliert werden. Verfahrensregelungen können deshalb vollwertigen Ersatz für den Wegfall kontrollfähiger Substanz im materiellen Recht nicht bieten. Die Ersatzfunktion von Verfahrensrecht kann nur darin bestehen, „die materiell-rechtlich unvollkommen strukturierten Entscheidungen zeitlich und sachlich auseinander zu ziehen“[660]. Sachlich geschieht dies z.B. durch Differenzierung in der Ämterhierarchie, woraus sich zwangsläufig als Nebeneffekt eine zeitliche Differenzierung ergibt[661]. Das für den Grundrechtsschutz von Betroffenen wesentliche Interesse liegt dabei in der Beantwortung der Fragen, wer über die polizeiliche Tätigkeit entscheidet und in welchem Verfahren das geschieht.

[656] Dies forderte Hoffmann-Riem, JZ 1978, S. 335, 337 bereits in Bezug auf die sogenannten „Ortshaftungstatbestände“; ebenso in Bezug auf die neuen Befugnisse MVVerfG, LKV 2000, S. 149, 155 f.
[657] Neumann, Diss., S. 158.
[658] Neumann, Diss., S. 180.
[659] Neumann, Diss., S. 192 und 197, der auf S. 187 ff. verschiedenen Möglichkeiten der Verfahrensregelung nachgeht.
[660] Neumann, Diss., S. 184.
[661] Neumann, Diss., S. 184, der auf S. 184 ff. das verfahrensrechtliche Minimum hinterfragt.

bb. Bestimmtheit des Tatbestandes

Befugnisnormen des Polizeirechts sind gemeinhin dadurch gekennzeichnet, dass in ihnen tatbestandliche Voraussetzungen beschrieben werden, die erfüllt sein müssen, damit in ihrer Folge eingegriffen werden darf. Durch die Aufstellung solcher Voraussetzungen unterscheiden sich Befugnisnormen von Aufgabenzuweisungen, die anders als Befugnisse kein Eingriffshandeln der Polizei erlauben. Kritiker der neuen Befugnisse bemängeln, diese verfügten über keinen Tatbestand im herkömmlichen Sinn, weil sie nicht an einen dem Bürger bekannten Vorgang in der Gesellschaft anknüpften, sondern an ein bloßes Motiv der handelnden Behörde. Die neuen Ermächtigungen seien lediglich an einen „Scheintatbestand“[662] geknüpft, denn die Identität des Betroffenen könne an den in der Befugnis genannten Orten ohne weiteres festgestellt werden[663]. Die Befugnisse ermöglichten damit faktisch Jedermannkontrollen, die „tatbestandlich grenzenlos“[664] seien. Es handele sich um eine nahezu „schrankenlose Blanko-Ermächtigung“[665], um eine „tatbestandslose Norm“[666].

Mit der Zweckbestimmung, die der Befugnis ihre typische finale Struktur verleiht, sei ein Ausschnitt aus der finalen Aufgabenzuweisung zur vorbeugenden Bekämpfung von Straftaten in eine Befugnis umgesetzt worden[667]. Fraglich ist jedoch, ob - wie bei einer Aufgabenzuweisung - „das verfolgte Ziel für sich bereits die Legitimation für die Identitätsfeststellung“[668] gibt. Argumentiert wird, dass zwar das konkrete Ziel im Verhältnis zur Aufgabenzuweisung inhaltlich auf die unerlaubte Einreise, den unerlaubten Aufenthalt und sonstige grenzüberschreitende Kriminalität eingeschränkt worden sei, diese Einschränkung jedoch nichts an dem beschriebenen „Regelungsmechanismus“ ändere[669]. Darauf wird erwidert, die Befugnisse hätten mit Kontrollmotiv, Kontrollort, grenzpolizeilichem Lagebild sowie Art und Weise der Kontrolldurchführung, die gerichtlich überprüfbar seien, einen hinreichend bestimmten und justitiablen Inhalt[670]. Die Befugnisse seien damit an einen objektiven, der Nachprüfung zugänglichen Tatbestand geknüpft[671].

---

662 Roggan, NordÖR 2000, S. 99 f.; ebenso Kutscha, LKV 2000, S. 134 f.; Waechter, DÖV 1999, 138, 142.
663 Kutscha, cilip 59 (1/1998), S. 4; ders. Kutscha, LKV 2000, S. 134 f.; Roggan, NordÖR 2000, S. 99 f.; Waechter, DÖV 1999, 138, 142.
664 Roggan, Polizeistaat, S. 109 f., 125; ebenso Lisken, NVwZ 1998, S. 22; Herrnkind, Unbequem 3/2000, S. 4 spricht von „nur sehr geringe(n) tatbestandliche(n) Voraussetzungen“.
665 Stephan, DVBl. 1998, S. 81, 83.
666 Waechter, DÖV 1999, 138, 142; ebenso Möllers, NVwZ 2000, S. 382, 386.
667 MVVerfG, LKV 2000, S. 149, 152.
668 So die Ansicht des MVVerfG, LKV 2000, S. 149, 152.
669 MVVerfG, LKV 2000, S. 149, 152.
670 Müller-Terpitz, DÖV 1999, S. 329, 336.
671 Beinhofer, BayVBl. 1995, S. 193, 196 in Bezug auf Art. 13 Abs. 1 Nr. 5 Bay PAG.

aaa. Befugnisse zur Identitätsfeststellung

Kontrollen aufgrund der neuen Befugnisse zu verdachts- und anlassunabhängigen Identitätsfeststellungen sind im Regelfall nur im 30-km-Grenzgebiet, in öffentlichen Einrichtungen des internationalen Verkehrs und auf Durchgangsstraßen zulässig.

(1) Grenzgebiet und öffentliche Einrichtungen des internationalen Verkehrs

Die Begriffe „Grenzgebiet bis zu einer Tiefe von 30 Kilometern" und „Küstenmeer" sind hinreichend bestimmt[672]. Enthalten die Befugnisse auch keine Legaldefinitionen, so ist doch ein Vergleich mit dem örtlichen Bereich der früher zulässigen Grenzkontrollen möglich. Eine räumliche Eingrenzung ist daher für diese Kontrollbereiche anzunehmen. Problematischer erscheint diesbezüglich der Begriff der „öffentlichen Einrichtungen des internationalen Verkehrs". Dieser weist nach Ansicht des *MVVerfG* die rechtsstaatlich notwendige Bestimmtheit nur auf, wenn er eng verstanden wird[673]. Der Gesetzgeber habe offenbar nicht in den Blick genommen, dass dieser Begriff unterschiedlich verstanden werden kann und dass eine Entscheidung für die eine oder andere Interpretation weitreichende Folgen hat, denn je nach Verständnis sei der örtliche Bereich, in dem Identitätsfeststellungen verdachts- und anlassunabhängig vorgenommen werden können, eng oder weit[674]. Diese Vermutung bestätigt sich, da vereinzelt angenommen wird, dass die Befugnisse nur für jene „öffentlichen Einrichtungen des internationalen Verkehrs" gelten, die im Grenzgebiet bis zu 30 km liegen[675]. Jedoch spricht der Wortlaut eindeutig dafür, dass in „öffentlichen Einrichtungen" des gesamten Bundesgebietes kontrolliert werden darf, da die Begriffe „Grenzgebiet" und „öffentliche Einrichtungen" gleichrangig nebeneinander stehen. Nicht von Bedeutung ist es daher, wenn sich aus den Gesetzesmaterialen nichts über die diesem Begriff zugrundeliegenden Vorstellungen ergibt[676]. Der Einwand des MVVerfG ist dennoch ohne Belang, denn die hinreichende Bestimmtheit einer Norm bemisst sich nicht nach ihrer Weite, sondern nach ihrer Abgrenzbarkeit[677]. Die in den Polizeigesetzen normierten „öffentlichen Einrich-

---

[672] So auch das MVVerfG, LKV 2000, S. 149, 156.
[673] Vgl. MVVerfG, LKV 2000, S. 149, 156.
[674] MVVerfG, LKV 2000, S. 149, 156; a. A. Weingart, BayVBl. 2001, S. 69, 71, der sämtliche im Tatbestand des Art. 13 Abs. 1 Nr. 5 Bay PAG enthaltenen Rechtsbegriffe für hinreichend bestimmt hält und zwar auch unter dem Aspekt, das bei Eingriffen in das Recht auf informationelle Selbstbestimmung in besonderer Weise auf die Einhaltung des rechtsstaatlichen Bestimmtheitsgrundsatzes geachtet werden muss.
[675] So Seebode, Gutachten, S. 8 f.
[676] So jedoch das MVVerfG, LKV 2000, S. 149, 156.
[677] Möllers, NVwZ 2000, S. 382, 384.

tungen des internationalen Verkehrs“ sind in dieser Hinsicht zwar nicht eindeutig, aber mit den gängigen Auslegungsmethoden konkretisierbar[678]. Eine hinreichende Bestimmtheit des Tatbestandes ist daher für die Kontrollbereiche des „Grenzgebietes“ und der „öffentlichen Einrichtungen des internationalen Verkehrs“ anzunehmen.

(2) Durchgangsstraßen

Durchgreifende Zweifel ergeben sich allerdings für den Bereich der „anderen Straßen von erheblicher Bedeutung für die grenzüberschreitende Kriminalität“. Eine Legaldefinition, d.h. eine klar bestimmte Einschränkung ergibt sich für den Bereich der Durchgangsstraßen lediglich, soweit die Kontrollen auf Bundesautobahnen und Europastraßen zugelassen sind. Bundesautobahnen sind gesetzlich definiert in § 1 Abs. 3 i.V.m. Abs. 1 FStrG. Welche Straßen als Europastraßen zu klassifizieren sind, ergibt sich aus dem Europäischen Übereinkommen über die Hauptstraßen des internationalen Verkehrs (AGR)[679]. Diese örtliche Einschränkung der Befugnis wäre jedoch vollkommen aufgehoben, wenn der Begriff der „anderen Straßen mit erheblicher Bedeutung für den grenzüberschreitenden Verkehr“ wegen seiner Unbestimmtheit als eine Art Öffnungsklausel diente. In diesem Fall wären Kontrollen im gesamten Straßenbereich, d.h. jederorts im Inland zulässig.

(a) Unbestimmtheit „anderer Straßen von erheblicher Bedeutung“

Befürworter der Neuregelungen behaupten, auch mit dem Merkmal der „anderen Straßen mit erheblicher Bedeutung“ seien die Befugnisse zur Identitätsfeststellung „an einen objektiven, der Nachprüfung zugänglichen Tatbestand geknüpft“[680]. Schließlich werde „nicht auf das allenfalls vage einzuschätzende mutmaßliche Verhalten einzelner Tätergruppen, sondern auf die objektive Verkehrsbedeutung einer Straße abgestellt, für die der Gesetzgeber selbst die der menschlichen Erfahrung entsprechende Vermutung aufstellt, dass sie aufgrund ihrer Verkehrsbedeutung für den grenzüberschreitenden Verkehr auch für die grenzüberschreitende Kriminalität eine Bündelungsfunktion ausübt“[681]. Die Anwendung der Norm stelle den Polizeibeamten damit grundsätzlich vor keine andere Fragestellung als die Anwendung anderer polizeirechtlicher Befugnis-

678 Möllers, NVwZ 2000, S. 382, 384 f., der davon auch für die Durchgangsstraßen ausgeht.
679 Das Übereinkommen fußt auf der Genfer Erklärung vom 16. September 1950. Die das Straßennetz ausweisende, der Genfer Erklärung beigegebene Anlage ist zwischenzeitlich wiederholt überarbeitet worden (vgl. zuletzt BGBl. II, S. 379).
680 Beinhofer, BayVBl. 1995, S. 193, 196.
681 Beinhofer, BayVBl. 1995, S. 193, 196.

normen. Der Wandel der tatsächlichen Gegebenheiten sei bei der entsprechenden polizeilichen Prognose nach Maßgabe des jeweiligen polizeilichen Lagebildes zu berücksichtigen[682]. Die grenzüberschreitende Bedeutung der „anderen Straßen" sei „angesichts entsprechender Hinweisschilder auf Fernziele, Umleitungshinweise beziehungsweise in Anbetracht gehäufter ortsfremder KfZ-Kennzeichen" auch für jeden Verkehrsteilnehmer „augenfällig und ausreichend objektiv einschätzbar"[683].

Dies ist schon auf der tatsächlichen Ebene unzutreffend. Auf der Grundlage solcher Hinweisschilder kann der Verkehrsteilnehmer die entsprechende Bedeutung der Straße allenfalls vermuten, keinesfalls jedoch mit Sicherheit bestimmen. Der Gesetzgeber wollte kleinere und im Hinblick auf ihre Lage und allgemeine Verkehrsbedeutung nicht exponierte Straßen gerade nicht von vornherein aus der Befugnis ausnehmen. Rechtlich ist festzustellen, dass im Grundfall des Modells der Identitätsfeststellung eine gesetzliche Bindung an polizeiliche Lageerkenntnisse über die Kriminalitätsbedeutung der Straße nicht vorgesehen ist. Die subjektive Einschätzung des einzelnen Polizeibeamten unterliegt damit keinerlei objektiver Kontrolle, wie dies im sonstigen Gefahrenabwehrrecht - auch bei Prognoseentscheidungen - der Fall ist. Von einer „objektiven Verkehrsbedeutung" kann man folglich kaum sprechen. Zutreffend ist vielmehr, dass der Kontrollbereich der Durchgangsstraßen beliebig ausgeweitet werden kann, da kaum irgendeine Straße gerade von der grenzüberschreitenden Kriminalität gemieden wird. Es kann damit auf nahezu jeder Straße die Identität festgestellt werden, sofern der tätige Polizeibeamte einen der gesetzlich vorgesehen Zwecke annimmt oder auch nur vorgibt anzunehmen. Die vom Gesetzgeber vorgesehenen Einschränkungen der Kontrollen auf bestimmte Örtlichkeiten laufen deshalb in der Polizeipraxis leer[684]. Unter Zugrundelegung der praktischen Gegebenheiten stellt die vom Gesetzgeber angedachte räumliche Eingrenzung keine geeignete Begrenzung der Kontrollbefugnis dar, da diese durch die Subjektivität der Entscheidung über die Bedeutung der Durchgangsstraßen für die grenzüberschreitende Kriminalität ausgehebelt wird[685].

(b) Rechtfertigung durch Effektivität

Diese Unbestimmtheit soll jedoch gerechtfertigt sein. Der Gesetzgeber habe bewusst auf eine genaue Bezeichnung der Straßenkategorien verzichtet, um den

[682] Beinhofer, BayVBl. 1995, S. 193, 196; ebenso Walter, Die Polizei 1999, S. 33, 37, der argumentiert, die Klassifizierung der Straße lasse sich jederzeit durch grenzpolizeiliche Lagebilder und die tatsächliche Verkehrsbedeutung objektiv nachweisen.
[683] Weingart, BayVBl. 2001, S. 69, 71.
[684] So auch Roggan, Polizeistaat, S. 108.
[685] So auch Kutscha, KJ 1998, 402 f.; Lisken, NVwZ 1998, S. 22 f.

Tatbestand offen zu halten[686]. Er habe den wandelbaren tatsächlichen Verhältnissen der grenzüberschreitenden Kriminalität durch die Verwendung unbestimmter Rechtsbegriffe Rechnung tragen müssen, da anderenfalls die Gefahr bestünde, dass sich Störer an solche Verkehrswege hielten, die nicht unter die gesetzliche Definition fielen. Die mit einer konkreten Straßenbezeichnung verbundene Stigmatisierung der jeweiligen Verkehrsverbindung würde dazu führen, dass gerade diese nicht bzw. nicht mehr für grenzüberschreitende Kriminalität genutzt werde[687]. Die objektive Verkehrsbedeutung einer Straße sei - nicht zuletzt auch aufgrund dieser Gefahr - kaum als dauerhaft gültiges Kriterium für die Einschätzung ihrer Bedeutung für den grenzüberschreitenden Verkehr geeignet[688], da Schleuserbanden und andere mit der Norm verfolgte potentielle Täter ständig die Routen wechselten[689]. Die Unbestimmtheit des Begriffs der „anderen Straßen“ werde dem Ziel der vorbeugenden Bekämpfung grenzüberschreitender Kriminalität daher in besonderem Maße gerecht. Höhere Anforderungen an die Bestimmtheit, zum Beispiel in Form einer differenzierten Klassifizierung, ermöglichten keine vergleichbare flexible Reaktion auf die Verlagerung von Verkehrsströmen[690]. Lagebilder der Polizei seien für die Kontrollen zwar regelmäßig hilfreich, jedoch sei zu bedenken, dass sie den aktuellen Verhältnissen nachhinkten und als bindende innerdienstliche Weisungen einer effektiven Polizeiarbeit im Einzelnen sogar hinderlich sein könnten, da damit die erfahrenen Schleierfahndungsbeamten in ein starres Einschreitkonzept gezwungen würden[691]. Es sei darüber hinaus zu berücksichtigen, dass die Unvorhersehbarkeit gewollt ist, um Abschreckung und Verunsicherung zu erreichen. Da Abschreckung und Verunsicherung unter vielerlei Umständen zulässiges Mittel der polizeilichen Aufgabenerfüllung seien[692], müsse die Unvorhersehbarkeit des Eingriffs, die notwendiger Umstand einer solchen Abschreckung sei, hingenommen werden. Die Bedenken hinsichtlich der mangelnden Bestimmtheit einer Norm könnten deshalb „nicht in jedem Fall“ durchschlagen[693].

Dieses praktisch einleuchtende Argument der Effektivität ist jedoch verfassungsrechtlich ohne Belang[694]. Die Weite der polizeilichen Eingriffsbefugnisse kann nicht von der Einschätzung des Mobilitätsverhaltens von Störern bzw.

---

[686] Vgl. Spörl, Die Polizei 1997, S. 217 f.; Beinhofer, BayVBl. 1995, 193, 196; Walter, Die Polizei 1999, S. 33, 37; unter Bezug auf diese polizeipraktischen Stellungnahmen ebenso Möllers, NVwZ 2000, S. 382, 384; vgl. auch VollzBek. zu Art. 13 Bay PAG, Nr. 13.7.

[687] So das MVVerfG, LKV 2000, S. 149, 156.

[688] Beinhofer, BayVBl. 1995, S. 193, 196 f. hält dies gar für ein objektiv nachprüfbares Kriterium.

[689] Rommelfanger/Rimmele, Polizeigesetz, § 19, Rn. 20.

[690] Walter, Die Polizei 1999, S. 33, 37.

[691] Weingart, BayVBl. 2001, S. 69, 75; ebenso Rachor in HdBPolR, Teil F, Rn. 384.

[692] Dazu ausführlich Waechter, DÖV 1999, S. 138, 144 f.

[693] So im Ergebnis Waechter, DÖV 1999, S. 138, 144.

[694] So zutreffend Möllers, NVwZ 2000, S. 382, 384.

Straftätern durch die Polizei abhängig gemacht werden. Entweder das Gesetz sieht eine Einschätzungsmöglichkeit der Polizei vor, wie es beim klassischen Gefahrerfordernis der Fall ist. Oder aber es legt eindeutig und abschließend solche Orte fest, an denen auch ohne Gefahrerfordernis kontrolliert werden darf. Ausgeschlossen jedoch ist es, dass das Gesetz bestimmte Kontrollmöglichkeiten definiert, deren Auslegung dann aber von der Polizei mit Blick auf kriminelle Verhaltensweisen dynamisiert wird. Ein solches polizeiliches Einschätzungsvorrecht setzt eine gesetzliche Beurteilungsermächtigung voraus[695], die dem Wortlaut der Normen hier nicht zu entnehmen ist. Der Grundrechtseingriff muss so ausgestaltet sein, dass er nach den üblichen Methoden juristischer Auslegungskunst ermittelt werden kann[696]. Dies ist nicht der Fall ist, wenn die Auslegung von konkreten tatsächlichen Erkenntnissen der Polizei über rechtswidriges Verhalten abhängt. Eine Abwägung des Bestimmtheitserfordernisses mit der Effektivität der Befugniswahrnehmung ist deshalb nicht zulässig. Dieser Einwand gilt rechtspraktisch besonders für die hier in Frage stehenden „anderen Straßen", denn eine derart unbegrenzte Auslegung der Befugnisnorm würde der Polizei letztlich Kontrollen ermöglichen, sobald der Bürger vor die Tür tritt. Der Verhältnismäßigkeitsgrundsatz hat auf der Ebene der Befugnis für den Fall, dass Kontrollen allein abhängig vom subjektiven Willen des kontrollierenden Polizeibeamten im gesamten Bundesgebiet gestattet sind, keinerlei Eingang gefunden[697].

(c) Konkretisierung durch Lageabhängigkeit

Vorgeschlagen wird vor diesem Hintergrund, die Kontrollbefugnisse verfassungskonform auf die im Gesetz ausdrücklich genannten Bundesautobahnen und Europastraßen zu beschränken und den weitergehenden Absatz wegen Verstoßes gegen das Bestimmtheitserfordernis für nichtig zu erklären[698]. Die Befugnisse zur Identitätsfeststellung könnten jedoch auch in ihrer jetzigen Ausgestaltung hinreichend bestimmt sein, wenn das Vorliegen polizeilicher Lageerkenntnisse über die Bedeutung der Durchgangsstraßen für die grenzüberschreitende Kriminalität Voraussetzung jeder Kontrolle wäre. In diesem Sinne erklärt § 18 Abs. 2 Nr. 6 HSOG Kontrollmaßnahmen auf hessischen Straßen nur für zulässig, „soweit aufgrund von Lageerkenntnissen oder polizeilicher Erfahrung anzunehmen ist, dass diese von erheblicher Bedeutung für die grenzüberschreitende Kriminalität sind". § 12 Abs. 1 Nr. 7 BbgPolG verlangt gar, dass „polizeiliche Erkenntnisse vorliegen, dass am Ort der Maßnahme derartige grenzüberschreitende Kriminalität stattfindet". In den übrigen Bundesländern mit neuen Befugnissen

---

[695] Vgl. dazu Wahl, NVwZ 1991, S. 409 ff.
[696] Möllers, NVwZ 2000, S. 382, 384 m.w.Nw.
[697] So im Ergebnis auch Möllers, NVwZ 2000, S. 382, 384 f.
[698] So Möllers, NVwZ 2000, S. 382, 385.

zu verdachts- und anlassunabhängigen Identitätsfeststellungen ist auf polizeiliche Erkenntnisse - wenn überhaupt - lediglich aufgrund entsprechender Verwaltungsvorschriften abzustellen. Für die verfassungsrechtliche Wertung kommt es jedoch ganz allgemein nicht darauf an, was in Anwendung des Gesetzes tatsächlich geschieht, sondern darauf, was, ohne gegen es zu verstoßen, geschehen darf[699]. Soweit die Lagebildabhängigkeit nur Verwaltungspraxis, nicht jedoch gesetzliche Eingriffsvoraussetzung ist, interessiert sie deshalb auch in diesem Zusammenhang nicht[700]. Fraglich bleibt, welchen Gewinn eine gesetzliche Bindung an polizeiliche Lagebilder bzw. polizeiliche Erfahrung für die Bestimmtheit der in Frage stehenden Regelungen mit sich bringt und ob dieser ausreicht, um dem rechtsstaatlichen Bestimmtheitserfordernis Genüge zu tun.

(aa) Unvermeidbarkeit der Kontrolle

Problematisch könnte zunächst sein, dass die Lageerkenntnisse behördenintern bleiben. Die polizeiliche Einschätzung der Bedeutung einer Straße ist nicht von objektiven Gegebenheiten abhängig, wie zum Beispiel ihrer Grenznähe und der daraus resultierenden Bündelungsfunktion für den grenzüberschreitenden Verkehr[701]. Sie beruht vielmehr allein auf einer subjektiven Beurteilung der Beamten. Die Betroffenen können sich damit nicht auf die Lage einstellen und sie gegebenenfalls meiden[702]. Dies spricht jedoch nicht unmittelbar gegen die Befugnis, da dies auch bei anderen Vorfeldbefugnissen, zum Beispiel solchen an „gefährlichen" Orten der Fall ist[703]. Auch bleibt die Rechtslage insofern nicht hinter dem nach klassischem Gefahrenabwehrrecht Möglichen zurück. Die Erkennbarkeit der Rechtslage ist nämlich nicht geringer als bei einem klassischen Gefahrenabwehreingriff. Dass die Bürger nicht wissen, wann ein Lagebericht für einen bestimmten Ort vorliegt, unterscheidet die Norm nicht grundlegend von der polizeilichen Generalklausel. Auch dort hat die Polizei eine Tatsacheneinschätzung vorzunehmen, die von den Bürgern bei komplexen Sachlagen ex ante nicht nachvollziehbar ist[704].

---

699 So MVVerfG, LKV 2000, S. 149, 154.

700 Unerheblich ist deshalb auch der Einwand von Weingart, BayVBl. 2001, S. 69, 77, ein derartiges Verfahren habe es in München bisher nicht gegeben, was für den verantwortungsvollen Umgang der Polizei mit der neuen Eingriffsermächtigung spreche.

701 A.A. von Filseck, Die Polizei 1997, S. 70 f.

702 So Waechter, DÖV 1999, S. 138, 142; vgl. auch 2. Teil, B. III. 1. a. bb.

703 Vgl. 2. Teil, B. III. 1. a. bb.

704 So zutreffend Mahlmann, LKV 2001, S. 102 f.

bb) Gerichtliche Überprüfbarkeit

Entscheidend ist jedoch insofern, ob nachträglicher Rechtsschutz durch ein rechtsstaatliches gerichtliches Verfahren zur Überprüfung der polizeilichen Maßnahmen gewährt werden kann. Eine solche gerichtliche Kontrolle ist nach Auffassung des Bundesverfassungsgerichts geeignet, mögliche Nachteile der Unbestimmtheit der gesetzlichen Regelung bis zu einem gewissen Grad auszugleichen[705].

Von Kritikern wird die Bindung an polizeiliche Lageerkenntnisse mit dem Argument verworfen, diese räume der Polizei lediglich einen weiteren Beurteilungsspielraum[706] ein[707]. Die Bestimmung wäre deshalb durch die bloße Bindung an polizeiliche Lageerkenntnisse keiner effektiveren Kontrolle und Nachvollziehbarkeit zugänglich[708]. Dem wird entgegengehalten, dass es sich beim Merkmal der „Lageabhängigkeit" nicht um eine nur beschränkt nachprüfbare Beurteilungs- und Ermessensdirektive handele, sondern um ein gerichtlich voll überprüfbares Tatbestandsmerkmal ohne Beurteilungsspielraum der Behörde[709]. Zwar seien die neuen Begriffe dem Polizeirecht noch unbekannt, so dass zu ihrer Bestimmung weder auf eine bestehende Praxis noch auf Rechtsprechung zurückgegriffen werden könne. Der Gesetzgeber knüpfe mit diesen Begriffen auch an subjektive Beurteilungen durch die Polizeibeamten an, wollte aber durch Verwendung dieses Merkmals die Befugnisse objektiv einschränken. Eine solche Einschränkung erfolge im allgemeinen Polizeirecht herkömmlicherweise über den Begriff der „Gefahr", der nach allgemeiner Ansicht objektiv voll überprüfbare Tatbestandsvoraussetzung ist[710]. Wegen ihrer Ersatzfunktion für das fehlende Gefahrerfordernis[711] treffe dies auch auf die Begriffe „Lageerkenntnis" und „grenzpolizeiliche Erfahrung" zu.. Für die „Gefährlichkeitsprognose" im Rahmen der neuen Befugnisse bestünde damit derselbe Prognosespielraum wie für die Voraussetzung der „Gefahr"[712]. Sie sei daher ebenfalls gerichtlich voll überprüfbar[713]. Auch bei typischen Vorfeldbefugnissen, die voraussetzen, dass Tatsachen die Annahme rechtfertigen, dass Straftaten begangen werden, bliebe

[705] BVerfG, NJW 1978, S. 2446 f. m.w.Nw.

[706] Technisch wird ein Beurteilungsspielraum als gerichtlich nicht überprüfbare Tatsachenfeststellung oder Wertentscheidung verstanden, vgl. Maurer, Verwaltungsrecht, 13. Aufl., § 7, Rn. 31 ff. m.w.Nw.

[707] Waechter, DÖV 1999, S. 138, 142; Kutscha, LKV 2000, S. 134 f. Für „durchaus zutreffend" hält dies Schütte, ZRP 2002, S. 393, 395.

[708] So Stephan, DVBl. 1998, S. 81 f.; ebenso Roggan, Polizeistaat, S. 109 f. und 125.

[709] Vgl. Soria, NVwZ 1999, S. 270, 271 f.; Mahlmann, LKV 2001, S. 102 f.

[710] Vgl. Maurer, Verwaltungsrecht, 13. Aufl., § 7 Rn. 41; Wahl, NVwZ 1991, 409 m.w.Nw.

[711] Nach Ansicht von Soria, NVwZ 1999, S. 270, 271 f. sind die Begriffe mit der insofern ähnlichen Rechtsfigur des Gefahrenverdachts verwandt.

[712] Waechter, Polizeirecht, Rn. 280.

[713] So im Ergebnis Soria, NVwZ 1999, S. 270, 271 f.; ebenso Weingart, BayVBl. 2001, S. 69, 77.

der Umfang der gerichtlichen Überprüfbarkeit stets gegeben. Die Gründe für die Annahme eines Spielraumes für die Frage der Rechtfertigung der polizeilichen Prognose wögen hier - im Vergleich zur üblichen Gefahrenprognose - sogar noch schwerer, weil die Kausalketten unübersehbarer sind[714].

Tatsächlich ist die Frage, ob die Voraussetzungen räumlicher und sachlicher Art vorliegen, eine Rechtsfrage, die der Polizei grundsätzlich keinen Ermessensspielraum lässt[715]. Die Polizei trifft im Streitfall eine entsprechende Nachweispflicht über das Vorliegen der Voraussetzungen[716]. Im Streitfall unterliegt daher die polizeiliche Einschätzung der Bedeutung einer Straße in vollem Umfang der verwaltungsgerichtlichen Nachprüfung, gegebenenfalls im Rahmen der gerichtlichen Aufklärungspflicht gemäß § 86 VwGO[717]. Wenn das Gericht - etwa im Rahmen einer Fortsetzungsfeststellungsklage - zu der Überzeugung gelangt, dass es keine Lageerkenntnisse gab, dass Straftaten von erheblicher Bedeutung begangen werden, waren die polizeilichen Maßnahmen, die auf Grund dieser Lageerkenntnisse ergriffen wurden, rechtswidrig[718]. Eine gerichtliche Nachprüfung wird jedoch in der Praxis regelmäßig nicht - auch nicht nachträglich - möglich sein, da die Auswahl der kontrollfähigen Straßen aufgrund polizeilicher Erfahrung eben nicht - wie Gefahr, Gefahrenverdacht oder typische Vorfeldbefugnisse - an objektive Merkmale gebunden ist. Sowohl die Gefahr als auch der Gefahrenverdacht müssen durch die Annahme objektiver Momente aufgrund hinreichender Sachverhaltsaufklärung gerechtfertigt sein[719]. Für typische Vorfeldbefugnisse werden bestimmte und konkrete Tatsachen, d.h. eine konkrete Gefährlichkeit verlangt. Allgemeine Erfahrungssätze reichen auch hier nicht aus[720]. Da im Hinblick auf die neu eingeführten verdachts- und anlassunabhängigen Kontrollen schon keine Pflicht zur Dokumentation der den Kontrollen zugrundeliegenden polizeilichen Lagebilder besteht, ist eine nachträgliche Kontrolle effektiv nicht möglich[721]. Es vermag insofern nicht zu verwundern, dass gerichtliche Entscheidungen zur Zulässigkeit solcher Identitätsfeststellungen in Einzelfällen - soweit ersichtlich - nicht existieren[722]. In der gerichtlichen Praxis kommt es bei jeder Einzelfallprüfung darauf an, ob die Polizeibehörde korrekt und nachvollziehbar darlegen kann, dass die zur Überprüfung stehende Maßnahme durch eine bedrohliche Situation veranlasst und gerechtfertigt war, ohne dass

[714] Waechter, Polizeirecht, Rn. 280.
[715] Schmidbauer u.a., Polizeiaufgabengesetz, Art. 13, Rn. 18.
[716] Honnacker/Beinhofer, Polizeiaufgabengesetz, 16. Aufl., Art. 13, Rn. 8c.
[717] Walter, Kriminalpolitik 1999, S. 290 f.; ebenso Schmidbauer u.a., Polizeiaufgabengesetz, Art. 13, Rn. 19.
[718] So Mahlmann, LKV 2001, S. 102 f.; ebenso Berg u.a., ASOG Bln, 8. Aufl., § 18, Rn. 2; Soria, NVwZ 1999, S. 270, 272.
[719] Vgl. Götz, Polizeirecht, 12. Aufl., Rn. 154.
[720] Waechter, Polizeirecht, Rn. 280.
[721] Waechter, DÖV 1999, S. 138, 142.
[722] Roggan, Polizeistaat, S. 108.

schon die Voraussetzungen für die Einrichtung von Kontrollstellen vorlagen. Nach Ansicht von *Möllers* muss das Gericht im Prozess Motive und Zwecke der Kontrolle bis ins einzelne nachzuvollziehen suchen und insbesondere nach Kriterien einer einheitlichen Kontrollpraxis forschen[723]. Dies lässt sich dem Gesetzeswortlaut jedoch nicht entnehmen. Dieser stellt gerade keinerlei Voraussetzungen an die Erlangung oder Beschaffenheit der erforderlichen polizeilichen Erkenntnisse. Insbesondere ist eine Einheitlichkeit der Kontrollpraxis - die einen objektiven Maßstab bildete - nicht zwingend erforderlich. Dem Gericht fehlt somit jede objektive Handhabe, die vorgebrachten Erkenntnisse auf ihre Richtigkeit hin zu überprüfen. Zwar wollte der Gesetzgeber eine „echte Tatbestandlichkeit" schaffen, indem er den Eingriff von Lageerkenntnissen und grenzpolizeilicher Erfahrung abhängig machte, da diese Bindung an Lageerkenntnisse grundsätzlich ein voll überprüfbares Tatbestandsmerkmal ist. In der Praxis wirkt sich die Bindung an Lageerkenntnisse jedoch wie ein Merkmal mit Beurteilungsspielraum aus, da kein objektiver Maßstab zur Überprüfung gegeben ist. Bei dem Erfordernis von „Lageerkenntnissen und polizeilicher Erfahrung" handelt es sich letztlich nicht um „echte Tatbestandsmerkmale", sondern um normierte Verhältnismäßigkeit, denn würden die maßgeblichen Kontrollorte nach Lage und Erfahrung nicht zu illegalen Einreisen und grenzüberschreitender Kriminalität genutzt, so wäre der Eingriff bereits ungeeignet. Dies allein ist jedoch nichts außergewöhnliches. Das Besondere der neuen Tatbestände ist, dass hier „Lageerkenntnisse bzw. polizeiliche Erfahrungen" auf nur beschränkt oder gar nicht überprüfbaren Einschätzungen beruhen. Da es keine Dokumentationspflicht als Grundlage jeder Kontrolle gibt, schleicht sich auf der Tatbestandsseite ein weiterer Beurteilungsspielraum ein. Es fehlt an konkreten objektiven Anforderungen, die an die polizeiliche Prognose zu stellen sind. Die Unbestimmtheit der Norm wird daher auch durch die Bindung an Lagebilder und polizeiliche Erfahrungen nicht wesentlich gemindert[724].

(cc) Objektivierung durch Verfahren und Organisation

Dieser Mangel könnte jedoch durch Regelungen hinsichtlich Verfahren und Organisation der Erlangung bzw. Verwertung der polizeilichen Erkenntnisse behoben werden. Schon der *SächsVerfGH* hat anlässlich der verfassungsrechtlichen Überprüfung polizeilicher Vorfeldbefugnisse die besondere Bedeutung der Ausgestaltung von Organisation und Verfahren mit der Begründung betont, dass die

[723] So Möllers, NVwZ 2000, S. 382, 387. Lässt sich die streitgegenständliche Kontrolle auf diese Weise nicht nachvollziehen, so ist sie nach Ansicht von Möllers durch das Gericht als ermessensfehlerhaft zu beurteilen. Auf die Dauer werde sich deshalb eine befriedigende gerichtliche Kontrollpraxis nur durch gerichtlich überprüfbare, mit Bindungswirkung ausgestattete untergesetzliche Norm etablieren lassen.

[724] Waechter, DÖV 1999, S. 138, 142; a.A. Mahlmann, LKV 2001, S. 102, 104.

Ermächtigungstatbestände im Vorfeldbereich durch ein hohes Maß an Unbestimmtheit gekennzeichnet und zugleich oft mit erheblichen Eingriffen verbunden sind. Die Regelung von Verfahren und Organisation zur Feststellung der allgemeinen Gefährdungslage diene daher unmittelbar dem Grundrechtsschutz[725]. Anlässlich der Überprüfung des § 29 Abs. 1 Nr. 5 a.F. SOG MV erklärt nun auch das *MVVerfG* Lageerkenntnisse und polizeiliche Erfahrungen, auf die von Gesetzes wegen bei allen Kontrollen abzustellen sei, nur dann zu tauglichen Eingriffsschwellen, wenn für die Feststellung der allgemeinen Gefährdungslage Vorkehrungen des Verfahrens und der Organisation getroffen sind[726]. In Anbetracht der vorrangig durch ihren Zweck bestimmten, finalen Befugnis und der damit eingeschränkten Möglichkeit, das Handeln der Polizei über konditionale Tatbestandsmerkmale zu steuern, bedürfe es objektiv nachvollziehbarer Verfahren zur Ermittlung der Lage, in der sich die Polizei befugt sieht, Maßnahmen zur Identitätsfeststellung zu treffen[727]. Für die Ausgestaltung dieses Verfahrens zur Gewinnung, Auswertung und Überprüfung der Lageerkenntnisse gibt es vielerlei Ansätze.

(aaa) Dokumentation

Der Rahmen für die polizeilichen Eingriffe wird dadurch zu ziehen sein, dass „Lageerkenntnisse bzw. polizeiliche Erfahrung" auf die drohende Begehung grenzüberschreitender Straftaten hindeuten müssen. Für Bundesautobahnen und Europastraßen wird das vielfach, aber nicht immer angenommen werden können. Für „andere Straßen", die keine Bundesautobahnen oder Europastraßen sind, ergeben sich weitere Verfahrensanforderungen. Der Unbestimmtheit nach außen muss intern durch ein dokumentiertes Verfahren entgegengewirkt werden. In ihm ist festzustellen und anzuordnen, dass auf Grund von Lageberichten oder polizeilicher Erfahrung ein hinreichender Grund für die Einbeziehung der Straße in den Kontrollbereich besteht[728]. Es bedarf der Dokumentation, auf Grund welcher Anzeichen die Einschätzung gewonnen worden ist[729]. Das ist zum einen nötig, damit die Polizei sich der Rechtmäßigkeit ihres Handeln versichert, zum

---

[725] SächsVerfGH, LKV 1996, S. 273, 282.

[726] MVVerG, LKV 2000, S. 149, LS Nr. 5; eine entsprechende Notwendigkeit verneinend Mahlmann, LKV 2001, S. 102, 104.

[727] So die Anforderungen des SächsVerfGH, LKV 1996, S. 273, 286 f.

[728] MVVerfG, LKV 2000, S. 149, 156; dem zustimmend Kutscha, NJ 2000, S. 63, 66.

[729] Der Einwand von Rachor in HdBPolR, Teil F, Rn. 386, ein Lagebild könne erst aufgrund der durchgeführten Kontrollen selbst erstellt werden, womit die Kontrollen nicht auf einer Diagnose beruhten, sondern das „Diagnoseinstrument" seien, überzeugt nicht. Grundlage eines Lagebildes ist nicht lediglich der mittels verdachts- und anlassunabhängiger Kontrollen gewonnene polizeiliche Erfahrungsschatz. In das Lagebild können und sollen vielmehr jegliche Erkenntnisse der Polizei einfließen, die diese infolge präventiver sowie repressiver Tätigkeit gewonnen hat. Vgl. zu den Inhalten eines Lagebildes auch 3.Teil, A. II. 3. b. dd. (3).

anderen zum Schutz des Betroffenen erforderlich. Letzterer kann dann zwar nicht vor Ort die Rechtmäßigkeit des Eingriffes nachprüfen. Indessen kann wegen der Dokumentationspflicht nachträglicher Rechtsschutz, der durch Art. 19 Abs. 4 S. 1 GG grundrechtlich verbürgt ist, tatsächlich erlangt werden[730].

Das Maß der Spezifizierung der zu dokumentierenden Hinweise wird durch die Dogmatik des Allgemeinen Polizeirechts vorgegeben. Für Vorfeldmaßnahmen müssen grundsätzlich „Tatsachen bzw. tatsächliche Anhaltspunkte" für die Begehung von Straftaten vorliegen, die geeignet sind, den Grad der Wahrscheinlichkeit festzustellen[731]. Anhaltspunkte, die die Begehung von Straftaten am fraglichen Ort nur möglich erscheinen lassen, reichen für Kontrollen an „gefährlichen", nicht jedoch für solche an „gefährdeten" Orten aus. Neue Befugnisse zu Identitätsfeststellungen und zu Befragungen sind Vorfeldbefugnissen zu Kontrollen an „gefährlichen" Orten angenähert bzw. verwandt[732]. Wird für die Begründung der polizeilichen Lageerkenntnisse ein entsprechender Maßstab angelegt, wird eine hinreichend sichere, weil kontrollierbare Bindung an ein tatsächliches Geschehen hergestellt und gleichzeitig - im Vergleich zu enumerativ im Gesetz festgelegten Kontrollorten - ein Höchstmaß an Flexibilität erhalten.

(bbb) Richtervorbehalt

Zur Kompensation materieller Regelungsschwächen von Vorfeldbefugnissen wurden in der Vergangenheit Vorfeldeingriffe unter den Vorbehalt der richterlichen Zustimmung gestellt. Ein solcher Richtervorbehalt kann zwar nicht die Erkenntnismöglichkeiten vergrößern, jedoch die Verantwortlichkeit verschieben. Die vorherige Einschaltung des Richters wurde deshalb als eine zusätzliche verfahrensmäßige Sperre begrüßt[733]. Eine gerichtliche Kontrolle wird jedoch aus einem Grund zu Recht als inadäquates Mittel beurteilt, Regelungsschwächen von Vorfeldbefugnissen zu begegnen: es ist grundsätzlich problematisch, Richter von vornherein in ein Geschehen hineinzuziehen, über das sie später aufgrund einer Klage unparteiisch zu Gericht sitzen sollen[734].

(ccc) Kontrolle durch Datenschutzbeauftragte

Sinnvoller als ein Richtervorbehalt erscheint daher der Einsatz spezieller politischer Kontrolleure, wie z.B. der Datenschutzbeauftragten in Bund und Län-

---

[730] MVVerfG, LKV 2000, S. 149, 156.
[731] Vgl. 2. Teil, A. II. 1. und 2.
[732] Vgl. 2. Teil, B. I. sowie 2. Teil, B. III. 1. c. und 2.
[733] Hoffmann-Riem, JZ 1978, S. 335, 337; ebenso SächsVerfGH, DVBl. 1996, S. 1423 ff.
[734] Boldt in HdBPolR, Teil A, Rn. 96.

dern[735]. Es entspricht zudem der Logik eines Systems, das die Kontrolle der Staatsgewalt und der mit ihrer Ausübung betrauten Behörden für unverzichtbar hält, mit der Erweiterung behördlicher Macht auch ihre Überprüfung zu steigern. Nur so lässt sich der Aufgabe gerecht werden, die rechtsstaatliche Demokratie vor Bedrohungen zu schützen, die aus dem Bereich der Gesellschaft wie des Staates kommen können[736]. Auch der *SächsVerfGH* hält den Datenschutzbeauftragten für eine taugliche Kontrollinstanz. Er scheint dabei jedoch nicht festgelegt zu sein, da seiner Ansicht nach auch ein Minister oder ein mit herkömmlicher Unabhängigkeit versehener, d.h. nicht politisch eng geführter Staatsanwalt diese Funktion übernehmen könnte[737].

(ddd) Behördenleitervorbehalt

Am naheliegendsten erscheint jedoch ein Dienststellen- bzw. Behördenleitervorbehalt[738]. Die Entscheidungen wären dann durch diese höhere Stelle zu treffen und regelmäßig zu überprüfen. Die den Kontrollbeamten vorgesetzten Dienststellenleiter können und sollen die Kontrolltätigkeit beaufsichtigen und gegebenenfalls auch durch Weisungen lenken. Dagegen eingewandt wird, der Behördenleitervorbehalt sei ein Erfordernis des spezifischen Datenschutzrechts, der dort wegen der bürokratischen Möglichkeiten, aber auch Gefahren, nicht jedoch überall sonst - insbesondere nicht für bloße Datenerhebungen im Rahmen der „Schleierfahndung" - sachgerecht und angebracht sei[739]. Die Anregung, die Festlegung der Durchgangsstraßen unter Behördenleitervorbehalt zu stellen, sei nicht system- und sachgerecht, denn der Behördenleitervorbehalt sei auf die wesentlich stärker belastenden Maßnahmen des Einsatzes verdeckter Ermittler und technischer Aufzeichnungsgeräte bezogen[740]. Zwar haben sich Staatsregierung, Senat und Landtag in Bayern den Vorschlag des Bayerischen Datenschutzbeauftragen nicht zu eigen gemacht. Die obigen Ausführungen zeigen jedoch, dass Verfahrensvorschriften auch im Fall der neuen Befugnisse zur Identitätsfeststellung für den effektiven Grundrechtsschutz unumgänglich sind. Der Dienststellenvorbehalt kann auch nicht mit der Begründung, er würde dazu führen, dass Kontrollen pro forma angeordnet würden oder dass im Einzelfall bei Handlungsbedarf eine Anordnung nicht mehr erfolgen könnte und damit die Kontrolle

---

[735] Boldt in HdBPolR, Teil A, Rn. 96.
[736] Boldt in HdbPolR, Teil A, Rn. 96.
[737] SächsVerfGH, LKV 1996, S. 273, 287.
[738] So auch MVVerfG, LKV 2000, S. 149, 156.
[739] Weingart, BayVBl. 2001, S. 69, 76, der darauf hinweist, dass das Bayerische Staatsministerium des Innern besonders grenznahe Fahndungsdienststellen errichtet und landesweit die Bildung erfahrener, geschulter Fahndungs- und Kontrolltruppen angeordnet hat.
[740] Beinhofer, BayVBl. 1995, S. 193, 197.

hinfällig wäre[741], als unpraktikabel eingeschätzt werden. Dieser Einwand nimmt die Erfordernisse des Bestimmtheitsgrundsatzes nicht zur Kenntnis und ist auch in der Sache nicht zutreffend. Der Dienststellenvorbehalt verhindert nicht effektive, weil gezielte Kontrollen, sondern lediglich polizeiliche Dauerkontrollen ohne hinreichende rechtfertigende Anhaltspunkte. Er sichert ab, dass begründete tatsächliche Anhaltspunkte die Einschätzung der Bedeutung einer Straße für die grenzüberschreitende Kriminalität stützen und sorgt auf diesem Weg für eine auch die Effektivität der Kontrollen steigernde Vorauswahl.

bbb. Befugnisse zur Befragung

Kontrollen aufgrund der neuen Befugnisse zur Befragung sind - mit Ausnahme der §§ 9a SPolG[742], 14 Abs. 3 SOG LSA[743] - nicht auf gesetzlich bestimmte Orte begrenzt, sondern regelmäßig im gesamten „öffentlichen Verkehrsraum" zulässig. Hier könnten bereits unter dem Aspekt der Auslegbarkeit des Tatbestandes Zweifel an einer hinreichenden Bestimmtheit der Befugnisse bestehen. Es bleibt nämlich unklar, inwieweit das gesamte Landesgebiet auch Fußgängerzonen und ähnliches umfasst. Überdies ist eine Abwägung unter dem Gesichtspunkt einer örtlichen Einschränkung wegen Fehlens jeglicher Differenzierung nicht zu verzeichnen.

Jedoch knüpfen die Befugnisse dieses Modells - bis auf § 12 Abs. 6 NGefAG - die einzelne Maßnahme ausdrücklich daran, dass aufgrund von polizeilichen Lageerkenntnissen anzunehmen ist, dass Straftaten mit erheblicher Bedeutung begangen werden sollen. Differenzierte Regelungen zu Verfahren und Organisation sind indes auch bei diesem Modell nicht vorhanden. Ansätze dahingehend sind zwar mit dem Anordnungsvorbehalt[744] und der Regelung, dass nach jeweils 14 Tagen zu prüfen ist, ob die Voraussetzungen für die Maßnahmen weiterhin vorliegen[745], zu erkennen. Diese Verfahrensregelungen erhöhen zwar die Rechtfertigungsschwelle für die einzelne Maßnahme, sind jedoch keineswegs ausreichend, da sich aus ihnen nicht ergibt, auf welcher Grundlage die Bedeutung einer Straße beurteilt worden ist. Die Definition der Eingriffsvoraussetzungen wird damit vollständig der Exekutive überlassen. Die gegen die „Scheintatbestandlichkeit" der Ermächtigungen zur Identitätsfeststellung erhobenen Einwände dürften mithin auch für das Modell der Befragung berechtigt sein[746]. In

---

[741] Weingart, BayVBl. 2001, S. 33, 39.
[742] Lässt Kontrollen nur im Gebiet bis zu einer Tiefe von 30 km von den Außengrenzen zu Frankreich und Luxemburg zu.
[743] Lässt Kontrollen nur auf Bundesfernstraßen zu. Insofern gelten die entsprechenden Ausführungen zum Modell der Identitätsfeststellung.
[744] Vgl. §§ 18 Abs. 7 S. 3 ASOG Bln, 11 Abs. 3 S. 3 BbgPolG, 14 Abs. 3 S. 3 SOG LSA.
[745] Vgl. § 18 Abs. 7 S. 4 ASOG Bln.
[746] So auch Kutscha, LKV 2000, S. 134, 135.

Bezug auf die - über den Dienststellenvorbehalt hinaus - notwendigen Regelungen zu Verfahren und Organisation kann daher auf die obigen Ausführungen verwiesen werden[747].

cc. Bestimmtheit der Zweckbestimmung

Die Zweckbestimmung kann als Teil des Tatbestandes oder als ermessenssteuernde Vorschrift[748] im Rahmen der Rechtsfolge gelesen werden[749]. Sie soll eine entscheidende Einschränkung der Befugnis liefern. Ihre Tauglichkeit dazu ist jedoch - unabhängig von ihrer Einordnung innerhalb der Norm - zweifelhaft. Zur tatbestandsmäßigen Eingrenzung der Norm ist sie bereits aus ihrer Natur heraus ungeeignet, weil sie der Regelung - wie für Vorfeldbefugnisse typisch - eine finale Struktur verleiht[750]. Im Vorfeld lassen sich keine typischen Verhaltensweisen in der Gesellschaft finden, an die die Befugnis mit einem „echten Tatbestand" anknüpfen könnte. Der Tatbestand wird daher durch eine Zweckbestimmung, die sich nicht an einen beobachtbaren Sachverhalt in der Gesellschaft knüpft, sondern ein bestimmtes Motiv auf der Seite der einschreitenden Behörde verlangt, ersetzt. Dadurch, dass dieses Motiv dem Betroffenen vor der Kontrolle weder bekannt noch erkennbar ist, kommt die Unvorhersehbarkeit des Eingriffs zustande[751]. Die Zweckbestimmung als Motiv des Gesetzgebers muss gleichzeitig Kontrollmotiv im Einzelfall sein[752]. Die Zielsetzung muss dabei sowohl subjektiver Beweggrund des einschreitenden Beamten als auch aufgrund tatsächlicher polizeilicher Erkenntnisse nachvollziehbar sein[753]. Auch hier ist eine Nachprüfung indes regelmäßig nicht - auch nicht nachträglich - möglich, da die Auswahl des einzelnen Betroffenen auch vor dem Hintergrund der Zweckbestimmung lediglich von einer subjektiven Einschätzung des Polizeibeamten abhängt. Die Identität kann jederzeit festgestellt werden, sofern der Polizeibeamte einen der gesetzlich vorgesehenen Zwecke annimmt oder vorgibt anzunehmen. Auch diese vom Gesetzgeber vorgesehene Einschränkung der Kontrollen läuft deshalb in der Polizeipraxis leer[754]. Unter Zugrundelegung dieser praktischen Gegebenheiten stellt der Zweck der Norm keine geeignete Begrenzung der im übrigen grenzenlosen Kontrollbefugnis dar[755].

---

[747] Im Ergebnis a.A. Mahlmann, LKV 2001, S. 102, 104 in Bezug auf § 18 Abs. 7 ASOG Bln.
[748] Vgl. Soria, NVwZ 1999, S. 270, 272.
[749] Waechter, DÖV 1999, S. 138, 142.
[750] Waechter, DÖV 1999, S. 138, 142; ders., Polizeirecht, Rn. 546.
[751] Waechter, DÖV 1999, S. 138, 142.
[752] So ausdrücklich die VwV zu § 14 Abs. 1 Nr. 5 ThürPAG.
[753] Walter, Die Polizei 1999, S. 33, 38, der jedoch meint, dass an die Nachvollziehbarkeit keine überzogenen Anforderungen gestellt werden dürfen.
[754] Roggan, Polizeistaat, S. 108.
[755] So auch Kutscha, KJ 1998, S. 399, 402 f.; Lisken, NVwZ 1998, S. 22 f.; Waechter, DÖV 1999, S. 138, 142; Zeitler, Polizeirecht, Rn. 254.

Bereits aus der allgemeinen Ermessensfehlerlehre ergeben sich rechtliche Grenzen der Kontrollen im Einzelfall. Als Ermessensfehler bezeichnet man den zweckwidrigen Gebrauch gesetzlicher Ermächtigungen. Dieses Verbot betrifft etwa mutwillig diskriminierende oder schikanöse Kontrollen. Die allgemeine Ermessenschranke ist jedoch selten geeignet, das polizeiliche Handeln einzuschränken, zumal wenn es sich wie im vorliegenden Fall um eine quasi tatbestandslose Norm handelt. Entweder ist das Handeln der Polizei so offensichtlich rechtswidrig, dass es eine unabhängig von der einzelnen gesetzlichen Ausgestaltung nicht hinnehmbare Verletzung der Dienstpflichten darstellt, oder der Ermessensfehler bewegt sich letztlich auf der Ebene der Handlungsmotive des Polizeibeamten und bleibt daher gerichtlich kaum überprüfbar[756]. Auch wenn man die Zwecksetzung als präzisere Vorgabe für die gerichtlich überprüfbare polizeiliche Ermessenbetätigung betrachtet, wegen der auch ein Konnex zwischen der Zweckverfolgung und der einzelnen Kontrolle im Zweifelsfall durch die Polizei nachzuweisen ist, bleibt die Schärfe dieses Kriteriums jedenfalls bescheiden. Denn polizeiliche Kontrollen im Grenzgebiet, die auf das Ansehen der kontrollierten Person keine Rücksicht nehmen, sind durch die Befugnis nicht nur gestattet, sondern geradezu angestrebt. Ob es sich um eine zweckgerechte oder zweckentfremdete Kontrolle handelt, können weder Bürger noch Gerichte nachvollziehen. Eine gezielte Kontrolle ist von einer willkürlichen normativ nicht zu unterscheiden[757]. Auch die in den Zweckbestimmungen gesehenen „besonderen Ermessensgrenzen“ für Maßnahmen im Einzelfall verlieren bei einer so weiten, auf Gefahrenvorsorge abzielenden Regelung ihre normative Wirkung[758].

Die Zweckbestimmung fördert die Bestimmtheit der Vorfeldbefugnisse also auch hier - wie typischerweise - nur in geringem Maße. Die Befugnisse wären jedoch hinreichend bestimmt und der Gesetzgeber seinen wesentlichen materiellen Regelungsaufgaben nachgekommen, wenn die gesetzliche Regelung selbst den Umfang der Straftaten, zu deren Bekämpfung die Informationserhebung vorbeugend zulässig sein soll, hinreichend deutlich bestimmt.

aaa. Befugnisse zur Identitätsfeststellung

In diesem Sinne problematisch ist lediglich der Normzweck der „Bekämpfung grenzüberschreitender Kriminalität“. Der außerdem verfolgte Zweck der „Verhütung bzw. Unterbindung der unerlaubten Einreise bzw. des unerlaubten Aufenthaltes“ begegnet diesbezüglich keinen Bedenken, denn die darin verwandten Begriffe sind gesetzlich definiert oder durch Auslegung konkretisierbar.

---

[756] Möllers, NVwZ 2000, S. 382, 386.

[757] Möllers, NVwZ 2000, S. 382, 386 f.

[758] So Möllers, NVwZ 2000, S. 382, 386; ebenso Rachor in HdBPolR, Teil F, Rn. 365; a.A. Soria, NVwZ 1999, S. 270, 272.

(1) Jede grenzüberschreitende Kriminalität

Die neuen Befugnisse lassen Eingriffe zur Bekämpfung *jeder* grenzüberschreitenden Kriminalität zu. Diskutiert wird in diesem Zusammenhang die Frage, ob die Befugnis damit den Umfang der Straftaten, zu deren Bekämpfung die Informationserhebung vorbeugend zulässig sein soll, hinreichend deutlich bestimmt oder ob aus Gründen der Bestimmtheit die Zweckbestimmung auf bestimmte Formen der grenzüberschreitenden Kriminalität beschränkt werden müsste. Argumentiert wird, der Begriff der „grenzüberschreitenden Kriminalität" selbst sei hinreichend konturiert und in seiner Anwendungsbreite von jedermann ausreichend einschätzbar[759]. Richtig ist, dass immerhin eine Einschränkung im Vergleich zur Aufgabenbestimmung der „Bekämpfung von Straftaten" vorgenommen wurde. Jedoch sind damit nicht durch das Gesetz selbst die Straftatbestände festgelegt, für die die kriminalpräventive Informationserhebung erlaubt sein soll. Das Merkmal „grenzüberschreitend" wird vielmehr erst durch die Exekutive inhaltlich ausgefüllt.

(2) Erhebliche und organisierte grenzüberschreitende Kriminalität

Vorgeschlagen wird deshalb, Kontrollen lediglich zur Bekämpfung *erheblicher* grenzüberschreitender Kriminalität zuzulassen oder die Norm auf die Verfolgung *organisierter* grenzüberschreitenden Kriminalität zu beschränken[760]. Ob die Einengung auf „erhebliche" oder „organisierte" grenzüberschreitende Kriminalität verfassungsrechtlich geboten ist, ist jedoch primär eine Frage der Verhältnismäßigkeit. Im Hinblick auf den Bestimmtheitsgrundsatz wäre der Zusatz „erheblich" eher verunklarend als erhellend. Denn wann das Kriterium der erheblichen Bedeutung erreicht ist, obliegt ebenso der polizeilichen Wertung und Darstellung. Das Kriterium der „Erheblichkeit" ist kaum sinnvoll und kontrollierbar auszulegen[761]. Ungeklärt bleibt in diesen Formulierungen, unter welchen der vielen denkbaren Gesichtspunkte die Erheblichkeit von Straftaten beurteilt werden soll. Dadurch entledigt sich der Gesetzgeber gerade der geforderten kriminalpolitischen Grundsatzentscheidung. Die Verpflichtung, die wesentlichen Regelungen durch Gesetz zu treffen, will gerade verhindern, dass der Verwaltung eine eigenständige kriminalpolitische Definitionsmacht auch dort zufließt, wo sie vermeidbar wäre[762]. Diejenigen Regelungsvorschläge, die auf „Straftaten von erheblicher Bedeutung" abstellen, verstoßen deshalb jedenfalls dann gegen das Gebot einer aus dem Gesetz erkennbaren Abwägung, solange sich nicht aus dem Gesetz selbst eine Legaldefinition für diesen Begriff ergibt. Dies gilt glei-

---

[759] Weingart, BayVBl. 2001, S. 69, 75.
[760] Vgl. MVVerfG, LKV 2000, S. 149, 155.
[761] Roggan, Polizeistaat, S. 108.
[762] Vgl. noch einmal Neumann, Diss., S. 174.

chermaßen für eine tatbestandliche Formulierung, in der auf „Straftaten von erheblicher Bedeutung“ abgestellt und eine beispielhafte, aber nicht abschließende Aufzählung von Straftaten hinzugefügt wird. Mit einer solchen Regelung wird offen gelassen, unter welchen Voraussetzungen über die namentlich benannten Straftatbestände hinaus gleichartige „Straftaten von erheblicher Bedeutung“ von der Polizeibehörde angenommen werden dürfen. Dadurch wird der Anwendungsbereich der Regelung wieder geöffnet und zur kriminalpolitischen Entscheidung der Verwaltung gestellt[763].

(3) Straftatenkatalog

Überwiegend wird daher die Regelung eines Straftatenkatalogs gefordert, der die einschlägigen Straftatbestände abschließend festlegt. Erst durch einen Straftatenkatalog werde die Zweckbestimmung der Schleierfahndungsbefugnis - die sonst den Anforderungen des rechtsstaatlichen Bestimmtheitserfordernisses nicht genügt - hinreichend präzise und normenklar festgelegt[764].

Die so begründete Forderung nach einem präzisen Straftatenkatalog ist aus nachvollziehbaren Gründen nicht unumstritten. Gerügt wird die zweifelhafte Anwendungssicherheit einer dann hoch differenzierten Vorschrift[765]. Die Auslegung des Begriffs der grenzüberschreitenden Kriminalität müsse sich auch zukünftigen Entwicklungen im Sicherheitsbereich, insbesondere neuen gefährlichen Kriminalitätsformen öffnen können. Das Gebot der Bestimmtheit dürfe nicht übersteigert werden, weil die Gesetze sonst starr und kasuistisch würden und der Vielgestaltigkeit des Lebens oder den Besonderheiten des Einzelfalles nicht mehr gerecht werden könnten[766]. Wegen der vielschichtigen und im Voraus nicht abzuschätzenden grenzüberschreitenden Kriminalität wäre es nicht sachgerecht und effektiv, nur die Bekämpfung bestimmter, in einem Straftatenkatalog abschließend aufgezählter Straftaten zuzulassen[767]. Es bestehen überdies Zweifel, ob die für die Kontrollen auf Durchgangsstraßen verlangten höheren Anforderungen in Form eines spezifischen Straftatenkatalogs an den Gesetzgeber sich wirklich zwingend aus der Verfassung und der vom *MVVerfG* zitierten Verfassungsrechtsprechung herleiten lassen[768]. An der vom MVVerfG zitierten Stelle formuliere das Bundesverfassungsgericht Anforderungen, die Art. 10 GG

763 Neumann, Diss., S. 174.
764 Vgl. MVVerfG, LKV 2000, S. 149, 155; diesen Anforderungen dürfte § 23 Abs. 1 Nr. 3 BGSG durch die Verweisung auf den hinreichend bestimmten § 12 Abs. 1 Nr. 1 bis 4 BGSG genügen.
765 Neumann, Diss., S. 174 f. m.w.Nw.
766 Weingart, BayVBl. 2001, S. 69, 71 mit Verweis auf die entsprechende Rechtsprechung des BayVerfGH, BayVBl. 1991, S. 80 f.
767 Weingart, BayVBl. 2001, S. 69, 75.
768 Engelken, DVBl. 2000, S. 269, 270 f.

an die Bestimmtheit und Normenklarheit von Eingriffsbefugnissen in den Fernmeldeverkehr richtet. Dies seien schwerwiegende, vor dem Betroffenen verheimlichte, das Fernmeldegeheimnis nahezu im Wesensgehalt antastende Eingriffe, die nur bei Begrenzung durch einen Straftatenkatalog und unter zahlreichen sonstigen Vorbehalten hinnehmbar seien. Sie könnten nicht mit den hier zu beurteilenden polizeilichen, offen auszuübenden Kontrollbefugnissen verglichen werden. Dies sei eine Verabsolutierung einer in anderen Zusammenhängen gewonnenen Erkenntnis[769]. Zutreffend ist, dass die Anerkennung bloßer Straftaten aus dem Bereich der organisierten Kriminalität willkürlich ist. Dem Bestimmtheitserfordernis wird allein durch die äußere Form eines Kataloges, nicht jedoch durch deren Inhalt in Bezug auf die Art der einzelnen Straftaten Genüge getan. Jedenfalls hat jedoch auch in diesem Fall eine gesetzgeberische Abwägung stattgefunden[770].

Gleichermaßen anzuerkennen wie der eng gefasste Straftatenkatalog ist die abstrakte Beschreibung bestimmter Rechtsgüter, zu deren Schutz die Informationserhebung zulässig sein soll[771]. Durch diese Formulierung lässt sich voraussichtlich die praktische Anwendungssicherheit steigern, weil dann die ohnehin schwierige Prognose auf die künftige Begehung bestimmter Straftatbestände entbehrlich würde, aber eben auch nur graduell, da auch hier eine Prognose notwendig und diese aufgrund der im übrigen unkonkreten Eingriffsvoraussetzungen unsicher ist. Durch Regelungen zu Organisation und Verfahren der Verwaltungsentscheidungen muss daher auch hier in dem möglichen Umfang sichergestellt werden, dass diese Entscheidungen in jedem Einzelfall ausreichend verantwortet sind[772].

bbb. Befugnisse zur Befragung

Bundesländer, die die verdachts- und anlassunabhängige Personenkontrolle in Form der Befragung geregelt haben, definieren die „grenzüberschreitende Kriminalität" in der überwiegenden Zahl durch eine zu der Befugnis ergangene Verwaltungsvorschrift. Eine Definition dieser Art ist jedoch nicht ausreichend, da gerade der Gesetzgeber das Wesentliche regeln soll. Die Anforderungen an die Bestimmtheit sind allerdings für Befugnisse zur Befragung nicht so hoch wie für Befugnisse zur Identitätsfeststellung, da intensive Zwangs- bzw. Folgeeingriffe nicht gestattet sind. Legalverweisungen auf die gesetzlich definierten „erheblichen Straftaten" sind daher dann ausreichend, wenn darüber eine abschlie-

---

[769] Engelken, DVBl. 2000, S. 269, 271.
[770] Neumann, Diss., S. 175.
[771] Neumann, Diss., S. 175, der zu diesen Rechtsgütern die Sicherheit des Bundes oder Landes, Leib, Leben, Freiheit von Personen sowie erhebliche Vermögenswerte zählt.
[772] Neumann, Diss., S. 175.

ßende Bestimmung der abstrakt geschützten Rechtsgüter möglich ist[773]. Soweit die entsprechenden Kataloge pauschal Verbrechen und teilweise ebenso pauschal banden-, gewerbs-, serienmäßig oder sonst organisiert begangene Vergehen umfassen, ist fraglich, ob diese hinreichend eng sind oder eine abschließende Bestimmung der abstrakt geschützten Rechtsgüter zulassen. Dies muss angesichts des Maßstabes hinreichender Bestimmtheit jedoch letztlich angenommen werden, da zumindest ein Mindestmaß an gesetzgeberischer Abwägung darin erkennbar wird, dass durch Einzeltäter begangene Bagatelldelikte regelmäßig ausgeschlossen sind und damit die Informationserhebung nicht gänzlich unterschiedslos für alle Straftaten erlaubt ist.

dd. Bestimmtheit der Rechtsfolgen

Wie festgestellt, kommt es für die Bestimmtheit einer Vorschrift außerdem maßgeblich darauf an, ob der Gesetzgeber selbst differenzierte Regelungen für unterschiedliche Eingriffsintensitäten getroffen hat und damit den Umfang der Informationserhebung nach der Intensität möglicher Grundrechtsmaßnahmen abgestuft hat[774].

aaa. Befugnisse zur Identitätsfeststellung

Die neuen Befugnisse zur Identitätsfeststellung genügen diesen Anforderungen in Bezug auf die zugelassenen Grundmaßnahmen. Zwar könnte auch bezüglich der Grundeingriffe wegen des Wortlautes „insbesondere" an der hinreichenden Bestimmtheit der Norm gezweifelt werden. Da das Anhalten, nach den Personalien befragen und das Verlangen, die mitgeführten Ausweispapiere auszuhändigen indes geringfügige Eingriffe sind, sind entsprechend geringe Anforderungen an die Differenziertheit der Regelung zu stellen.

Fraglich ist jedoch, ob eine ausreichende gesetzgeberische Abwägung für die weiteren Folgemaßnahmen stattgefunden hat. Insbesondere für diese Eingriffe sind weitere Eingriffsschwellen notwendig, um für den Einzelnen zu sichern, dass dem Charakter der Norm als Ausnahmebefugnis Rechnung getragen wird und sie nicht in eine Befugnis zu anderen Zwecken verfremdet wird. Dies gilt insbesondere deshalb, weil aufgrund dieser Rechtsfolgen Grundrechtseingriffe von großer Tiefe - bis hin zur Freiheitsentziehung - möglich sind. Für alle Eingriffe, die über das Anhalten und die Aufforderung, sich auszuweisen, hinausgehen, müssen die Schwellen höher gelegt werden, als für das Anhalten. Es

---

773 Auf eine entsprechende Legaldefinition verweisen § 27a SOG MV, § 14 Abs. 3 SOG LSA, § 18 Abs. 7 ASOG Bln, § 11 Abs. 3 BbgPolG und § 12 Abs. 6 NGefAG.

774 Vgl. noch einmal Neumann, Diss., S. 175.

müssen Anhaltspunkte dafür gegeben sein, dass der Betroffene etwas mit der zu bekämpfenden Kriminalität zu tun haben könnte. Diese Anhaltspunkte müssen umso deutlicher sein, je tiefer der Eingriff ist[775]. Eine entsprechende Abstufung nach Art und Schwere des Eingriffs könnte hier lediglich darin gesehen werden, dass über die Grundeingriffe hinausgehende Folgeeingriffe „erforderlich" sein müssen. Unter welchen Voraussetzungen von einer „Erforderlichkeit" auszugehen ist, ist jedoch im Einzelnen der behördlichen Entscheidung überlassen[776]. Allein diese Einschränkung genügt deshalb den Anforderungen nicht. Die Erforderlichkeit ist überdies für jeden Einzeleingriff eine notwendige, aber verfassungsrechtlich nicht hinreichende Voraussetzung[777]. Die Erforderlichkeit ist ein Merkmal des Verhältnismäßigkeitsprinzips, welches bei jeder staatlichen Maßnahme mit Grundrechtsrelevanz zu beachten ist. Die Nennung des Kriteriums der „Erforderlichkeit" bewirkt also keine zusätzliche Einschränkung, denn auf diese Weise werden die rechtsstaatlichen Grenzen der Vorfeldermittlung nicht am Wortlaut des Gesetzes deutlich gemacht[778].

Auch kann sich nicht auf die Möglichkeit verfassungskonformer Auslegung mit dem Argument zurückgezogen werden, die Gerichte seien grundsätzlich zur Auslegung von Normen berechtigt und verpflichtet, soweit diese nicht hinreichend klar sind und seien dies insbesondere, wo für Folgeeingriffe weitere Erforderlichkeitsprüfungen vorgeschrieben sind[779]. Dies verkennt den verfassungsrechtlichen Anspruch des Bestimmtheitsgebotes, die wesentlichen Regelungen selbst zu treffen. Im Ergebnis ist daher festzustellen, dass die neuen Befugnisse zur Identitätsfeststellung aufgrund des Mangels jeglicher gesetzgeberischer Abwägung in Bezug auf die verschiedenen Eingriffsintensitäten dem Bestimmtheitsgebot nicht genügen.

bbb. Befugnisse zur Befragung

Die Rechtsfolgen der neuen Befugnisse sind hinreichend bestimmt. Eingriffe aufgrund dieser Normen sind nur in einer geringen Intensität denkbar, da Folgeeingriffe und Verwaltungszwang, wie sie die neuen Befugnisse zur Identitätsfeststellung ermöglichen, von den Befugnissen zur Befragung nicht vorgesehen sind. Weiterer tatbestandlicher Abstufungen bedarf es deshalb nicht.

---

[775] MVVerfG, LKV 2000, S. 149, 156.
[776] Vgl. 1. Teil, A. I. 3. b.
[777] MVVerfG, LKV 2000, S. 149, 156.
[778] Koch, Diss., S. 97.
[779] So aber Engelken, DVBl. 2000, S. 269.

ee. Zusammenfassung und Vergleich der Modelle

Den verfassungsrechtlichen Anforderungen des Bestimmtheitsgebotes genügen weder die neuen Befugnisse zur Identitätsfeststellung, noch diejenigen zu verdachts- und anlassunabhängigen Befragungen. Hinsichtlich der Bestimmtheit des Tatbestandes geht das Modell der Befragung über dasjenige der Identitätsfeststellung insoweit hinaus, als die Voraussetzung von polizeilichen Lageerkenntnissen bzw. polizeilicher Erfahrung bereits weitaus regelmäßiger in den Wortlaut der Norm aufgenommen wurde. Es bleibt jedoch gleichermaßen hinter den Regelungen zur Identitätsfeststellung zurück, da eine örtliche Beschränkung der Befugnis auf bestimmte Kontrollorte gänzlich fehlt. Insgesamt ist der Tatbestand der Befugnisse zur Identitätsfeststellungen bestimmter, da wenigstens ansatzweise eine materielle Abwägung des Gesetzgebers ersichtlich ist, die sich in der örtlichen Eingrenzung der Ermächtigung durch eine Auswahl prädestinierter Kontrollorte niedergeschlagen hat. Dieses Mehr an Bestimmtheit des Modells der Identitätsfeststellung geht indes durch die Verwendung des Begriffs der „anderen Straßen mit erheblicher Bedeutung für die grenzüberschreitende Kriminalität“ wieder verloren. Dies kann jedoch durch eine gesetzliche Bindung an polizeiliche Erfahrungen und Lagebilder kompensiert werden, wenn durch Regelung von Verfahren und Organisation die Möglichkeit der gerichtlichen Kontrolle derselben gesichert ist. Im Fall der Befugnisse zur Identitätsfeststellung weisen auch die Zweckbestimmungen nicht die notwendige Bestimmtheit auf. Hinreichend bestimmt sind die Normen nur, soweit sie durch einen konkreten und abschließenden Katalog der Straftaten, zu deren Verfolgung die Informationserhebung zulässig sein soll, beschränkt werden oder sie die geschützten Rechtsgüter abstrakt benennen. Legalverweisungen auf gesetzlich definierte Straftatenkataloge - wie sie beim Modell der Befragung auftreten - erscheinen angesichts der geringen Eingriffsschwelle der Befugnisse zur Befragung ausreichend. Die Befugnisse zur Identitätsfeststellung lassen differenzierte Regelungen von Eingriffsschwellen für die grundrechtsintensiven Folgeeingriffe vermissen. Eine Einschränkung durch die „Erforderlichkeit“ der Maßnahme ist nicht ausreichend, da dieser Begriff der Verwaltung weiteren Auslegungsspielraum gewährt.

b. Verhältnismäßigkeit

Der Gesetzgeber hat bei der Schaffung neuer Befugnisse den Grundsatz der Verhältnismäßigkeit zu beachten. Dieser beruht auf dem Rechtsstaatsprinzip und dem Wesen der Grundrechte, die als Ausdruck des allgemeinen Freiheitsanspruches des Bürgers gegen den Staat Beschränkungen nur insoweit gestatten, als diese zum Schutz öffentlicher Interessen unerlässlich sind[780]. An den neuen Befugnisse zu verdachts- und anlassunabhängigen Kontrollen wird vor allem kritisiert, dass sie unverhältnismäßig sind[781]. Die Prüfung dieses Vorwurfs erweist sich als noch deutlich schwieriger und ungewisser, als es die bis jetzt vorliegenden ablehnenden oder zustimmenden Untersuchungen bereits vermuten ließen. Nur ein Grund dafür mag sein, dass nicht immer ausreichend zwischen der Verhältnismäßigkeit der neuen Befugnisse und der Verhältnismäßigkeit der auf Grund dieser vorgenommenen polizeilichen Kontrollen unterschieden wird[782]. Insgesamt haben die Polizeigesetzgeber mit dem Konzept der Gefahrenvorsorge im Anschluss an das Umweltrecht ein Regelungsmodell in Kraft gesetzt, dessen Eingrenzung durch das Verhältnismäßigkeitsprinzip stets Schwierigkeiten bereitet hat[783].

Der Verhältnismäßigkeitsgrundsatz bestimmt, dass gesetzliche Regelungen zur Erreichung eines legitimen Zwecks geeignet und erforderlich sein müssen und die dem Gesetz Unterworfenen nicht übermäßig und unzumutbar belasten dürfen[784]. Auf jeder dieser drei Ebenen der Verhältnismäßigkeitsprüfung sind die verfolgten Zwecke und die zu ihrer Erreichung angewandten Mittel in Relation zueinander zu setzen.

aa. Legitimer Zweck

Der Grundsatz der Verhältnismäßigkeit verlangt, dass der vom Staat verfolgte Zweck als solcher verfolgt sowie das zur Zweckerreichung eingesetzte Mittel als solches eingesetzt werden darf[785]. Eine exakte Beurteilung der neuen Befugnisse anhand dieses Maßstabes kann nur bei Betrachtung der konkret mit ihnen verfolgten Zwecke erfolgen. Das Ergebnis einer solchen Prüfung würde verfälscht, nähme man pauschal an, die neuen Befugnisse verfolgten mit der „Optimierung der Gefahrenabwehr"[786] einen legitimen Zweck bzw. dienten dazu, die Kriminalitätsbekämpfung effizienter zu gestalten. Konkretes Ziel der neuen Befugnisse ist die Stärkung der Inneren Sicherheit durch vorbeugende Bekämpfung der

---

[780] Vgl. zum Erfordernis der Unerlässlichkeit BVerfGE 65, S. 1, 44 und BVerfGE 84, S. 239, 280.

[781] Die Verhältnismäßigkeit der neuen Befugnisse zur Identitätsfeststellung wird verneint bei MVVerfG, LKV 2000, S. 149, 152; Möllers, NVwZ 2000, S. 382, 385, 387; Stephan, DVBl 1998, S. 81, 83 ff., Lisken, NVwZ 1998, S. 22, 23 f.; ausdrücklich bejaht diese Beinhofer, BayVBl. 1995, S. 193, 196 f.; implizite Billigung bei Götz, NVwZ 1998, S. 679, 684.

[782] So auch Möllers, NVwZ 2000, S. 382, 385, dort Fn. 40.

[783] Vgl. nur Neumann, Diss., S. 115 ff.

[784] BVerfGE 17, S. 306, 313 f.; BVerfGE 63, S. 88, 115; BVerfGE 76, S. 1, 51; BVerfGE 69, S. 1, 35; BVerfGE 90, S. 145, 173; BVerfGE 96, S. 10, 23.

[785] Pieroth/Schlink, Staatsrecht II, 17. Aufl., Rn. 279.

[786] So Möllers, NVwZ 2000, S. 382, 385.

grenzüberschreitenden Kriminalität[787]. Auch mit der Verhinderung und Unterbindung von unerlaubter Einreise bzw. unerlaubtem Aufenthalt wird grenzüberschreitende Kriminalität bekämpft. Insbesondere verspricht man sich von den neuen Befugnissen einen Ausgleich für den Wegfall der Schengen-Staaten-Grenzkontrollen. Diese Ziele sollen mittels Strafverfolgung und durch Abschreckung potentieller Täter[788] erreicht werden.

aaa. Schaffung von Ausgleichsmaßnahmen

Unbestritten ist die Stärkung der Inneren Sicherheit Teil der Gefahrenabwehr und legitimes Ziel. Fraglich ist jedoch, ob mittels der neuen Befugnisse zu verdachts- und anlassunabhängigen Polizeikontrollen ein Ausgleich für den Wegfall der Grenzkontrollen nach dem Schengener Abkommen geschaffen werden darf oder ob diesem Ziel Art. 2 Abs. 1 SDÜ entgegensteht. Das SDÜ ist ein völkerrechtlicher Vertrag zwischen Staaten der Europäischen Union, der nicht zum primären Gemeinschaftsrecht gehört. Auch wenn völkerrechtliche Verträge noch nicht den Vorrang des europäischen Gemeinschaftsrechts beanspruchen können und nur auf Grund eines Anwendungsbefehls oder eines Transformationsgesetzes innerstaatlich verbindlich werden, so sind sie doch vom innerstaatlichen Gesetzgeber nach dem Grundsatz der Völkerrechtsfreundlichkeit zu beachten[789]. Ein Verstoß der neuen Befugnisse gegen das SDÜ wäre daher für die Frage ihrer Verhältnismäßigkeit beachtlich.

Seit Inkrafttreten des SDÜ dürfen gemäß Art. 2 Abs. 1 SDÜ die Grenzen der Mitgliedstaaten an jeder Stelle ohne Personenkontrollen überschritten werden. Kritiker der neuen Befugnisse sind der Ansicht, durch diese seien die Polizeikontrollen ins Landesinnere und damit die Grenze ins Hinterland verlegt worden[790]. Im Binnenraum könnten nunmehr an einer „zweiten Grenzlinie“ in Form von „Ersatzgrenzkontrollen“ systematisch grenzpolizeiliche Kontrollen durchgeführt werden[791]. Die neuen Befugnisse dienten damit als im Grenzbereich alltäglich und beliebig versetzbarer Schlagbaum. Zwar sei mit dem SDÜ die ereignisabhängige Kontrolle unmittelbar an der Grenze entfallen. Statt dessen jedoch sei die Befugnis zur Sicherung der „grünen Grenze“ durch ereignisunabhängige Kontrollen im grenznahen Raum erweitert worden, denn nachdem der Schlag-

---

787 Vgl. 3. Teil, A. II. 3. b. aa. eee.

788 Vgl. 3. Teil, A. II. 3. b. aa. eee. Ob es sich bei der Abschreckung um ein Zwischenziel oder um ein Mittel zur Zweckerreichung handelt, kann dahinstehen, da auch die Mittel legitim sein müssen.

789 BVerfGE 73, S. 339, 375; Jarass in Jarass/Pieroth, GG, 6. Aufl., Art. 25, Rn. 1-4.

790 So Lisken, NVwZ 1998, S. 22 f.; a.A. Fischer u.a., BGSG, 2. Aufl., § 2, Rn. 22a.

791 Lisken, NVwZ 1998, S. 22 f.; a.A. Fischer u.a., BGSG, 2. Aufl., § 2, Rn. 22a.; Beinhofer, BayVBl. 1995, S. 193, 195; von Filseck, Die Polizei 1997, S. 70 f.; Pieroth, VerwArch 1997 (Bd. 88), S. 568, 591 f., der jedoch die Unzulässigkeit einer „zweiten Grenzlinie“ betont.

baum gefallen ist, werde die gesamte Grenze als „grüne" behandelt[792]. Der Zulässigkeit dieser Wirkung der neuen Befugnisse stehe nicht nur der Wortlaut des Art. 2 Abs. 1 SDÜ entgegen, nach dem die Binnengrenzen an *jeder Stelle* ohne Personenkontrolle überschritten werden dürfen. Die neuen Befugnisse zu verdachts- und anlassunabhängigen Polizeikontrollen seien auch mit Sinn und Zweck des Art. 2 Abs. 1 SDÜ und dem erklärten Willen der Vertragsparteien unvereinbar[793]. Das Europäische Parlament habe in einer Entschließung zur Zukunft von Schengen bekräftigt, „dass die Abschaffung der Binnengrenzkontrollen nicht als Vorwand für die Einführung systematischer Kontrollen in Grenzgebieten oder für die hermetische Schließung der Außengrenzen dienen" und „die Abschaffung der Kontrollen an den Binnengrenzen nicht Hand in Hand mit der Einführung neuer Verwaltungskontrollen gehen" dürfe[794].

Befürworter der neuen Befugnisse verweisen - diese Schlussfolgerung ablehnend - auf den Unterschied zwischen Kontrollen zur Überprüfung des grenzüberschreitenden Verkehrs und solchen im grenznahen Raum[795]. Bereits die Kommission der Europäischen Union habe festgestellt, dass Art. 2 Abs. 1 SDÜ nicht Personenkontrollen schlechthin, sondern nur die aus Anlass des beabsichtigten Grenzübertritts und unabhängig von jedem anderen Anlass durchgeführten Kontrollen abschaffe. Nur diese unmittelbar an der Grenze stattfindenden Kontrollen würden unmissverständlich vom SDÜ untersagt[796]. Das SDÜ verbiete den Vertragsstaaten jedoch nicht, zu kontrollieren, ob die Ausländer im Landesinnern die jeweiligen Einreisebestimmungen einhalten. Die Mitgliedstaaten behielten vielmehr überall auf ihrem Territorium die Möglichkeit, Kontrollen auszuüben, die Bestandteil interner Kontrollen sind[797]. Dies bestätige der Vorbehalt des Art. 2 Abs. 3 SDÜ[798], nach dem „die Ausübung der Polizeibefugnisse durch die nach Maßgabe des nationalen Rechts zuständige Behörde einer Vertragspartei in dem gesamten Hoheitsgebiet dieser Vertragspartei von der Abschaffung der Personenkontrollen unberührt" bleibt. Das Zusammenspiel der

---

[792] Seebode, Gutachten, S. 4 f.

[793] Lisken, NVwZ 1998, S. 22 f.; ebenso Seebode, S. 4 f.; a.A. Walter, Die Polizei 1999, S. 33, 35; Beinhofer, BayVBl. 1995, S. 193, 195.

[794] BR-Dr. 240/97, S. 4, Ziff. I., 5 und 6; darauf weist auch Walter, Die Polizei 1999, S. 33, 35 hin.

[795] Walter, Die Polizei 1999, S. 33, 35.

[796] Bericht der Kommission an den Rat und das Parlament, abgedruckt in BT-Dr. 12/5141, S. 14 f.

[797] Weingart, BayVBl. 2001, S. 33, 42; Beinhofer, BayVBl. 1995, S. 193, 195; Soria, NVwZ 1999, S. 270.

[798] Weingart, BayVBl. 2001, S. 33, 42; Beinhofer, BayVBl. 1995, S. 193, 195; Soria, NVwZ 1999, S. 270; so auch die Begründung zum Entwurf zum BGS-Änderungsgesetz, abgedruckt in BT-DS 13/10790; a.A. Lisken, NVwZ 1998, S. 22 f.: Der Vorbehalt des Art. 2 Abs. 3 SDÜ solle nicht dazu dienen, Ersatzkontrollen im Landesinnern zu installieren. Er solle vielmehr durch die Feststellung der verbliebenen Polizeihoheit den partiellen Souveränitätsverzicht durch das vereinbarte Ende des Polizeiregiments an den Grenzen unterstreichen.

Absätze 1 und 3 des Art. 2 SDÜ verdeutliche, dass zugunsten eines ungestörten Verkehrsflusses lediglich routinemäßige Personenkontrollen anlässlich des eigentlichen Grenzübertritts unzulässig sind, sonstige Personenkontrollen im Binnenraum jedoch unberührt bleiben[799].

Das Europäische Parlament selbst ist in einer Entschließung zur Funktionsweise und zur Zukunft von Schengen davon ausgegangen, dass die Abschaffung der Binnengrenzen „unter dem Blickwinkel der Sicherheits- und Einwanderungspolitik möglicherweise durch Maßnahmen kompensiert werden muss, die andere, selektivere und gezieltere Formen der stichprobenmäßigen Kontrollen vorsehen“[800]. Die Schengen-Staaten haben in diesem Zusammenhang ein Maßnahmenpaket verabschiedet, demzufolge die jeweiligen nationalen Polizeien im Landesinnern, vor allem auf Hauptverkehrswegen, mehr kontrollieren sollen[801]. Auch haben Frankreich, die Niederlande sowie Österreich Befugnisnormen erlassen, die hinter den Grenzverlauf zurückgezogene Stichprobenkontrollen ermöglichen[802]. Das Schengener Vertragsrecht sowie seine Auslegung und Handhabung durch die Mitgliedstaaten spricht demnach grundsätzlich für die Zulässigkeit verdachtsunabhängiger landesinterner Kontrollmaßnahmen vor dem Maßstab des SDÜ. Neben der unmittelbaren Grenzkontrolle kann sinngemäß allenfalls verboten sein, eine Kontrolle so anzulegen, dass von dieser nur „Grenzübergänger“ betroffen wären. Die neuen verdachtsunabhängigen Kontrollmöglichkeiten knüpfen nicht unmittelbar an den Grenzübertritt an[803] und dienen deshalb nicht als Surrogat für den Abbau der Binnengrenzkontrollen. Dies gilt auch insofern, als die neuen Befugnisse an den *grenz*nahen Raum sowie an den Zweck, *grenz*bezogene Delikte aufzuspüren, gebunden sind[804]. Die neuen Befugnisse sollen den Herausforderungen eines größer gewordenen kriminalgeographischen Raumes gerecht werden. Die Bekämpfung der grenzüberschreitenden Kriminalität kann nicht isoliert von der Verbrechensbekämpfung im Inland betrachtet werden. Zwar erfordert der Schutz der Grenzen besondere grenzpolizeiliche Maßnahmen. Im Rahmen der nationalen Verbrechensbekämpfung gibt es jedoch keinen eigenständigen kriminalgeographischen Raum

[799] Müller-Terpitz, DÖV 1999, S. 329, 334; ebenso Beinhofer, BayVBl. 1995, S. 193, 195; von Fiseck, Die Polizei 1997, S. 70, 73; Pieroth, VerwArch 1997 (Bd. 88), S. 568, 591 f.; Spörl, Die Polizei 1997, S. 217 f.; Weingart, BayVBl. 2001, S. 33, 42; Rachor in HdBPolR, Teil F, Rn. 395.

[800] Abgedruckt in BR-Dr. 240/97, S. 4, Nr. 5.

[801] Vgl. FAZ vom 17. September 1998, S. 4: „Die Schengen-Staaten wollen ihre Außengrenzen besser schützen.“

[802] Vgl. Soria, NVwZ 1999, S. 270 f. mit entsprechenden Nachweisen in Fn. 18.

[803] So auch Walter, Die Polizei 1999, S. 33, 35; Beinhofer, BayVBl. 1995, S. 193, 195; Pieroth, VerwArch 1997 (Bd. 88), S. 568, 591; ebenso Stephan, DVBl. 1998, S. 81, 84 f.: dies gelte uneingeschränkt für die Befugnis des § 26 Abs. 1 Nr. 6 PolG BW, da dort im Unterschied zu den übrigen Regelungen des Modells gerade keine Kontrollen im 30-km-Grenzgebiet erlaubt sind.

[804] A.A. Seebode, Gutachten, S. 4 f.

„Grenze". Die an der Grenze und im Zusammenhang mit der Grenze zu treffenden Maßnahmen sind vielmehr Teil einer kriminalpolitischen Gesamtstrategie. Sofern die Kontrollen nicht dauerhaft und gezielt in Grenzbahnhöfen zu anderen Schengen-Vertragsstaaten stattfinden oder ausschließlich Bürger anderer Mitgliedstaaten betreffen, bestehen gegen die Regelungen im Hinblick auf Art. 2 Abs. 1 SDÜ keine Bedenken[805].

bbb. Abschreckung als Präventivmaßnahme

Fraglich ist jedoch, ob der Gesetzgeber mit der Abschreckung potentieller Täter ein zulässiges Mittel zur Erreichung dieses Ziels eingesetzt hat. Traditionell beruht das klassische Gefahrenabwehrrecht auf dem Handlungsinstrument der direkten Verhaltenssteuerung. Die Polizei versucht durch Inanspruchnahme des „unmittelbaren Verursachers" den Kausalablauf im letzten Moment zu unterbrechen. Die Ursachen von Gefahren hingegen bleiben durch den klassischen Gefahrenabwehreingriff unangetastet. Sie werden vielmehr hauptsächlich durch Rechtsverordnungen zur Abwehr abstrakter Gefahren beseitigt, indem potentiellen Störern aufgegeben wird, die Gefahrenentstehung durch reale Maßnahmen auszuschließen[806]. Mit den neuen Befugnissen ist aus dem eigentlich nur mitlaufenden Abschreckungseffekt von Gefahrenabwehrmaßnahmen ein eigenes Instrument derart gemacht worden, dass der gefahrenabwehrende Effekt nicht mehr durch die Maßnahme selbst erreicht wird, sondern auf dem Weg der Motivsteuerung[807]. Identitätsfeststellungen werden nun nicht erst seit Einführung der neuen Befugnisse zu verdachts- und anlassunabhängigen Kontrollen mit dem unausgesprochenen Zweck der Abschreckung vorgenommen[808]. Denn mit der bloßen Identitätsfeststellung wird man kaum jemals eine Gefahr direkt verhindern können[809]. Die Aufhebung seiner Anonymität kann den Störer allerdings dazu bewegen, auf weitere Aktivitäten zu verzichten. Der Gefahrenabwehreffekt resultiert bei der Identitätsfeststellung also regelmäßig aus der Verunsicherung, die durch die Kontrolle entsteht[810].

[805] So auch Müller-Terpitz, DÖV 1999, S. 329, 335; ebenso Soria, NVwZ 1999, S. 270 f.; a.A. Seebode, Gutachten, S. 4 f., mit der Begründung, kein Vertrag könne sinnvoll so verstanden werden, dass er seine Konterkarierung zulässt. Der Vorbehalt des Art. 2 Abs. 3 SDÜ lasse nur die das Abkommen nicht betreffenden polizeirechtlichen Regelungen der Vertragsstaaten unberührt.

[806] Waechter, DÖV 1999, S. 138, 144.

[807] Waechter, DÖV 1999, S. 138, 144.

[808] Vgl. Rachor in HdBPolR, Teil F, Rn. 117.

[809] Vgl. 3. Teil, A. II. 3. b. aa. ddd. (1) (a).

[810] Waechter, DÖV 1999, S. 138, 139, 144; Rachor in HdBPolR, Teil F, Rn. 117 und 321 m.w.Nw.; vgl. auch 3. Teil, A. II. 3. b. aa. ddd. (1) (b).

Das eingesetzte Mittel der Abschreckung könnte jedoch wegen der tatbestandlichen Unbestimmtheit der neuen Befugnisse unzulässig sein. Die durch die Abschreckung bewirkte Verunsicherung steht im evidenten Widerspruch zu wünschbarer Rechtssicherheit, die selbst das Strafrecht als Magna Charta des Verbrechers dem Straftäter bei den Strafdrohungen zugesteht. Die klassische Abschreckung mit den Mitteln des Strafrechts ist „rechtsstaatlich gebändigt" durch die bestimmte Fassung der Straftatbestände, die Art. 103 GG verlangt. Die Verunsicherung durch präventive Datenerhebung hingegen ist gekennzeichnet durch die Unbestimmtheit der Erhebungsgelegenheit, die Weite der polizeilichen Schutzgüter und die zulässige Verwendungsbreite der Daten, die dem Laien nicht bekannt ist. Mit präventiv-polizeilichen Identitätsfeststellungen soll schließlich nicht in Bezug auf ein bestimmtes Verhalten abgeschreckt, sondern generell verunsichert werden. Der im Strafrecht unverrückbare Grundsatz der Rechtssicherheit gilt jedoch traditionell nicht im Gefahrenabwehrrecht. Der polizeirechtliche Störer durfte vielmehr schon immer unter Rückgriff auf eine weitgehend unbestimmte Generalklausel an der Gefahrenverursachung gehindert werden[811]. Auch andere, seit längerem bekannte Normen im Gefahrenabwehrrecht dienen der Abschreckung und Verunsicherung, so z.B. die Befugnisse zur Videoüberwachung von Ansammlungen[812], zur Bildübertragung von öffentlich zugänglichen Orten[813] und zu Geschwindigkeitskontrollen. Dies gilt auch für Datenerhebungen im Vorfeld konkreter Gefahren zur Bekämpfung der organisierten Kriminalität, mittels derer die Heimlichkeit des gefahrenverursachenden Verhaltens aufgehoben wird, so dass potentielle Täter mit Sanktionen rechnen müssen. Abschreckung ist folglich im Gefahrenabwehrrecht ein grundsätzlich anerkanntes Motiv.

Fraglich ist, ob dies auch gilt, wenn die Abschreckung durch Maßnahmen aufgrund von Befugnissen erzielt wird, die vom Erfordernis jeder Gefahr abgekoppelt sind. In diesem Fall ist zweifelhaft, ob der Eingriff vom Zweck der Polizeigesetze gedeckt ist. Angenommen werden könnte, dass die Angehörigen bestimmter krimineller Szenen im Fall von informationellen Eingriffen im Vorfeld der Gefahr nur deshalb verunsichert sind, weil sie die Strafverfolgung fürchten, die bei einer Razzia im Erfolgsfall mit typischen Strafverfolgungsmaßnahmen wie Festnahmen und dem Erlass von Haftbefehlen einhergeht[814]. Dies mag zutreffen auf diejenigen Betroffenen, die bereits kriminell geworden sind. Jedoch sind von präventiv-polizeilichen Kontrollmaßnahmen regelmäßig auch Personen betroffen, die die bereits geplante Tat noch nicht begangen haben und aufgrund der durch die Kontrolle bewirkten Verunsicherung von deren Ausführung ab-

---

[811] Waechter, DÖV 1999, S. 138, 139.
[812] So z.B. in Fußballstadien; vgl. nur § 32 Abs. 1 NGefAG sowie §§ 12a, 19a VersG.
[813] So z.B. Überwachung von Parkgaragen und Passagen, vgl. § 32 Abs. 5 NGefAG.
[814] So Rachor in HdBPolR, Teil F, Rn. 321.

gehalten werden[815]. Bereits auf dieser tatsächlichen Ebene sind die Grenzen fließend. Darüber hinaus ist festzuhalten, dass immer dann, wenn die polizeiliche Gefahr in der Verwirklichung eines Straftatbestandes besteht, sich die abschreckende Wirkung des Strafrechts und die Verunsicherung durch präventivpolizeiliche Kontrollmaßnahmen in rechtlicher Hinsicht überlagern. So können die Abschreckung und Verunsicherung potentieller Straftäter durch Strafandrohung, Strafverfolgung und Bestrafung auch präventive Züge haben und Repression und Prävention ineinander übergehen[816]. Das Mittel der Abschreckung kann damit nicht vollständig dem strafrechtlichen Bereich zugewiesen werden. Im Ergebnis ist es daher zulässig, die mit der Aufhebung der Heimlichkeit und der Erhöhung des Entdeckungsrisikos verbundene Abschreckung zum Mittel der Gefahrenabwehr zu machen[817].

ccc. Verfolgung von Straftaten

Soweit als Mittel zur Erreichung der mit den neuen Befugnissen verfolgten Ziele die Verfolgung von Straftaten eingesetzt wird, ist dies, wenn auch nicht in formeller[818], so doch in materieller Hinsicht zwingend unzulässig. An sich ist die Verfolgung von Straftaten ein legitimes Mittel. Wird es jedoch - wie hier - im Vorfeldbereich eingesetzt, wird die Grenze des strafprozessualen Tatverdachts im Sinne des § 152 Abs. 2 StPO unterlaufen. Es wurde bereits festgestellt, dass die Beschränkung jedweder Strafverfolgung durch den Anfangsverdacht im Sinne des § 152 Abs. 2 StPO eine feste Grenze darstellt, die sich aus den Grundrechten, insbesondere dem Rechtsstaatsprinzip herleitet[819]. Eine weitere Prüfung der Verhältnismäßigkeit der neuen Befugnisse unter dem Aspekt der Strafverfolgung scheidet daher aus.

bb. Geeignetheit

Das vom Gesetzgeber gewählte Mittel muss zur Erreichung des Zwecks geeignet sein[820]. Das bedeutet nicht, dass das bestmögliche oder denkbar geeignetste Mittel auszuwählen ist. Es genügt vielmehr, wenn aus Sicht des Gesetzgebers die abstrakte Möglichkeit der Zweckerreichung besteht, d.h. die zugelassenen

---

[815] Berner/Köhler, Polizeiaufgabengesetz, 16. Aufl., Art. 13, Rn. 8 weist darauf hin, dass auch die Möglichkeit, dass bereits begangene Straftaten unaufgedeckt bleiben, eine Gefahr für die öffentliche Sicherheit und Ordnung darstellt.
[816] Herrnkind, Unbequem 3/2000, S. 8 f.
[817] So auch Waechter, DÖV 1999, S. 138, 144 f.
[818] Vgl. 3. Teil, A. II. 3. b. bb. bbb.
[819] Vgl. 3. Teil, A. II. 3. b. bb. aaa.
[820] Pieroth/Schlink, Staatsrecht II, 17. Aufl., Rn. 279.

Maßnahmen nicht von vornherein, d.h. schlechthin untauglich erscheinen, sondern dem gewünschten Erfolg förderlich sein können[821]. Liegt diese Voraussetzung vor, hindern unterschiedliche Bewertungen sachverständiger Kreise den Gesetzgeber nicht, ein ihm wirksam erscheinendes Mittel zu ergreifen[822]. Auch eine experimentierende Regelung kann dann verfassungsrechtlich nicht als ungeeignet beanstandet werden[823]. Die Eignungsprognose, die im legislativen Ermessen steht, ist daher nur eingeschränkt überprüfbar. Die Prüfung der Geeignetheit weiter erschwerend kommt hinzu, dass Effekte von kriminalitätsverhütenden Maßnahmen schwer zu messen sind. Selbst bei deutlich bestimmteren Präventionsbefugnissen fällt es der Kriminologie schwer, die Auswirkungen der auf ihnen beruhenden Maßnahmen zweifelsfrei zu festzustellen[824].

aaa. Befugnisse zur Identitätsfeststellung

Vor diesem Maßstab steht die Eignung der neuen Befugnisse zur Identitätsfeststellung nicht in Frage, denn mit Hilfe der mit einer verdachts- und anlassunabhängigen Identitätsfeststellung verbundenen abschreckenden Wirkung können die angestrebten Zwecke zumindest gefördert werden. Die abschreckende Wirkung ergibt sich insbesondere aus den drohenden Folgemaßnahmen. Trotz großer Streubreite sind die neuen Befugnisse zur Identitätsfeststellung nicht schlechthin ungeeignet zur Stärkung der Inneren Sicherheit durch Bekämpfung der grenzüberschreitenden Kriminalität[825]. Dies gilt um so mehr, als die Befugnisse zur Identitätsfeststellung Kontrollen gerade auf den für die grenzüberschreitende Kriminalität maßgeblichen Verkehrswegen[826] sowie im Grenzgebiet und in Einrichtungen des internationalen Verkehrs vorsehen.

Die Eignung kann den neuen Befugnissen zur Identitätsfeststellung auch nicht unter Hinweis auf fehlende polizeiliche Erfolge abgesprochen werden[827]. Zum einen sind statistische Erhebungen stets interpretationsbedürftig und werden im

---

821 BVerfG, NJW 1971, S. 1603; ebenso Jarass in Jarass/Pieroth, GG, 6. Aufl., Art. 20, Rn. 84.

822 BbgVerfG, LKV 1999, S. 450, 453.

823 MVVerfG, LKV 2000, S. 149, 155.

824 Waechter, DÖV 1999, S. 138, 143.

825 So auch MVVerf, LKV 2000, S. 149, 155; Engelken, DVBl. 2000, S. 269, 270.

826 Nach Ansicht von Walter, Die Polizei 1999, S. 33, 34 gelten Bundesautobahnen und gut ausgebaute Bundes- und Staatsstraßen in kriminellen Kreisen u.a. als ideale Anfahrts-, Schleusungs- und Fluchtwege mit relativ geringem Entdeckungsrisiko. Die Erfahrungsberichte der Polizei im Grenzbereich zu den Nachbarländern der BRD machten deutlich, dass "Rechtsbrecher jeder Couleur" die moderne Verkehrsinfrastruktur für ihre kriminellen Machenschaften durch unerkanntes und unbehelligtes Mitschwimmen im Massenverkehr nutzen würden.

827 Möllers, NVwZ 2000, S. 382, 385; skeptisch auch Stephan, DVBl. 1998, S. 81, 83 f. und Waechter, DÖV 1999, 138, 143 f.

konkreten Fall auch tatsächlich verschieden interpretiert[828]. Sie genügen aber auch deshalb selten den Standards der Rechtstatsachenforschung, weil der allgemeinen Unsicherheit des Verwaltungsrechts über tatsächliche Steuerungserfolge[829] auch das Polizeirecht nicht entgeht[830]. Jedenfalls ist ein solches Argument allenfalls rechtspolitisch von Belang, während es den Charakter der verfassungsrechtlichen Geeignetheitsprüfung verfehlt. Diese ermächtigt die Gerichte nicht zur Suche nach einer optimalen Verwirklichung gesetzgeberischer Ziele, sondern zieht eine Grenze des Nachvollziehbaren, die durch die vorliegenden Regelungen nicht überschritten wird.

bbb. Befugnisse zur Befragung

Erhebliche Zweifel jedoch bestehen an der Geeignetheit der neuen Befugnisse zur Befragung. Diese gründen sich zunächst darauf, dass die Befugnisse zur Befragung regelmäßig, d.h. mit Ausnahme von § 22 Abs. 1a BGSG und § 14 Abs. 3 S. 4 SOG LSA, keine Auskunftspflicht begründen[831]. Weiter, so wird vertreten, komme es für die Eignung der Befugnisse zur Erreichung der angestrebten Zwecke darauf an, ob die Polizei im Fall einer misslungenen Befragung weitere Maßnahmen ergreifen darf. Nur dann könne wirksam abgeschreckt und verunsichert werden. Erlaube die Befugnis keine Folgemaßnahmen, könne sich nämlich jede Person der Kontrolle dadurch entziehen, dass sie ihre Ausweispapiere nicht mit sich führt. So könnten sich insbesondere diejenigen einer Kontrolle entziehen, die nicht kontrolliert werden wollen. Damit ginge fast jeder Abschreckungs- und Verunsicherungseffekt verloren[832]. Gestritten wird darüber, ob die bloße Möglichkeit der Inaugenscheinnahme, die eine Sichtung von Gegenständen in Taschen und Koffern nicht mit einschließt, im gleichem Maße wie eine Durchsuchungsbefugnis eine wirksame Kontrolle erlaubt[833]. Einig ist man lediglich darüber, dass bloße Personenkontrollen zur Bekämpfung grenzüberschreitender Kriminalität nicht ausreichen und erst die Ergänzung durch Sichtkontrol-

---

[828] Vgl. nur die Erfolgsmeldungen bei Walter, Die Polizei 1999, S. 33, 38 f.; Waechter, DÖV 1999, S. 138, 143 hält insgesamt die Zahl der bekannten Ausgangstatsachen und ihre Aussagekraft für so gering, dass eine hohe Erfolgsquote der Eingriffe weder repressiv noch präventiv zu erwarten sei.; Auch Rachor in HdBPolR, Teil F, Rn. 372 m.w.Nw., hält die veröffentlichten Statistiken für „nicht hinreichend aussagekräftig“.

[829] Dazu Vosskuhle, VerwArch 1994 (Bd. 85), S. 567 ff.; Möllers, VerwArch 1999 (Bd. 90), S. 187, 204.

[830] Möllers, NVwZ 2000, S. 382 f.

[831] Vgl. Mahlmann, LKV 2001, S. 102, 104.

[832] Waechter, DÖV 1999, S. 138, 143.

[833] Verneinend der Vertreter des Landespolizeipräsidiums im Hessischen Ministerium des Innern und für Sport in seiner Stellungnahme zu § 27a SOG MV, abgedruckt in MV LT-Dr. 3/2337; a.A. die Begründung des Gesetzesentwurfes, LT MV Dr. 3/3049, S. 20.

len von Fahrzeugen der Polizei die Mittel in die Hand gibt, diese Form der Kriminalität wirksam zu bekämpfen[834].

Die vom Berliner Datenschutzbeauftragten vorgenommene Überprüfung der Unterlagen für die „Anordnung einer Schleierfahndung“ hat ergeben, dass den Anforderungen an eine solche Anordnung[835] nur in einem Fall - und auch in diesem nicht vollständig - Rechnung getragen wurde. Insbesondere wurden die Lageerkenntnisse, auf die sich die Anordnung stützen sollen, nur sehr diffus dargestellt[836]. Nach Einschätzung des Berliner Polizeipräsidiums können die entsprechenden Kontrollmaßnahmen zur Zeit nicht als erfolgreich bezeichnet werden[837]. Auch der Berliner Beauftragte für Datenschutz und Akteneinsicht schätzt die ersten Erfahrungen mit dem neuen Instrumentarium als „nicht sehr beeindruckend“ ein[838]. Die Berliner Senatsverwaltung für Inneres hält die bisherigen Ergebnisse laut Jahresbericht 2000 des Berliner Beauftragten für Datenschutz und Akteneinsicht „sogar für ernüchternd“[839]. Die Maßnahmen hätten bisher in keinem Fall ihrem eigentlichen Zweck - der Bekämpfung der grenzüberschreitenden Kriminalität - gedient. Vielmehr seien in erster Linie Verkehrsordnungswidrigkeiten und -straftaten geahndet worden. Zum Teil seien auch Strafanzeigen gefertigt worden, z.B. wegen Verstoßes gegen das Ausländergesetz. Diese hätten aber in keinem Fall Delikte betroffen, deren Bekämpfung Anlass für die Anordnung der Kontrollen war[840].

Im Ergebnis weisen jedoch selbst Kritiker darauf hin, dass die gesetzgeberische Eignungsprognose auch hier nur eingeschränkt überprüfbar und ein legislatorischer Ermessensfehler nicht ersichtlich ist, auch wenn sich die Befugnisse zur Befragung - soweit keine Folgemaßnahmen erlaubt sind - „hart an der Grenze der Ungeeignetheit“[841] bewegen. Der Umstand der geringen Geeignetheit der Befugnis muss jedoch bei der Prüfung ihrer Angemessenheit berücksichtigt werden[842]. Denn das Rechtsstaatsprinzip verbietet belastende Gesetze, die zur Erreichung der Gesetzeszwecke schlechthin untauglich sind und fordert, dass der Einzelne vor unnötigen Eingriffen der öffentlichen Gewalt bewahrt bleibt[843].

---

834 Begründung des Gesetzesentwurfes zu § 27a SOG MV, MV LT-Dr. 3/3049, S. 27.
835 Vgl. insofern 1. Teil, B. I. 1.
836 So der Berliner Beauftragte für Datenschutz und Akteneinsicht, Jahresbericht 2000, S. 58 f.
837 So die Auskunft des Polizeipräsidenten von Berlin mit Schreiben vom 24. August 2001.
838 Vgl. Berliner Beauftragter für Datenschutz und Akteneinsicht, Jahresbericht 2000, S. 58 f.
839 Vgl. Berliner Beauftragter für Datenschutz und Akteneinsicht, Jahresbericht 2000, S. 58.
840 So der Berliner Beauftragter für Datenschutz und Akteneinsicht, Jahresbericht 2000, S. 58 sowie Ansicht des Polizeipräsidenten von Berlin laut Schreiben vom 24. August 2001.
841 Waechter, DÖV 1999, S. 138, 143; ebenso Mahlmann, LKV 2001, S. 102, 104 sowie Schütte, ZRP 2002, S. 393, 399.
842 So auch Waechter, DÖV 1999, S. 138, 147.
843 BVerfG, NJW 1964, S. 1219 ff. ; BVerfG, NJW 1971, S. 1603.

Ist eine Befugnis überhaupt nicht effektiv, ist es dem Bürger nicht zuzumuten, sich einer sinnlosen und damit willkürlichen Kontrolle auszusetzen.

ccc. Evaluierungserfordernis

Die im wissenschaftlichen Schrifttum geäußerten Zweifel an der Eignung der neuen Befugnisse zur Stärkung der Inneren Sicherheit durch Bekämpfung der grenzüberschreitenden Kriminalität sollten für den Gesetzgeber jedoch Anlass sein, die Wirksamkeit der einschlägigen Regelungen zu beobachten[844]. Zwar kann eine experimentierende Regelung verfassungsrechtlich nicht beanstandet werden, wenn hinter der gesetzgeberischen Einschätzung die ernsthafte und begründete Erwartung eines Erfolges steht; dem experimentierenden Charakter einer Norm aber entspricht ihre begleitende Beobachtung[845]. Die Befristung als strukturelle Vorkehrung der parlamentarischen Kontrolle dient dem zusätzlichen Schutz der Rechte Betroffener[846]. In diesem Sinne hat sich auch der Bayerische Landesbeauftragte für den Datenschutz an den Bayerischen Staatsminister des Innern gewandt und erklärt, dass er es für notwendig halte, „dass durch geeignete Maßnahmen Erforderlichkeit und Wirksamkeit der verdachtsunabhängigen Kontrollen überprüft werden (Evaluierung)“[847]. Der Innenminister lehnte dies mit der Begründung ab, die „geforderte Evaluierung verursache einen unvertretbar hohen Verwaltungsaufwand. Im übrigen seien die betreffenden Kontrollen einer einheitlichen statistischen Auswertung nur schwer zugänglich.“ Dies stellt der Bayerische Landesbeauftragte zu Recht in Frage: „Da es dem Innenministerium trotz der von ihm gesehenen Schwierigkeiten möglich ist, auf Erfolgsbilanzen dieser polizeilichen Kontrollbefugnis zu verweisen, sollte auch eine ausreichende Unterrichtung z.B. des Landesbeauftragten für Datenschutz über Zahl und Ort der getroffenen Maßnahmen sowie ihre Ergebnisse möglich sein.“[848] Dass eine solche Evaluierung nicht ausgeschlossen ist, zeigt der für § 19 Abs. 1 Nr. 5 SächsPolG eingerichtete § 19 Abs. 1a SächsPolG sowie die Befristung des § 22 Abs. 1a BGSG, die zu Aussagen darüber zwingen sollen, ob sich das Instrument in seiner konkreten Ausgestaltung bewährt[849]. Für die Notwendigkeit einer Evaluierung im Fall der neuen Befugnisse spricht nicht zuletzt, dass sich das Polizeirecht nicht beliebig um Eingriffsbefugnisse anreichern und später -

---

[844] Den Beitrag von Evaluations- und Berichtspflichten zur weiteren Rationalisierung des polizeilichen Handelns hebt auch das SächsVerfGH, DVBl. 1996, S. 1423 ff. hervor.

[845] MVVerfG, LKV 2000, S. 149, 155.

[846] Rommelfanger/Rimmele, Polizeigesetz, § 19, Rn. 20.

[847] 19. Tätigkeitsbericht des Bayerischen Landesbeauftragten für den Datenschutz, Berichtszeitraum 1999/2000, S. 65.

[848] 19. Tätigkeitsbericht des Bayerischen Landesbeauftragten für den Datenschutz, Berichtszeitraum 1999/2000, S. 65.

[849] Vgl. BT-PlPr. 13/244, S. 22631.

bei Beseitigung der spezifischen Gefahrenlage - wieder entschlacken lässt. Vielmehr dürften Erweiterungen der Eingriffsmöglichkeiten die Zeit ihres Anlasses regelmäßig überdauern[850].

cc. Erforderlichkeit

Auch bei der Prüfung der Erforderlichkeit des Mittels zur Erreichung des angestrebten Ziels ist verfassungsgerichtliche Zurückhaltung geboten. Dem Gesetzgeber steht angesichts des großen Spektrums drohender Gefahren ein breiter Beurteilungsspielraum darüber zu, welche Befugnis er dem Polizeivollzugsdienst zur effizienten Aufgabenerfüllung einräumen will[851]. Die Erforderlichkeit der neuen Befugnisse kann daher nur bei eindeutiger Feststellung eines gleich wirksamen, jedoch weniger eingriffsintensiven Mittels verneint werden[852].

aaa. Ausgleichsmaßnahmen nach dem SDÜ

Die Erforderlichkeit der neuen Befugnisse zur Schaffung eines Ausgleichs für durch den Wegfall der Grenzkontrollen möglicherweise entstandene „Sicherheitslücken" steht zunächst insoweit in Frage, als das SDÜ selbst Ausgleichsmaßnahmen zur Vorbeugung von Sicherheitsdefiziten regelt[853]. Dazu gehören unter anderem eine intensivierte polizeiliche Zusammenarbeit der Vertragsstaaten, eine gemeinsame Fahndungsdatei - das sogenannte „Schengener Informationssystem" (SIS) -, die polizeiliche Nacheile und die grenzüberschreitende Observation bei der Verfolgung von Straftaten sowie einheitliche Mindeststandards bei der Bekämpfung der Betäubungsmittelkriminalität[854]. Schließlich haben sich die Vertragsstaaten zu qualifizierten Kontrollen an den Außengrenzen des „Schengen-Raumes" verpflichtet. Zum „Schengen-Standard" der Außengrenzkontrollen gehört gemäß Art. 6 Abs. 2 SDÜ unter anderem, dass bei allen einreisenden Personen eine Identitätsfeststellung sowie bei allen einreisenden Drittausländern auch eine fahndungstechnische Überprüfung vorgenommen wird[855]. Die Notwendigkeit der neuen landesrechtlichen Regelungen wird überdies angesichts einer Fülle von Abkommen und Verträgen, die sowohl innerhalb der Eu-

---

[850] So schon Hoffmann-Riem, JZ 1978, S. 335.

[851] BVerfGE 90, S. 145, 172 f. m.w.Nw.

[852] Möllers, NVwZ 2000, S. 382, 385 m.w.Nw.

[853] Zweifel bei Stephan, DVBl. 1998, S. 81, 84 f.; ebenso bei Mahlmann, LKV 2001, S. 102, 105, der die Erforderlichkeit jedoch im Ergebnis wegen der Einschätzungsprärogative des Gesetzgebers bejaht.

[854] Entsprechende Aufzählungen bei Stephan, DVBl. 1998, S. 81, 84 f.; von Filseck, Die Polizei 1997, S. 70 f.; Beinhofer, BayVBl. 1995, S. 193 f.

[855] Beinhofer, BayVBl. 1995, S. 193, 195.

ropäischen Union als auch zwischen der Europäischen Union und den Staaten des ehemaligen Ostblocks als „Ausgleichsmaßnahmen" zum Wegfall der binneneuropäischen Grenzen geschlossen wurden, in Frage gestellt[856].

Dass diese Maßnahmen eine ausreichende Kompensation für den Fortfall der Grenzkontrollen bieten, wird - mehr oder weniger dezidiert - bestritten. Nacheile und grenzüberschreitende Observation im Sinne der Art. 39 ff. SDÜ könnten in ihrer jetzigen Ausgestaltung im Wesentlichen nur als symbolische Abschreckungs- und Verfolgungsmöglichkeiten verstanden werden, denn sie erfassten nicht das einschlägige Sicherheitsproblem[857]. Die Harmonisierung der Sichtvermerkspolitik gemäß Art. 9 ff. SDÜ und die Vereinheitlichung des Asylrechts einschließlich der gegenseitigen Anerkennung asylrechtlicher Entscheidungen gemäß Art. 28 ff. SDÜ dienten ganz offensichtlich nicht der effektiven Verfolgung des vorliegenden Gesetzeszwecks. Das Schengener Informationssystem auf Grundlage der Art. 92 ff. SDÜ schließlich entfalte gerade erst durch verdachtsunabhängige Kontrollen die ihm zugedachte Wirkung. Gerade weil die vom SDÜ vorgesehenen Ausgleichsmaßnahmen nicht ausreichten, sei der Vorbehalt des Art. 2 Abs. 3 SDÜ geschaffen worden[858].

Zutreffend ist, dass sich derzeit noch gar nicht abschließend feststellen lässt, ob die Ausgleichsmaßnahmen des SDÜ ausreichend sind oder nicht. Unklar ist bereits, ob sich der Abbau der Personenkontrollen bisher auf das Kriminalitätsvorkommen in den Bundesländern wesentlich ausgewirkt hat[859]. Die präventive Wirkung verbliebener Grenzkontrollen ist darüber hinaus empirisch nicht erfassbar. Bisher kann lediglich vermutet werden, dass sie „den schlecht organisierten Gelegenheitsdelinquenten, keinesfalls aber den überlegt und planerisch vorgehenden Kriminellen beeindrucken"[860]. Aufgrund dessen ist es generell unangebracht - wenigstens aber verfrüht - pauschal zu behaupten, die Ausgleichsmaßnahmen seien ausreichend und müssten nicht durch eine Verschärfung des nationalen Rechts ergänzt werden. Unter Berücksichtigung des dem Gesetzgeber zustehenden Beurteilungsspielraums kann den neuen Befugnissen jedenfalls nicht unter Hinweis auf bereits bestehende Ausgleichsmaßnahmen des SDÜ die Erforderlichkeit abgesprochen werden. Dem nationalen Gesetzgeber ist es vor dem Hintergrund seines Ermessensspielraums auch dadurch nicht verwehrt,

---

[856] Entsprechende Zweifel hat Schmid, LKV 1998, S. 477, 480; vgl. zu den einzelnen Abkommen Mokros in HdBPolR, Kap. O, Rn. 70-78.

[857] Weingart, BayVBl. 2001, S. 33, 35; ders. BayVBl. 2001, S. 69, 73.

[858] Weingart, BayVBl. 2001, S. 69, 73.

[859] Dies verneint Stephan, DVBl. 1998, S. 81, 85 m.w.Nw., der darüber hinaus darauf aufmerksam macht, dass zumindest einige Ausgleichsmaßnahmen nach dem SDÜ in der Praxis erst ihre volle Wirksamkeit entfalten müssen.

[860] Vgl. Kühne, Gutachten, S. 49 f.

selbst tätig zu werden, dass rechtspolitisch länderübergreifende Lösungen anstrebenswert wären[861].

bbb. Vorrang des Art. 2 Abs. 2 SDÜ

Soweit ersichtlich wird allein von *Seebode* vertreten, die neuen Befugnisse erübrigten sich durch die insofern vorrangige Inanspruchnahme des Art. 2 Abs. 2 SDÜ. Gemäß Art. 2 Abs. 2 SDÜ kann ein Vertragspartner nach einer - im Fall des Art. 2 Abs. 2 S. 2 SDÜ sogar entbehrlichen - Konsultation der anderen Vertragspartner die bisherigen Grenzkontrollen wieder durchführen, „wenn die öffentliche Ordnung oder die nationale Sicherheit es erfordern". Die Inanspruchnahme des Art. 2 Abs. 2 SDÜ stelle im Verhältnis zu den neuen Befugnissen zu verdachts- und anlassunabhängigen Polizeikontrollen die mildere Maßnahme dar, weil die traditionellen Grenzkontrollen nicht ereignis- und verdachtsunabhängig seien und nur denjenigen treffen, der einen entsprechenden Anlass setzt[862]. Dem kann nicht gefolgt werden. Zwar ist das Argument, die befristete Wiedereinführung von Grenzkontrollen aus Gründen der nationalen Sicherheit und Ordnung gemäß Art. 2 Abs. 2 SDÜ zwänge den Gesetzgeber zu einer politisch nicht gewünschten Behinderung des grenzüberschreitenden Verkehrs[863], in diesem Zusammenhang nicht von Belang. Jedoch können klassische Grenzkontrollen, die vielmehr den Charakter von Dauer- als von Stichprobenkontrollen haben, nicht allein deshalb als milder eingestuft werden, weil sie durch den Grenzübertritt bedingt sind. Zuzustimmen ist *Seebode* jedoch darin, dass mit der Annahme der Erforderlichkeit mit der Begründung, die Inanspruchnahme des Art. 2 Abs. 2 SDÜ sei europarechtlich unerwünscht und politisch schwer durchsetzbar, für die Frage der Angemessenheit der neuen Befugnisse festzuhalten bleibt, dass die befürchteten Sicherheitsverluste augenscheinlich nicht als schwerwiegend (genug) angesehen werden[864].

ccc. Bereits bestehende Landespolizeibefugnisse

Fraglich bleibt, ob die mit den neuen Befugnissen verfolgten Ziele nicht auch durch verstärkte Kontrolltätigkeit auf der Grundlage bereits bestehender nationaler Polizeibefugnisse realisiert werden können. So ist *Zierke* ganz grundsätzlich der Meinung, dass 95 Prozent aller polizeilichen Tätigkeiten mit den vorhande-

---

[861] Dies zeigt auch der Vorbehalt des nationalen Rechts in Art. 2 Abs. 3 SDÜ; im Ergebnis ebenso Schmid, LKV 1998, S. 477, 480; a.A. Stephan, DVBl. 1998, S. 81, 85, der „länderübergreifende Lösungen aller Vertragsstaaten" für erforderlich hält.

[862] Seebode, Gutachten, S. 14.

[863] So Müller-Terpitz, DÖV 1999, S. 329, 335.

[864] Seebode, Gutachten, S. 14.

nen klassischen Eingriffsbefugnissen der Strafprozessordnung und der Polizeigesetze wirkungsvoll abgearbeitet werden könnten. Für neue Befugnisse bestehe deshalb kein Anlass. Es bestünden vielmehr Anwendungs- und Vollzugsdefizite. Insbesondere fehle eine rechtsstaatliche Evaluation dessen, was sinnvoll und was überflüssig ist[865]. Auch *Becker* weist darauf hin, dass der Polizei mit der Einrichtung polizeilicher Kontrollstellen und der Anordnung sogenannter Razzien bereits nach bisheriger Rechtslage verschiedene Möglichkeiten zur Verfügung stehen, Personen auf ihre Personalien hin zu überprüfen[866]. Gerade im Grenzgebiet und in öffentlichen Einrichtungen des Internationalen Verkehrs existieren zahlreiche gefährliche Orte im Sinne des § 9 Abs. 1 Nr. 2 a ME PolG, an denen es der Polizei schon immer möglich war, Identitätskontrollen vorzunehmen, wenn Tatsachen bzw. tatsächliche Anhaltspunkte für deren Gefährlichkeit vorlagen. Da auch diese Befugnisse verdachts- und anlassunabhängige Kontrollen erlauben, so schließt *Roggan*, wurden die neuen Befugnisse noch nicht in allen Bundesländern für erforderlich gehalten[867].

Wer dergestalt die Erforderlichkeit der neuen Befugnisse bestreitet, verkennt jedoch die den Befugnissen zugrundeliegenden unterschiedlichen Gefahrenlagen. Zwar gestatten sowohl die neuen Befugnisse als auch Befugnisse an „gefährlichen" Orten Personenkontrollen, die gänzlich losgelöst sind von der Gefährlichkeit der kontrollierten Person. Kontrollen an Orten im Sinne des § 9 Abs. 1 Nr. 2a ME PolG verlangen jedoch regelmäßig „Tatsachen bzw. tatsächliche Anhaltspunkte", die diese gefährlich erscheinen lassen. Die neuen Befugnisse zu verdachts- und anlassunabhängigen Personenkontrollen setzen nur in Teilen eine entsprechende dispositionelle Gefahr voraus[868]. Der überzeugende Nachweis, dass die neuen Befugnisse für eine effektive Polizeiarbeit notwendig sind, dürfte trotz allem ebenso schwer fallen wie die stichhaltige Verknüpfung der Befugniserweiterung mit polizeilichen Erfolgsmeldungen. Da eine entsprechende „Beweislast" jedoch angesichts des gesetzgeberischen Spielraums nicht besteht, ist im Ergebnis ein gleich geeignetes, aber milderes Mittel auch im Allgemeinen Polizeirecht nicht auszumachen[869]. Insbesondere kann nicht angenommen werden, die neuen Befugnisse zur Befragung seien im Vergleich zum Modell der Identitätsfeststellung ein gleich wirksames, aber milderes Mittel. Zwar ist das

---

[865] Zierke, DuD 1998, S. 319 und 323; Ministerialdirigent Zierke war zur Zeit der Verfassung seines Beitrages Leiter der Polizeiabteilung im Innenministerium des Landes Schleswig-Holstein.

[866] Becker, Deutsche Polizei 1997, S. 30 f., der dies jedoch im Ergebnis „auf keinen Fall" als Begründung dafür verstanden wissen will, dass polizeirechtlich speziell geregelte ereignisunabhängige Fahndungskontrollen nicht notwendig seien.

[867] Roggan, Polizeistaat, S. 115 mit entsprechenden Nachweisen leugnet aus diesem Grund jeden maßgeblichen Unterschied zwischen den beiden Vorfeldbefugnissen.

[868] Vgl. 2. Teil, B. III. 1. c. und 2.

[869] So auch Möllers, NVwZ 2000, S. 382, 385; MVVerfG, LKV 2000, S. 149, 155; Weingart, BayVBl. 2001, S. 69, 73; Mahlmann, LKV 2001, S. 102, 105.

Modell der Befragung schonender als dasjenige der Identitätsfeststellung. Es ist jedoch aufgrund fehlender Folgeeingriffsmöglichkeiten nicht in gleichem Maße wirksam.

dd. Angemessenheit

Es bleibt die methodisch heikle Prüfung[870] der Verhältnismäßigkeit im engeren Sinne. Gerade im Hinblick auf ihre Angemessenheit sind die verdachts- und ereignisunabhängigen Kontrollen heftig - zum Teil polemisch[871] - umstritten.

aaa. Verfassungsrechtlicher Prüfungsmaßstab

Der Grundsatz der Verhältnismäßigkeit im engeren Sinne, auch Übermaßverbot genannt, der seinen Ursprung im Rechtsstaatsprinzip hat, verlangt, dass der gesetzgeberische Eingriff in einem angemessenen Verhältnis zu Gewicht und Bedeutung des Grundrechts steht und dass bei einer Gesamtabwägung zwischen der Schwere des Eingriffs und dem Gewicht und der Dringlichkeit der ihn rechtfertigenden Gründe die Grenze der Zumutbarkeit gewahrt bleibt. Das Maß der den Einzelnen treffenden Belastung muss in einem angemessenen, d.h. vernünftigen Verhältnis zu den der Allgemeinheit erwachsenden Vorteilen stehen[872]. Bereits die Frage, ob sich dieser allgemeine Maßstab in Form von generell gültigen Kriterien konkretisieren lässt, bereitet erhebliche Schwierigkeiten.

(1) Erfordernis eines Zurechnungszusammenhangs

Umstritten ist, ob jede Grundrechtseingriffe rechtfertigende Norm aus Gründen der Angemessenheit einen Zurechnungszusammenhang herstellen muss zwischen dem betroffenen Bürger und der Gefährdung des zu schützenden Rechtsgutes. Fraglich ist damit, ob es einen Grund dafür geben muss, dass der Einzelne mit der entsprechenden Maßnahme belastet wird.

Das *MVVerfG* geht davon aus, dass eine grundrechtsbeeinträchtigende Befugnis des Gefahrenabwehrrechts nur dann den Anforderungen des Verhältnismäßigkeitsgrundsatzes genügt, wenn sie an einen Zurechnungszusammenhang anknüpft. In einem Zurechnungszusammenhang zeige sich eine verfassungsrecht-

---

[870] Vgl. Pieroth/Schlink, Staatsrecht II, 17. Aufl., Rn. 293 f.

[871] Vgl. Lisken, NVwZ 1998, S. 22 ff. und Schwabe, NVwZ 1998, S. 709 ff.

[872] Jarass in Jarass/Pieroth, GG, 6. Aufl., Art. 20, Rn. 86 m.w.Nw. zur Rechtsprechung des Bundesverfassungsgerichts.

liche Grenze staatlicher Eingriffe[873]. Diese Ansicht hat ganz überwiegend Bestätigung im wissenschaftlichen Schrifttum gefunden. Argumentiert wird, dass der Zurechnungszusammenhang einerseits über die Effektivität der Gefahrenabwehr, andererseits in einer ersten Stufe über die Gerechtigkeit der Lastenverteilung entscheide[874]. Denn die Ausarbeitung von Zurechnungskriterien schaffe generelle Maßstäbe für die Beurteilung der Verhältnismäßigkeit. Die generelle Herstellung einer Verbindung zwischen demjenigen, der den Nutzen zieht und demjenigen, der die Lasten zu tragen hat, bringe einen Gewinn an Gerechtigkeit mit sich, der im selben Maße mit der Verhältnismäßigkeitsprüfung im Einzelfall nicht erreicht werden könne[875].

Dem wird entgegengehalten, dass nicht von vornherein, d.h. gleichsam absolut, rechtsstaatliche Eingriffsschwellen in Form eines Zurechnungszusammenhanges verfassungsrechtlich verlangt werden könnten. Dies könne insbesondere nicht aus der Rechtsprechung des Bundesverfassungsgerichts zur Zulässigkeit der verdachtsunabhängigen Kontrolle der Fernmeldekommunikation gefolgert werden und als universelle Voraussetzung ohne weiteres auf andere Abwägungsprozesse übertragen werden[876]. Das Erfordernis eines Zurechnungszusammenhanges sei eine rein einfachgesetzliche Erkenntnis und könne nicht zu Verfassungsrang erhoben werden. Dies liefe auf die Verallgemeinerung eines einzelnen Abwägungskriteriums und damit auf eine „verfassungsrechtliche Überhöhung" hinaus. Das Vorliegen eines Zurechnungszusammenhanges müsse vielmehr lediglich - als eines neben anderen Kriterien - bei einer Gesamtabwägung berücksichtigt werden[877]. Dieser Ansicht kann nicht gefolgt werden. Das vom *MVVerfG* methodisch aus allgemeinem Polizeirecht und Sonderordnungsrecht hergeleitete Erfordernis eines Zurechnungszusammenhangs hat eine verfassungsrechtliche Grundlage und ist deshalb nicht nur gemeinhin, sondern zwingend die Grenze staatlichen Eingreifens. Die Verfahrensgesetze, zu denen auch die Polizeigesetze zählen, operationalisieren aus verfassungsrechtlichen Gründen bestehende Sozialpflichten, begründen solche jedoch nicht selbst[878].

Die Notwendigkeit eines Zurechnungszusammenhangs wird vielfach aus der „prinzipiellen Vermutung der Redlichkeit von Jedermann" hergeleitet, die dem Grundgesetz als „Konstitutionsprinzip" zu eigen sei[879]. Der Rechtstaat unterscheide sich gerade dadurch vom Polizeistaat, dass er seine Bürger nicht sämt-

[873] MVVerfG, LKV 2000, S. 149, 153; ebenso Waechter, Polizeirecht, Rn. 358.
[874] Waechter, Polizeirecht, Rn. 350 m.w.Nw.
[875] Waechter, Polizeirecht, S. 251 ff.; ders. in LKV 2000, S. 388 f. mit ausführlicher Begründung; a.A. Muckel, DÖV 1998, S. 18 ff.
[876] Engelken, DVBl. 2000, S. 269 f.; a.A. Mahlmann, LKV 2001, S. 102, 107.
[877] Engelke, DVBl. 2000, S. 269 f.
[878] Lisken, DRiZ 2000, S. 272, 275 f.
[879] So Lisken, NVwZ 1998, S. 22, 24; Roggan, Polizeistaat, S. 105.

lich als misstrauenswürdig verstehe[880]. An der Existenz einer solchen Redlichkeitsvermutung wird teilweise gezweifelt[881]. Argumentiert wird, dass, ginge man von einer Redlichkeitsvermutung des Grundgesetzes aus, Kontrollbefugnisse des Staates nur gegeben wären, wenn im Einzelfall Anzeichen dafür vorlägen, dass der Bürger das in ihn gesetzte Vertrauen nicht verdient. Es gäbe keine Handhabe, auf den Gebieten des Sonderordnungsrechts - im Bauordnungsrecht, im Umweltrecht, im Wasserrecht, im Gaststättenrecht, im Lebensmittelrecht, im Recht der technischen Sicherheit, im Atomrecht, im Waffenrecht, im Straßenverkehrsrecht, usw. - Kontrollen unabhängig davon vorzusehen, ob es Anzeichen dafür gibt, dass der Einzelne die maßgeblichen Rechtsvorschriften nicht einhält. Es entspräche jedoch dem verfassungsrechtlichen Auftrag des Staates, die Belange der Allgemeinheit und des Einzelnen auch dadurch zu schützen, dass in den genannten und anderen Bereichen die Möglichkeit von Kontrollen nicht nur zur Abwehr gegebener Gefahren, sondern bereits im Vorfeld geschaffen werden. Dem Staat sei insbesondere dann Risikovorsorge aufgegeben, wenn es potentiell beträchtliche Schäden zu vermeiden gilt[882].

Zunächst ist festzuhalten, dass es eine grundsätzliche Unschuldsvermutung gibt, die im Grundgesetz zwar nicht ausdrücklich statuiert, jedoch im Rechtsstaatsprinzip begründet ist[883] und allgemeiner rechtsstaatlicher Überzeugung entspricht sowie durch Art. 6 Abs. 2 der Europäischen Menschenrechtskonvention auch in das positive Recht der Bundesrepublik Deutschland eingeführt worden ist[884]. Nach dem Menschenbild des Grundgesetzes darf die Polizeibehörde nicht jedermann als potentiellen Rechtsbrecher betrachten[885]. Die Redlichkeitsvermutung verlangt jedoch richtigerweise nicht, dass Personen nur dann durch Kontrollen in ihren Grundrechten beeinträchtigt werden können, wenn sie selbst als Person gefährlich sind. Kontrollen sind also nicht nur dann zulässig, wenn der Betroffene für die Gefahr verantwortlich ist. Richtig erkennt *Waechter* in die-

---

880 So Roggan, Polizeistaat, S. 105 m.w.Nw.; Wesslau, Diss., S. 300, 337.

881 Gegen ein solches Prinzip dezidiert Schwabe, NVwZ 1998, 709, 710 f.; auch das MVVerfG, LKV 2000, S. 149, 153 folgt nicht der Auffassung, aus dem Menschenbild des Grundgesetzes ergebe sich eine Vermutung der Redlichkeit; Müller-Terpitz, DÖV 1999, S. 329, 335 bestreitet gar, dass dem einzelnen durch verdachts- und ereignisunabhängige Eingriffsbefugnisse die Redlichkeit überhaupt abgesprochen wird; entsprechende Befugnisse berücksichtigten vielmehr, dass „sich nicht alle Rechtsunterworfenen normgerecht verhalten". Es ist jedoch genau umgekehrt. Indem alle dem Generalverdacht ausgesetzt werden, sich gerade nicht normgerecht zu verhalten, wird jedem einzelnem von ihnen die Redlichkeit abgesprochen. Ebenso Roggan, Polizeistaat, S. 105.

882 Vgl. nur MVVerfG, LKV 2000, S. 149, 153.

883 BVerfGE 22, S. 254, 265.

884 BVerfGE 19, S. 342, 347; Hund, NJW 1992, S. 2118, 2119 nimmt an, das grundsätzliche Misstrauen gegen den Bürger und seine Rechtstreue ohne entsprechende einzelfallbezogene Anhaltspunkte sei mit der Menschenwürde als oberstem Wert unserer Verfassung nicht vereinbar.

885 BVerwG, DVBl. 1967, S. 778 f.

sem Zusammenhang, dass die Vermutung der Redlichkeit für jedermann geschützt wird, wenn Eingriffe nur aus gerechtfertigten Gründen vorgenommen werden dürfen. Die Beachtung der Verhältnismäßigkeit sichert also die Redlichkeitsvermutung[886]. Dies bedeutet jedoch nichts anderes, als dass irgendein Zurechnungsgrund den Eingriff bei einem nicht persönlich verantwortlichen Betroffenen erklärbar machen muss. Entsprechend liegt auch jeder Inanspruchnahme eines nicht persönlich verantwortlichen Betroffenen im Sonderordnungsrecht ein Zurechnungszusammenhang zugrunde. Kontrollen nach Sonderordnungsrecht knüpfen an eine besondere Verantwortlichkeit des Pflichtigen an[887] und sind dadurch vermeidbar, dass die entsprechende Risikosphäre nicht eröffnet wird[888].

Auch der Gesetzesvorbehalt zum Schutz von Rechten Dritter, unter dem die Grundrechtsgarantie des Art. 2 Abs. 1 GG steht, eröffnet nicht die gesetzliche Möglichkeit zu jeder nützlichen Grundrechtsbeschränkung[889]. Mit dem durch Art. 19 Abs. 2 GG garantierten Wesensgehalt der Grundrechte hat das Grundgesetz bei der Abwägung von Freiheits- und Sicherheitsbelangen bereits ein Minimum an Grundrechtsgarantie vorgegeben, das der Disposition des Gesetzgebers entzogen sein soll. Der Wesensgehalt des Freiheitsanspruches des Einzelnen verlangt, dass der Nicht-Störer von polizeilichen Maßnahmen verschont bleibt, die nicht durch eine hinreichende Beziehung zwischen ihm und der Gefährdung des zu schützenden Rechtsgutes oder eine entsprechende Gefahrennähe legitimiert sind. Ist eine solche Beziehung nicht gegeben, wird gegen das aus dem Rechtsstaatsprinzip folgende Verbot unnötiger Eingriffe verstoßen[890]. Unnötig sind Eingriffe - auch in Form von belastenden Gesetzen -, die zur Erreichung der mit ihnen verfolgten Zwecke schlechthin untauglich sind. Besteht keinerlei Zurechnungszusammenhang, d.h. kein hinreichender Grund für die Kontrolle des konkret Betroffenen, wird diese regelmäßig im höchsten Maße ineffektiv sein. Denn ist die Kontrolle anlassunabhängig, sind Erfolge im Wesentlichen vom Zufall abhängig[891]. Fehlt es an einem Zurechnungsgrund für den Eingriff bei einem „Unbeteiligten“ wird regelmäßig der Wesensgehalt dessen Freiheitsrechte berührt. Das Gebot, den Nicht-Störer weitestgehend von der po-

---

[886] Waechter, DÖV 1999, S. 138, 147, dort Fn. 55.

[887] MVVerfG, LKV 2000, S. 149, 153.

[888] Mahlmann, LKV 2001, S. 102, 107.

[889] Lisken, NVwZ 1998, S. 22, 24.

[890] MVVerfG, LKV 2000, S. 149, 153; ebenso schon BVerfGE 17, S. 306, 313 f. und BVerfGE 30, S. 250, 263.

[891] So auch Mahlmann, LKV 2001, S. 102, 104, 107: Die zweifelhafte Geeignetheit und Erforderlichkeit der neuen Befugnisse zur Befragung für den angestrebten Zweck der Bekämpfung grenzüberschreitender Kriminalität müsse deshalb bei der „Gesamtschau“ insoweit berücksichtigt werden, als man bei einem zweifellos effektiven Mittel zur Erhöhung der Sicherheit Freiheitssphären leichter opfere als bei einem zweifelhaften, bei dem nur der Freiheitsverlust feststeht.

lizeilichen Inanspruchnahme freizuhalten, kann deshalb nicht durch einen Federstrich des Gesetzgebers geändert werden. Ein verfassungsmäßiges Minimum muss auch gegen den politischen Gestaltungswillen, jedermann polizeipflichtig zu machen, um „mehr Sicherheit" zu schaffen, bewahrt werden[892]. Wer die rechtsstaatliche Funktion des Polizeirechts, durch Begrenzung der Eingriffsbefugnisse den Freiheitsraum des Individuums zu sichern[893], generell in Frage stellt, setzt eine Verfassungsänderung voraus.

(2) Abwägung

Einzuräumen ist, dass das Vorliegen eines Zurechnungsgrundes nicht schon allein die Angemessenheit des Eingriffs garantiert. Der Zurechnungsgrund ist notwendige, nicht jedoch hinreichende Bedingung der Angemessenheit einer gesetzlichen Befugnis. Die Auferlegung der Lasten kann gleichwohl unangemessen sein, denn auch im Einzelfall muss die Zurechnung der Lasten verhältnismäßig sein. Dabei gilt der Grundsatz: Je schwächer der Zurechnungsgrund, desto weniger Lasten dürfen dem Bürger auferlegt werden. Oder umgekehrt: je größer die Gefahr, desto eher kann man den Bürger auch aufgrund eines schwachen Zurechnungsgrundes heranziehen. Die Berechtigung von „Ob" und „Wieviel" der Heranziehung einer Person, d.h. der angemessene Ausgleich zwischen Allgemein- und Individualinteressen, den der Gesetzgeber herbeizuführen hat, ist auf Seiten der Gemeinwohlinteressen abhängig vom Wert des bedrohten Rechtsgutes, d.h. dem Gewicht der verfolgten Belange[894]. Dieses Gewicht wiederum hängt maßgeblich davon ab, wie groß die Gefahren sind, denen begegnet werden soll und wie wahrscheinlich ihr Eintritt ist[895]. Kriterien auf grundrechtlicher Seite sind die Gestaltung der Eingriffsschwelle - d.h. die Stärke des Zurechnungsgrundes - sowie der Umfang der eintretenden Belastung, die sich in der Zahl der Betroffenen sowie der Intensität der Beeinträchtigungen widerspiegelt[896].

bbb. Zurechnung im Gefahrenvorfeld

Festgehalten werden kann also bis hierher, dass es für die Rechtfertigung des Eingriffes grundsätzlich eines Zurechnungsgrundes bedarf und die Zurechnung der Lasten auch im konkreten Fall verhältnismäßig sein muss. Noch nicht geklärt ist damit, wo die durch die Zurechnung zu ziehende Grenze verläuft, d.h.

---

[892] Lisken, NVwZ 1998, S. 22, 26.
[893] Götz, NVwZ 1998, S. 679.
[894] MVVerfG, LKV 2000, S. 149, 153.
[895] MVVerfG, LKV 2000, S. 149, 153.
[896] MVVerfG, LKV 2000, S. 149, 153.

wie die Mindestbindung der Kontrolle an gesetzliche Voraussetzungen tatsächlich auszusehen hat. Zur Konkretisierung der entsprechenden Anforderungen sind das Allgemeine Polizeirecht auf seine diesbezüglichen Traditionen und Entwicklungen sowie deren Bewertung in Rechtsprechung und wissenschaftlichem Schrifttum zu untersuchen und anerkannte Zurechnungsgründe für das Gefahrenvorfeld herauszuarbeiten.

(1) Tradition und Entwicklung

Im traditionellen Polizeirecht wurden staatliche Maßnahmen, die mit den Mitteln des Polizeizwangs vollstreckbar waren, grundsätzlich durch die Abwehr konkreter Gefahren und den Umstand legitimiert, dass sie sich gegen den für die Gefahr verantwortlichen Störer richteten. Das sozialschädliche Verhalten des Betroffenen rechtfertigte den ihn belastenden Eingriff[897]. Ausnahmen davon waren in den Polizeigesetzen bis zur Einführung des ME PolG nur unter engen und qualifizierten Bedingungen aus Verhältnismäßigkeitsgründen im Fall des polizeilichen Notstands zulässig. Die dem Nicht-Störer zumutbare Inanspruchnahme[898] diente und dient in diesen Fällen der Abwehr einer sowohl gegenwärtigen als auch erheblichen Gefahr, die weder die Polizei noch ein Störer mit eigenen oder fremden Kräften abwenden kann[899]. Ein individueller Bezug zu der beanspruchten Person besteht allein insofern, als diese in der konkreten Situation - jedenfalls in der Regel - als einzige in der Lage ist, die drohende Gefahr abzuwenden.

Die mit dem ME PolG eingeführten Regelungen zur Datenerhebung und Datenverarbeitung halten an diesem traditionellen System nicht mehr fest. Der Kreis derjenigen, die als Betroffene eines polizeilichen Eingriffs in Frage kommen, hat sich deutlich vergrößert[900]. Eine Zurechnung aufgrund der Verantwortlichkeit des Betroffenen ist bei Vorfeldbefugnissen nicht möglich, da im Gefahrenvorfeld nicht an eine durch einen bestimmten Störer geschaffene Gefahr angeknüpft werden kann. Vorfeldbefugnisse sind durch ihren vollständigen Verzicht auf das Gefahrerfordernis vielmehr darauf angelegt, zumindest auch die Kontrolle von Nichtstörern zur Abwehr von Gefahrensituationen einzusetzen. Eine solche gesetzliche Regelung lässt offen, ob die Kontrollierten rechttreu sind, benutzt diese jedenfalls als Instrument zur Abwehr einer Gefahr, die ihnen nicht - auch nicht ex ante - zugerechnet werden kann. Vorfeldbefugnisse machen den polizeilichen

---

897 Waechter, DÖV 1999, S. 138, 145 mit dem Verweis auf das Institut der „punitive damages“ im Zivilrecht der USA.
898 Gegebenenfalls war dem Nicht-Störer zur Kompensation Entschädigung zu leisten.
899 Alberts, ZRP 1990, S. 147.
900 Ausführlich dazu Koch, Diss., S. 86 ff.

Notstand zum Regelfall[901]. Diese zunehmende Inanspruchnahme des Nicht-Störers ist zum einen auf die immanente Dynamik technischer Prozesse zurückzuführen. Mit der Entwicklung von Datenverarbeitungsprogrammen ergibt sich eine Vielzahl neuer Möglichkeiten der effektiven Nutzung technischer Verfahren, die genutzt werden wollen[902]. Zum anderen haben sich die Staatsfunktionen in den letzten 100 Jahren deutlich gewandelt[903]. Der Staat ist mehr in die Präventions-Pflicht genommen oder hat sich diese selbst zu eigen gemacht. Konsequenterweise fordert er auch die Mittel, den neuen Aufgaben gerecht zu werden. Je mehr sich der Staat jedoch mit Hilfe neuer Instrumentarien der Prävention widmet, „desto mehr werden die Trennwände zwischen ‚Staat' und ‚Gesellschaft' brüchig und die (...) Unterscheidungen zwischen Störer und Nichtstörer verschwinden"[904].

(2) Bewertung in Rechtsprechung und Schrifttum

Dass die Grenze zwischen Störer und Nichtstörer für die Rechtfertigung von Eingriffen verfassungsrechtlich von Bedeutung ist, bleibt zumindest in dieser Abstraktheit allgemein anerkannt[905]. Eine polizeiliche Gefahrerforschung muss daher aus Gründen der Verhältnismäßigkeit grundsätzlich nur nach dem erkennbaren Grad der Gefährdung geduldet werden[906]. In diesem Sinne hat das Bundesverwaltungsgericht vor 30 Jahren judiziert, dass „nach dem Menschenbild des Grundgesetzes die Polizeibehörde nicht jedermann als potentiellen Rechtsbrecher betrachten darf"[907]. Der VGH München hat noch 1985 betont, dass eine generelle Überwachung von Bürgern mit dem freiheitlichen Menschenbild des Grundgesetzes nicht vereinbar ist. Erst wenn konkrete Hinweise vorhanden seien, könnten Überwachungsmaßnahmen greifen[908]. Ebenso hat der Sächsische Verfassungsgerichtshof die „generelle Überwachung von unbeteiligten Perso-

[901] Insoweit ähnlich, freilich über Gebühr zuspitzend Lisken, NVwZ 1998, S. 22, 24.
[902] Alberts, ZRP 1990, S. 147 f.
[903] Alberts, ZRP 1990, S. 147 f.
[904] Alberts, ZRP 1990, S. 147 f.
[905] Möllers, NVwZ 2000, S. 382, 386 mit einer Vielzahl an Nachweisen aus Rechtsprechung und Literatur. Dass die Gefahr eine Grenzmarkierung sei, wird von Stephan, DVBl. 1998, S. 81 f. aus BVerfG, NJW 1995, S. 3110 abgeleitet. Das Bundesverfassungsgericht hat darin festgestellt, die Ermächtigung zur Identitätsfeststellung im Sinne des § 163 b StPO sei nur dann bedenkenfrei, wenn sie voraussetzt, dass die kontrollierte Person einer Straftat verdächtig ist. Stephan schlussfolgert, man könne mit dem Bundesverfassungsgericht davon ausgehen, dass für Identitätsfeststellungen auf Grundlage des § 163 b StPO der Straftatverdacht die äußerste Grenze des verfassungsrechtlich Zulässigen darstellt und im präventiven Bereich die Grenzlinie entsprechend durch den Begriff der Gefahr markiert sei.
[906] Möllers, NVwZ 2000, S. 382, 385 m.w.Nw.
[907] BVerwGE 26, S. 169, 170.
[908] VGH München, DVR 1984, 130 ff.

nen“ und die Gleichstellung von Störern und Nichtstörern als nicht vereinbar mit der Sächsischen Verfassung erklärt[909]. Nicht zuletzt hat jüngst der Verfassungsgerichtshof Brandenburg die „restriktive“ Anwendung von Datenerhebungsbefugnissen bei unverdächtigen „Kontakt- und Begleitpersonen“[910] dahingehend gefordert, dass „als Kontakt- und Begleitpersonen nur Personen mit strafrechtsrelevanten Beziehungen zum Störungsverdächtigen“ erfasst werden dürfen und bei diesen Personen „konkrete Tatsachen für einen objektiven Tatbezug sprechen“ müssen[911]. Die Verfassungsgerichte halten also grundsätzlich strikt an der rechtserheblichen Unterscheidung zwischen dem Verantwortlichen für eine latente oder konkrete Störung einerseits und dem unbeteiligten Nichtstörer andererseits fest. Sie zeigen insgesamt die Grenzen auf, die allen Versuchen, im Interesse einer möglichst totalen Risikovorsorge die klassische Unterscheidung von Störer und Nichtstörer zu überwinden, von Verfassung wegen gesetzt sind.

Allerdings ist inzwischen anerkannt, das es keineswegs so ist, dass die Gefahr den äußeren Rahmen der Datenerhebung vorgibt. Ermittlungen im Gefahrenvorfeld werden vielmehr heute von der Rechtsprechung unter bestimmten Umständen für zulässig gehalten[912]. Insbesondere das Bundesverfassungsgericht hält anlasslose Eingriffe nicht mehr generell für bedenklich, sondern entscheidet nach Abwägung aller Umstände der Verhältnismäßigkeit[913]. Die eigentliche, hier zu stellende Frage ist damit, wann und inwieweit Ausnahmen vom Grundsatz des Gefahrerfordernisses zulässig sind. Sind auch die Vorstellungen von den Kriterien überwiegend schwammig[914], scheint sich doch das Bewusstsein herauszubilden, dass die Spannungslage zwischen den Anforderungen der „Inneren Sicherheit“ und dem Schutz der Freiheitssphäre der Bürger auf der Ebene der Gesetzgebung nur durch Differenzierung der Eingriffsbefugnisse, d.h. durch Vertypung von Verhältnismäßigkeitsanforderungen zu bewältigen ist[915].

(3) Anerkannte Zurechnungsgründe

Im Sinne einer solchen „Vertypung“ haben sich mittlerweile eine Reihe von Zurechnungsgründen sowohl innerhalb als auch außerhalb des Allgemeinen Polizeirechts etabliert[916]. Alle diese Zurechnungsgründe beruhen auf öffentlich-

[909] SächsVerfGH, LKV 1996, S. 273, 280.
[910] Gemäß § 33 Abs. 1 Nr. 3 BbgPolG.
[911] BbgVerfG, LKV 1999, S. 450, 458.
[912] Vgl. BVerfGE 30, S. 1, 29; SächsVerfGH, DVBl. 1996, S. 1423, 1429; jüngst MVVerfG, LKV 2000, S. 149 ff.
[913] Vgl. BVerfG, EuGRZ 1999, S. 389 ff.
[914] So bleiben z.B. auch die Vorschläge von Alberts, ZRP 1990, S. 147, 149 allgemein.
[915] Götz, NVwZ 1998, S. 679.
[916] Vgl. Waechter, Polizeirecht, S. 255 ff.; ders., DÖV 1999, S. 138, 145 f., der Gruppen von Adressaten von Vorfeldmaßnahmen aufzählt und die jeweils zugrundeliegenden Zurech-

rechtlichen Grundpflichten, die sich aus der Gemeinschaftsgebundenheit des Einzelnen in der auf Schutz vor Unrecht und Not verfassten Gesellschaft ergeben. Der in Anspruch genommene Bürger muss also in irgendeiner - und sei es nur in einer schwachen - besonderen räumlichen und/oder zeitlichen Nähe zur polizeilichen Situation stehen[917]. Die aus verschiedenen Gruppen von Vorfeldbefugnissen abgeleiteten Zurechnungsgründe lassen sich wie folgt beschreiben:

(a) Vorfeldbefugnisse zur heimlichen Informationserhebung

Landespolizeigesetze enthalten eine Vielzahl von Vorfeldbefugnissen zur heimlichen Informationserhebung. Zweck dieser Vorfeldbefugnisse ist die vorbeugende Bekämpfung von Straftaten aus dem Bereich der organisierten Kriminalität. Diese Befugnisse ermöglichen Informationseingriffe, wenn Tatsachen bzw. tatsächliche Anhaltspunkte die Annahme begründen, dass Straftaten dieser Art begangen werden sollen. Zu denken ist dabei insbesondere an vergangenes sozialschädliches Verhalten und eine entsprechende Wiederholungsgefahr. Verhält sich also eine Person zwar nicht aktuell sozialschädlich, rechtfertigen jedoch Tatsachen die Annahme, das sie Straftaten begehen wird, muss sie Eingriffe bereits im Vorfeld der konkreten Gefahr dulden.

(b) Vorfeldbefugnisse an polizeilichen Kontrollstellen

Vorfeldbefugnisse an sogenannten „polizeilichen Kontrollstellen" gestatten eine offene verdachtsunabhängige Informationserhebung gegenüber jedermann. Die Befugnis setzt lediglich voraus, dass die Kontrollstelle zur Verhütung von in der Vorschrift aufgeführten gewichtigen Straftaten eingerichtet ist, für deren Begehung tatsächliche Anhaltspunkte vorliegen. Es sind hingegen keine Anhaltspunkte erforderlich, die darauf hindeuten, dass es an dem betreffenden Ort tatsächlich zur Ergreifung von Straftätern kommen wird[918]. Vorfeldbefugnisse an polizeilichen Kontrollstellen werden vereinzelt bis heute als problematisch angesehen[919]. Ganz überwiegend sind sie jedoch als verfassungsgemäß anerkannt. Das dem Bürger auferlegte Sonderopfer ist durch die zeitlich begrenzte Ausnahmesituation gerechtfertigt[920]. Mit der Verhinderung schwerer, akut drohender

---

nungsgedanken beschreibt, so z.B. Ingerenz, persönliche Gefährlichkeit, Eröffnung einer Gefahrenquelle, örtliche und zeitliche Sondersituation.

[917] So auch Lisken in HdBPolR, Teil C, Rn. 28 ff.

[918] Vgl. 2. Teil, A. II. 1.; ebenso Belz/Mussmann, Polizeigesetz, 5. Aufl., § 26, Rn. 15.

[919] Hoffmann-Riem, JZ 1978, S. 335 ff.; Zweifel auch bei Rachor in HdBPolR, Teil F, Rn. 347; für Zurückhaltung bei der Anwendung der Norm plädiert Roos, Polizeigesetz, 2. Aufl., § 10, Rn. 24.

[920] Waechter, DÖV 1999, S. 138, 146; MVVerfG, LKV 2000, S. 149, 153.

Straftaten verfolgt die Befugnis einen Zweck mit besonderer Gemeinwohlbedeutung. Auch ein Nicht-Störer muss in dieser Situation zwecks Erleichterung der staatlichen Aufgabenwahrnehmung Eingriffe hinnehmen[921], da in einer solchen Situation die Solidarpflichten der Bürger höher sind als im Normalzustand. Letztlich handelt es sich daher um eine Notstandssituation[922], d.h. um eine zeitliche Sondersituation, die als Zurechnungsgrund - wenngleich auch als schwacher - anerkannt ist[923].

(c) Vorfeldbefugnisse an „gefährlichen" und „gefährdeten" Orten

Nahezu alle Landespolizeibefugnisse enthalten Vorfeldbefugnisse zu Kontrollen an „gefährlichen" und „gefährdeten" Orten, die vom konkreten Gefahrerfordernis losgelöst sind[924]. Auch diese Kontrollbefugnisse werden teilweise für verfassungsrechtlich nicht eindeutig befunden[925]. Die Befugnisse seien auf die Gefährdung hochwertiger Rechtsgüter zu beschränken, da jedermann solcherlei Orte - wie z.B. Bahnhöfe - aufsuche[926]. Befugnisse zur sogenannten „Ortshaftung" seien deshalb dahingehend verfassungskonform auszulegen, dass generell nur solche Kontrollorte in Frage kommen, an denen Straftaten von erheblicher Bedeutung verabredet, vorbereitet oder verübt werden sollen[927]. Orte, an denen nach polizeilicher Erfahrung lediglich Bagatelldelikte, wie etwa Ladendiebstähle, begangen werden, dürften hingegen nicht als „gefährlich" im Sinne des Polizeirechts verstanden werden[928]. Weitgehend werden die Befugnisse zu Kontrollen an „gefährlichen" und „gefährdeten" Orten jedoch in ihrer jetzt gültigen Fassung mit der Begründung für zulässig erklärt[929], Kontrollen an solchen Orten würden durch eine örtliche Sondersituation gerechtfertigt[930].

---

921 Waechter, DÖV 1999, S. 138, 146.
922 Zutreffend Lisken, NVwZ 1998, S. 22, 26 m.w.Nw. in Fn. 41.
923 Waechter, DÖV 1999, S. 138, 146.
924 Vgl. 2. Teil, A. I.
925 Vgl. noch einmal Hoffmann-Riem, JZ 1978, S. 335, 339.
926 Waechter, Polizeirecht, Rn. 368.
927 Einige Polizeigesetze nehmen die Begrenzung ausdrücklich vor: so diejenigen in Berlin, Brandenburg, Bremen, Hamburg, Hessen, Niedersachsen, Nordrhein-Westfalen und dem Saarland; vgl. Rachor in HdBPolR, Teil F, Rn. 327.
928 So Roggan, Polizeistaat, S. 113.
929 Vgl. Rachor in HdBPolR, Teil F, Rn. 331; beispielhaft seien hier genannt KG NJW 1975, S. 887 ff.; OVG Berlin, NJW 1986, S. 3223 ff.; MVVerfG, LKV 2000, S. 149, 153.
930 Waechter, DÖV 1999, S. 138, 146.

(d) Vorfeldbefugnisse im Sonderordnungsrecht

Auch im Sonderordnungsrecht - z.B. im Bauordnungsrecht, im Umweltrecht, im Wasserrecht, im Gaststättenrecht, im Lebensmittelrecht, im Recht der technischen Sicherheit, im Atomrecht, im Waffenrecht, im Straßenverkehrsrecht, usw. - können Personen unabhängig davon, ob es Anzeichen dafür gibt, dass der Einzelne die maßgeblichen Rechtsvorschriften nicht einhält, in Anspruch genommen werden. Allen verdachtsunabhängigen Eingriffsmöglichkeiten des Sonderordnungsrecht ist gemein, dass sie an die abstrakte Gefährlichkeit des Verhaltens des Pflichtigen - nicht jedoch an dessen persönliche Verantwortlichkeit[931] als Bauherr, als Betriebsinhaber, etc. - anknüpfen.

Dieser Regelungstechnik unterliegt auch § 36 Abs. 5 StVO, mit dem die neuen Befugnisse zu verdachts- und anlassunabhängigen Polizeikontrollen oftmals verglichen werden. § 36 Abs. 5 StVO erlaubt Identitätsfeststellungen, die weder an eine konkrete Gefahr noch an ein bestimmtes Verhalten der Verkehrsteilnehmer anknüpfen, weil Mängel eines Fahrzeuges und dessen unsachgemäße Führung zu großen Schäden führen können. Die Befugnis des § 36 Abs. 5 StVO rechtfertigt sich also aus der besonderen Gefahrenträchtigkeit der Teilnahme am Straßenverkehr[932] bzw. aus der Eröffnung einer Gefahrenquelle[933]. Daraus resultiert, dass sich die polizeiliche Kontrolle auf Zwecke des Straßenverkehrs und die Überprüfung der Verkehrstüchtigkeit des Fahrzeugführers beschränkt[934]. Erlaubt ist die Überprüfung des Führerscheines gemäß § 4 Abs. 2 StVZO und des Fahrzeugscheines gemäß § 24 StVZO auf Echtheit und den Umstand, ob sie zu der vorliegenden Art der Verkehrsteilnahme berechtigen. Die Einsichtnahme in diese Verkehrsausweise hat allein die Funktion, festzustellen, ob der Fahrzeugführer die persönlichen Voraussetzungen für die Teilnahme an der jeweiligen Verkehrsart erfüllt und ob das Fahrzeug ordnungsgemäß zugelassen ist[935]. Dazu gehört auch die Prüfung, ob die Person am Steuer diejenige ist, die mit dem Führerschein die Fahrerlaubnis nachweist[936]. Eine weitergehende Identitätskontrolle zu strafprozessualen oder polizeirechtlichen Zwecken ist wegen des fehlenden inneren Zusammenhanges unzulässig[937].

---

[931] So jedoch das MVVerfG, LKV 2000, S. 149, 153.

[932] Vgl. Jagusch/Hentschel, Straßenverkehrsrecht, 34. Aufl., § 36, Rn. 24; ebenso Stephan, DVBl. 1998, S. 81, 83; Roggan, Polizeistaat, S. 115 f.; Lisken, NVwZ 1998, S. 22, 25.

[933] Waechter, DÖV 1999, S. 138, 146.

[934] Vgl. Jagusch/Hentschel, Straßenverkehrsrecht, 34. Aufl., § 36, Rn. 24; Stephan, DVBl. 1998, S. 81, 83; MVVerfG, LKV 2000, S. 149, 153; Roggan, Polizeistaat, S. 115, der den Zusammenhang zwischen der tatsächlichen Gefährlichkeit und der verschuldensunabhängigen Gefährdungshaftung des § 7 StVG aufzeigt.

[935] Vgl. §§ 2 Abs. 1 StVG, 4 ff. StVZO sowie §§ 16, 18 ff. StVZO; dazu ausführlich Dvorak, JR 1982, S. 446 ff.

[936] Dvorak, Die Polizei 1985, S. 201 f.

[937] Dvorak, Die Polizei 1985, S. 201 f., nach dessen Ansicht die Praxis jedoch anders aussieht, weil die Ausweise tatsächlich nicht nur auf ihre Echtheit überprüft werden, sondern über Funk

(e) Vorfeldbefugnisse im G 10

Außerhalb des Polizeirechts sind verdachtslose Eingriffe auch auf Grundlage des Gesetzes zur Beschränkung des Brief-, Post- und Fernmeldegeheimnisses (G 10) i.V.m. Art. 10 GG zur Aufrechterhaltung der Sicherheit der Bundesrepublik Deutschland gegenüber Gefahren, die nicht vornehmlich personenbezogen sind, zulässig[938]. Der Fernmeldeverkehr darf jedoch durch den Bundesnachrichtendienst bereits seit dem Urteil des Bundesverfassungsgerichts vom 14. Juli 1999 nur überwacht werden, wenn bestimmte Tatsachen die Annahme erhärten, dass jemand Straftaten der bezeichneten Art plant, begeht oder begangen hat. Das nach der Auflage des Bundesverfassungsgerichts geschaffene neue G 10[939] entspricht in seinen zentralen Punkten dessen verfassungsrechtlichen Vorgaben und geht sogar in Teilbereichen über diesen Regelungsauftrag hinaus.

ccc. Angemessenheit der neuen Befugnisse

Überträgt man das bisher Gesagte auf die neuen Befugnisse zu verdachts- und anlassunabhängigen Polizeikontrollen, so ergibt sich, dass der durch diese verursachte Grundrechtseingriff grundsätzlich nur verfassungsrechtlich gerechtfertigt ist, soweit ihm ein anerkannter oder ein diesen vergleichbarer Zurechnungszusammenhang zugrunde liegt, der auch nach seiner Abwägung mit der Stärke des Grundrechtseingriffs einerseits und dem Gewicht der verfolgten Belange andererseits die Lastenverteilung angemessen erscheinen lässt.

(1) Zurechnungsgrund

Keines der beiden hier untersuchten Regelungsmodelle knüpft - wie Vorfeldbefugnisse zur heimlichen Informationserhebung - an eine konkrete bzw. bereits konkretisierte Gefährlichkeit der betroffenen Person an. Ebenso wenig ist Gegenstand der Neuregelungen die abstrakte Gefährlichkeit des Betriebs einer Anlage im weitesten Sinne. Als Rechtfertigungsgründe in Betracht zu ziehen sind jedoch die örtliche und zeitliche Sondersituation.

---

bei der Datenstation angefragt wird, ob über die kontrollierte Person und das Fahrzeug Erkenntnisse vorliegen, ein Haftbefehl erlassen wurde oder ob die Person der polizeilichen Fahndung unterliegt.

938 BVerfGE 100, S. 313 ff.

939 Neufassung des G 10 durch das Gesetz zur Neuregelung von Beschränkungen des Brief-, Post- und Fernmeldegeheimnisses vom 26. Juni 2001, in Kraft getreten am 29. Juni 2001; einen Überblick dazu liefert Huber, NJW 2001, S. 3296 ff.

(a) Örtliche Sondersituation

Den neuen Befugnissen zu verdachts- und anlassunabhängigen Identitätsfeststellungen liegt keine dispositionelle Gefahr zugrunde[940]. Eine örtliche Sondersituation kann daher in ihrem Fall jedenfalls nicht mit der Gefährlichkeit des konkreten Kontrollortes begründet werden. Für die Kontrollbereiche des 30-km-Grenzgebietes, der öffentlichen Einrichtungen des internationalen Verkehrs sowie Bundesautobahnen und Europastraßen hat jedoch der Gesetzgeber entsprechende abstrakte Gefahren gesehen. Das 30-km-Grenzgebiet sowie öffentliche Einrichtungen des internationalen Verkehrs mit direktem Grenzbezug sind räumlich ähnlich begrenzt wie sogenannte „gefährliche Orte“, an denen die abstrakte Gefährlichkeit für einen Eingriff ausreichend ist[941]. Darüber hinaus ist an diesen Kontrollbereichen mit einer über dem Durchschnitt liegenden Häufigkeit von Schadensfällen infolge grenzüberschreitender Kriminalität zu rechnen. Unabhängig von der dogmatischen Einordnung der Befugnisse bestehen daher im 30-km-Grenzgebiet sowie in öffentlichen Einrichtungen des internationalen Verkehrs mit direktem Grenzbezug stets örtliche Sondersituationen[942]. Bundesautobahnen und Europastraßen, alle sonstigen öffentlichen Einrichtungen des internationalen Verkehrs und erst recht „andere Straßen von erheblicher Bedeutung“ hingegen begründen keine örtliche Sondersituation, denn sie sind nicht davon geprägt, dass auf ihnen Kriminalität stattfindet[943]. Es geht nicht an, Anhaltspunkte für die Begehung grenzüberschreitender Kriminalität generell für alle Durchgangsstraßen, Züge und Bahnhofsgelände anzunehmen, denn es kann nicht das ganze Land als gefährlicher Ort eingestuft werden[944].

Neue Befugnisse zur Befragung lassen Maßnahmen zwar im gesamten öffentlichen Verkehrsraum zu, setzen jedoch „polizeiliche Lageerkenntnisse bzw. polizeiliche Erfahrungen“ voraus, die die Begehung grenzüberschreitender Kriminalität befürchten lassen. Sie dienen deshalb - wie Befugnisse an „gefährlichen“ und „gefährdeten Orten“ - der Abwehr dispositioneller Gefahren[945]. Dass es sich bei den Erfordernissen von „Lageerkenntnissen und polizeilicher Erfahrung“ - anders als bei den Begriffen der „Gefahr“ oder des „Gefahrenverdachts“ - nicht um „echte Tatbestandsmerkmale“ handelt[946], solange keine Dokumentationspflicht sowie ein objektiv nachvollziehbares Verfahren zur Ermittlung der ein-

---

[940] Vgl. 2. Teil, B. III. 1. c.

[941] So MVVerfG, LKV 2000, S. 149, 156 jedoch ohne Einschränkung auf den direkten Grenzbezug; ebenso Waechter, DÖV 1999, 138, 146.

[942] In Ergebnis für das Grenzgebiet ebenso: Rachor in HdBPolR, Teil F, Rn. 395.

[943] So MVVerfG, LKV 2000, S. 149, 153, jedoch nicht in Bezug auf öffentliche Einrichtungen des internationalen Verkehrs.

[944] So MVVerfG, LKV 2000, S. 149, 153, jedoch nur für Durchgangsstraßen.

[945] Vgl. 2. Teil, B. III. 2.

[946] Vgl. 3. Teil, B. I. 3. a. bb. aaa. (2) (c) (bb).

griffseröffnenden Lage festgeschrieben ist, kann daran nichts ändern[947]. Denn dies ist eine Anforderung des Bestimmtheits-, nicht jedoch des Verhältnismäßigkeitsgrundsatzes. Kontrollen aufgrund der neuen Befugnisse zur Befragung sind damit - wie Identitätsfeststellungen im 30-km-Grenzgebiet und in öffentlichen Einrichtungen des internationalen Verkehrs mit direktem Grenzbezug grundsätzlich durch den Zurechnungsgrund der örtlichen Sondersituation gerechtfertigt.

(b) Zeitliche Sondersituation

Sowohl Eingriffen aufgrund klassischer polizeilicher Notstandsregelungen als auch Vorfeldbefugnissen an polizeilichen Kontrollenstellen und nach dem G 10 liegen Notstandssituationen zugrunde. Eine Notstandssituation lässt sich stets als zeitliche Sondersituation beschreiben, da sie wesensgemäß der Ausnahmefall, d.h. zeitlich begrenzt ist. Allen Notstandsbefugnissen liegt eine Situation zugrunde, in der die Inanspruchnahme des Nicht-Störers der Abwehr einer sowohl gegenwärtigen als auch erheblichen Gefahr dient, die weder die Polizei noch ein Störer mit eigenen oder fremden Kräften abwenden kann. Daher stellen Vorfeldbefugnisse an polizeilichen Kontrollstellen und solche des G 10 lediglich gesetzliche Konkretisierungen allgemeiner Normierungen von Hilfspflichten in Notlagen dar.

(aa) Vergleich mit anerkannten Notstandsregelungen

Die neuen Befugnisse zur Identitätsfeststellung dienen der Bekämpfung jeder grenzüberschreitender Kriminalität. Von der Norm ist folglich auch die Abwehr von Bagatelldelikten umfasst. Auch „illegaler Aufenthalt" im Sinne des Ausländergesetzes ist ein bloßer Vergehenstatbestand[948], damit nur der leichten Kriminalität zuzuordnen und keinesfalls erheblich[949]. Die zu bekämpfenden Straftaten müssen auch nicht gegenwärtig sein, denn Tatsachen bzw. tatsächliche Anhaltspunkte, die die Annahme begründen, dass grenzüberschreitende Kriminalität zeitnah begangen werden soll, setzt eine solche Identitätsfeststellung nicht voraus.

---

[947] So im Ergebnis auch Mahlmann, LKV 2001, S. 102, 104.

[948] Vgl. § 92 Abs. 1 Nr. 1 AuslG

[949] Zu beachten sind jedoch die deutlich höheren Strafmaße der §§ 92 Abs. 2, 92a, 92 b AuslG, die die unerlaubte Einreise bzw. den unerlaubten Aufenthalt von ausgewiesenen oder abgeschobenen Ausländern sowie das - gewerbs- und bandenmäßige - Einschleusen von Ausländern unter Strafe stellen.

Die Befugnisse zur Befragung verweisen mit der Formulierung „Straftaten von erheblicher Bedeutung“ auf gesetzlich geregelte Straftatenkataloge[950]. Diese umfassen in der Regel Verbrechen[951], aber auch Vergehen, die auf Grund ihrer Begehensweise, ihrer Dauer oder Schwere geeignet sind, den Rechtsfrieden besonders zu stören[952] sowie Ordnungswidrigkeiten, etwa im umweltrechtlichen Bereich oder bei illegaler Beschäftigung[953]. Eine Beschränkung auf qualifizierte Formen der grenzüberschreitenden Kriminalität wird auch hier nicht vorgenommen. Auch die Bindung an polizeiliche Lagererkenntnisse und der Vorbehalt der Anordnung der Maßnahme bringt keine zeitliche Einschränkung der Befugnis mit sich, solange diese Bindung nicht durch weitere Verfahrensregelungen hinreichend objektiviert ist.

Die neuen Befugnisse zeichnen sich im Vergleich zu anerkannten Notstandsregelungen, die nur dann eingreifen, wenn die Begehung eng umschriebener, mit hohen Strafmaßen bedrohter Straftaten gegenwärtig ist, durch deutlich niedrigere Eingriffsschwellen aus. Die Neuregelungen selbst verlangen nicht, dass akute Verletzungen hochwertiger Rechtsgüter zu befürchten sind. Anders als im Fall anerkannter Notstandsregelungen fehlt es an der Intensität und Aktualität der Rechtsgutgefährdung[954]. Im Hinblick auf den Verhältnismäßigkeitsgrundsatz scheint daher eine abweichende Bewertung geboten[955].

(bb) Grenzüberschreitende Kriminalität als gegenwärtige und erhebliche Gefahr

Grundlage der neuen Befugnissen könnte gleichwohl - ohne dass dies Eingang in die gesetzliche Regelung gefunden hätte - eine erhebliche sowie akute Gefahrenlage sein. Seit Abschluss des Schengener Abkommens im Jahre 1985 hat sich eine lebhafte Diskussion über die Auswirkungen der Abschaffung der Grenzkontrollen auf die innere Sicherheit entwickelt[956]. Angelpunkt dieser Diskussion ist die Befürchtung, dass die innere Sicherheit durch die Grenzöffnung nicht unerheblich beeinträchtigt wurde[957]. Zumeist ohne dies zu belegen, d.h. pauschal wird behauptet, die politische Öffnung der ehemaligen Ostblockstaaten, der

[950] So verweist § 18 Abs. 7 ASOG Bln auf § 17 Abs. 3 ASOG Bln, § 11 Abs. 3 BbgPolG auf § 10 Abs. 3 BbgPolG, § 12 Abs. 6 NGefAG auf § 2 Nr. 10 NGefAG, § 14 Abs. 3 SOG LSA auf § 49 SOG LSA sowie § 27a SOG MV auf § 49 SOG MV.
[951] Vgl. § 17 Abs. 3 Nr. 1 ASOG Bln.
[952] Vgl. § 17 Abs. 3 Nr. 2 ASOG Bln.
[953] Vgl. § 17 Abs. 4 ASOG Bln.
[954] So auch MVVerfG, LKV 2000, S. 149, 153 ff.; Waechter, DÖV 1999, S. 138, 146; Mahlmann, LKV 2001, S. 102, 103.
[955] So Koch, Diss., S. 83.
[956] Kühne, Gutachten, S. 11 f.
[957] Kühne, Gutachten, S. 23.

Bürgerkrieg im ehemaligen Jugoslawien sowie die allgemein zu beobachtende Verschärfung der sozialen Situation in einigen südosteuropäischen und afrikanischen Staaten habe eine enorme Wanderbewegung in Richtung Mitteleuropa ausgelöst, deren auffälligstes Zielland innerhalb der Europäischen Union Deutschland aufgrund seiner hochentwickelten Sozialsysteme, seiner liberalen Rechtsordnung und seiner gut ausgebauten Verkehrseinrichtungen sei[958]. Durch den Grenzkontrollabbau infolge des Schengener Abkommens habe sich auch der Druck an den Grenzen zur Republik Polen und zur Tschechischen Republik verstärkt, die als Haupteinfalltore der illegalen Migration und des Kriminalitätsimports bezeichnet werden[959]. Seit die Filterfunktion der Grenzkontrollen durch Abschaffung der Binnengrenzen der Schengen-Staaten wegfallen sei, eröffne sich nach Überschreiten der Schengen-Außengrenzen zu einem der Mitgliedstaaten auf dem Luft-, See- oder Landweg ein im übrigen durch weitere Grenzkontrollen nicht versperrter einheitlicher Raum[960]. Die Liberalisierung des Reiseverkehrs und die feizügigere Gestaltung des Personen-, Waren-, Kapital- und Dienstleistungsverkehrs böten für Kriminelle neue Tatgelegenheiten und günstigere Kriminalitätsstrukturen, denen überregionale und zunehmend gut ausgebaute Straßenverbindungen entgegenkommen würden[961]. Europa sei zu einem einheitlichen kriminalgeographischen Raum vom Mittelmeer bis zum Nordkap und vom Atlantik bis zur Oder geworden, in dem Deutschland aufgrund seiner geographischen Lage eine besondere Stellung einnehme[962].

Gefolgert wird, dass mit dem Fortfall des Binnengrenzfilters eine offenkundige Sicherheitslücke entstanden sei[963]. Die so veränderte Sicherheitslage habe sich mit der Vollmitgliedschaft Griechenlands zum 1. Januar 2000 noch verschlechtert, da sich die Meeresaußengrenzen des Schengenraums erheblich erweitert hätten und nunmehr ein kontrollfreier Fährverkehr auch zwischen Griechenland und Italien möglich sei[964]. Die rasch anwachsende Mobilität des grenzüberschreitenden internationalen Verbrechens fordere sicherheitspolitisch und polizeitaktisch neue, insbesondere mobile Fahndungskonzepte. Dazu bedürfe es eines neuartigen, flexiblen rechtlichen Instrumentariums, das über die bisherigen

---

958 Walter, Kriminalpolitik 1999, S. 290, 292; ähnlich Schwabe, NVwZ 1998, S. 709 f.
959 Walter, Die Polizei 1999, S. 33 f.
960 Walter, Die Polizei 1999, S. 33 f.
961 Walter, Die Polizei 1999, S. 33 f.
962 Von Filseck, Die Polizei 97, S. 70; ebenso Schütte, ZRP 2002, S. 393, 394.
963 So Müller-Terpitz, DÖV 1999, S. 329 f.; Walter, Die Polizei 1999, S. 33; von Filseck, Die Polizei 1997, S. 70; Schwabe, NVwZ 1998, S. 709 f.; Spörl, Die Polizei 1997, S. 217 f.; Beinhofer, BayVBl. 1995, S. 193, 194 f.; wohl auch Schütte, ZRP 2002, S. 393, 394; distanziert Roggan, Polizeistaat, S. 110; a.A. Lisken, NVwZ 1998, S. 22 f.
964 Weingart, BayVBl. 2001, S. 33 f.; vgl. zur weiteren Begründung der „neuen Sicherheitslage" im einzelnen von Filseck, Die Polizei 1997, 70 ff. und Walter, Die Polizei 1999, 33 ff., zum entsprechenden Regelungsanlass bei der Novellierung des BGS-Gesetzes Müller-Terpitz, DÖV 1999, 329, 330 f.

Kontrollbefugnisse hinausgeht und mit dessen Hilfe das Entdeckungsrisiko für gewerbs-, gewohnheits-, serien- oder bandenmäßig oder sonst organisiert begangene Kriminalität in Form der Waffen-, Betäubungsmittel- und Schleuserkriminalität erhöht wird[965]. Der Abbau der Grenzkontrollen nach dem SDÜ sei nur verantwortbar und die darin vereinbarten Ausgleichsmaßnahmen bei der heutigen Mobilität der Straftäter nur sinnvoll, wenn jedenfalls auf wichtigen Durchgangsrouten und in allen Einrichtungen des internationalen Verkehrs verdachtsunabhängige Personenkontrollen durchgeführt werden können[966].

Die Rechtfertigung der neuen Befugnisse mit einer veränderten Sicherheitslage nach dem Abbau der Grenzkontrollen zwischen den Vertragsstaaten des SDÜ ist fragwürdig, da die neuen Befugnisse zwangsläufig zur Folge haben, dass die Polizei auch Personen kontrolliert, die weder die Grenze kürzlich überquert haben noch sie demnächst überqueren wollen[967]. Niemand will jedoch der Polizei zumuten, auf neue Gefahrensituationen nur mit alten, d.h. zum Teil untauglichen Gegenmitteln reagieren zu dürfen. Auch der Sächsische Verfassungsgerichtshof hat bestätigt, dass es Aufgabe des Gesetzgebers ist, das Polizeirecht ständig neuen Gefahrenlagen anzupassen[968]. Fraglich ist jedoch, ob durch den Abbau der Grenzkontrollen tatsächlich eine neue Sicherheitslage eingetreten ist, die so besorgniserregend ist, dass es aus diesem Grund jedem Bürger zugemutet werden kann, sich auf Autobahnen und Autobahnraststätten, auf Bundesstraßen, in Zügen und auf Bahnhöfen ohne konkreten Anlass polizeilichen Kontrollen unterziehen zu lassen. Die Diskussion der Frage, wie sich die Abschaffung der Kontrollen im Rahmen des Schengener Abkommens bzw. der Schaffung des EG-Binnenmarkes auf die innere Sicherheit auswirkt, ist hauptsächlich von polizeilicher Seite und von Vertretern des Bundesinnenministeriums in Gang gebracht worden, während sie auf der Ebene der Europapolitik im Dienste der europäischen Integration bisher eher vernachlässig wurde[969]. Dem entsprechend wird von der die europäische Position in erster Linie repräsentierenden EG-Kommission die heraufbeschworene Gefahrensituation wegen der von ihr favorisierten Vereinheitlichung und Verstärkung der Kontrollen an den EG-Außengrenzen nicht nur bestritten, sondern mit der Begründung der Ineffizienz der bisherigen Grenzkontrollen[970] und der statt ihrer nunmehr erfolgenden Harmonisierung des Rechts und der Vereinheitlichung der Kontrollen sogar ein Zugewinn an innerer Sicherheit prognostiziert[971]. Die polizeiliche Position ist demgegenüber beherrscht von „drastisch gezeichneten Bildern wie der Vorstellung, mit der Abschaffung der innereuropäischen Grenzen komme es zur ‚Euro-Spur

---

965 Walter, Die Polizei 1999, S. 33 ff.
966 Weingart, BayVBl. 2001, S. 69, 76.
967 So MVVerfG, LKV 2000, S. 149, 155.
968 Vgl. SächsVerfGH, JZ 1996, S. 957, 959 f.
969 So Kühne, Gutachten, S. 12.
970 So Kühne, Gutachten, S. 13 f. m.w.Nw.
971 Dies relativierend Kühne, Gutachten, S. 13 f.; ebenso Seebode, Gutachten, S. 3

für Rechtsbrecher und geschlossenen Schranken für die Polizei' und zu der Situation, dass ‚der internationale Verbrecher gemütlich im Super-Schnellzug durch Europa reist, während der Kriminalbeamte mit dem Fahrrad hinterher fährt'"[972]. Der Einfluss von Grenzkontrollen auf die Kriminalitätsbekämpfung wird dementsprechend einhellig[973] als positiv eingeschätzt, ohne dass jedoch differenzierte Ausführungen gemacht würden[974]. Auch werden von Vertretern dieser Auffassung statistische Werte über die Zahl der zurückgewiesenen Ausländer, die illegal einzureisen versuchten, die an der Grenze sichergestellten Rauschgiftmengen und die beanstandeten und zurückgewiesenen Pkw unkritisch als Nachweise der Effektivität der Grenzkontrollen aufgenommen[975]. Hier zeigt sich, dass die geführte Diskussion oberflächlich und von subjektiven Vorurteilen sowie politischen und berufsständischen Interessen verzerrt ist. *Kühne,* der die Auswirkungen des Schengener Abkommens auf die innere Sicherheit im Auftrag des Rheinland-Pfälzischen Innenministeriums[976] umfassend gutachterlich untersucht hat, kommt zu dem Ergebnis, dass der Beitrag der Grenzen zum Erhalt der inneren Sicherheit gemessen an den Grenzschutzstatistiken sowohl qualitativ als auch quantitativ äußerst gering war und insbesondere Grenzkontrollen im Bereich der Schengener Vertragspartner außerhalb von vorbereiteten Fahndungsmaßnahmen nur noch auf der Basis des Zufallsprinzips griffen. Diese Grenze sei kein ernsthaftes Hindernis mehr für Straftäter gewesen und sogar der völlige Kontrollabbau könne die innere Sicherheit nicht merklich beeinträchtigen[977]. Die Umsetzung des Schengener Abkommens ließe keine merkliche Minderung der inneren Sicherheit befürchten. Die Realität an den Westgrenzen vor dem Abbau der Grenzkontrollen sei faktisch dem Zustand der Kontrollfreiheit weitgehend angenähert gewesen. Spezielle Maßnahmen zur Kompensation für Kontrollverluste an der Grenze hielt Kühne aus diesem Grund nicht für notwendig[978]. Selbst wenn es also richtig sein sollte, dass sich zeitlich parallel zur Grenzöffnung die Kriminalitätsrate in Deutschland erhöht hat, handelt es sich um den normalen, konjunkturellen Aufschwung eines Deliktstypus, wie er immer wieder für verschiedene Delikte vorkommt, aber keine notstandsähnliche Situation darstellt[979]. In keinem Fall ist die Gefahr so drängend, dass ihre Ab-

---

[972] Kühne, Gutachten, S. 14 m.w.Nw.

[973] A.A. Seebode Gutachten, S. 3: die Befürchtung, der Wegfall der Grenzkontrollen führe auf dem Gebiet der „inneren Sicherheit" der sog. Schengenstaaten zu Einbußen, wird von Polizeipraktikern nicht einheitlich vertreten wird; ebenso Lisken, NVwZ 1998, S. 22 m.w.Nw.

[974] Kühne, Gutachten, S. 14.

[975] Kühne, Gutachten, S. 15.

[976] In das POG Rheinland-Pfalz ist im übrigen bis heute keine Befugnis zu verdachts- und anlassunabhängigen Polizeikontrollen aufgenommen worden.

[977] Kühne, Gutachten, S. 49.

[978] Kühne, Gutachten, S. 49 f.

[979] So Waechter, DÖV 1999, S. 138, 146.

wendung mit allen Mitteln erfolgen müsste[980]. Der Anstieg der illegalen Einreise und des illegalen Aufenthaltes rechtfertigt derzeit nicht die Annahme einer zeitlichen Sondersituation, die Sonderopfer von jedermann verlangt.

(c) Allgemeine Sozialpflicht zur Steigerung des Sicherheitsniveaus

In den politischen Auseinandersetzungen um die Gesetzesnovellen hat jedoch noch eine andere Erwägung eine Rolle gespielt: es sollte eine grundsätzliche Einstellung zur inneren Sicherheit demonstriert werden[981]. Doch kann den Bürgern eine „allgemeine Soziallast", die in der Pflicht besteht, sich einer anlasslosen Identitätsfeststellung zu unterziehen, zur „Steigerung des Sicherheitsniveaus" auferlegt werden? Vermag sich eine solche Soziallast gegen den Freiheitsanspruch des Einzelnen grundsätzlich durchzusetzen?

(aa) Grundrecht auf Sicherheit

Die Sorge des Staates für die innere Sicherheit ist in der Priorität von Staatsaufgaben allgemein weit nach vorn gerückt. Die innere Sicherheit ist heute eines der höchstbesetzten Güter in der öffentlichen Meinung nicht nur in Deutschland, sondern auch in der Europäischen Union, die sich ausweislich Art. 2, Spiegelstrich 4 und Art. 29 EUV als ein „Raum der Freiheit, der Sicherheit und des Rechts" versteht, in dem die EU ihren Bürgern ein hohes Maß an Sicherheit bieten muss[982]. Diese Entwicklung ist gerade am Polizeirecht nicht spurlos vorübergegangen[983]. Begründet werden Entwicklungen solcher Art mit sogenannten „Schutzpflichten des Staates", die aus dem objektiven Gehalt der Verfassung abgeleitet werden[984]. Die Grundrechte werden nicht mehr nur als subjektive Abwehrrechte gegen den Staat, sondern überdies als objektive Prinzipien interpretiert, die den Staat zum allseitigen Schutz der grundrechtlichen Freiheiten verpflichten und seine sozialgestaltende Tätigkeit auf die Beachtung der grundrechtlichen Prinzipien festlegt[985]. Das Bundesverfassungsgericht hat eine Verfassungspflicht des Staates bejaht, menschliches Leben, Gesundheit und Freiheit vor rechtswidrigen Eingriffen von Seiten anderer zu bewahren. Wie die staatlichen Organe dieser Verpflichtung nachkommen, sei von ihnen grundsätzlich in

---

980 So auch Rachor in HdBPolR, Teil F, Rn. 387 und 389; Nähme man dies jedoch an, müsste wohl von einer Notstandssituationen im Sinne des Art. 2 Abs. 2 SDÜ ausgegangen werden.
981 Herrnkind, Unbequem 3/2000, S. 5 m.w.Nw.
982 Vgl. zur Bedeutung der inneren Sicherheit in der EU auch Pitschas, NVwZ 2002, S. 519 ff.
983 Götz, NVwZ 1998, S. 679.
984 Erstmals BVerfGE 7, S. 198, 205.
985 Vgl. Isensee, Staatsrecht, Bd. 5, 2. Aufl., § 111, Rn. 1, 77 ff.

eigener Verantwortung zu entscheiden[986]. Darauf aufbauend ist ganz allgemein die Existenz eines Grundrechtes auf Sicherheit behauptet worden, das mit dem - zumindest in verfassungsrechtlichen Normallagen - allein vom Staat wahrgenommenen Gewaltmonopol korrespondiere[987]. Wegen ihres Grundrechtes auf Sicherheit könnten die Bürger vom Staat, dem sie Rechtsgehorsam schulden, erwarten, dass er Innere Sicherheit gewährleistet, denn nur in diesem rechtsstiftenden Zustand könnten die grundgesetzlichen Freiheiten ausgeübt werden[988]. Zwischen Freiheit und Sicherheit sei eine konsensfähige Symbiose dadurch herzustellen, dass das Grundrecht auf Sicherheit in Konkordanz zu den übrigen Verfassungsnormen gebracht wird[989]. Mittlerweile ist erkannt, dass die Grundrechte als objektive Gestaltungsprinzipien jedoch nicht überschätzt werden dürfen, weil sich in der verfassungsrechtlichen Anwendung zeigt, dass sie als solche nicht denselben Bindungsgrad wie in ihrer Funktion als subjektive Abwehrrechte entfalten[990]. Die hohe Bindungskraft der Grundrechte als Abwehrrechte liege darin begründet, dass sie als Handlungsverbote nur auf eine einzige Weise erfüllt werden könnten, nämlich durch Unterlassen. Dem entsprechend könne eine Verletzung auch nur auf eine denkbare Weise behoben werden, nämlich durch die rechtliche Annullierung des Staatsaktes. Als Abwehrrechte gelten die Grundrechte damit unmittelbar. Sie können im Verletzungsfall von den Gerichten auf sichere Weise durchgesetzt werden[991]. Im Gegensatz dazu steht für die Erfüllung einer grundrechtlichen Zielvorgabe eine Vielzahl zulässiger Alternativen zur Verfügung. Die Politik hat nach Maßgabe ihrer Prioritäten und Ressourcen darüber zu entscheiden, wie ein grundrechtlicher Handlungsauftrag erfüllt wird. In ihrer Eigenschaft als objektive Prinzipien sind die Grundrechte demzufolge auf gesetzliche Vermittlung angewiesen. Fehlt diese, leitet sich aus ihnen für den Einzelnen kein Anspruch ab, der folglich auch vor Gericht nicht durchgesetzt werden kann[992]. Werden die Grundrechte in ihrer Funktion als objektive Gestaltungsprinzipien zur Rechtfertigung von Risikovorsorge überbewertet, kann dies die Wirkung des Verhältnismäßigkeitsgrundsatzes, die Freiheitsrechte des Bürgers zu sichern, erheblich schmälern. Die Angemessenheit einer Grundrechtsbeschränkung ist dann nämlich allein vom Ausmaß der bekämpften Grundrechtsgefahr abhängig. Ist diese nur groß genug, kann die Eingriffsschwelle für andere Grundrechte mit der entsprechenden Begründung drastisch herabgesetzt werden. Damit wäre für den Vorfeldbereich vorstellbar, dass - erscheint jede einzelne Maßnahme als verhältnismäßig geringfügige Belastung zugunsten eines hochwertigen Rechtsguts erforderlich und angemessen - in der

[986] BVerfGE 46, S. 160, 163.
[987] Vgl. Isensee, Grundrecht auf Sicherheit, S. 33 f.; ablehnend Kniesel, ZRP 1996, 482, 486; Lisken, NVwZ 1998, S. 22, 23.
[988] So Weingart, BayVBl. 2001, S. 69, 76, vgl. dazu auch BVerfG, NJW 1993, S. 1751 ff.
[989] Weingart, BayVBl. 2001, S. 69, 76.
[990] Gusy, Polizeirecht, 4. Aufl., Rn. 77; Denninger, KJ 1988, S. 1 ff.
[991] Vgl. Neumann, Diss., S. 213.
[992] Neumann, Diss., S. 214.

Summe der Einzelmaßnahmen die Möglichkeiten freier Willensentscheidungen mit dem Höchstwert Sicherheit entscheidend beschränkt werden dürfen[993].

(bb) Staatliche Schutzpflicht im Fall der neuen Befugnisse

Diese Erkenntnisse ignorierend behaupteten Befürworter der neuen Befugnisse, die darauf beruhenden Grundrechtseingriffe seien wegen entsprechender staatlicher Schutzpflichten gegenüber allen Bürgern nicht nur verhältnismäßig, sondern angesichts der verfolgten staatlichen Sicherheitsinteressen sogar geboten. Die Sicherheit des Staates als verfasste Friedens- und Ordnungsmacht und die von ihm zu gewährleistende Sicherheit der Bevölkerung seien unverzichtbare Verfassungswerte, die mit anderen im Rang gleichstehen[994]. Dann aber fordere der Rechtsstaat auch die zur Wahrung der verfassungsmäßigen Ordnung notwendigen Institutionen. Die neuen Befugnisse konstituierten eine verfassungsgemäße Pflicht von Jedermann zur Selbstidentifizierung, wie sie aus anderen Gesetzen bereits bekannt ist[995].

Von den Gegnern der neuen Befugnisse hingegen wird bestritten, dass es bei den neuen Befugnissen zur Identitätsfeststellung noch um einen Schutzeingriff zugunsten des Betroffenen oder gefährdeter Dritter ginge. Es solle vielmehr „allgemeine Risikovorsorge" betrieben werden[996]. Freiheit und Sicherheit ständen in einem natürlichen Spannungsverhältnis. Einerseits sei Sicherheit eine Voraussetzung von Freiheit[997]; andererseits die Freiheitssphäre der Bürger ein Sicherheitsgarant[998]. Im Rechtsstaatsprinzip selbst sei diese Gegenläufigkeit von Freiheit und Sicherheit angelegt[999]. Der Freiheit immanente Gefahren dürften deshalb nicht Grund für grenzenlose Kontrollbefugnisse sein, die jedermann

---

993 So Neumann, Diss., S. 214.

994 BVerfGE 49, S. 24, 56 f.; ebenso BayVerfGH, BayVBl. 95, 143, 144; darauf berufen sich Berner/Köhler, Polizeiaufgabengesetz, 16. Aufl., Art. 13, Rn. 8; ebenso Weingart, BayVBl. 2001, S. 69, 76, der das Sicherheitsinteresse für „mindestens gleichwertig" hält und meint, das MVVerfG räume dem Freiheitsbereich des Bürgers, insbesondere seinem Recht auf informationelle Selbstbestimmung gegenüber den Belangen der öffentlichen Sicherheit einen zu hohen Stellenwert ein.

995 So Möllers, NVwZ 2000, S. 382, 386, der insofern einen Vergleich mit dem Melderecht gemäß § 1 MRRG zieht. Alle mit der Kontrolle verbundenen Risiken und Kosten seien jedoch entsprechend den allgemeinen polizeirechtlichen Grundsätzen zur Haftung von Nichtstörern dem Staat aufzuerlegen. Dies gelte auch für diejenigen Schäden oder Kosten, die daraus entstehen, dass der Kontrollierte keine überzeugungskräftigen Papiere bei sich führt, soweit er dazu nicht verpflichtet ist.

996 Lisken in HdBPolR, Teil C, Rn. 33.

997 BbgVerfG, LKV 1999, S. 450, 457 f.

998 Mahlmann, LKV 2001, S. 102, 107.

999 BVerfG, NVwZ 1984, S. 430 f.

zum potentiellen Störer machen, denn dies ende in der Unfreiheit[1000]. Dass die polizeilichen Befugnisse zu Jedermannkontrollen bei Teilen der Bevölkerung auf Zustimmung stoßen, weil sie mehr „Sicherheit“ versprechen, könne sie nicht legitimieren. Das Maß der Freiheit sei nicht unerschöpflich und jedes Mehr an Sicherheit und Kontrollen mindere die Freiheit, welcher wir letztlich unsere Besitzstände verdankten[1001]. Eine angepasste Reaktion des Polizeirechts sei nur unter der Einschränkung geboten, dass daraus nicht seinerseits Gefahren für das rechtsstaatliche Gefüge und den verfassungsrechtlichen Freiheitsschutz aller Bürger entstehen. Der Rechtsstaat leiste sich bewusst Fesseln einer effektiven Gefahrenabwehr: Er nehme in Kauf, dass nicht alle polizeilichen Gefahren bekämpft und nicht alle Straftäter gefasst werden können, weil anderenfalls der Verlust an Freiheitlichkeit für alle zu hoch wäre. Es gehe nicht um maximalen polizeilichen Schutz, sondern um ein Optimum. Wie dieses aussehe, müsse unter Abwägung der legitimen Bedürfnisse nach Schutz durch die Polizei aber auch vor der Polizei in der jeweiligen historischen Situation jeweils neu definiert werden[1002]. Bereits im Hinblick auf die durch § 9 ME PolG geschaffenen Befugnisse sah man teilweise keinen Nachweis erbracht, dass diese durch Sicherheitsbedürfnisse gerechtfertigt wären, die einen höheren Rang als die beeinträchtigten Entfaltungsmöglichkeiten der Betroffenen genössen, und die ohne Schmälerung von Freiräumen nicht hätten befriedigt werden können[1003].

(cc) Maßstab der „Inneren Sicherheit“

Wie die Divergenz der dargestellten Diskussionsansätze zeigt, ist der Begriff der „Inneren Sicherheit“ emotional wie politisch aufs höchste besetzt. Die unterschiedlichen Ansichten über seine Bedeutung ziehen entsprechend divergierende Folgerungen und Wertungen nach sich. Will man nicht dem Vorwurf offenen oder unterschwelligen politischen Wertens ausgesetzt zu sein, muss man den Begriff der „Inneren Sicherheit“ zumindest soweit beschreiben, wie es erforderlich ist, um seine wesentlichen Inhalte zu erkennen[1004]. Dies kann aus Sicht der Verfassung, der Europäischen Menschenrechtskonvention und der Polizeigesetze jedoch verbindlich nur insofern geschehen, als damit die Verpflichtung des Staates zum Schutze von Grundrechten der Bürger vor Verletzungen durch andere Bürger beschrieben wird[1005]. In welchem Ausmaß und mit welcher Intensität dieser Schutz zu gewähren ist, ergibt sich aus dem Begriff der „Inneren Sicherheit“ nicht. Politische Wertungen und weitere Verfassungsprinzipien, insbe-

[1000] Lisken, NVwZ 1998, S. 22.
[1001] Lisken, NVwZ 1998, S. 22, 26.
[1002] Hoffmann-Riem, JZ 1978, S. 335.
[1003] Hoffmann-Riem, JZ 1978, S. 335, 339.
[1004] Kühne, Gutachten, S. 22.
[1005] Kühne, Gutachten, S. 49 mit Ausführungen zur Entwicklung des Begriffsverständnisses.

sondere das Rechtsstaatsprinzip und das Verhältnismäßigkeitsgebot bestimmen die weitere Ausgestaltung. Der Begriff der „Inneren Sicherheit“ kann daher nur als Zielbeschreibung gesehen werden[1006]. Er ist die Beschreibung des Idealzustandes einer vollkommenen Verwirklichung des Rechtsstaates, in dem die Bevölkerung keinen kriminellen Beeinträchtigungen, schweren Unfällen und Katastrophen ausgesetzt ist, wobei dieser Idealzustand in keiner Gesellschaft tatsächlich erreichbar ist[1007]. In welchem Ausmaß und auf welche Art der Staat dieser verfassungsrechtlichen Pflicht nachzukommen hat, erhellt sich nicht gleichsam automatisch. Verbindlich ist nur, dass totaler Rechtsschutz weder gefordert noch erstrebenswert ist, denn die Freiheit vor Eingriffen des Staates würde damit aufgehoben. Auch Art. 29 Abs. 1 EUV verspricht den Unionsbürgern nur ein „hohes Maß an Sicherheit“, nicht jedoch maximale oder gar 100prozentige Sicherheit. Historische Erfahrungen zeigen, dass es keine bekannte Gesellschaftsform ohne Kriminalität gegeben hat, woraus abgeleitet werden kann, dass das totale Ausmerzen von Kriminalität nicht realisierbar ist[1008]. Die Konsequenzen hieraus, d.h. der materielle Inhalt dessen, was innere Sicherheit bedeutet, sind bestenfalls der Tendenz nach erkennbar. Im Detail jedoch herrscht Dunkelheit. Welche und wie viele Delikte braucht unsere Gesellschaft; welche und wie viele kann sie dulden? Wie viel unaufgeklärte Delikte welcher Art sind noch erträglich; welche polizeilichen Eingriffsbefugnisse zur Verbrechensbekämpfung und Verbrechensverhütung sind im Hinblick auf die garantierte Freiheit vor dem Staat zulässig?[1009] Es mag sein, dass das Bundesverfassungsgericht und der Europäische Gerichtshof für Menschenrechte im Laufe der Zeit einige Aspekte dieser mannigfaltigen Fragen einer Lösung zuführen. Augenblicklich jedoch ist die Frage nach einem konkreten Maßstab, d.h. dem notwendigen bzw. wünschenswerten Maß an innerer Sicherheit unter verfassungsrechtlichen, menschenrechtlichen und polizeirechtlichen Gesichtspunkten ungeklärt und damit Gegenstand weitgehend freier Wertungen. Auch dann, wenn diese im juristischen Gewand auftreten, bleiben sie subjektiv und können sich auf keine andere Autorität als ihre eigene Überzeugung berufen. Insofern macht der Gebrauch des Begriffs der „Inneren Sicherheit“ begründungspflichtig, sobald mit ihm sicherheitspolitische Forderungen verbunden werden. Ohne eine solche wertausfüllende Begründung ist die „Innere Sicherheit“ kriminalpolitisch inhaltsleer[1010].

[1006] Wie Pitschas, NVwZ 2002, S. 519, 520 m.w.Nw. feststellt, wird der Begriff der inneren Sicherheit auch im primären Gemeinschaftsrecht nicht definiert.

[1007] Rupprecht, Polizei Lexikon, S. 275.

[1008] Kühne, Gutachten, S. 29 m.w.Nw. geht sogar soweit, anzunehmen, Überlegungen zur normfestigenden Wirkung des Rechtsbruchs und seiner Verfolgung ließen ein gewisses Maß an Kriminalität erforderlich erscheinen.

[1009] Gusy, Polizeirecht, 4. Aufl., Rn. 78.

[1010] Gusy, Polizeirecht, 4. Aufl., Rn. 79; Denninger, KJ 1988, S. 1 ff.; so im Ergebnis auch Kühne, Gutachten, S. 29, 31.

(dd) Aktuelle Bedrohungslage

Auch wenn danach ein rechtsverbindlicher Maßstab für Art und Ausmaß staatlicher Eingriffe zur Steigerung der „inneren Sicherheit“ fehlt, kann ein Blick auf die aktuelle Bedrohungslage unter Umständen Rückschlüsse auf entsprechende Notwendigkeiten zulassen. Aus kriminologischer Sicht konstituiert sich innere Sicherheit aus objektiver Sicherheitslage und subjektivem Sicherheitsgefühl der Bevölkerung[1011]. Objektiv ist nicht konkret zu sagen, ob bei einer Nichtverwirklichung der „Steigerung innerer Sicherheit“ tatsächlich eine Gefahr oder Störung von einigem Gewicht droht[1012]. Niemand hat bisher behauptet oder gar belegt, dass ohne die neuen Kontrollbefugnisse ein Rechtschaos zu besorgen sei[1013]. Eine über die Bedrohung durch den Terrorismus in den 70iger Jahren hinausgehende Gefährdungssituation infolge grenzüberschreitender Kriminalität liegt derzeit wohl nicht vor[1014]. Nach einschlägigen Untersuchungen *Kühnes* ist der Zustand der inneren Sicherheit in der Bundesrepublik Deutschland sogar gut[1015]. Eine akute und gegenwärtige Bedrohung durch grenzüberschreitende Kriminalität ist derzeit nicht ersichtlich[1016]. Im Rahmen dieser Untersuchung kann nicht geklärt werden, ob sich die allgemeine Sicherheitslage infolge der Terroranschläge vom 11. September 2001 in den Vereinigen Staaten von Amerika im allgemeinen und in Deutschland im besonderen gravierend verschlechtert hat. Die Gefahren, die vom Terrorismus ausgehen, dürfen nicht unterschätzt werden. Unabhängig von ihrem Ausmaß und ihrer Aktualität ist jedoch ist festzustellen, dass zwischen Bedrohungen dieser Art und den hier in Frage stehenden Befugnissen kein spezifischer Zusammenhang besteht. Die neuen Befugnisse zu verdachts- und anlassunabhängigen Jedermann-Kontrollen sind zur Bekämpfung des Terrorismus weder geeignet noch zu diesem Zwecke eingeführt worden[1017]. Zur Bekämpfung des Terrorismus sind vielmehr seit den Terroranschlägen vom 11. September 2001 eine Vielzahl spezifischer Maßnahmen in Kraft gesetzt worden[1018]. Als Waffe in der politischen Diskussion ist jedoch die „Innere Sicherheit“ bei uns beinahe ebenso scharf geworden wie in den USA[1019]. Die verbreitete Kriminalitätsfurcht in der Bevölkerung schafft die notwendige Akzep-

---

[1011] Kühne, Gutachten, S. 49.

[1012] MVVerfG, LKV 2000, S. 149, 154; ebenso Mahlmann, LKV 2001, S. 102 f.

[1013] Lisken, NVwZ 1998, S. 22, 26.

[1014] Stephan, DVBl. 1998, S. 81 f.

[1015] Kühne, Gutachten, S. 49.

[1016] Vgl. 3. Teil, B. I. 3. b. dd. ccc. (1) (b).

[1017] Vgl. 3. Teil, A. II. 3. b. aa. ddd. (2).

[1018] Vgl. das Erste Gesetz zur Änderung des Vereinsgesetzes vom 04. Dezember 2001, BGBl. 2001, S. 3319 und das Gesetz zur Bekämpfung des Terrorismus vom 9. Januar 2002, BGBl. 2002, S. 361. Der von der Bundesregierung eingebrachte Gesetzesentwurf zum Strafrechtsänderungsgesetz - § 129 b StBG (BT-Drs. 14/7025) ist am 26. April 2002 vom Bundestag angenommen worden (BT-Drs. 14/8893).

[1019] Kühne, Gutachten, S. 32.

tanz für die informationelle Aufrüstung der Sicherheitsbehörden und den Abbau grundrechtlicher Schutzstandards[1020]. Neue Gesetze symbolisieren Tatkraft und Entschlossenheit der Regierungsmehrheit und sind weitgehend kostenneutral. Festzuhalten bleibt, dass der Staat mit den derzeit bestehenden Polizeigesetzen der „Inneren Sicherheit" bereits einen sehr hohen Stellenwert eingeräumt hat. Man wird kaum davon sprechen können, dass die Bundesländer ohne entsprechende neue Befugnisse zu verdachts- und anlassunabhängige Polizeikontrollen die Bürger nicht ausreichend schützen würden. Eine „allgemeine Sozialpflicht zur Steigerung des Sicherheitsniveaus", die die mit den Befugnissen verbundenen Grundrechtseingriffe verfassungsrechtlich rechtfertigt, ist daher derzeit kaum begründbar[1021].

(d) Abschreckung als Zurechnungsgrund

Zu klären bleibt, ob der angestrebte Abschreckungseffekt, d.h. die Verunsicherung potentieller Störer einen Zurechungsgrund liefert, der einen Eingriff in Form der Identitätsfeststellung bzw. Befragung auch gegenüber unbeteiligten und ungefährlichen Dritten rechtfertigt. Dieser Frage ist, soweit ersichtlich, allein *Waechter* nachgegangen, der feststellt, dass es sich insoweit um eine Indienstnahme Privater für staatliche Zwecke handelt[1022]. Er arbeitet sodann unter Vergleich mit anderen Rechtsmaterien, insbesondere dem Strafrecht, dem Ausländerrecht und dem Verwaltungsvollstreckungsrecht systematisch heraus, dass jedenfalls in Verbindung mit einer aus anderen Gründen gerechtfertigten Zurechnung der Gedanke der Generalprävention vielfach wirksam wird. In keiner dieser Rechtsmaterien jedoch seien Eingriffe gestattet, die allein auf das Motiv der Generalprävention gestützt sind. Vielmehr stünden diese Eingriffe stets im Zusammenhang mit anderen Zurechnungsgründen[1023]. Die Heranziehung einer völlig unbeteiligten Person zur Abschreckung anderer stellt damit ein Sonderopfer dar, das dem einzelnen auferlegt wird. Dies geschieht ohne zureichenden Grund, weil es nicht zu den allgemeinen Bürgerpflichten gehört, an sich selbst zwecks Abschreckung anderer ein Exempel statuieren zu lassen. Eine Sozialbindung wie die des Eigentums existiert für die Wahrnehmung des Grundrechts auf informationelle Selbstbestimmung nicht. Es darf grundsätzlich rein privatnützig ausgeübt werden. Da hier kein spezifischer Zurechnungsgrund für die Indienstnahme von Unbeteiligten existiert, erscheint deren Heranziehung als eine unverhältnismäßige Instrumentalisierung und Belastung.

[1020] Kutscha, cilip 59 (1/1998), S. 9 m.w.Nw.

[1021] So auch Waechter, DÖV 1999, S. 138, 146; Rachor in HdBPolR, Teil F, Rn. 387, 389; Schütte, ZRP 2002, S. 393, 399 auch im Hinblick auf die Terroranschläge von New York und Washington.

[1022] Waechter, DÖV 1999, S. 138, 144 ff.

[1023] Vgl. Waechter, DÖV 1999, S. 138, 145.

(2) Abwägung

Ein der Art nach leichter Eingriff kann dadurch, dass er an kein zurechenbares Verhalten des Grundrechtsträgers geknüpft ist, zu einem schwerem Eingriff werden. Denn die Möglichkeit anlassloser Eingriffe in Grundrechte verschiebt die durch die Grundrechte als Abwehrrechte erzeugte Machtbalance von Individuum und Staat zu Ungunsten des Individuums, da es durch sein Verhalten - nämlich Anlassvermeidung - staatliche Eingriffe nicht mehr ausschließen kann[1024]. Andererseits können die neuen Befugnisse zu verdachts- und anlasslosen Polizeikontrollen - auch ohne dass ihnen ein Zurechnungsgrund zu eigen ist - verhältnismäßig sein, wenn das auferlegte Opfer so geringfügig ist, dass es eines besonderen Zurechnungsgrundes für die auferlegte Last nicht bedarf. Für in diesem Sinne gerechtfertigt hält *Waechter* Befugnisse zur Datenübertragung an öffentlich zugänglichen Orten[1025]. Auch hier werde öffentlicher Verkehrsraum überwacht, ohne dass die Personen, die den Verkehrsraum benutzen, einen Anlass zur Zurechnung von Eingriffslasten geben. Gleichwohl sei die Datenübertragung verhältnismäßig, weil die Daten nicht gespeichert werden und keine Individualisierung stattfindet[1026]. Die Gestaltung der Eingriffsschwellen ist daher mit der Schwere der Grundrechtsbeeinträchtigung abzuwägen. Sämtliche neuen Befugnisse haben Eingriffscharakter, wobei mehrere Phasen des Umgangs mit den personenbezogenen Daten, nämlich die Erhebung, die Speicherung, die Veränderung und die Nutzung der Daten - insbesondere zu ihrer Übermittlung - zu unterscheiden sind. Fraglich ist an dieser Stelle allein, wie intensiv die Beeinträchtigung, d.h. wie groß das Ausmaß der Inanspruchnahme grundrechtlich geschützter Entfaltungschancen ist. Einer solchen Einschätzung zu Grunde zu legen ist die Zahl der Grundrechtseinschränkungen, ihre zeitlichen Dauer und die Vermeidbarkeit des Eingriffs durch den Betroffenen[1027].

(a) Befugnisse zur Identitätsfeststellung

Bei dem Modell der Identitätsfeststellung ist im Hinblick auf die Erheblichkeit des Eingriffs zwischen Grund- und Folgemaßnahmen zu unterscheiden. Wie festgestellt, bemisst sich die Intensität des Eingriffs insgesamt nicht nur am Eingriff beim einzelnen, sondern auch daran, inwieweit die Grundrechtspositionen einer Vielzahl unbescholtener Bürger betroffen sind. Nach dem insofern klaren Wortlaut der Befugnis kann potentiell jedermann kontrolliert werden. Zwar

---

[1024] Mahlmann, LKV 2001, S. 102, 107.
[1025] Waechter, DÖV 1999, S. 138, 146 bezieht sich konkret auf § 32 Abs. 5 NGefAG.
[1026] Waechter, DÖV 1999, 138, 146.
[1027] Neumann, Diss., S. 175.

würde in der Praxis die Kontrolle von jedermann die Kapazitäten sprengen[1028]. Was die Verwaltung aus der Befugnis macht oder machen kann, interessiert jedoch nicht. Nach dem Wortlaut der Norm sind die Kontrollen jedenfalls flächendeckend möglich[1029]; erlaubt sind Dauer- und nicht lediglich Stichprobenkontrollen.

Die zugelassenen Grundmaßnahmen zur Datenerhebung, d.h. das Anhalten, Befragen und das Verlangen der Herausgabe der Ausweispapiere greifen allerdings - isoliert betrachtet - nur marginal in die Grundrechte der Betroffenen ein[1030]. Zum einen geht es bei der Offenbarung der Identität an sich nicht um ein besonders sensibles Datum aus einem intimen Lebensbereich. Zwar bleibe nach dem Volkszählungsurteil des Bundesverfassungsgericht für die Frage der Eingriffsqualität die Qualität der erhobenen Daten außer Betracht, da selbst unwichtig erscheinende Informationen zumindest in Verbindung mit anderen Daten erheblich sein können. Grundsätzlich gibt es daher kein „belangloses Datum“[1031], womit auch die Erhebung von Trivialdaten dem Gesetzesvorbehalt unterfällt. Im Fall der neuen Befugnisse jedoch werden die erhobenen Daten regelmäßig nicht ohne zusätzlichen konkreten Gefahren- oder Tatverdacht gespeichert[1032]. Zumindest die Daten Unbeteiligter müssen wieder gelöscht werden, so dass sich eine Sensibilität der Daten auch nicht aus dem Zusammenführen verschiedener Informationen ergeben kann. Die Kontrolle läuft damit regelmäßig auf ein nur vorübergehendes Erheben und gegebenenfalls Übermitteln der Daten ohne jedes Speichern oder weiteres Verwenden hinaus. Die Polizei weiß in der Regel nach diesem Vorgang über die betroffene Personen nicht mehr als vor der Kontrolle[1033]. Zum anderen dauert eine Identitätsfeststellung normalerweise nicht länger als ein bis zwei Minuten. Die Befugnisse verpflichten nur zu mündlichen Angaben bzw. zur Aushändigung mitgeführter Ausweis- oder Grenzübertrittspapiere.

1028 Nach Ansicht von Weingart BayVBl. 2001, S. 69, 74 ist der Umstand, dass Kontrollen flächendeckend und grundlos möglich seien oder an jedem Ort beliebig stattfinden können, eine Übertreibung, die im Gesetz keine Grundlage finde, geschweige dann im praktischen Vollzug realisiert werden könne. Eine rechtsstaatlich agierende Polizei, von der auszugehen sei, werde nicht willkürlich kontrollieren. Die Polizei sei überdies niemals personell in der Lage, die Kontrollen auf mehr als einen ganz geringen Bruchteil der Reisenden auszudehnen.

1029 Die Polizei verdient in diesem Sinne - wie Lisken, NVwZ 1998, S. 22, 24 feststellt - keinen Vertrauensvorsprung.

1030 Innenminister Kanther: „Niemand ... fällt ein Stein aus der Krone, wenn er der Polizei auf Anfrage sagen muss, wer er ist.“ BT-PlProt. 13/245, S. 22; Waechter, DÖV 1999, S. 138, 147: „Nach dem äußeren Vorgang beurteilt, handelt es sich um eine Lapalie: Man zieht den Ausweis und zeigt ihn kurz - na und?“; ebenso Herrnkind, Unbequem 3/2000, S. 8; Rachor in HdBPolR, Teil F, Rn. 317; Soria, NVwZ 1999, S. 270, 272; Götz, NVwZ 1998, S. 679, 684.

1031 BVerfGE 65, S. 1, 45.

1032 So Weingart, BayVBl. 2001, S. 33, 41 f.

1033 Engelke, DVBl. 2000, S. 269, 272.

Sie begründen keine Pflicht, sich jederzeit ausweisen zu können[1034]. Die Beeinträchtigung durch die Befugnisse liegt daher jedenfalls nicht auf der Ebene des äußeren Handelns[1035]. Zu bedenken ist jedoch, dass die Intensität des Grundeingriffes durch seine Unvermeidbarkeit verstärkt wird. Teilweise wird gar behauptet, mit der Befragung erfolge eine Stigmatisierung des „anständigen Bürgers". Es sei unangenehm, Objekt einer polizeilichen Maßnahme zu sein, denn traditionell gelte, dass der anständige Bürger mit der Polizei nichts zu tun habe[1036]. Darüber hinaus liege in der Möglichkeit, ein Individuum zu benennen und damit aus der Anonymität und dem Schutz der Menge herauszuheben, ein „Herrschafts- und Einschüchterungselement", dass wegen der Unvorhersehbarkeit des Eingriffs besonders stark sei[1037]. Richtig ist, dass, soweit der Eingriff nur an einen Zweck anknüpft, der jederzeit ohne besonderen Anlass verfolgt werden kann, es für den Bürger nicht einleuchtend ist, warum er gerade hier und jetzt kontrolliert wird. Die Möglichkeit zur jederzeitigen Kontrolle macht das Subordinationsverhältnis des Bürgers zum Staat tatsächlich in unangenehmer Weise deutlich[1038]. Dieses Unwohlsein kann sich möglicherweise bei Angehörigen diskriminierter Minderheiten in Gefühle der Angst, Wut, Erniedrigung oder sogar Rage steigern[1039]. Es mag sein, dass für Betroffene, die aus ihrer Sicht keinen Anlass gesetzt haben, eine solche Personenkontrolle ein erheblicher Grundrechtseingriff ist. Im Ergebnis sollte die Belastung durch die bloßen Grundeingriffe jedoch „nicht dämonisiert"[1040] werden.

[1034] Dies wäre auch unverhältnismäßig, denn die heutigen technischen Hilfsmittel erlauben den Polizeibeamten, die mündlichen Angaben des Befragten sogleich mit Datenbanken abzugleichen, so dass ein schriftlicher Beleg mittels eines Ausweises nicht notwendig ist: so Soria, NVwZ 1999, S. 270, 272.

[1035] So Waechter, S. 138, 147.

[1036] Auch Mahlmann, LKV 2001, S. 102, 106 hält dies für den Kern des Unbehagens; Waechter, DÖV 1999, S. 138, 147: „Da auch der ‚anständige Bürger' häufig Verkehrsvorschriften übertritt etc. scheint diese Haltung ein bisschen anachronistisch, falls sie jemals zeitgemäß war. Reste dieser Haltung sind wohl der Grund für diese Stigmatisierung. Allerdings könnte sich diese Stigmatisierung durch einen Gewohnheitseffekt abstumpfen, wofür etwa Kontrollstellen im Straßenverkehr sprechen."; Rachor in HdBPolR, Teil F, Rn. 374 hält dies für „keine angenehme Situation".; Selbst Weingart, BayVBl. 2001, S. 69, 74 räumt ein, dass die Kontrolle für den Einzelnen „irritierend" sein mag, hält sie aber letztlich für keine „nennenswerte Belästigung".

[1037] Waechter, DÖV 1999, S. 138, 147.

[1038] Von Waechter, DÖV 1999, S. 138, 147 wird vorgeschlagen: "Man könnte vielleicht das in dem Eingriff zum Ausdruck gelangende Machtgefälle aber abflachen, wenn man - gleichsam als Verfahrenssicherung der Grundrechte - den Polizisten seinerseits zur Offenbarung seiner Identität zwingt. Wenn der Beamte bei der Kontrolle ein Namensschild trägt oder eine Vorstellung bei Beginn der Kontrolle erfolgt, so wird vielleicht die Eingriffsintensität geringer." Auch Weingart BayVBl. 2001, S. 69, 74 hält die Belästigung für besonders gering, wenn der Polizeibeamte höflich auftritt und den Kontrollzweck kurz erläutert.

[1039] So die Befürchtung von Herrnkind, Unbequem 3/2000, S. 8 m.w.Nw.

[1040] Engelke, DVBl. 2000, S. 269, 272.

Mit der Betrachtung der bloßen Grundeingriffe ist die verfassungsrechtliche Problematik indes nicht erschöpft. Erst aus dem Zusammenspiel von Grund- und Folgemaßnahmen, sowie weiterer Normen, die durch die Einführung der neuen Befugnisse in ein anderes gesetzliches Umfeld eingebettet worden sind, und von deren Anwendung neue belastende Wirkungen ausgehen, erschließt sich die Intensität der Eingriffe im Einzelnen[1041]. Neue Befugnisse zur Identitätsfeststellung erlauben über die Grundeingriffe hinaus schwerwiegende Folgeeingriffe, wie Freiheitsbeschränkungen und Durchsuchungen bis hin zur Vornahme erkennungsdienstlicher Maßnahmen immer dann, wenn die Identitätsfeststellung auf andere Weise nicht oder nur unter erheblichen Schwierigkeiten möglich ist. Wann dieser Fall anzunehmen ist, wird vom Gesetz nicht bestimmt und liegt damit im Ermessen des einzelnen Polizeibeamten[1042]. Auch Datenabgleiche mit verschiedenen Datenbanken sowie eine Speicherung der mit der Erhebung oder dem Abgleich gewonnenen Daten sind stets dann möglich, wenn dies zur Verfolgung der mit der „Schleierfahndung" verfolgten Ziele erforderlich ist[1043]. Folgemaßnahmen sind damit nicht „nur mittelbare Folge(n) der Personenkontrolle"[1044] und unterliegen keinen speziellen gesetzlichen Anforderungen. Es überzeugt daher nicht, wenn eingewandt wird, es handele sich selbst angesichts solcher Folgemaßnahmen um geringfügige Eingriffe, die den Grundsatz der Verhältnismäßigkeit nicht verletzten[1045]. Insgesamt ist das einer Vielzahl unbeteiligter Bürger auferlegte Opfer keineswegs so geringfügig, dass es eines besonderen Zurechnungsgrundes für die auferlegte Last ausnahmsweise nicht bedarf. Soweit die Befugnisse Kontrollen im 30-km-Grenzgebiet sowie in öffentlichen Einrichtungen des internationalen Verkehrs mit direktem Grenzbezug gestatten und damit an örtliche Sondersituationen anknüpfen, sind lediglich Grundmaßnahmen gerechtfertigt. Darüber hinausgehende Folge- und Zwangsmaßnahmen ohne weitere tatbestandliche Einschränkungen erscheinen auch an diesen Kontrollorten unangemessen[1046].

(b) Befugnisse zur Befragung

Bei den Befugnissen zur Befragung ist die Belastung weit weniger intensiv. Über die sogenannten Grundmaßnahmen hinaus, die eine Durchsuchung nicht mit einschließen, sind weitere Zwangs- und Folgemaßnahmen nicht erlaubt. Der Befragte unterliegt regelmäßig keinerlei Auskunftspflicht[1047]. Seine Pflicht, Aus-

[1041] Vgl. MVVerfG, LKV 2000, S. 149, 150.
[1042] Vgl. 1. Teil, A. I. 3. b.
[1043] Vgl. 1. Teil, A.I. 3. d.
[1044] So aber von Filseck, Die Polizei 1997, S. 70, 72.
[1045] Von Filseck, Polizei 1997, S. 70, 72; Walter, Polizei 1999, S. 33, 38.
[1046] So auch MVVerfG, LKV 2000, S. 149, LS Nr. 7.
[1047] Eine Ausnahme macht § 22 Abs. 1a BGSG, vgl. 1. Teil, B. II. 7.

weispapiere zur Prüfung auszuhändigen, ist in Ermangelung einer Durchsuchungsbefugnis nur theoretisch vollstreckbar. Die Gesetzgeber haben hinsichtlich der Befugnis zu verdachts- und anlasslosen Befragungen den Katalog der Standardmaßnahmen zur Durchsuchung von Personen und Sachen nicht erweitert. Auch die Möglichkeit eines Datenabgleichs und der Datenspeicherung ist aufgrund der fehlenden Auskunftspflicht im Rahmen der Befragung regelmäßig nicht gegeben. Kontrollen auf Grundlage dieses Regelungsmodells sind außerdem überwiegend keine Dauerkontrollen, sondern nur nach entsprechender Anordnung durch den Dienstvorgesetzten zulässig[1048]. Die Zahl der Betroffenen ist damit zwangsläufig geringer. Die grundsätzlich durch eine örtliche Sondersituation gerechtfertigte Auferlegung der Last ist daher auch im Einzelfall verhältnismäßig. Zu verdachts- und anlassunabhängigen Befragungen kann der Staat den Bürger auch aufgrund dieses vergleichsweise schwachen Zurechnungsgrundes heranziehen.

(3) Zusammenfassung und Ausblick

Neue Befugnisse zur Befragung sind angemessen; neue Befugnisse zu Identitätsfeststellungen im 30-km-Grenzgebiet sowie in öffentlichen Einrichtungen des internationalen Verkehrs mit direktem Grenzbezug nur, soweit sie Grundmaßnahmen zulassen. Soweit an diesen Orten auch Zwangs- und Folgemaßnahmen zulässig sind, bedürfen die Befugnisse zusätzlicher tatbestandlicher Eingriffsschwellen. Befugnisse zu verdachts- und anlassunabhängigen Identitätsfeststellungen auf Durchgangsstraßen sind ohne Einschränkung unverhältnismäßig. Insbesondere werden sie nicht durch eine zeitliche Sondersituation gerechtfertigt, denn die derzeitige Bedrohungslage durch die grenzüberschreitende Kriminalität rechtfertigt keine „allgemeine Sozialpflicht zur Steigerung des Sicherheitsniveaus". Das Ziel der Abschreckung allein vermag einen Zurechnungsgrund nicht zu schaffen, solange nicht weitere Anknüpfungspunkte hinzukommen. Die deshalb dem Verhältnismäßigkeitsgrundsatz nicht genügenden neuen Befugnisse können auf zweierlei Weise zu angemessen Regelungen umgestaltet werden. Werden Kontrollen auf Durchgangsstraßen gesetzlich an „polizeiliche Lagererkenntnisse bzw. polizeiliche Erfahrung" gebunden, muss - wie bei den Befugnissen zur Befragung - von einer örtlichen Sondersituation am jeweiligen Kontrollort ausgegangen werden, aufgrund derer Grundmaßnahmen - nicht jedoch Zwangs- und Folgemaßnahmen - auch Nicht-Störern zugerechnet werden können. In diesem Fall jedoch könnte regelmäßig auch von der Befugnis zu Kontrollen an polizeilichen Kontrollstellen Gebrauch gemacht werden. Naheliegender ist daher, eine zeitliche Sondersituation vorauszusetzen. Eine solche ist nach Ansicht des *MVVerfG* nur dann gegeben, wenn die neuen Befugnisse

[1048] Vgl. 1. Teil, B. I. 1.

auf die Bekämpfung der organisierten Kriminalität beschränkt werden[1049]. Es sei grundsätzlich legitim, dass die Polizei zur Verteidigung des Staates und seiner Bürger Eingriffsbefugnisse erhält, mit denen sie vorbeugend die *organisierte Kriminalität* bekämpfen kann[1050]. Das hochrangige Allgemeininteresse an der Verhinderung und Aufklärung von Straftaten kann sich nur dann im Wege einer polizeilichen Eingriffsbefugnis gegen den Freiheitsanspruch des Einzelnen durchsetzen, wenn gewichtige Straftaten verfolgt werden, die es rechtfertigten, nicht erst bei Vorliegen eines Anfangsverdachtes oder einer konkreten Gefahr, sondern schon vorher vorbeugend gegen sie vorzugehen. Auf diese Weise wird der Ausnahmecharakter einer solchen Befugnis deutlich und verhindert, dass sie zu einer polizeilichen Blanko-Ermächtigung wird, die - wie festgestellt - verfassungsrechtlich unzulässig ist. Die Einschränkung auf die Bekämpfung organisierter Kriminalität ist jedoch nicht sachgerecht bzw. effektiv, weil oftmals nicht sofort, sondern erst nach einer Datenabfrage zu erkennen ist, dass es sich um eine organisiert begangene Straftat handelt[1051]. Dies gilt um so mehr, als die neuen Befugnisse nur zu Zwecken der Abschreckung, nicht jedoch zu Strafverfolgungszwecken eingesetzt werden dürfen und Datenabfragen deshalb regelmäßig unzulässig sind. Im übrigen ist auch organisierte Kriminalität als Bagatellkriminalität denkbar. Dem Grundsatz der Verhältnismäßigkeit genügen ebenso Einschränkungen auf andere Formen grenzüberschreitender Kriminalität, solange diese nur ausreichend schwer und gegenwärtig ist.

II. Verstoß gegen Gleichheitsrechte

Über den Verstoß gegen grundrechtlich verbürgte Freiheitsrechte hinaus wird den neuen Befugnissen zu verdachts- und anlassunabhängigen Polizeikontrollen eine Verletzung von Gleichheitsrechten zur Last gelegt. Zum einen würden Ausländer gegenüber Deutschen im Sinne des Art. 116 GG infolge der Kontrollzwecke der „Verhinderung und Unterbindung der unerlaubten Einreise" und der „Bekämpfung der grenzüberschreitenden Kriminalität" unter Verstoß gegen Art. 3 Abs. 3 GG diskriminiert. Zum anderen fände unter Verstoß gegen Art. 3 Abs. 1 GG eine Ungleichbehandlung sogenannter „Nonkonformisten"[1052] statt[1053].

[1049] MVVerfG, LKV 2000, S. 149, 154.
[1050] MVVerfG, LKV 2000, S. 149, 154.
[1051] Weingart, BayVBl. 2001, S. 69, 75.
[1052] Damit sind sogenannte „Gammler", „Penner" und ähnliche Personen gemeint.
[1053] Vgl. nur Seebode, Gutachten, S. 17 bis 19; Hoffmann-Riem sah bereits in § 9 Abs. 1 Nr. 2 und 3 ME PolG eine "unhaltbare Ausländerdiskriminierungsklausel, durch die auf rechtlich bedenkliche Weise die Aufsicht ausländischer Bürger erleichtert werde", vgl. Hoffmann-Riem, JZ 1978, S. 335, 338.

1. Verstoß gegen Art. 3 Abs. 3 GG

Die neuen Befugnisse könnten wegen ihrer Zweckbestimmung zur „Verhinderung und Unterbindung der unerlaubten Einreise“ und der „Bekämpfung der grenzüberschreitenden Kriminalität“ der mittelbaren oder unmittelbaren Ausländerdiskriminierung dienen. In diesem Fall käme ein Verstoß gegen Art. 3 Abs. 3 GG in Betracht.

a. Schutzbereich

Das Grundrecht des Art. 3 Abs. 3 GG, das absolute Differenzierungsverbote aufstellt, gilt für alle natürlichen Personen, d.h. auch für Ausländer[1054]. Gemäß Art. 3 Abs. 3 GG darf niemand wegen seiner Abstammung, Rasse, Sprache, Heimat oder Herkunft benachteiligt werden[1055]. Ob eine Sonderbehandlung von Ausländern aufgrund ihrer Staatsangehörigkeit von Art. 3 Abs. 3 GG - insbesondere von den Kriterien „Heimat und Herkunft“ - erfasst wird, ist streitig[1056]. Eine Differenzierung der von den verdachts- und anlassunabhängigen Kontrollen Betroffenen erfolgt jedoch allenfalls aufgrund von Äußerlichkeiten, nicht jedoch aufgrund der „Staatsbürgerschaft“ der Kontrollierten, die dem Polizeibeamten vor der Kontrolle nicht bekannt ist. Wird im folgenden eine verfassungswidrige Ungleichbehandlung festgestellt, beruht diese jedenfalls nicht auf dem Merkmal der Staatsbürgerschaft.

Abstammung meint „die natürliche biologische Beziehung eines Menschen zu seinen Vorfahren“[1057], d.h. den Umstand, dass jemand Abkömmling einer bestimmten Vorfahrenreihe ist[1058]. Das Kriterium der Rasse bezieht sich auf Gruppen mit bestimmten biologisch vererbbaren Merkmalen. Unter eines der beiden Differenzierungskriterien fallen Farbige, Mischlinge, Juden, Sinti und Roma[1059]. Sind also Ausländer mit z.B. dunkler Haut- bzw. Haarfarbe oder anderen äußeren Anzeichen für die Zugehörigkeit zu einer dieser oder ähnlicher rassisch bzw. ethnisch bedingten Gruppen von einer staatlichen Maßnahme betroffen, kommt das von Art. 3 Abs. 3 GG umfasste Differenzierungskriterium der Rasse beziehungsweise der Abstammung zum Tragen. Der Schutzbereich des Art. 3 Abs. 3 GG ist daher eröffnet[1060].

[1054] Jarass in Jarass/Pieroth, GG, 6. Aufl., Art. 3, Rn. 7 m.w.Nw.

[1055] Zu den einzelnen Merkmalen vgl. Jarass in Jarass/Pieroth, GG, 6. Aufl., Art. 3, Rn. 109 ff.

[1056] Vgl. Jarass in Jarass/Pieroth, GG, 6. Aufl., Art. 3, Rn. 113 m.w.Nw. zum Streitstand. Nach wohl h.M. ist die „Staatsangehörigkeit“ ein spezifischer verfassungsrechtlicher Begriff und für entsprechende Differenzierungen Art. 3 Abs. 1 GG einschlägig.

[1057] BVerfGE 9, S. 124, 128.

[1058] Jarass in Jarass/Pieroth, GG, 6. Aufl., Art. 3, Rn. 110.

[1059] Jarass in Jarass/Pieroth, GG, 6. Aufl., Art. 3, Rn. 110.

[1060] A.A. Waechter, DÖV 1999, S. 138, 141.

b. Ungleichbehandlung

Eine Beeinträchtigung der benannten Schutzgüter des Art. 3 Abs. 3 GG setzt zunächst voraus, dass durch eine staatliche Maßnahme Personen ungleich behandelt werden. Dies kann durch eine sogenannte direkte Ungleichbehandlung, d.h. dadurch geschehen, dass die Maßnahme ausdrücklich oder implizit auf ein Kriterium des Art. 3 Abs. 3 GG abhebt. Ungeklärt ist, ob Art. 3 Abs. 3 GG auch zum Tragen kommt, wenn eine Regelung zwar nicht unmittelbar an eines der problematischen Differenzierungskriterien anknüpft, im Ergebnis jedoch immer oder in den meisten Fällen auf eine Verwendung eines der in Art. 3 Abs. 3 S. 1 GG genannten Differenzierungsmerkmale hinausläuft. Um eine Umgehung des Art. 3 Abs. 3 GG durch eine solche indirekte Ungleichbehandlung zu vermeiden, wird das verfassungsrechtliche Diskriminierungsverbot des Art. 3 Abs. 3 GG von der herrschenden Meinung auf diese Fälle ausgeweitet[1061]. Alternativ wird vertreten, indirekte Ungleichbehandlungen im Rahmen des Art. 3 Abs. 1 GG als dem Art. 3 Abs. 3 GG nahestehende Fälle besonders streng zu prüfen[1062]. Ob eine indirekte bzw. mittelbare Benachteiligung von der Regelung bezweckt war[1063], ist jedenfalls spätestens seit der neueren, klarstellenden[1064] Rechtsprechung des Bundesverfassungsgerichts[1065] ohne rechtlichen Belang. Danach dürfen sämtliche in Art. 3 Abs. 3 GG genannten Merkmale nicht zur Ungleichbehandlung herangezogen werden, auch „wenn eine Regelung nicht auf eine nach Art. 3 Abs. 3 GG verbotene Ungleichbehandlung angelegt ist, sondern in erster Linie andere Ziele verfolgt“[1066].

aa. Direkte Ungleichbehandlung durch die Befugnis

Vereinzelt wird behauptet, die neuen Befugnisse zu verdachts- und anlassunabhängigen Polizeikontrollen bedingten eine direkte Ungleichbehandlung von Ausländern, indem sie der „Bekämpfung der grenzüberschreitenden Kriminalität“ sowie der „Verhinderung von unerlaubter Einreise und unerlaubtem Aufenthalt“ dienen. Argumentiert wird, unerlaubt einreisen im Sinne der Zweckbestimmung könnten nur Ausländer. Für Deutsche hingegen bestehe gemäß Art.

[1061] Vgl. Seebode, Gutachten, S. 17 bis 19 m.w.Nw.

[1062] Jarass in Jarass/Pieroth, GG, 6. Aufl., Art. 3, Rn. 108; laut Jarass in Jarass/Pieroth, GG, 6. Aufl., Art. 3, Rn. 113 wird bei Ausländern häufig eine mittelbare bzw. indirekte Beeinträchtigung vorliegen oder Art. 3 Abs. 1 GG wegen der Nähe der Kriterien des Art. 3 Abs. 3 S. 1 GG besonders genau zu prüfen sein.

[1063] Dies nimmt Waechter, DÖV 1999, S. 138, 141 mit Verweis auf das BT-PlProt. vom 24. Juni 1998 (13/244), S. 22631 an.

[1064] Anders - noch auf eine „bezweckte Benachteiligung“ abstellend - zuletzt BVerfGE 75, S. 40, 70.

[1065] BVerfGE 85, S. 191 ff.

[1066] BVerfGE 85, S. 191 ff., 206

11 Abs. 1 GG in Verbindung mit § 10 Abs. 3 PassG Einreisefreiheit[1067]. Bereits der Wortlaut des Gesetzes hätte deshalb eine unmittelbare Ungleichbehandlung von Ausländern zur Folge. Diese Argumentation überzeugt jedoch nicht. Zwar wird die Grenze unerlaubt überschritten, wenn die Einreisevoraussetzungen nach dem Ausländerrecht nicht erfüllt sind[1068]. Zutreffend ist auch, dass für den Begriff der „unerlaubten Einreise" auf § 58 Abs. 1 AuslG sowie die hiermit zusammenhängenden Vergehenstatbestände des § 92 Abs. 1 AuslG abzustellen ist. Jedoch reicht es zur Erfüllung des Zwecks der Befugnis aus, dass überhaupt eine unerlaubte Einreise verhindert oder unterbunden wird. Deutsche Staatsbürger können an einer unerlaubten Einreise eines Ausländers durch Transporte, Schleuserdienste oder andere Anstiftungs- oder Beihilfehandlungen beteiligt sein. Auch durch die Überprüfung deutscher Staatsbürger kann folglich eine unerlaubte Einreise verhindert werden. Die Kritik, dass bereits aufgrund des Wortlautes der Befugnis von den Kontrollen nur „fremdländisch aussehende" Personen betroffen sein können, geht daher fehl[1069]. Dies gilt erst recht für den Zweck der Bekämpfung der grenzüberschreitenden Kriminalität, von der auszugehen ist, wenn sich die Täter den Grenzkontrollabbau innerhalb der Europäischen Union sowie die Öffnung der Grenzen zu den Staaten des ehemaligen Ostblocks zu Nutzen machen[1070]. Täter in diesem Sinne können ohne Zweifel nicht nur fremdländisch aussehende, sondern auch deutsche Staatsbürger sein. Aus den neuen Befugnissen selbst ergibt sich folglich unter keinen Umständen eine unmittelbare Diskriminierung fremdländisch aussehender Bürger.

bb. Indirekte Ungleichbehandlung durch die Kontrollpraxis

Vielfach wird zu Recht erkannt, dass die neuen Befugnisse gleichwohl dazu führen werden, dass Eingriffe vor allem nach dem äußeren Anschein vorgenommen werden[1071]. Wer wie ein Nicht-Deutscher aussieht, wird kontrolliert, weil nur so überhaupt eine Chance besteht, Eingriffe mit Erfolgsaussichten bezüglich der „ausländerrechtlichen Gefahren" vorzunehmen[1072]. Aus der Zielrichtung der Überprüfungen wird sich die Praxis des kontrollierenden Polizei- und Grenzschutzbeamten ergeben, die Maßnahmen vornehmlich aufgrund äußerer An-

---

[1067] Heesen/Hönle, BGSG, 3. Aufl., § 23, Rn. 14.

[1068] Es gilt die Legaldefinition des § 58 AuslG. Regelmäßig wird es an der erforderlichen Aufenthaltsgenehmigung oder dem erforderlichen Pass fehlen; vgl. 1. Teil, A. I. 2.

[1069] So im Ergebnis auch Heesen/Hönle, BGSG, 3. Aufl., § 23, Rn. 14, § 22, Rn. 15.

[1070] Siehe die teilweise differenzierten Auflistungen in der VwV zu § 26 Abs. 1 Nr. 6 PolG BW, in der VwV zu § 14 Abs. 1 Nr. 5 ThürPAG sowie der Richtlinie des Hessischen Landeskriminalamtes zu § 18 Abs. 2 Nr. 6. HSOG, Ziff. 3.1.

[1071] Vgl. Waechter, DÖV 1999, S. 138, 141, der einen Verstoß im Ergebnis ablehnt; ebenso, im Ergebnis einen Verstoß annehmend Seebode, Gutachten, S. 17 bis 19; Roggan, cilip 67 (3/2000), S. 3; Herrnkind, Unbequem 3/2000, S. 4, 13.

[1072] Waechter, DÖV 1999, S. 138, 141.

haltspunkte zu veranlassen, die zwar noch keinen Verdacht per se begründen, aber am ehesten für den Erfolg einer Verdachtschöpfungsmaßnahme sprechen. Da unerlaubte Aufenthalte und sonstige grenzbezogene Delikte zu entdecken und zu verhüten sind, böten sich Hautfarbe oder Teint, Sprache oder Akzent, fremde Kleidung, Art des Gepäcks und sonstige Äußerlichkeiten oder Auffälligkeiten vieler Fremder an[1073]. Insbesondere Menschen „nicht-deutschen" Aussehens werden von einer gesteigerten polizeilichen Kontrollpraxis betroffen sein[1074].

Eine solche an Äußerlichkeiten orientierte Auswahl führt zu einer faktischen Diskriminierung und behördlichen Stigmatisierung von ethnischen oder sonstigen Minderheiten, eben von Farbigen, Mischlingen, Sinti und Roma sowie Fremdsprachigen[1075]. Die neuen Befugnisse geben damit die Tendenz zu einer „rassistischen Auswahl" der Kontrollierten vor[1076]. *Roggan* sieht diese Tendenz verstärkt durch den Umstand, dass eine beachtliche Anzahl von Polizeibeamten verfestigte ausländerfeindliche Einstellungen hat[1077]. Unter diesen Gesichtspunkten erscheine die Schleierfahndung als „Facette eines institutionalisierten Rassismus"[1078]. Eine mittelbare Diskriminierung von Ausländern infolge der Anwendung der neuen Befugnisse muss für die Praxis grundsätzlich angenommen werden. Jedoch muss eine Diskriminierung eine gewisse Signifikanz aufweisen, um einen Verstoß gegen Art. 3 Abs. 3 GG zu begründen. Nur dann, wenn im Ergebnis immer oder in der Mehrzahl der Fälle eine solche mittelbare Diskriminierung stattfindet, ist von einem entsprechenden Verstoß auszugehen. Ob diese Signifikanz hier erreicht ist, kann jedoch dahinstehen, wenn die Diskriminierung verfassungsrechtlich gerechtfertigt ist.

c. Verfassungsrechtliche Rechtfertigung

Art. 3 Abs. 3 S. 1 GG verbietet nicht jede Verwendung der grundsätzlich unzulässigen Differenzierungskriterien. Die nach den neuen Befugnissen zu gewärtigende Benachteiligung von Ausländern, die sich aufgrund besonderer Merkmale äußerlich von der Mehrheit abheben, ist verfassungsrechtlich gerechtfertigt, wenn die Norm zur Lösung von Problemen notwendig ist, die ihrer Natur nach nur bei Personen der *einen* Gruppe auftreten können[1079]. Dies ist der Fall, wenn das Differenzierungskriterium „das konstituierende Element des zu regelnden

---

[1073] Seebode, Gutachten, S. 17.
[1074] Roggan, cilip 67 (3/2000), S. 3; siehe dazu auch Mletzko/Weins, MschrKrim 1999, S. 77 ff.
[1075] Seebode, Gutachten, S. 17 f.
[1076] So auch Herrnkind, Unbequem 3/2000, S. 4, 13.
[1077] Roggan, cilip 67 (3/2000), S. 3.
[1078] Roggan, cilip 67 (3/2000), S. 3.
[1079] BVerfGE 85, S. 191, 207.

Lebenssachverhalts bildet"[1080]. Die Diskriminierung muss zwingend erforderlich sein[1081].

Nach Auffassung von *Seebode* sind die mit Hilfe der neuen Befugnisse zu bekämpfenden unerlaubten Wareneinfuhren und unerlaubten Aufenthalte nicht nur Sache ethnischer oder anderweitig auffälliger Minderheiten. Deshalb sei die nach den neuen Befugnissen kaum zu vermeidende Differenzierung nicht zwingend erforderlich. Gegen die hinreichende Beachtung der strengen Verhältnismäßigkeitsprüfung spreche bereits die rückläufige Zahl der registrierten Straftaten gegen das Ausländer- und das Asylverfahrensgesetz sowie der regressive Anteil Nichtdeutscher an der Zahl der ermittelten Tatverdächtigen[1082]. Zwar ist richtig, dass auch deutsche Staatsbürger die zu bekämpfende Kriminalität begehen und an unerlaubter Einreise bzw. an unerlaubtem Aufenthalt beteiligt sind. Auch bei gleichmäßiger Kontrolle von Deutschen und Ausländern könnte mithin grenzüberschreitende Kriminalität verhindert werden. Solche gleichmäßigen Kontrollen wären jedoch nicht annähernd so effektiv wie die verstärkte Kontrolle von Ausländern, die zwar nicht nur, aber eben auch Verursacher grenzüberschreitender Kriminalität sind. Auch wenn die Zahl der registrierten Straftaten gegen das Ausländer- und das Asylverfahrensgesetz rückläufig sein sollte, können Täter einer unerlaubten Einreise zwingend nur Ausländer, nicht jedoch Deutsche sein. *Waechter* weist zutreffend darauf hin, dass die Polizei im Rahmen sogenannter „Jedermannkontrollen" grundsätzlich auf - zugegebenerweise irreführende und im Sinne des Gleichheitssatzes auch verdächtige - Differenzierungskriterien angewiesen ist[1083]. Das Kriterium für die Auswahl einer zu kontrollierenden Person liegt dabei stets in einer Äußerlichkeit, da andere Auswahlkriterien nicht zur Verfügung stehen. Zwar rechtfertigten Äußerlichkeiten für sich gesehen keinerlei Schlüsse. Sie können jedoch im Bereich von Erforschungseingriffen tatsächlich „ein sachgemäßes Differenzierungskriterium sein"[1084]. Eingriffe gezielt gegen „fremdländisch aussehende Personen" vorzunehmen, ist rechtspolitisch nicht wünschenswert; dies um so weniger, als allgemein bekannt ist, dass sich polizeiliche Maßnahmen ohnehin überproportional gegen soziale Randgruppen richten. Auch ist diese Tendenz nicht um eines ge-

[1080] BVerfGE 7, S. 155, 171.

[1081] BVerfGE 85, S. 191, 207; zum selben Ergebnis gelangt die Ansicht, die mittelbare Ungleichbehandlungen aus dem Anwendungsbereich des Art. 3 Abs. 3 GG ausklammern will. Danach wäre die mittelbare Ungleichbehandlung im Rahmen des Art. 3 Abs. 1 GG als dem Art. 3 Abs. 3 GG nahestehende Fälle besonders strengen Verhältnismäßigkeitsanforderungen unterworfen, vgl. Jarass in Jarass/Pieroth, GG, 5. Aufl, Art. 3, Rn. 98; siehe zu den Voraussetzungen der verfassungsrechtlichen Rechtfertigung auch Pieroth/Schlink, Staatsrecht II, 17. Aufl., Rn. 438 ff.

[1082] Seebode, Gutachten, S. 18 m.w.Nw.

[1083] Wie auch an anderen Kontrollstellen, z.B. nach § 111 StPO, § 36 Abs. 5 StVO, bei Grenz- oder Zollkontrollen.

[1084] So auch Waechter, DÖV 1999, S. 138,141.

ringen Erfolges willen zu verstärken, da dadurch die Legitimität des polizeilichen Handelns beeinträchtigt würde. Jedoch ist diese mit den neuen Befugnissen verbundene Ungleichbehandlung zu billigen, hält man die Jedermannkontrollen überhaupt für zulässig[1085]. Orientieren sich die Polizeibeamten nicht an entsprechenden Äußerlichkeiten, gleicht ihre Suche derjenigen nach der Nadel im Heuhaufen. Die Kontrollen wären dann ineffektiv. Der Kontrollaufwand stände in keinem tragbaren Verhältnis mehr zu ihrem Erfolg. Die Notwendigkeit ihrer effektiven Anwendung zwingt zu einer fragwürdigen Auswahl von Adressaten. Die Kontrollen wäre sonst unverhältnismäßig; das mit den neuen Befugnisse verfolgte Ziel könnte nicht erreicht werden. Die mit den neuen Befugnissen verbundene Differenzierung ist daher zur Erreichung des angestrebten Ziels notwendig und zwingend erforderlich.

2. Verstoß gegen Art. 3 Abs. 1 GG

Diskutiert wird darüber hinaus eine Diskriminierung sogenannter „Nonkonformisten". Einen entsprechenden Verstoß gegen Art. 3 Abs. 1 GG vertritt - soweit ersichtlich - im Ergebnis allein *Seebode*. Seiner Meinung nach besteht - obwohl auch hier die Befugnis nicht ausdrücklich auf eine solche Diskriminierung abstellt - die begründete Gefahr, dass das erweiterte Befugnisinstrumentarium benutzt wird, um alternativ Gekleidete oder auffällig (Un)Frisierte, d.h. diejenigen, die mit den landläufigen Begriffen „Gammler" oder „Aussteiger" bezeichnet werden, durch Kontrollen aus Bahnhöfen und Flughäfen zu verdrängen. Mangels justiziabler Voraussetzungen der vorgesehenen Kontrollbefugnisse müsse der Vollzug des geplanten Gesetzes willkürlich geraten. Eine strenge Prüfung anhand von Art. 3 Abs. 1 GG sei vorzunehmen, wenn verschiedene Personengruppen und nicht nur verschiedene Sachverhalte ungleich behandelt würden[1086]. Eine Verhältnismäßigkeitsprüfung habe nach dem Gleichheitssatz des Art. 3 Abs. 1 GG besonders streng zu sein, wenn personengebundene Merkmale zur - wenn auch nur mittelbaren - Differenzierung verwandt werden[1087]. Da sich die Differenzierung an personenbezogenen Äußerlichkeiten festmache, käme eine staatliche Benachteiligung von sogenannten „Nonkonformisten" einer mittelbaren Ungleichbehandlung im Sinne des Art. 3 Abs. 1 GG gleich[1088].

Erhebliche Zweifel bestehen hier bereits daran, ob eine mittelbare Diskriminierung von „Nonkonformisten" - so man eine solche dem Grunde nach annimmt - die notwendige Signifikanz aufweist. Die Berichte aus der polizeilichen Praxis sprechen nicht dafür, dass immer bzw. in der Mehrzahl der Fälle sogenannte

[1085] So auch Waechter, DÖV 1999, S. 138, 141.
[1086] BVerfGE 55, S. 72, 88 f.
[1087] BVerfGE 89, S. 365, 376.
[1088] Seebode, Gutachten, S. 19.

„Gammler“ kontrolliert würden. Ein signifikanter Zusammenhang zwischen solchen Personen und den ausländerrechtlichen Tatbeständen der unerlaubten Einreise bzw. des unerlaubten Aufenthaltes ist theoretisch nicht herzustellen. Auch ist nicht anzunehmen, dass sich gerade diese Personen den Abbau der Grenzkontrollen zunutze machen, um Straftaten aus dem Bereich der grenzüberschreitenden Kriminalität zu begehen. Allenfalls ist denkbar, dass unter diesem Teil der Bevölkerung die Drogenkriminalität statistisch höher liegt. Selbst unter dieser Prämisse wäre jedoch kein Zusammenhang zur grenzüberschreitenden Kriminalität hergestellt, da Drogenkriminalität nicht zwingend grenzüberschreitend ist. Im Ergebnis kann deshalb nicht von einer signifikanten mittelbaren Ungleichbehandlung der oben bezeichneten Personen ausgegangen werden. Allein die Annahme einer willkürlichen Kontrollpraxis begründet noch keinen Verstoß gegen Art. 3 Abs. 1 GG.

4. Teil: Zusammenfassung der Ergebnisse

A. Darstellung

Neue Befugnisse zu verdachts- und anlassunabhängigen Polizeikontrollen bilden einen Komplex verschiedenenartiger Normen, lassen sich jedoch - mit Ausnahme des neu eingeführten § 27a SOG MV - einem von zwei Modellen zuordnen, und zwar zum einen dem Modell der Identitätsfeststellung, zum anderen dem Modell der Befragung. § 27a SOG MV kombiniert Elemente beider Modelle. Ein Vergleich von Tatbestand, Zweckbestimmungen und Rechtsfolgen beider Modelle lässt erhebliche Unterschiede zu Tage treten. Das Modell der Identitätsfeststellung geht insgesamt, d.h. sowohl auf der Tatbestands- als auch auf der Rechtsfolgenebene über das Modell der Befragung hinaus. Befugnisse zur Identitätsfeststellung sind tatbestandlich auf bestimmte Orte begrenzt; diese Begrenzung wird jedoch durch den unbestimmten Rechtsbegriff „andere Straßen von erheblicher Bedeutung" weitgehend aufgehoben. Das Modell der Befragung hingegen ist sachlich eingeschränkt, da es Kontrollen nur bei Anordnung durch einen Dienstvorgesetzten und nach Maßgabe „polizeilicher Lageerkenntnisse bzw. polizeilicher Erfahrungen" zulässt, die die Annahme begründen, dass Straftaten von erheblicher Bedeutung am Ort der Kontrolle begangen werden sollen. Sind Identitätsfeststellungen zur Bekämpfung jeder grenzüberschreitenden Kriminalität und darüber hinaus zur Verhinderung und Unterbindung der unerlaubten Einreise und des unerlaubten Aufenthaltes zulässig, gestatten Befugnisse zur Befragung Maßnahmen nur zur Bekämpfung grenzüberschreitender Kriminalität in Form erheblicher Straftaten. Befugnisse zur Befragung rechtfertigen lediglich Grundmaßnahmen, die regelmäßig nicht vollstreckbar sind, und begründen keine Auskunftspflicht. Das Modell der Identitätsfeststellung hingegen gestattet über die vollstreckbaren Grundmaßnahmen hinaus schwerwiegende Folgemaßnahmen, die nicht an stärkere Voraussetzungen gebunden sind, und lässt über die Verknüpfung mit anderen Standardmaßnahmen sowie die allgemeinen Regelungen über den Datenabgleich und die Datenspeicherung weitere Eingriffe zu.

B. Dogmatik

Vorfeldbefugnisse im allgemeinen Polizeirecht dienen grundsätzlich der Abwehr dispositioneller Gefahren. Dispositionelle Gefahren knüpfen - anders als konkrete Gefahren - nicht an die Störergefährlichkeit, sondern an die Disposition eines Individuums in Gestalt einer Sache, Situation bzw. eines Ortes an, da „Tatsachen bzw. tatsächliche Anhaltspunkte" verlangt werden, die die Gefährlichkeit des Individuums begründen. Im Gegensatz zu abstrakten Gefahren nehmen sie damit auf ein Einzelfallgeschehen und nicht auf eine typische Gefährlichkeit Bezug. An die „Gefährlichkeit“ des Individuums im Sinne einer dispositionellen Gefahr werden verschieden hohe Anforderungen gestellt. So sind polizeiliche Vorfeldeingriffe an „gefährdeten“ Orten zwar verdachts-, nicht jedoch anlassunabhängig. In Abgrenzung dazu ist an „gefährlichen“ Orten bereits die abstrakte Gefährlichkeit des Kontrollortes ausreichend; entsprechende Kontrollen sind folglich nicht nur verdachts-, sondern überdies anlass- und ereignisunabhängig. Von dem Grundsatz der dispositionellen Gefahr im polizeirechtlichen Vorfeld weicht lediglich § 9 Abs. 1 Nr. 2 b ME PolG ab. Für Orte, an denen Prostitution betrieben wird, hat der Gesetzgeber eine abstrakte Gefahr gesehen.

Vergleicht man die dogmatischen Strukturen der neuen Befugnisse zu verdachts- und anlassunabhängigen Polizeikontrollen mit diesen dogmatischen Vorgaben, ergibt sich folgendes: Das Modell der Identitätsfeststellung fügt sich nicht in das dogmatische System des polizeirechtlichen Vorfeldes ein. Soweit dieses Modell Identitätsfeststellungen im 30-km-Grenzgebiet, in öffentlichen Einrichtungen des internationalen Verkehrs, auf Bundesautobahnen und Europastraßen zulässt, liegt ihm eine abstrakte Gefahr nach dem Muster des § 9 Abs. 1 Nr. 2 b ME PolG zugrunde. Für den Kontrollbereich der „anderen Straßen von erheblicher Bedeutung für den grenzüberschreitenden Verkehr“ hingegen sind mit der Voraussetzung von „Lageerkenntnissen bzw. polizeilichen Erfahrungen“ Ansätze für die Anknüpfung an eine dispositionelle Gefahr vorhanden. Diese finden jedoch in den Befugnissen selbst keine ausreichende Stütze; die Bindung an „Lageerkenntnisse bzw. polizeiliche Erfahrungen“ muss wie bei den neuen Befugnissen zur Befragung in der Befugnis selbst zum Ausdruck kommen, um den dogmatischen Anforderungen des polizeilichen Vorfeldes zu genügen. Auch für das insofern systemkonforme Modell der Befragung wird vorgeschlagen, zu der im Vorfeldbereich üblichen Terminologie der entsprechenden Voraussetzung von „Tatsachen bzw. tatsächlichen Anhaltspunkten“ überzugehen.

C. Verfassungsmäßigkeit

Die neuen Befugnisse zu verdachts- und anlassunabhängigen Personenkontrollen sind formell verfassungsgemäß, materiell jedoch teilweise verfassungswidrig. Die Änderungen im Bundesgrenzschutzgesetz unterfallen der Grenzschutzaufgabe des Bundes gemäß Art. 73 Nr. 5, 87 Abs. 1 S. 2 GG. Die neuen Landespolizeibefugnisse unterfallen der Polizeihoheit der Länder gemäß Art. 70 GG; auch ein Verstoß gegen die Bundeskompetenz des Art. 74 Abs. 1 Nr. 1 GG kann im Ergebnis nicht angenommen werden. Dabei sind die im Streit um die Zuordnung von Vorfeldbefugnissen zur Datenerhebung und -verarbeitung ausgetauschten Argumente nur begrenzt auf die Thematik der neuen Befugnisse übertragbar. Zwar zielen die neuen Landesbefugnisse schwerpunktmäßig auf die

Verfolgung von Straftaten ab; sie dienen jedoch mittels Abschreckung potentieller Täter auch der Gefahrenabwehr. Der Gegenstand der neuen Befugnisse weist damit Verknüpfungen sowohl mit der Materie einer Bundes-, als auch einer Landesgesetzgebungskompetenz auf. In diesem Fall kann der Landesgesetzgeber eine Regelung zulässigerweise schaffen, wenn durch entsprechende Einschränkung des Tatbestandes bzw. durch verfassungskonforme Auslegung sichergestellt ist, dass die durch die Befugnis legitimierte Einzelmaßnahme schwerpunktmäßig der Gefahrenabwehr dient. Ein Abgleich der erhobenen Daten mit nationalen und internationalen Fahndungsdateien erscheint vor diesem Hintergrund grundsätzlich unzulässig.

Die neuen Befugnisse zu verdachts- und anlassunabhängigen Polizeikontrollen verstoßen in ihrer derzeitigen Fassung gegen das Grundrecht auf informationelle Selbstbestimmung. Keines der Modelle genügt den Anforderungen des Bestimmtheitsgrundsatzes. Der Verstoß gegen das Bestimmtheitsgebot kann jedoch in allen Fällen dadurch geheilt werden, dass Tatbestand und Zweckbestimmung objektiviert werden. Auf der Tatbestandsebene kann der Mangel an hinreichender Bestimmtheit durch eine gesetzliche Bindung der Kontrollen an „Lagebilder bzw. polizeiliche Erfahrungen“ oder „Tatsachen bzw. tatsächliche Anhaltspunkte“ kompensiert werden, die die Gefährlichkeit des konkreten Kontrollortes aufgrund zu befürchtender grenzüberschreitender Kriminalität bzw. unerlaubter Einreise begründen. Dies ist nur insoweit nicht notwendig, als die Befugnis Kontrollen im 30-km-Grenzgebiet und in öffentlichen Einrichtungen des internationalen Verkehrs mit direktem Grenzbezug gestattet. In die Befugnis sind Regelungen über Organisation und Verfahren der Gewinnung sowie über Aus- und Anwendung der polizeilichen Lageerkenntnisse, d.h. Regelungen über ein objektiv nachvollziehbares Verfahren zur Ermittlung der eingriffseröffnenden Lage aufzunehmen, die die Möglichkeit der Nachvollziehbarkeit der polizeilichen Handlungs- und Auswahlentscheidung im Rahmen der gerichtlichen Kontrolle sichern. Gewinnung sowie Aus- und Anwendung der „polizeilichen Lageerkenntnisse bzw. polizeilichen Erfahrungen“ sind zu dokumentieren. Die Anordnung der Maßnahmen durch einen Behördenleiter oder sonstigen Dienststellenleiter ist daneben nicht zwingend, aber wünschenswert.

Neben dieser örtlichen Begrenzung der Befugnisse muss der Grundtatbestand auch sachlich eingeschränkt werden. Kontrollen aufgrund der neuen Befugnisse dürfen nur zum Zweck der vorbeugenden Bekämpfung grenzüberschreitender Kriminalität in Form erheblicher Straftaten durchgeführt werden, die in einem konkreten Katalog abschließend zu regeln sind. Alternativ können die geschützten Rechtsgüter abstrakt benannt werden. Erhebliche Straftaten in diesem Sinne sind Verbrechen sowie die die Schutzgüter der Befugnis in besonderem Maße gefährdenden Vergehen. Eine Eingrenzung auf Straftaten aus dem Bereich der organisierten Kriminalität ist nicht zwingend. Eine Legalverweisung auf einen außerhalb der Norm geregelten Katalog von Straftaten ist zulässig, soweit dieser

Katalog den oben beschriebenen Voraussetzungen genügt. In der Regelung ist deutlich zu machen, dass Kontrollen nur zur Abschreckung potentieller Täter, nicht jedoch zur Verfolgung bereits begangener Straftaten durchgeführt werden dürfen.

Soweit die Befugnisse zur Identitätsfeststellung Folgemaßnahmen zulassen, genügen sie nur dann den Anforderungen des Bestimmtheitsgrundsatzes, soweit für diese weitere Eingriffsschwellen vorgesehen sind. Folgemaßnahmen sind nur zuzulassen, soweit deren Einsatz auf einer Tatsachengrundlage beruht, die sich bereits zu einem konkreten Gefahrenverdacht verdichtet hat. Eine bloße Einschränkung durch die „Erforderlichkeit“ der Folgemaßnahmen genügt den Anforderungen des Bestimmtheitsgrundsatzes nicht, da dieser Begriff der Polizei weiteren Auslegungsspielraum gewährt. Die Anwendung von Zwangs- und Folgemaßnahmen muss auf Tatsachen bzw. tatsächliche Anhaltspunkte zurückzuführen sein, die einen Gefahrenverdacht gegen die kontrollierte Person begründen.

Das Modell der Identitätsfeststellung verstößt darüber hinaus gegen den Verhältnismäßigkeitsgrundsatz. Mit der Schaffung eines Ausgleichs für den Wegfall der Grenzkontrollen an den Schengen-Staaten-Innengrenzen verfolgen die neuen Befugnisse zwar ein legitimes Ziel; insbesondere Art. 2 Abs. 1 SDÜ steht den Befugnissen nicht entgegen. Trotz großer Streubreite sind die neuen Befugnisse zur Identitätsfeststellung auch nicht schlechthin ungeeignet zur Schaffung dieses Ausgleichs und der Stärkung der Inneren Sicherheit durch Bekämpfung der grenzüberschreitenden Kriminalität. Selbst dem Modell der Befragung, das sich - da keine Folgemaßnahmen erlaubt sind - hart an der Grenze zur Ungeeignetheit bewegt, kann angesichts des weiten gesetzgeberischen Prognosespielraums die Eignung zur Erreichung der verfolgten Ziele im Ergebnis nicht abgesprochen werden. Gleiches gilt für die Erforderlichkeit der neuen Befugnisse. Dem auch insofern experimentellen Charakter der Befugnisse entspräche jedoch ihre begleitende Beobachtung, die bisher nur vereinzelt vorgesehen ist. Insbesondere soweit die Befugnis keine Folgemaßnahmen gestattet, ist ihre begleitende Beobachtung im Hinblick auf ihre Geeignetheit sowie Erforderlichkeit gesetzlich zu fixieren. Das Modell der Befragung weist mit der Anknüpfung an örtliche Sondersituationen den verfassungsrechtlich erforderlichen Zurechnungszusammenhang auf, der die Befugnisse nach einer Abwägung mit der äußerst geringen Eingriffsintensität einerseits und dem Gewicht der verfolgten Belange andererseits auch im konkreten Einzelfall angemessen erscheinen lässt. Neue Befugnisse zur Identitätsfeststellung im 30-km-Grenzgebiet sowie in öffentlichen Einrichtungen des internationalen Verkehrs mit direktem Grenzbezug sind nur hinsichtlich der Grundmaßnahmen angemessen. Soweit an diesen Orten auch Zwangs- und Folgemaßnahmen zulässig sind, bedürfen die Befugnisse zusätzlicher tatbestandlicher Eingriffsschwellen. Befugnisse zu Identitätsfeststellungen auf Durchgangsstraßen sind ohne Einschränkung unverhältnismäßig. Sie werden nicht durch eine zeitliche Sondersituation gerechtfertigt, denn die derzeitige Bedrohungslage durch die grenzüberschreitende Kriminalität rechtfertigt keine „allgemeine Sozialpflicht zur Steigerung des Sicherheitsniveaus“. Die Befugnisse zur Identitätsfeststellung können jedoch zu angemessen Regelungen umgestaltet werden, indem sie auf die Verfolgung schwerwiegender Straftaten, deren Begehung gegenwärtig ist, beschränkt werden. Eine Eingrenzung auf die Bekämpfung organisierter Kriminalität hingegen ist auch aus Verhältnismäßigkeitsgründen nicht zwingend. Die neuen Befugnisse zu verdachts- und anlassunabhängigen Kontrollen verstoßen nicht gegen die Gleichheitsrechte des Art. 3 Abs. 1 und 3 GG.

Literaturverzeichnis

Albers, Marion: Die Determination polizeilicher Tätigkeit in den Bereichen der Straftatenverhütung und der Verfolgungsvorsorge, Berlin 2001 (Bielefeld, Univ., Diss., 1999).

Alberts, Hans: Der Nicht-Störer im bereichsspezifischen Datenschutz, in: ZRP 1990, S. 147-149.

Battis, Ulrich/ Gusy, Christoph: Einführung in das Staatsrecht, 4. Aufl., Heidelberg 1999.

Baumann, Reinhold: Stellungnahme zu den Auswirkungen des Urteils des Bundesverfassungsgerichts vom 15.12.1983 zum Volkszählungsgesetz 1983, in: DVBl. 1984, S. 612-619.

Bäumler, Helmut: Normenklarheit als Instrument der Transparenz, in: JR 1984, S. 361-366.

- Polizei und Datenschutz, in: Bäumler, Helmut (Hrsg.), Polizei und Datenschutz, Neuwied 1999, S. 1-12.

Becker, Rainer: Derzeitige Rechtslage problematisch - Aber Kontrollstellen heute schon möglich, in: Deutsche Polizei 1997, S. 30-32.

Beinhofer, Paul: Europäischer Abbau der Grenzkontrollen und polizeiliche Aufgabenerfüllung. Das Gesetz zur Änderung polizeilicher Vorschriften vom 23. Dezember 1994 (GVBl. S. 1050), in: BayVBl. 1995, S. 195-198.

Belz, Reiner: Polizeigesetz des Freistaates Sachsen, 3. Aufl., Dresden 1999 (zit.: Polizeigesetz, 3. Aufl.).

Belz, Reiner/ *Mussmann*, Eike: Polizeigesetz für Baden-Württemberg, 5. Aufl., Stuttgart u.a. 1996 (zit.: Polizeigesetz, 5. Aufl.).

Benda, Ernst: Das Recht auf informationelle Selbstbestimmung und die Rechtsprechung des Bundesverfassungsgerichts zum Datenschutz, in: DuD 1984, S. 86-90.

Benfer, Jost: Eingriffsrechte. Voraussetzungen und Grenzen präventiver und repressiver Rechtseingriffe durch Polizei und Staatsanwaltschaft, München 1997.

Berg, Günther/ *Knappe*, Michael/ *Kiworr*, Ulrich: Allgemeines Polizei- und Ordnungsrecht für Berlin, 8. Aufl., Hilden/Rhld. 2000 (zit.: Berg u.a., ASOG Bln., 8. Aufl.).

Berner, Georg/ *Köhler*, Gerd Michael: Polizeiaufgabengesetz, 16. Aufl., München u.a. 2000 (zit.: Polizeiaufgabengesetz, 16. Aufl.).

Bernsmann, Klaus/ *Jansen*, Kirsten: Heimliche Ermittlungsmethoden und ihre Kontrolle - Ein systematischer Überblick, in: StV 1998, S. 217-231.

Bieber, Roland: Die Abkommen von Schengen über den Abbau der Grenzkontrollen, in: NJW 1994, S. 294-297.

Brohm, Winfried: Kompetenzüberschneidungen im Bundesstaat, in: DÖV 1983, S. 525-531.

Bull, Hans Peter: Politische Steuerung im Politikfeld Innere Sicherheit, in: Lange, Hans-Jürgen (Hrsg.): Staat, Demokratie und Innere Sicherheit in Deutschland, 2000, S. 401-414.

Busch, Heiner: Europa - ein „Mekka der Kriminalität"?, in: KJ 1990, S. 1-13.

Creifels, Carl: Rechtswörterbuch, 15. Aufl., München 1999 (zit.: Rechtswörterbuch, 15. Aufl.).

Darnstädt, Thomas: Gefahrenabwehr und Gefahrenvorsorge. Eine Untersuchung über Struktur und Bedeutung der Prognose-Tatbestände im Recht der öffentlichen Sicherheit und Ordnung, Frankfurt a. M. 1983 (Frankfurt am Main, Univ., Diss., 1983).

Denninger, Erhard: Das Recht auf informationelle Selbstbestimmung und Innere Sicherheit, in: KJ 1985, S. 215-244.

- Der Präventions-Staat, in: KJ 1998, S. 3-15.

- Der gebändigte Leviathan, Baden-Baden 1990.

Deutsch, Markus: Die heimliche Erhebung von Informationen und deren Aufbewahrung durch die Polizei, Heidelberg 1992 (Mannheim, Univ., Diss., 1991).

Di Fabio, Udo: Gefahr, Vorsorge, Risiko: Die Gefahrenabwehr unter dem Einfluss des Vorsorgeprinzips, in: Jura 1996, S. 566-574.

Drews, Bill/ *Wacke*, Gerhard/ *Vogel*, Klaus/ *Martens*, Wolfgang: Gefahrenabwehr, 9. Aufl., Köln u.a. 1986 (zit.: Drews u.a., Gefahrenabwehr, 9. Aufl.).

Dvorak, Heinz: Die Überprüfung von Personen durch die Polizei, in: Die Polizei 1985, S. 201-203.

Ebert, Frank/ *Honnacker*, Heinz: Thüringer Gesetz über die Aufgaben und Befugnisse der Polizei, 2. Aufl., Stuttgart u.a. 1999 (zit.: Polizeiaufgabengesetz, 2. Aufl.).

Ebert, Frank: Was ist Kriminalprävention wert? - Ein Plädoyer für Präventionsmaßstäbe, in: Europäische Beiträge zu Kriminalität und Prävention 1997, S. 1-18 (zit.: Kriminalität und Prävention).

- Preis der Inneren Sicherheit: ein Schlusslicht? - Diagnose- und Therapieansätze am Beispiel der Polizei, in: Detektiv-Kurier 1999, S. 16-18.

Engelken, Klaas: Anmerkungen zum Urteil des LVerfG M-V: in DVBl. 2000, S. 269-272.

Erichsen, Hans-Uwe: Polizeiliche Standardmaßnahmen, in: Jura 1993, S. 45-49.

Filseck, von, Dietrich Moser: Baden-Württemberg novellierte das Polizeigesetz, in: Die Polizei 1997, S. 70-74.

Fischer, Gerhard/ *Hitz*, Fredi/ *Laskowski*, Rainer/ *Walter*, Bernd: BGSG, 2. Aufl., Stuttgart u.a. 1996 (zit.: Bearb. in Fischer u.a., BGSG, 2. Aufl.).

Füllgrabe, Uwe: Intuition. Ein häufig missverstandener Begriff, in: Magazin für die Polizei 1999, S. 15-18.

Funk, Albrecht: Das deutsche System der Inneren Sicherheit im Prozess der Europäisierung, in: Lange, Hans-Jürgen (Hrsg.): Staat, Demokratie und Innere Sicherheit in Deutschland, 2000, S. 291-310.

Gintzel, Kurt: Keine verdachtsunabhängigen Kontrollen, in: Deutsche Polizei 1998, S. 14-15.

Göddeke, Dieter: Neues Polizeirecht in Bremen, in: NVwZ 2001, S. 1232-1234.

Göhler, Erich/ *Buddendiek*, Hans: Gesetz über Ordnungswidrigkeiten, 12. Aufl., München 1998 (zit.: OWiG, 12. Aufl.).

Gössner, Rolf: Großer (Lausch-)Angriff auf die Verfassung, in: Geheim 1997, S. 11-18.

Götz, Volkmar: Die Entwicklung des allgemeinen Polizei- und Ordnungsrechts (1994-1997), in: NVwZ 1998, S. 679-688.

- Allgemeines Polizei- und Ordnungsrecht, 12. Auflage, Göttingen 1995 (zit.: Polizeirecht, 12. Aufl.).

Greiner, August: Und sie können sich doch einigen: „Große Koalition" in Sachen Innere Sicherheit, in: Die Polizei 1998, S. 259.

Grimm, Dieter: Verfassungsrechtliche Anmerkungen zum Thema Prävention, in: KritV 1986, S. 38-54.

Gusy, Christoph/ *Nitz*, Gerhard: Vom Legitimationswechsel staatlicher Sicherheitsfunktionen, in: Lange, Hans-Jürgen (Hrsg.): Staat, Demokratie und Innere Sicherheit in Deutschland, 2000, S. 335-354.

Gusy, Christoph: Grundrechtsschutz vor staatlichen Informationseingriffen, in: VerwArch 1983 (Bd. 74), S. 91-111.

- Polizeiliche Befragung am Beispiel des § 9 NRWPolG, in: NVwZ 1991, S. 614-620.

- Polizeirecht, 4. Auflage, Tübingen 2000 (zit.: Polizeirecht, 4. Aufl.).

Habel, Holger/ *Ritter*, Markus: Zum Begriff der Ausreise von Ausländern an einem Flughafen als Schengen-Außengrenze, in: Die Polizei 2000, S. 259-263.

Habermehl, Kai: Polizei- und Ordnungsrecht, 2. Aufl., Baden-Baden 1993 (zit.: Polizeirecht, 2. Aufl.).

Hackl, Reinhard: Eröffnungsrede der Anhörung zu anlassunabhängigen Polizeikontrollen am 4.7.1996, in: Die Grünen im Landtag von Baden-Württemberg (Hrsg.) 1996.

Hansen, Ralf: Eine Wiederkehr des „Leviathan"? Starker Staat und neue Sicherheitsgesellschaft, in: KJ 1999, S. 231-253.

Hassemer, Winfried: Innere Sicherheit im Rechtsstaat, in: StV 1993, S. 664-670.

- Rechtsstaatliche Grenzen bei der Bekämpfung der Organisierten Kriminalität, in: Sieber, Ulrich (Hrsg.), Internationale Organisierte Kriminalität. Herausforderungen und Lösungen für ein Europa offener Grenzen, Köln u.a. 1997, S. 213-219.

Hecker, Wolfgang: Rechtsfragen der Aufgabenübertragung an den Bundesgrenzschutz, in: NVwZ 1998, S. 707-709.

Heesen, Dietrich/ Hönle, Jürgen: Bundesgrenzschutzgesetz mit VwVG und UZwG, 3. Aufl., Hilden/Rhld. 2000 (zit.: BGSG, 3. Aufl.).

Heise, Gerhard/ *Riegel*, Reinhard: Musterentwurf eines einheitlichen Polizeigesetzes mit Begründungen und Anmerkungen, 2. Aufl., Stuttgart u.a. 1978.

Hellenthal, Markus: Grenzsicherheit - Ein Baustein der inneren Sicherheit. Das grenzpolitische Gesamtkonzept des Bundesgrenzschutzes, in: Kriminalistik 1997, S. 123-129

Herrnkind, Martin: Personenkontrollen und Schleierfahndung, in: KJ 2000, S. 188-208.

- „Verdacht des Verdachtes", in: Unbequem 2000, S. 4-13.

Hesse, Hans Albrecht: Der Schutzstaat - Rechtssoziologische Skizzen in dunkler Zeit, Baden-Baden 1994.

Hoffmann-Riem, Wolfgang: Abbau von Rechtsstaatlichkeit durch Neubau des Polizeirechts?, in: JZ 1978, S. 335-339.

Honnacker, Heinz/ *Beinhofer*, Paul: Polizeiaufgabengesetz, 16. Auflage, Stuttgart u.a. 1995 (zit.: Polizeiaufgabengesetz, 16. Aufl.).

Hoppe, Corinne: Vorfeldermittlungen im Spannungsverhältnis von Rechtsstaat und der Bekämpfung organisierter Kriminalität, Frankfurt a.M. u.a. 1999 (Hamburg, Univ., Diss., 1998).

Huber, Bertold: Das Schengener Durchführungsübereinkommen und seine Auswirkungen auf das Ausländer- und Asylrecht, in: NVwZ 1996, S. 1069-1074.

- Das neue G 10-Gesetz, in: NJW 2001, S. 3296-3302.

Hund, Horst: Überwachungsstaat auf dem Vormarsch - Rechtsstaat auf dem Rückzug?, in: NJW 1992, S. 2118-2122.

- Polizeiliches Effektivitätsdenken contra Rechtsstaat, in: ZRP 1991, S. 463-468.

Isensee, Josef: Das Grundrecht auf Sicherheit. Zu den Schutzpflichten des freiheitlichen Verfassungsstaates, Berlin u.a. 1983 (zit.: Grundrecht auf Sicherheit).

Jäger, Wolfgang: Vorfeldermittlungen - Reizwort und Streitgegenstand, in: Kriminalistik 1995, S. 189-192.

Jagusch, Heinrich/ *Hentschel*, Peter: Straßenverkehrsrecht, 34. Aufl., München 1997 (zit.: Straßenverkehrsrecht, 34. Aufl.).

Jarass, Hans/ *Pieroth*, Bodo: Grundgesetz für die Bundesrepublik Deutschland, 5. Auflage, München 2000 (zit.: Bearb. in Jarass/Pieroth, GG, 5. Aufl.).

Jutzi, Siegfried: Kommentar zum Zwischenurteil des LVerfG Mecklenburg-Vorpommern vom 6.5.1999, in: NJ 1999, S. 474-475.

- Organisationskompetenz des Bundes für Bahnpolizei und Luftverkehrssicherung, in: DÖV 1992, S. 650-656.

Kant, Martina: Verdachtsunabhängige Kontrollen, in: cilip 65 (1/2000), www.cilip.de.

Kees, Karl: Warum anlassunabhängige Kontrollen in Baden-Württemberg. Der Nutzen für die polizeiliche Praxis, in: Die Grünen im Landtag von Baden-Württemberg (Hrsg.) 1996, S. 23-27.

Keller, Rolf/ *Griesbaum*, Rainer: Das Phänomen der vorbeugenden Bekämpfung von Straftaten, in: NStZ 1990, S. 416-420.

Klaiber, Raimund: Verdachts- und ereignisunabhängige Personenkontrollen, in: Die Kriminalpolizei 1996, S. 177-183.

Knemeyer, Franz-Ludwig: Polizei- und Ordnungsrecht. Lehr- und Arbeitsbuch mit Anleitungen für die Klausur. Systematik des Polizeirechts, 8. Aufl., München 2000 (zit.: Polizeirecht, 8. Aufl.).

Kniesel, Michael: Vorbeugende Bekämpfung von Straftaten im juristischen Meinungsstreit - eine unendliche Geschichte, in: ZRP 1992, S. 164-167.

- „Innere Sicherheit" und Grundgesetz, in: ZRP 1996, S. 482-489.

- Neue Polizeigesetze contra StPO?, in: ZRP 1987, S. 377-383.

Koch, Martin: Datenerhebung und -verarbeitung in den Polizeigesetzen der Länder, Baden-Baden 1998 (Hamburg, Univ., Diss., 1998).

Kodal, Kurt: Strassenrecht. Systematische Darstellung des Rechts der öffentlichen Straßen, Wege und Plätze in der Bundesrepublik Deutschland, 6. Aufl., München 1999 (zit.: Strassenrecht, 6. Aufl.).

Krause, Peter: Das Recht auf informationelle Selbstbestimmung - BVerfGE 65, 1, in: JuS 1984, S. 268-275.

Kühne, Hans-Heiner: Kriminalitätsbekämpfung durch innereuropäische Grenzkontrollen?: Auswirkungen des Schengener Abkommens auf die innere Sicherheit, Schriften zum Europäischen Recht, Band 8, Berlin 1991 (zit.: Gutachten).

Kurth, Hans-J.: Identitätsfeststellung, Einrichtung von Kontrollstellen und Gebäudedurchsuchung nach neuem Recht, in: NJW 1979, S. 1377-1384.

Kutscha, Martin: „Schleierfahndung" und Aufenthaltsverbot, in: LKV 2000, S. 134-137.

- Innere Sicherheit und informationelle Selbstbestimmung, in: Lange, Hans-Jürgen (Hrsg.): Staat, Demokratie und Innere Sicherheit in Deutschland, 2000, S. 355-368.
- Große Koalition der Inneren Sicherheit?, in: cilip 59 (1/1998), www.cilip.de.
- „Schlanker Staat" mit Januskopf, in: KJ 1998, S. 399-405.
- Polizeirecht auf dem Prüfstand der Landesverfassungsgerichte, in: NJ 2000, S. 63-66.

Legnaro, Aldo: Die Stadt, der Müll und das Fremde - plurale Sicherheit, die Politik des Urbanen und die Steuerung der Subjekte, in: Krim. Journal 1998, S. 263-283.

Lemke, Michael: Heidelberger Kommentar zum Ordnungswidrigkeitengesetz, Heidelberg 1999 (zit.: OWiG).

Lerche, Peter: Die Gesetzgebungskompetenz von Bund und Ländern auf dem Gebiet des Presserechts, in: JZ 1972, S. 468-474.

Lisken, Hans/ *Denninger*, Erhard (Hrsg.): Handbuch des Polizeirechts, 2. Aufl., München 1996 (zit.: Bearb. in HdBPolR, Teil).

Lisken, Hans: Verdachts- und ereignisunabhängige Personenkontrollen zur Bekämpfung der grenzüberschreitenden Kriminalität?, in: NVwZ 1998, S. 22-26.

- Das Ende der „Schleierfahndung" in Mecklenburg-Vorpommern, in: DRiZ 2000, S. 272-276.
- Vorfeldeingriffe im Bereich der „Organisierten Kriminalität" - Gemeinsame Aufgabe von Verfassungsschutz und Polizei?, in: ZRP 1994, S. 264-270.
- Neue polizeiliche Ermittlungsmethoden im Rechtsstaat des Grundgesetzes, in: DRiZ 1987, S. 184-188.
- „Sicherheit" durch „Kriminalitätsbekämpfung"?, in: ZRP 1994, S. 49-52.
- Jedermann als Betroffener, in: Bäumler, Helmut, Polizei und Datenschutz, Neuwied 1999, S. 32-42 (zit.: in Bäumler, Polizei und Datenschutz).
- Über Aufgaben und Befugnisse der Polizei im Staat des Grundgesetzes, in: ZRP 1990, S. 15-21.

Lorenz, Dieter: Das Gebot des effektiven Rechtsschutzes des Art. 19 Abs. 4 GG, in: Jura 1983, S. 393-400.

Mahlmann, Matthias: Die Grenzen finaler Eingriffsnormen im Polizeirecht Mecklenburg-Vorpommerns und Berlins, in: LKV 2001, S. 102-107.

Mangoldt, Hermann/ *Klein*, Friedrich/ *Stark*, Christian: Grundgesetz, Bd. 2, München 2000 (zit.: Bearb. in Mangoldt u.a., GG, Bd. 2).

Martens, Wolfgang: Wandlungen im Recht der Gefahrenabwehr, in: DÖV 1982, S. 89-98.

Maske, Rainer: Nochmals: Die Videoüberwachung von öffentlichen Plätzen, in: NVwZ 2001, S. 1248-1250.

Maunz, Theodor/ *Dürig*, Günter: Grundgesetz, Kommentar, Bd. 4, München (zit.: Bearb. in Maunz/Dürig, GG, Bd. 4).

Maurer, Albrecht: Schleierfahndung im Hinterland, in: cilip 59 (1/1998), www.cilip.de.

Maurer, Andreas/ *Monar*, Jörg: Parlamentarische Kontrolle und Innere Sicherheit im Prozess der Europäisierung, in: Lange, Hans-Jürgen (Hrsg.): Staat, Demokratie und Innere Sicherheit in Deutschland, 2000, S. 311-331.

Maurer, Hartmut: Allgemeines Verwaltungsrecht, 13. Aufl., München 2000 (zit.: Verwaltungsrecht, 13. Aufl.).

Medert, Klaus/ *Süßmuth*, Werner: Paß- und Personalausweisrecht, Bd. 1, Personalausweisrecht des Bundes und der Länder, 3. Aufl. Stuttgart u.a. 1998 (zit.: Personalausweisrecht, 3. Aufl.).

Merten, Karlheinz/ *Merten*, Heike: Vorbeugende Verbrechensbekämpfung, in: ZRP 1991, S. 213-220.

Meyer-Großner, Lutz: Strafprozessordnung, Kommentar, 45. Aufl., München 2001.

Mletzko, Matthias/ *Weins*, Cornelia: Polizei und Fremdenfeindlichkeit. Ergebnisse einer Befragung in einer westdeutschen Polizeidirektion, in: MschrKrim 1999, S. 77-93.

Möllers, Christoph: Polizeikontrollen ohne Gefahrenverdacht, in: NVwZ 2000, S. 382-387.

- Braucht das öffentliche Recht einen neuen Methoden- und Richtungsstreit?, in: VerwArch 1990 (Bd. 90), S. 187-207.

Muckel, Stefan: Abschied vom Zweckveranlasser - Zur Entbehrlichkeit einer eigenen Zurechnungstheorie im Polizei- und Ordnungsrecht, in: DÖV 1998, S. 18-25.

Müller, Rolf-Georg: Polizeiliche Datenerhebung durch Befragung. Zugleich eine Analyse des § 9 nw. PolG, Berlin 1997 (Bochum, Univ., Diss., 1997).

Müller-Terpitz, Ralf: Grenzpolizeiliche Schleierfahndung im Binnenraum, in: DÖV 1999, S. 329-336.

Münch, von, Ingo/ *Kunig*, Philip: Grundgesetz - Kommentar, Bd. 3, 3. Aufl., München 1996 (zit.: Bearb. in v. Münch/Kunig, GG, Bd. 3, 3. Aufl.).

Neumann, Dieter: Vorsorge und Verhältnismäßigkeit: die kriminalpräventive Informationserhebung im Polizeirecht, Berlin 1994 (Bielefeld, Univ., Diss., 1993).

N.N.: Bayern: Wirksamkeit der „Schleierfahndung“, in: Die Polizei 1997, S. 27.

N.N.: Verdachts- und ereignisunabhängige Personenkontrollen in Baden-Württemberg, in: Die Polizei 1996, S. 344.

N.N.: Schleierfahndung. Beispiel Bayern, in: Polizeispiegel 1998, S. 251.

Papier, Hans-Jürgen: Polizeiliche Aufgabenverteilung zwischen Bund und Ländern - Unter besonderer Berücksichtigung der Aufgaben des Bundesgrenzschutzes, in: DVBl. 1992, S. 1-9.

Pau, Petra/ *Schubert*, Katina: Bundesgrenzschutz - Eine omnipräsente und omnipotente Bundespolizei?, in: cilip 62 (1/1999), www.cilip.de.

Peitsch, Dietmar: Polizeiliche Datenerhebung durch Befragung, in: Die Polizei 1993, S. 67-70.

- Vorbeugende Bekämpfung von Straftaten und Vorbereitung auf die Gefahrenabwehr als Aufgaben der Polizei und ihre Beschreibung in den Novellierungsentwürfen des Polizei- und Strafverfahrensrechts, in: Die Polizei 1990, S. 213-219.

Pestalozza, Christian: Thesen zur kompetenzrechtlichen Qualifikation von Gesetzen im Bundesstaat, in: DÖV 1972, S. 181-191.

Pieroth, Bodo: Die präventiven und repressiven Aufgaben des Bundesgrenzschutzes, besonders an den Binnengrenzen, in: VerwArch 1997 (Bd. 88), S. 568-597.

Pieroth, Bodo/ *Schlink*, Bernhard: Grundrechte - Staatsrecht II, 17. Aufl., Heidelberg 2001 (zit.: Staatsrecht II, 17. Aufl.).

Pitschas, Rainer (Hrsg.): Kriminalprävention und „Neues Polizeirecht". Zum Strukturwandel des Verwaltungsrechts in der Risikogesellschaft. Vorträge und Berichte in der Speyerer Werkstatt zur inneren Sicherheit über „Kriminalprävention in staatlicher und zivilgesellschaftlicher Verantwortungspartnerschaft" an der Deutschen Hochschule für Verwaltungswissenschaften Speyer 2001, Berlin 2002.

- Innere Sicherheit in der EU und europarechtliche Grundlagen des Sicherheitsgewerbes, in: NVwZ 2002, S. 519-526.

Pitschas, Rainer/ Aulehner, Josef: Informationelle Sicherheit oder „Sicherheitsstaat"?, in: NJW 1989, S. 2353-2359.

- Innere Sicherheit und internationale Verbrechensbekämpfung als Verantwortung des demokratischen Verfassungsstaates, in: JZ 1993, S. 857-866.

Poscher, Ralf: Gefahrenabwehr. Eine dogmatische Rekonstruktion, Berlin 1999 (Berlin, Univ., Diss., 1999).

Prätorius, Rainer: Leitideen in der institutionellen Ausdifferenzierung der Inneren Sicherheit, in: Lange, Hans-Jürgen (Hrsg.): Staat, Demokratie und Innere Sicherheit in Deutschland, 2000, S. 369-383.

Preuß, Ulrich K.: Risikovorsorge als Staatsaufgabe. Die epistemologischen Voraussetzungen von Sicherheit, in: Grimm, Dieter (Hrsg.): Staatsaufgaben, Baden-Baden 1994, S. 523-551.

Prümm, Hans Paul: Allgemeines Sicherheits- und Ordnungsrecht, Berlin 1997 (zit.: Sicherheitsrecht).

Renner, Günter: Ausländerrecht, 7. Auflage, München 1999 (zit.: AuslG, 7. Aufl.).

Riegel, Reinhard: Der unbescholtene Bürger als Objekt sicherheitsbehördlicher Informationsverarbeitung?, in: DVBl. 1987, S. 325-333.

- Musterentwurf und Alternativentwurf für ein einheitliches Polizeigesetz: Ein Vergleich zweier Konzeptionen, in: DVBl. 1979, S. 709-717.

- Gesetz zur Beschränkung des Brief-, Post- und Fernmeldegeheimnisses, Kommentar, München 1997.

Roggan, Fredrik: Über das Verschwimmen von Grenzen zwischen Polizei- und Strafprozessrecht - ein Betrag zur rechtspolitischen Diskussion -, in: KritV 1998, S. 336-353.

- Verfassungswidrige Schleierfahndungen - Anmerkungen zum Urteil des Landesverfassungsgerichts Mecklenburg-Vorpommern, in: NordÖR 2000, S. 99-101.

- Aktuelles Polizeirecht - Wie schlecht steht es um die Bürgerrechte?, in: cilip 67 (3/2000), www.cilip.de.
- Auf legalem Weg in einen Polizeistaat, Budapest 2000 (zit.: Polizeistaat).
- Die Videoüberwachung von öffentlichen Plätzen, in: NVwZ 2001, S. 134-141.

Rollecke, Gerd: Der kommunikative Gegendemonstrant, in: NJW 1995, S. 3101.

Rommelfanger, Ulrich/ *Rimmele*, Peter: Polizeigesetz des Freistaates Sachsen, Stuttgart u.a. 2000 (zit.: Polizeigesetz).

Ronellenfitsch, Michael: Der Bundesgrenzschutz als Bahn- und Flugplatzpolizei, in: Verw-Arch 1999, S. 139-161.

Roos, Jürgen: Polizei- und Ordnungsbehördengesetz Rheinland-Pfalz, 2. Aufl., Stuttgart u.a. 2000 (zit.: Polizeigesetz, 2. Aufl.).

Rublack, Susanne: INPOL-neu aus datenschutzrechtlicher Sicht, in: DuD 1999, S. 437-441.

Rupprecht, Reinhard (Hrsg.): Polizei Lexikon, 2. Aufl., Heidelberg 1995 (zit.: Polizei Lexikon).

Sachs, Michael: Verfassungsrecht II - Grundrechte, Berlin u.a. 2000.
- Grundgesetz, Kommentar, 2. Aufl., München 1999 (zit.: Bearb. in Sachs, GG, 2. Aufl.).

Schäfer, Herbert: Die Prädominanz der Prävention, in: GA 1986, S. 49-66.

Schily, Otto: Sicherheitsstrategien gegen das Verbrechen an der Schwelle des 21. Jahrhunderts, in RuP 1999, S. 1-7.

Schlink, Bernhard: Abwägung im Verfassungsrecht, Berlin 1976 (Heidelberg, Univ., Diss., 1975).
- Das Objektive und das Subjektive beim polizeilichen Gefahrbegriff, in Jura 1999, S. 169-172.

Schmid, Ines: Die verdachts- und ereignisunabhängigen Kontrollen in den Polizeigesetzen der neuen Bundesländer, in: LKV 1998, S. 477-480.

Schmidbauer, Wilhelm/ *Steiner*, Udo/ *Roese*, Eberhard: Bayerisches Polizeiaufgabengesetz und Bayerisches Polizeiorganisationsgesetz, München 1999 (zit.: Schmidbauer u.a., Polizeiaufgabengesetz).

Schmidt-Bleibtreu, Bruno/ *Klein*, Franz: Kommentar zum Grundgesetz, 9. Aufl., Neuwied 1999 (zit.: Bearb. in Schmidt-Bleibtreu/Klein, GG, 9. Aufl.).

Schnekenburger, Franz: Das Aus für „verdachtsunabhängige" Personenkontrollen?, in: BayVBl. 2001, S. 129-135.

Schnupp, Günther: Verfassungswidrige Polizeigesetze, in: Deutsche Polizei 2000, S. 20-21.

Schoreit: Gefahrenabwehr - vorbeugende Verbrechensbekämpfung - Legalitätsprinzip, in: DRiZ 1991, S. 320-326.

Schütte, Matthias: Befugnis des Bundesgrenzschutzes zu lageabhängigen Personenkontrollen, in: ZRP 2002, S. 393-399.

Schwabe, Jürgen: Das Erste Gesetz zur Änderung des Bundesgrenzschutzgesetzes, in: NJW 1998, S. 3698-3699.

- Kontrolle ist schlecht, Vertrauen allein der Menschenwürde gemäß?, in: NVwZ 1998, S. 709-711.

Schwan, Eggert: Gehorsam gegenüber dem Bundesverfassungsgericht?, in: DVR 1985, S. 255-322.

Seebode, Manfred: Rechtsgutachtliche Stellungnahme zur vorgesehenen Einführung anlass- und verdachtsunabhängiger Kontrollen von Personen und Durchsuchungen von Sachen durch den Bundesgrenzschutz (BT-Dr. 13/10790), Leipzig 1998 (zit.: Gutachten).

- Strafverfolgung nach Polizeirecht? Kritische Bemerkungen zum Musterentwurf einheitlicher Polizeigesetze, in: MDR 1976, S. 537-540.

Siebrecht, Michael: Die polizeiliche Datenverarbeitung im Kompetenzstreit zwischen Polizei- und Prozessrecht, in: JZ 1996, S. 711-714.

Sigrist, Hans: Probleme der Identitätsfeststellung und der polizeilichen Razzia nach dem Berliner ASOG, in: JR 1976, S. 397-402.

Simitis, Spiros: Die informationelle Selbstbestimmung - Grundbedingung einer verfassungskonformen Informationsordnung, in: NJW 1984, S. 398-405.

Sobota, Katharina: Das Prinzip Rechtsstaat. Verfassungs- und verwaltungsrechtliche Aspekte, Tübingen 1997.

Soria, José Martinez: Verdachtsunabhängige Kontrollen durch den Bundesgrenzschutz, in: NVwZ 1999, S. 270-272.

Spörl, Karl-Heinz, Zur Einführung einer verdachts- und ereignisunabhängigen Personenkontrolle („Schleierfahndung“) in Bayern, in: Die Polizei 1997, S. 217-219.

Staats, Johann-Friedrich: Zur Aufgabenzuweisung in den Polizeigesetzen, in: DÖV 1979, S. 155-162.

Stein, Ekkehart/ *Götz*, Frank: Staatsrecht, 17. Aufl., Tübingen 2000.

Stephan, Ulrich: Zur Verfassungsmäßigkeit anlassunabhängiger Personenkontrollen, in: DVBl. 1981, S. 81-85.

Stokar, Silke/ *Gössner*, Rolf, Fraktion Bündnis 90/ Die Grünen im Niedersächsischen Landtag (Hrsg.): Vom Missbrauch des Polizeirechts, in: Bündnis 90/ Die Grünen im Landtag Niedersachsen, Sonderausgabe 1996, S. 8-25.

Sydow, Fritz: Verbrechensbekämpfung nach neuem Recht, in: ZRP 1977, S. 119-125.

Tröndle, Herbert/ *Fischer*, Thomas: Strafgesetzbuch, 50. Aufl., München 2001 (zit.: Strafgesetzbuch, 50. Aufl.).

Trute, Hans-Heinrich: Das Polizei- und Ordnungsrecht im Spiegel der Rechtsprechung, in: Die Verwaltung 1999 (Bd. 32), S. 73-96.

Vogel, Klaus: Gefahrenabwehr. Allgemeines Polizeirecht (Ordnungsrecht) des Bundes und der Länder, 8. Auflage, Köln u.a. 1986 (zit.: Polizeirecht, 8. Aufl.).

Vosskuhle, Andreas: Verwaltungsdogmatik und Rechtstatsachenforschung in: VerwArch 1994 (Bd. 85), S. 567-585.

Waechter, Kay: Polizei- und Ordnungsrecht. Landesrecht Niedersachsen, Baden-Baden 2000 (zit.: Polizeirecht).

- Die „Schleierfahndung“ als Instrument der indirekten Verhaltenssteuerung durch Abschreckung und Verunsicherung, in: DÖV 1999, S. 138-147.

- Der dogmatische Status von Zurechnungsgründen im Gefahrenabwehrrecht, in: LKV 2000, S. 388-389.

Wahl, Rainer: Risikobewertung der Exekutive und richterliche Kontrolldichte - Auswirkungen auf das Verwaltungs- und das gerichtliche Verfahren, in: NVwZ 1991, S. 409-418.

Walter, Bernd: Erweiterte Befugnisse der Polizei zur Bekämpfung der illegalen Einreise und der grenzüberschreitenden Kriminalität: Eine unabdingbare Notwendigkeit nach dem Wegfall der allgemeinen Grenzkontrollen in Westeuropa, in: Die Polizei 1999, S. 33-40.

- Verdachts- und ereignisunabhängige Polizeikontrollen, in: Kriminalpolitik 1999, S. 290-295.

Weingart, Olaf: Die bayerische Polizeirechtsnorm des Art. 13 Abs. 1 Nr. 5 PAG. Zur sog. Schleierfahndung und deren Verfassungsmäßigkeit, in: BayVBl. 2001, S. 33-43 sowie S. 69-77.

Wesslau, Edda: Vorfeldermittlungen. Probleme der Legalisierung „vorbeugender Verbrechensbekämpfung“ aus strafprozessualer Sicht, Berlin 1989 (Hamburg, Univ., Diss., 1988).

Will, Rosemarie: Die Grundrechtsgewährleistungen und die Staatsorganisationsrechtlichen Regelungen der neuen Verfassungen im Vergleich, in: KritV 1993, S. 467-488.

Wolf, Heinz/ *Stephan*, Ulrich: Polizeigesetz für Baden-Württemberg, Kommentar, 5. Aufl., Stuttgart u.a. 1999 (zit.: Polizeigesetz, 5. Aufl.).

Wölfl, Bernd: Sphärentheorie und Vorbehalt des Gesetzes, in: NVwZ 2002, S. 49-51.

Wolfrum, Rüdiger: Indemnität im Kompetenzkonflikt zwischen Bund und Ländern, in: DÖV 1982, S. 674-680.

Wullf, Christian: Niedersächsische „Polizeireform“ - Ein Jahrhundertflop, in: Kriminalistik 1997, S. 331-333.

Würtenberger, Thomas/ *Heckmann*, Dirk/ *Riggert*, Rainer: Polizeirecht in Baden-Württemberg, 3. Aufl., Heidelberg 1997 (zit.: Würtenberger u.a., Polizeirecht, 3. Aufl.).

Zacharias, Diana: Zur Abgrenzung von Menschenwürde und allgemeinem Persönlichkeitsrecht, in: NJW 2001, S. 2950-2951.

Zeitler, Stefan: Allgemeines und Besonderes Polizeirecht für Baden-Württemberg, Stuttgart u.a. 1998 (zit.: Polizeirecht).

Ziercke, Jörg: Welche Eingriffsbefugnisse benötigt die Polizei?, in: DuD 1998, S. 319-323.

Materialien

Im Folgenden ist der Wortlaut der neuen Befugnisse zu verdachts- und anlassunabhängigen Polizeikontrollen sowie der zu ihnen ergangenen Verwaltungsvorschriften, Vollzugsbekanntmachungen, Ausführungsbestimmungen und Richtlinien wiedergegeben, soweit deren Inhalt im Hinblick auf die vorangegangenen Ausführungen von Interesse ist.

Bundesgrenzschutzgesetz

§ 22 - Befragung und Auskunftspflicht

Abs. 1a

Zur Verhinderung oder Unterbindung unerlaubter Einreise in das Bundesgebiet kann der Bundesgrenzschutz in Zügen und auf dem Gebiet der Bahnanlagen der Eisenbahnen des Bundes (§ 3), soweit auf Grund von Lageerkenntnissen oder grenzpolizeilicher Erfahrung anzunehmen ist, dass diese zur unerlaubten Einreise genutzt werden, sowie in einer dem Luftverkehr dienenden Anlage oder Einrichtung eines Verkehrsflughafens (§ 4) mit grenzüberschreitendem Verkehr jede Person kurzzeitig anhalten, befragen und verlangen, dass mitgeführte Ausweispapiere oder Grenzübertrittspapiere zur Prüfung ausgehändigt werden, sowie mitgeführte Sachen in Augenschein nehmen.

Abs. 2

Die befragte Person ist verpflichtet, Namen, Vornamen, Tag und Ort der Geburt, Wohnanschrift und Staatsangehörigkeit anzugeben, soweit dies zur Erfüllung der Aufgaben des Bundesgrenzschutzes erforderlich ist. Eine weitergehende Auskunftspflicht besteht nur für die nach den §§ 17 und 18 Verantwortlichen und unter den Voraussetzungen des § 20 Abs. 1 für die dort bezeichneten Personen sowie für die Personen, für die gesetzliche Handlungspflichten bestehen, soweit die Auskunft zur Abwehr einer Gefahr erforderlich ist.

§ 23 - Identitätsfeststellung und Prüfung von Berechtigungsscheinen

Abs. 1

Der Bundesgrenzschutz kann die Identität einer Person feststellen

3. im Grenzgebiet bis zu einer Tiefe von dreißig Kilometern zur Verhinderung oder Unterbindung unerlaubter Einreise in das Bundesgebiet oder zur Verhütung von Straftaten im Sinne des § 12 Abs. 1 Nr. 1 bis 4.

Abs. 1a

Das in Absatz 1 Nr. 3 genante Grenzgebiet erstreckt sich im Küstenbereich von der seewärtigen Begrenzung an bis zu einer Tiefe von 50 Kilometern; darüber hinaus nur nach Maßgabe der Rechtsverordnung zu § 2 Abs. 2 Satz 2.

Abs. 3

Der Bundesgrenzschutz kann zur Feststellung der Identität die erforderlichen Maßnahmen treffen. Er kann den Betroffenen insbesondere anhalten, ihn nach seinen Personalien befragen und verlangen, dass er Ausweispapiere zur Prüfung aushändigt. Bei der polizeilichen Kontrolle des grenzüberschreitenden Verkehrs kann der Bundesgrenzschutz ferner verlangen, dass der Betroffene Grenzübertrittspapiere vorlegt. Der Betroffene kann festgehalten und zur Dienststelle mitgenommen werden, wenn seine Identität oder seine Berechtigung zum Grenzübertritt auf andere Weise nicht oder nur unter erheblichen Schwierigkeiten festgestellt werden kann. Unter den Voraussetzungen des Satzes 4 können der Betroffene sowie die von ihm mitgeführten Sachen nach Gegenständen, die der Identitätsfeststellung dienen, durchsucht werden.

§ 44 - Durchsuchung

Abs. 2

Im Grenzgebiet bis zu einer Tiefe von dreißig Kilometern kann der Bundesgrenzschutz eine Sache auch zur Verhinderung oder Unterbindung unerlaubter Einreise in das Bundesgebiet oder zur Verhütung von Straftaten im Sinne des § 12 Abs. 1 Nr. 1 bis 4 BGSG durchsuchen. Das in Satz 1 genannte Grenzgebiet erstreckt sich im Küstengebiet von der seewärtigen Begrenzung an bis zu einer Tiefe von 50 Kilometern; darüber hinaus nur nach Maßgabe der Rechtsverordnung zu § 2 Abs. 2 Satz 2.

Bayerisches Polizeiaufgabengesetz

Art. 13 - Identitätsfeststellung und Prüfung von Berechtigungsscheinen

Abs. 1

Die Polizei kann die Identität einer Person feststellen

5. im Grenzgebiet bis zu einer Tiefe von 30 km sowie auf Durchgangsstraßen (Bundesautobahnen, Europastraßen und andere Straßen von erheblicher Bedeutung für den grenzüberschreitenden Verkehr) und in öffentlichen Einrichtungen des internationalen Verkehrs zur Verhütung oder Unterbindung der unerlaubten Überschreitung der Landesgrenze oder des unerlaubten Aufenthalts und zur Bekämpfung der grenzüberschreitenden Kriminalität.

Abs. 2

Die Polizei kann zur Feststellung der Identität die erforderlichen Maßnahmen treffen. Sie kann den Betroffenen insbesondere anhalten, ihn nach seinen Personalien befragen und verlangen, dass er mitgeführte Ausweispapiere zur Prüfung aushändigt. Der Betroffene kann festgehalten werden, wenn die Identität auf andere Weise nicht oder nur unter erheblichen Schwierigkeiten festgestellt werden kann. Unter den Voraussetzungen von Satz 3 können der Betroffene sowie die von ihm mitgeführten Sachen durchsucht werden.

Vollzugsbekanntmachung zu Art. 13 Bay PAG vom 13. Dezember 1994

13.7

Art. 13 Abs. 1 Nr. 5 enthält eine verdachts- und ereignisunabhängige Befugnis zur Personenkontrolle in den dort genannten Bereichen.

Die Vorschrift deckt auch - in der Alternative „zur Verhütung oder Unterbindung der unerlaubten Überschreitung der Landesgrenze" - die herkömmliche Grenzkontrolle ab, soweit und solange sie nicht nach dem Schengener Durchführungsübereinkommen oder anderen in innerstaatliches Recht umgesetzten völkerrechtlichen Vereinbarungen entfällt.

Außerhalb der Grenzübertrittskontrolle werden Art und Umfang der Kontrollen durch die Zielsetzung der Bekämpfung der grenzüberschreitenden Kriminalität und der Unterbindung des unerlaubten Aufenthalts bestimmt. Eine wesentliche Bedeutung kommt dabei dem Einsatz mobiler Fahndungstrupps auf den Durchgangsstraßen und in den öffentlichen Einrichtungen des internationalen Verkehrs zu. Durchgangsstraßen des internationalen Verkehrs sind neben den Bundesautobahnen und den Europastraßen andere Straßen, die von erheblicher Bedeutung für den grenzüberschreitenden Verkehr sind und damit auch Bedeutung für die grenzüberschreitende Kriminalität haben. Dabei wird nicht auf bestimmte Straßenklassen abgestellt, sondern auf die wandelbaren tatsächlichen Gegebenheiten, wie sie nach dem polizeilichen Lagebild zu erkennen sind. Öffentliche Einrichtungen des internationalen Verkehrs können Flughäfen, Bahnhöfe und Züge, aber auch Tank- und Rastanlagen sein.

An die Befugnis zu Personenkontrollen angebunden ist die Befugnis zur Durchsuchung von Personen und Sachen (vgl. Art. 21 Abs. 1 Nr. 3, Art. 22 Abs. 1 Nr. 4). Der Umfang der im Einzelfall zur Verfolgung des Kontrollzwecks gebotenen Maßnahmen wird durch den Verhältnismäßigkeitsgrundsatz (Art. 4) begrenzt.

Polizeigesetz Baden-Württemberg

§ 26 - Personenfeststellung

Abs. 1

Die Polizei kann die Identität einer Person feststellen

6. zum Zwecke der Bekämpfung der grenzüberschreitenden Kriminalität in öffentlichen Einrichtungen des internationalen Verkehrs sowie auf Durchgangsstraßen (Bundesautobahnen, Europastraßen und andere Straßen von erheblicher Bedeutung für die grenzüberschreitende Kriminalität).

Abs. 2

Die Polizei kann zur Feststellung der Identität die erforderlichen Maßnahmen treffen. Sie kann den Betroffenen insbesondere anhalten und verlangen, dass er mitgeführte Ausweispapiere vorzeigt und zur Prüfung aushändigt. Der Betroffene kann festgehalten und zur Dienststelle gebracht werden, wenn die Identität auf andere Weise nicht oder nur unter erheblichen Schwierigkeiten festgestellt werden kann.

Verwaltungsvorschrift zu § 26 Abs. 1 Nr. 6 PolG BW vom 18. Juli 1997

Zweck der Kontrollen nach Nummer 6 ist die Bekämpfung der grenzüberschreitenden Kriminalität. Erfasst sind hiervon alle Straftaten, bei denen sich die Täter den Grenzkontrollabbau innerhalb der Europäischen Union sowie die Öffnung der Grenzen zu den Staaten des ehemaligen Ostblocks nutzbar machen. Dies trifft zu auf

- alle Straftaten eines oder mehrerer Täter, bei denen zumindest Tatbeiträge in mehreren Staaten geleistet werden,

- im Inland begangene Straftaten, wenn der Täter im Begriff ist, sich oder eine zur Tatbegehung verwandte oder aus ihr hervorgegangene Sache im Ausland in Sicherheit zu bringen,

- im Ausland begangene Straftaten, wenn der Täter durch den Aufenthalt im Bundesgebiet die eigene Person oder eine zur Tatbegehung verwandte oder aus ihr hervorgegangene Sache in Sicherheit bringen will,

- Einschleusung und illegale Einreise ins Bundesgebiet.

Die Zweckbestimmung als Motiv des Gesetzgebers muss gleichzeitig auch Kontrollmotiv im Einzelfall sein; Tatsachen oder tatsächliche Anhaltspunkte für das Vorliegen grenzüberschreitender Kriminalität sind insoweit jedoch nicht erforderlich.

Öffentliche Einrichtungen des internationalen Verkehrs sind insbesondere Flughäfen, Bahnhöfe, Züge, Tank- und Rastanlagen, Häfen, Anlegestellen, Kanäle und Schleusen. Voraussetzung ist jeweils, dass sie in nicht zu vernachlässigendem Umfang vom internationalen Verkehr genutzt werden.

Durchgangsstraßen sind Bundesautobahnen, Europastraßen und andere Straßen von erheblicher Bedeutung für die grenzüberschreitende Kriminalität. Damit werden unabhängig von einer bestimmten Straßenklasse alle Straßen erfasst, bei denen davon auszugehen ist, dass sie von international agierenden Straftätern bevorzugt genutzt werden. Für Bundesautobahnen und Europastraßen wird dies aufgrund allgemeiner kriminalpolizeilicher Erkenntnisse gesetzlich generell vermutet. Bei den sonstigen Durchgangsstraßen ist auf die wandelbaren, objektiven Gegebenheiten, die sich hinsichtlich der grenzüberschreitenden Kriminalität aus den jeweiligen örtlichen Erkenntnissen ergeben, abzustellen; die Festlegung erfolgt durch die örtlich zuständige Dienststelle. Erfasst sein können damit gegebenenfalls auch Straßen mit reinem Quell- und Zielverkehr.

Thüringer Gesetz über die Aufgaben und Befugnisse der Polizei

§ 14 - Identitätsfeststellung

Abs. 1

Die Polizei kann die Identität einer Person feststellen,

5. auf Durchgangsstraßen (Bundesautobahnen, Europastraßen und anderen Straßen von erheblicher Bedeutung für den grenzüberschreitenden Verkehr) und in öffentlichen

Einrichtungen des internationalen Verkehrs zur Verhütung oder Unterbindung der unerlaubten Überschreitung der Landesgrenze oder des unerlaubten Aufenthalts und zur Bekämpfung der grenzüberschreitenden Kriminalität, soweit dies nicht Aufgabe der Bundespolizei ist.

Abs. 2

Die Polizei kann zur Feststellung der Identität die erforderlichen Maßnahmen treffen. Sie kann den Betroffenen insbesondere anhalten, ihn nach seinen Personalien befragen und verlangen, dass er mitgeführte Ausweispapiere zur Prüfung aushändigt. Der Betroffene kann festgehalten werden, wenn die Identität auf andere Weise nicht oder nur unter erheblichen Schwierigkeiten festgestellt werden kann. Unter den Voraussetzungen von Satz 3 können der Betroffene sowie die von ihm mitgeführten Sachen durchsucht werden.

Verwaltungsvorschrift zu § 14 Abs. 1 Nr. 5 Thür PAG vom 16. Dezember 1997

Zur Ausführung des Polizeiaufgabengesetzes erlässt das Innenministerium nach § 76 PAG folgende Verwaltungsvorschrift:

1. Allgemeines

Nachdem die Grenzkontrollen in den Schengen-Mitgliedstaaten teilweise abgebaut wurden, wird den Herausforderungen bereichsspezifischer Kriminalität im kriminalgeografischen Raum des Freistaates Thüringen mit der Neuschaffung einer rechtlichen Eingriffsbefugnis begegnet. Nach den polizeilichen Erkenntnissen, die durch eine Vielzahl von Aufgriffszahlen belegt werden, sind auch in Thüringen viele Erscheinungsformen der organisierten und grenzüberschreitenden Kriminalität aufgedeckt worden, obwohl der Freistaat Thüringen als Binnenland keinerlei Außengrenzen aufweist. Dabei ist nicht entscheidend, ob ein Bundesland an einen Schengen-, einen EU-Mitgliedstaat oder sonstigen Drittstaat (vgl. Art. 10 Abs. 4 Nr. 4 der Europol-Konvention) angrenzt. Auf Grund der Mobilität der Straftäter sowie dem Wegfall der Grenzkontrollen innerhalb verschiedener Schengen-Mitgliedstaaten wird ein Höchstmaß an Bewegungsfreiheit erreicht. Gleichzeitig nimmt die von den mittel- und osteuropäischen Staaten ausgehende Kriminalität mit der Neuordnung in den östlichen europäischen Ländern aufgrund der Migration zu.

2. Rechtslage

Als Ausgleich für den Abbau der Binnengrenzkontrollen in den Schengener Mitgliedstaaten sowie der von den mittel- und osteuropäischen Staaten ausgehenden Kriminalität wird § 14 Abs. 1 Nr. 5 PAG neu gefasst. Mit Inkrafttreten des Polizeirechtsänderungsgesetzes zum 1. Januar 1998 hat die Thüringer Polizei die Möglichkeit unter den in § 14 Abs. 1 Nr. 5 PAG dargelegten Voraussetzungen zweckgerichtete, ereignis- und verdachtsunabhängige Personen- und Fahrzeugkontrollen auf Durchgangsstraßen und öffentlichen Einrichtungen des internationalen Verkehrs durchzuführen. Tatsachen oder tatsächliche Anhaltspunkte für das Vorliegen grenzüberschreitender Kriminalität sind insoweit jedoch nicht erforderlich. Die Zweckbestimmung als Motiv des Gesetzgebers muss gleichzeitig auch Kontrollmotiv im Einzelfall sein.

Nach der Befugnisnorm kann die Polizei auf Durchgangsstraßen (Bundesautobahnen, Europastraßen und anderen Straßen von erheblicher Bedeutung für den grenzüberschreitenden Verkehr) und in öffentlichen Einrichtungen des internationalen Verkehrs zur Verhütung oder Unterbindung der unerlaubten Überschreitung der Landesgrenze oder des unerlaubten Aufenthalts und zur Bekämpfung der grenzüberschreitenden Kriminalität, soweit dies nicht Aufgabe der Bundespolizei ist, eine Person zum Zwecke der Identitätsfeststellung festhalten. Gleichzeitig eröffnet eine Anbindung der Befugnisnorm an die §§ 23 Abs. 1 Nr. 4 und 24 Abs. 1 Nr. 4 PAG Durchsuchungsmaßnahmen. Der Umfang der im Einzelfall gebotenen Maßnahmen wird durch den jederzeit zu beachtenden Verhältnismäßigkeitsgrundsatz (§ 4 PAG) begrenzt.

Durchgangsstraßen des internationalen Verkehrs sind neben den Bundesautobahnen und den Europastraßen andere Straßen, die von erheblicher Bedeutung für den grenzüberschreitenden Verkehr und den Transitverkehr sind. Für Bundesautobahnen und Europastraßen wird dies gesetzlich unterstellt. Für andere Durchgangsstraßen gilt, dass nicht auf bestimmte Straßenklassen abgestellt wird, sondern auf die wandelbaren tatsächlichen Gegebenheiten, wie sie nach dem polizeilichen Lagebild zu erkennen sind. Erfasst sein können damit gegebenenfalls auch Straßen mit reinem Quell- und Zielverkehr.

Öffentliche Einrichtungen können insbesondere Flughäfen, Bahnhöfe, Züge, Tank- und Rastanlagen sein, wenn sie in nicht zu vernachlässigendem Umfang international frequentiert sind. Eine Kontrollbefugnis in Zügen der Deutschen Bahn AG und in Bahnanlagen ist auch § 3 BGSG zulässig, da sich nach § 1 Abs. 7 BGSG die ausschließliche Zuständigkeit des Bundesgrenzschutzes auf die in § 3 genannten bahnspezifischen Gefahren beschränkt.

Eine Landesgrenze wird unerlaubt überschritten, wenn die Einreisevoraussetzungen nach dem Ausländerrecht nicht erfüllt sind. Unerlaubter Aufenthalt liegt vor, wenn die Voraussetzungen für einen berechtigten Aufenthalt nicht nachgewiesen werden können.

Grenzüberschreitender Verkehr umfasst alle damit im Zusammenhang stehenden Deliktsfelder, bei denen sich die Täter den Grenzkontrollabbau innerhalb der Europäischen Union sowie die Öffnung der Grenzen zu den osteuropäischen Staaten nutzbar machen.

Dies trifft zu auf

- alle Straftaten eines oder mehrerer Täter, bei denen zumindest Tatbeiträge in mehreren Staaten geleistet werden,

- im Inland begangene Straftaten, wenn der Täter im Begriff ist, sich oder eine zur Tatbegehung verwandte oder aus ihr hervorgegangene Sache im Ausland in Sicherheit zu bringen,

- im Ausland begangene Straftaten, wenn der Täter durch den Aufenthalt im Bundesgebiet die eigene Person oder eine zur Tatbegehung verwandte oder aus ihr hervorgegangene Sache in Sicherheit bringen will oder

- Einschleusung und illegale Einreise ins Bundesgebiet.

3. Lagebild

Das Landeskriminalamt erstellt auf Basis von angelieferten Erkenntnissen der Polizeidirektionen erstmals zum 1. April 1998 ein landesweites, ständig zu aktualisierendes Fahndungsbild über besondere Fahndungsmaßnahmen, -erfolge sowie künftige Fahndungsschwerpunkte und -räume.

Dadurch soll

- die Effektivität der Fahndung nach Personen und Sachen gesteigert,
- das Entdeckungsrisiko für gesuchte Personen erhöht und unkalkulierbar gemacht,
- die illegale Migration wirksamer verhindert,
- die Vorbereitung von Straftaten erschwert,
- der Transport deliktischer Güter aufgedeckt,
- und die sichtbare Präsenz der Polizei verstärkt werden.

4. Inkrafttreten

Die vorstehende Verwaltungsvorschrift tritt mit Wirkung vom 1. Januar 1998 in Kraft.

Gesetz über die öffentliche Sicherheit und Ordnung

in Mecklenburg-Vorpommern

§ 29 a. F. - Identitätsfeststellung

Abs. 1

Die Identität einer Person darf zur Abwehr einer im einzelnen Falle bevorstehenden Gefahr festgestellt werden. Darüber hinaus dürfen Polizeivollzugsbeamte die Identität einer Person feststellen,

5. zur Unterbindung des unerlaubten Aufenthaltes und zur vorbeugenden Bekämpfung von Straftaten der grenzüberschreitenden Kriminalität im Grenzgebiet bis zu einer Tiefe von 30 km sowie auf Durchgangsstraßen (Bundesautobahnen, Europastraßen und andere Straßen von erheblicher Bedeutung für den grenzüberschreitenden Verkehr), in öffentlichen Einrichtungen des internationalen Verkehrs und im Küstenmeer.

Abs. 2

Es dürfen die zur Feststellung der Identität erforderliche Maßnahmen getroffen werden. Insbesondere kann verlangt werden, dass die betroffene Person Angaben zur Feststellung der Identität macht sowie mitgeführte Ausweispapiere zur Prüfung aushändigt.

Abs. 3

Polizeivollzugsbeamte dürfen die betroffene Person anhalten. Sie dürfen sie festhalten oder zur Dienststelle verbringen, wenn die Identität auf andere Weise nicht oder nur unter erheblichen Schwierigkeiten festgestellt werden kann. Dabei können die betroffene Person sowie die von ihr mitgeführten Sachen zum Zwecke der Identitätsfeststellung durchsucht werden. Die betroffene Person darf nicht länger festhalten werden, als es zur Feststellung ihrer Identität erforderlich ist. Spätestens am Ende des Tages nach dem Festhalten muss die Entlassung erfolgen, sofern nicht vorher die Fortdauer der Freiheitsentziehung gerichtlich angeordnet worden ist.

Abs. 4

Wird eine Person aufgrund des Absatz 3 Satz 2 festgehalten, ist unverzüglich eine richterliche Entscheidung über Zulässigkeit und Fortdauer der Freiheitsentziehung herbeizuführen. Dies ist nicht erforderlich, wenn anzunehmen ist, dass die richterliche Entscheidung erst nach Wegfall des Grundes der polizeilichen Maßnahme ergehen würde. Für die Entscheidung ist das Amtsgericht zuständig, in dessen Bezirk die Person festgehalten wird. Das Verfahren richtet sich nach den Vorschriften des Gesetzes über das gerichtliche Verfahren bei Freiheitsentziehungen.

§ 27 a - Polizeiliche Anhalte- und Sichtkontrollen

Die Polizei darf

1. im öffentlichen Verkehrsraum zur vorbeugenden Bekämpfung von Straftaten von erheblicher Bedeutung (§ 49) oder

2. im Grenzgebiet bis zu einer Tiefe von 30 Kilometern, in öffentlichen Einrichtungen des internationalen Verkehrs mit unmittelbarem Grenzbezug, im Küstenmeer sowie in den inneren Gewässern zur vorbeugenden Bekämpfung der grenzüberschreitenden Kriminalität und zur Unterbindung des unerlaubten Aufenthalts

Personen kurzzeitig anhalten und mitgeführte Fahrzeuge, insbesondere deren Kofferräume und Ladeflächen, in Augenschein nehmen. Maßnahmen nach Satz 1 Nr. 1 werden durch den Behördenleiter angeordnet, soweit polizeiliche Lageerkenntnisse dies rechtfertigen; die Anordnung ist in örtlicher und zeitlicher Hinsicht zu beschränken.

§ 49 - Straftaten von erheblicher Bedeutung

Straftaten von erheblicher Bedeutung im Sinne dieses Gesetzes sind insbesondere

1. Verbrechen,

2. Vergehen nach den §§ 95, 129, 311 b Abs. 1 Nr. 2 des Strafgesetzbuches und

3. banden-, gewerbs-, serienmäßig oder sonst organisiert begangene Vergehen nach den

a. §§ 125 a, 180 a, 181 a, 223 a, 243, 244, 260, 263 bis 264 a, 265 b, 266, 267, 283, 283 a und 324 bis 330 a des Strafgesetzbuches,

b. § 53 Abs. 1 Satz 1 Nr. 1 und 2 des Waffengesetzes,

c. § 29 Abs. 3 Nr. 1 und 4 des Betäubungsmittelgesetzes,

d. § 92 Abs. 2 des Ausländergesetzes.

Niedersächsisches Gefahrenabwehrgesetz

§ 12 - Befragung und Auskunftspflicht

Abs. 6

Die Polizei kann zur Vorsorge für die Verfolgung oder zur Verhütung von Straftaten von erheblicher Bedeutung mit internationalem Bezug jede im öffentlichen Verkehrsraum angetroffene Person kurzzeitig anhalten, befragen und verlangen, dass mitgeführte Ausweispapiere zur Prüfung ausgehändigt werden, sowie mitgeführte Sachen in Augenschein nehmen.

§ 2 - Begriffsbestimmungen

Im Sinne dieses Gesetzes ist

10. Straftat von erheblicher Bedeutung:

a. ein Verbrechen mit Ausnahme einer Straftat nach den §§ 154 und 155 des Strafgesetzbuches,

b. ein Vergehen nach den §§ 85, 86, 86 a, 87 bis 89, 98, 99, 129, 130, 174, 174 a, 174 b und 176 des Strafgesetzbuches, ein in § 138 Abs. 1 des Strafgesetzbuches genanntes Vergehen und ein nach dem geschützten Rechtsgut und der Strafandrohung vergleichbares Vergehen,

c. ein banden- oder gewerbsmäßig begangenes Vergehen,

d. die Teilnahme an einer solchen Straftat.

Ausführungsbestimmung zu § 12 Abs. 6 NGefAG vom 16. Juli 1998

12.6

Die Vorschrift erlaubt Kontrollen im öffentlichen Verkehrsraum zum Zweck der Bekämpfung von Kriminalität mit internationalem Bezug. Die Kontrolle ist bereits im Vorfeld der konkreten Gefahr und unabhängig von einem bestimmten sonstigen Anlass zulässig (sogenannte verdachts- und ereignisunabhängige Kontrolle).

Ort und Art der Kontrollen müssen nach kriminalistischer Erfahrung oder an Hand kriminalistischer Lagebilder hinreichende Aussicht auf Erfolg bieten. Tatsachen oder tatsächliche Anhaltspunkte sind nicht erforderlich. Der örtliche Anwendungsbereich ist nicht auf bestimmte Regionen (z.B. das Grenzgebiet oder Durchgangsstraßen) begrenzt, sondern gilt entsprechend kriminalistischer Erfolgsaussicht landesweit.

Der internationale Bezug von Straftaten kann sich z.B. daraus ergeben, dass

- die Straftat unmittelbar durch den Grenzübertritt begangen wird,

- Tatbeteiligte im Ausland wohnen und zur Tatbegehung in die Bundesrepublik Deutschland einreisen oder vom Ausland aus an der Tatbegehung mitwirken,

- Tatbeteiligte in der Bundesrepublik wohnen und zur Tatbegehung ins Ausland reisen oder von der Bundesrepublik Deutschland aus an der Tatbegehung im Ausland mitwirken,

- deliktisch erlangte Sachen illegal in die Bundesrepublik Deutschland eingeführt oder ins Ausland verbracht werden.

Straftaten von erheblicher Bedeutung mit internationalem Bezug sind daher z.B. Kraftfahrzeugverschiebung, Waffen- und Rauschgifthandel, illegale Einfuhr und Ausfuhr von nuklearem Material, Falschgeld-, Dokumenten-, Arzneimittel-, Kunstschmuggel, Abfallverschiebung, Schleusungskriminalität und der Menschenhandel.

Erlaubt ist lediglich eine Kontrolle zur Sachverhaltsaufklärung, d.h. mitgeführte Ausweispapiere dürfen kontrolliert, mitgeführte Gegenstände in Augenschein genommen werden. Die Kontrolle der Ausweispapiere umfasst deren Aushändigung an die Polizeibeamtin oder den Polizeibeamten sowie die Überprüfung auf Authentizität oder Fälschung. Die Inaugenscheinnahme umfasst z.B. auch das Öffnen mitgeführter Behältnisse sowie der Kofferräume oder Ladeflächen von Kraftfahrzeugen. Dabei dürfen Gegenstände angesehen - nicht durchsucht - werden, auch wenn diese abgedeckt sind. Eine weitergehende Identitätsfeststellung oder eine Durchsuchung von Personen und Sachen ist nur unter den Voraussetzungen des § 13 oder der §§ 22 bis 24 zulässig.

Für die Verarbeitung der nach Absatz 6 erhobenen personenbezogenen Daten sind die Vorschriften des Dritten Teils, 2. Abschnitt, anzuwenden.

Allgemeines Gesetz zum Schutz

der öffentlichen Sicherheit und Ordnung in Berlin

§ 18 - Ermittlungen, Befragungen, Datenerhebungen

Abs. 7

Zur vorbeugenden Bekämpfung der grenzüberschreitenden Kriminalität kann die Polizei im öffentlichen Verkehrsraum angetroffene Personen kurzzeitig anhalten, befragen und verlangen, dass mitgeführte Ausweispapiere zur Prüfung ausgehändigt werden, sowie mitgeführte Sachen in Augenschein nehmen. Die Maßnahme ist nur zulässig, wenn auf Grund von Lageerkenntnissen anzunehmen ist, dass Straftaten von erheblicher Bedeutung begangen werden sollen. Ort, Zeit und Umfang der Maßnahmen dürfen nur durch den Polizeipräsidenten oder seinen Vertreter im Amt angeordnet werden. Nach jeweils 14 Tagen ist zu prüfen, ob die Voraussetzungen für die Maßnahmen weiterhin vorliegen.

§ 17 - Begriff der Straftat von erheblicher Bedeutung

Abs. 3

Straftaten von erheblicher Bedeutung sind

1. Verbrechen,
2. Vergehen, die auf Grund ihrer Begehungsweise, ihrer Dauer oder Schwere geeignet sind, den Rechtsfrieden besonders zu stören; dies gilt insbesondere für Straftaten, die gewerbs-, gewohnheits-, serien- oder bandenmäßig oder in anderer Weise organisiert begangen werden.

Gesetz über die Aufgaben und Befugnisse

der Polizei im Land Brandenburg

§ 11 - Befragung, Auskunftspflicht

Abs. 3

Zur vorbeugenden Bekämpfung der grenzüberschreitenden Kriminalität kann die Polizei im öffentlichen Verkehrsraum angetroffene Personen kurzzeitig anhalten, befragen und verlangen, dass mitgeführte Ausweispapiere zur Prüfung ausgehändigt werden, sowie mitgeführte Sachen in Augenschein nehmen. Die Maßnahme ist nur zulässig, wenn aufgrund von Lageerkenntnissen anzunehmen ist, dass Straftaten von erheblicher Bedeutung (§ 10 Abs. 3) begangen werden sollen. Ort, Zeit und Umfang der Maßnahme dürfen nur durch den Polizeipräsidenten oder seine Vertreter im Amt angeordnet werden.

§ 10 - Begriffsbestimmung

Abs. 3

Straftaten von erheblicher Bedeutung sind alle Verbrechen und alle weiteren in § 100 a StPO aufgeführten Straftaten.

§ 12 - Identitätsfeststellung

Abs. 1

Die Polizei kann die Identität einer Person feststellen,

6. zur vorbeugenden Bekämpfung der grenzüberschreitenden Kriminalität und zur Verhütung von Straftaten von erheblicher Bedeutung (§ 10 Abs. 3) mit internationalem Bezug im Gebiet der Bundesgrenze bis zu einer Tiefe von dreißig Kilometern, sofern polizeiliche Erkenntnisse vorliegen, dass am Ort der Maßnahme derartige grenzüberschreitende Kriminalität stattfindet.

Abs. 2

Die Polizei kann zur Feststellung der Identität die erforderlichen Maßnahmen treffen. Sie kann den Betroffenen insbesondere anhalten, ihn nach seinen Personalien befragen und verlangen, dass er mitgeführte Ausweispapiere zur Prüfung aushändigt. Der Betroffene kann festgehalten werden, wenn die Identität auf andere Weise nicht oder nur unter erheblichen Schwierigkeiten festgestellt werden kann. Unter den Voraussetzungen von Satz 3 können der Betroffene sowie die von ihm mitgeführten Sachen durchsucht werden.

Verwaltungsvorschrift zu § 11 Abs. 3 und § 12 Abs. 1 Nr. 6 BbgPolG vom 5. Juni 2001

11.2

Absatz 3 erlaubt Kontrollen im öffentlichen Verkehrsraum zur vorbeugenden Bekämpfung der grenzüberschreitenden Kriminalität. Hierzu kann die Polizei im öffentlichen Verkehrsraum angetroffene Personen kurzzeitig anhalten, befragen und verlangen, dass mitgeführte Ausweispapiere zur Prüfung ausgehändigt werden, sowie mitgeführte Sachen in Augenschein nehmen.

Das Merkmal der „grenzüberschreitenden Kriminalität“ meint Straftaten, die unter bewusster Ausnutzung der Grenzsituation begangen werden. Die Maßnahme ist nur zulässig, wenn aufgrund von Lageerkenntnissen anzunehmen ist, dass Straftaten von erheblicher Bedeutung (§ 10 Abs. 3) begangen werden sollen. Die Befugnisse gelten nur an Orten, für die polizeiliche Erkenntnisse vorliegen, dass dort grenzüberschreitende Kriminalität stattfindet. Der Begriff „öffentlicher Verkehrsraum“ erfasst alle Straßen und alle anderen öffentlichen Verkehrseinrichtungen, z.B. Flugplatzbereiche, Bahnhöfe.

Die von Lageerkenntnissen abhängigen Kontrollen erfolgen zur vorbeugenden Bekämpfung von Straftaten der grenzüberschreitenden Kriminalität von erheblicher Bedeutung; dazu zählen z.B. Delikte aus den Bereichen Menschenhandel, Schleusungskriminalität, Rauschgiftkriminalität, illegaler Waffenhandel, bandenmäßig organisierte Eigentumskriminalität (z.B. in Form der Kfz-Verschiebung).

Die Kontrolle ist bereits im Vorfeld einer konkreten Gefahr und unabhängig von einem bestimmten sonstigen Anlass zulässig. Als Korrektiv zu dieser Verdachts- und Ereignisunabhängigkeit müssen die Kontrollen jedoch anhand von Erkenntnissen, die auf der Grundlage polizeilicher Lagebilder gewonnen werden (Lageerkenntnisse), hinreichende Aussicht auf Erfolg bieten.

12.5

Absatz 1 Nr. 6 erlaubt der Polizei verdachts- und ereignisunabhängige Identitätsfeststellungen zur vorbeugenden Bekämpfung der grenzüberschreitenden Kriminalität und zur Verhütung von Straftaten von erheblicher Bedeutung (§ 10 Abs. 3) mit internationalem Bezug im Gebiet der Bundesgrenze bis zu einer Tiefe von dreißig Kilometern, sofern polizeiliche Erkenntnisse vorliegen, dass am Ort der Maßnahme derartige grenzüberschreitende Kriminalität stattfindet.

Aus dem Gebot der Verhältnismäßigkeit sowie aus praktischer Notwendigkeit ergibt sich, dass hinsichtlich der Voraussetzungen zur Durchführung einer verdachts- und ereignisunabhängigen Kontrolle nur die auf der Grundlage allgemeiner polizeilicher Erfahrungen beruhenden Erkenntnisse den Grund für die Annahme bilden können, dass die beabsichtigte Kontrollmaßnahme hinreichende Aussicht auf Erfolg bietet. Ferner gilt die Kontrollbefugnis nur für die Orte, für die polizeiliche Erkenntnisse vorliegen, dass dort grenzüberschreitende Kriminalität stattfindet.

Polizeigesetz des Freistaates Sachsen

§ 19 - Identitätsfeststellung

Abs. 1

Die Polizei kann die Identität einer Person feststellen,

5. zum Zwecke der vorbeugenden Bekämpfung der grenzüberschreitenden Kriminalität im Grenzgebiet zur Republik Polen und zur Tschechischen Republik bis zu einer Tiefe von 30 Kilometern, darüber hinaus in öffentlichen Anlagen, Einrichtungen oder Verkehrsmitteln des internationalen Verkehrs oder in unmittelbarer Nähe hiervon sowie auf Bundesfernstraßen und anderen Straßen von erheblicher Bedeutung für die grenzüberschreitende Kriminalität.

Abs. 1a

Das Staatsministerium des Innern erfasst den Umfang und die Ergebnisse der Anwendung von Absatz 1 Satz 1 Nr. 5 und berichtet hierüber jährlich dem Sächsischen Landtag.

Abs. 2

Die Polizei kann zur Feststellung der Identität die erforderlichen Maßnahmen treffen. Sie kann den Betroffenen insbesondere anhalten und verlangen, dass er mitgeführte Ausweispapiere vorzeigt und zur Prüfung aushändigt. Der Betroffene kann festgehalten und zur Dienststelle gebracht werden, wenn die Identität auf andere Weise nicht oder nur unter erheblichen Schwierigkeiten festgestellt werden kann.

Verwaltungsvorschrift zu § 19 Abs. 1 Nr. 5 SächsPolG vom 26. Juni 1999

(Die Erlaubnis zum Abdruck der Vorschrift wurde vom Land Sachsen nicht erteilt.)

Hessisches Gesetz über die öffentliche Sicherheit und Ordnung

§ 18 - Identitätsfeststellung

Abs. 2

Die Polizeibehörden können die Identität einer Person feststellen, wenn

5. die Person in Einrichtungen des internationalen Verkehrs, auf Straßen oder auf Bundeswasserstraßen, soweit aufgrund von Lageerkenntnissen oder polizeilicher Erfahrung anzunehmen ist, dass diese von erheblicher Bedeutung für die grenzüberschreitende Kriminalität sind, angetroffen wird zur vorbeugenden Bekämpfung der grenzüberschreitenden Kriminalität.

Abs. 3

Die Gefahrenabwehr- und Polizeibehörden können die zur Feststellung der Identität erforderlichen Maßnahmen treffen. Sie können insbesondere die Person anhalten, den Ort der Kontrolle absperren, die Person nach ihren Personalien befragen, verlangen, dass die Person mitgeführte Ausweispapiere aushändigt, und erkennungsdienstliche Maßnahmen anordnen.

Abs. 4

Die Polizeibehörden können die Person festhalten, sie und die von ihr mitgeführten Sachen nach Gegenständen durchsuchen, die zur Identitätsfeststellung dienen, sowie die Person zur Dienststelle bringen.

Abs. 5

Erkennungsdienstliche Maßnahmen können nur angeordnet und Maßnahmen nach Abs. 4 können nur durchgeführt werden, wenn die Identität auf andere Weise nicht oder nur unter erheblichen Schwierigkeiten festgestellt werden kann. Gegen eine Person, die nicht nach den §§ 6 oder 7 verantwortlich ist, können erkennungsdienstliche Maßnahmen gegen ihren Willen nicht durchgeführt werden, es sei denn, dass sie die Angaben über die Identität verweigert oder bestimmte Tatsachen den Verdacht einer Täuschung über die Identität begründen.

Abs. 6

Werden die Personalien bei der betroffenen Person erhoben, ist diese auf den Grund für die Identitätsfeststellung hinzuweisen, sofern der Zweck der Maßnahme hierdurch nicht beschädigt wird.

Verwaltungsvorschrift zur Ausführung des § 18 Abs. 2 Nr. 6 HSOG

vom 29. Dezember 2000

18.2.3.

§ 18 Abs. 2 Nr. 6 HSOG ermöglicht die Kontrolle jeder Person auch außerhalb von Kontrollstellen, wenn sie sich in einer Einrichtung des internationalen Verkehrs, wie z.B. einem Bahnhof, auf einer Straße oder einer Bundeswasserstraße aufhält, soweit Lageerkenntnisse oder polizeiliche Erfahrung dafür sprechen, dass dieser Ort für die grenzüberschreitende Kriminalität von erheblicher Bedeutung ist. Die Örtlichkeiten, die die Voraussetzungen des Gesetzes erfüllen, hat jede Polizeibehörde für ihren Zuständigkeitsbereich unter Angabe der Gründe in einem ständig zu aktualisierenden Verzeichnis zu benennen.

Richtlinien des Hessischen Landeskriminalamtes

zur Durchführung verdachts- und ereignisunabhängiger Kontrollen

gemäß § 18 Abs. 2 Nr. 6 HSOG

1. Befugnisnorm

Gemäß § 18 Abs. 2 Nr. 6 HSOG wird den Polizeibehörden die Befugnis eingeräumt, zur vorbeugenden Bekämpfung der grenzüberschreitenden Kriminalität die Identität einer Person festzustellen, die sich in Einrichtungen des internationalen Verkehrs, auf Straßen oder auf Bundeswasserstraßen aufhält, soweit Lageerkenntnisse oder polizeiliche Erfahrung dafür sprechen, dass diese Orte für die grenzüberschreitende Kriminalität von erheblicher Bedeutung sind.

2. Ziel

Mit der Regelung soll der mit der Öffnung der Grenzen zu den Staaten des ehemaligen Ostblocks und dem Abbau der Grenzkontrollmaßnahmen an den Schengen-Binnengrenzen einhergehenden steigenden Mobilität staatenübergreifend agierender Rechtsbrecher sowie der international verflochtenen Kriminalität entgegengewirkt werden.

3. Begriffsbestimmungen

3.1.

Unter den Begriff der grenzüberschreitenden Kriminalität sind die Straftaten zu subsumieren, bei denen sich die Täter den Grenzkontrollabbau innerhalb der Europäischen Union sowie die Öffnung der Grenzen zu den Staaten des ehemaligen Ostblocks zu Nutze machen, indem sie

- im Ausland wohnen und zur Tatbegehung in die BRD einreisen oder vom Ausland aus an der Tatbegehung mitwirken
- in der BRD wohnen und zur Tatbegehung ins Ausland reisen oder von der BRD aus an der Tatbegehung im Ausland mitwirken
- deliktisch erlangte Sachen illegal in die BRD einführen oder ins Ausland verbringen.

3.2.

Als Einrichtungen des internationalen Verkehrs kommen insbesondere in Betracht: Flughäfen, Bahnhöfe, Züge, Tank- und Rastanlagen, Häfen, Anlegestellen, Kanäle und Schleusen.

3.3.

Bei den Straßen kommen - unabhängig von einer bestimmten Straßenklasse - alle Straßen in Betracht, die nach Lageerkenntnissen oder polizeilicher Erfahrung für international agierende Straftäter bedeutsam sind.

3.4.

Einrichtungen des internationalen Verkehrs, Straßen und Bundeswasserstraßen sind von erheblicher Bedeutung für die grenzüberschreitende Kriminalität, wenn sie von international tätigen Rechtsbrechern bei der Vorbereitung und Begehung von Straftaten genutzt werden, z.B. als Treffpunkt, Aktionsort oder Transportweg.

4. Lagebild/Erkenntnisse

4.1

Der grenzüberschreitenden Kriminalität sind insbesondere die Deliktsfelder des Menschenhandels, der Schleusungs-, Eigentums-, Rauschgift- und Umweltkriminalität sowie der Geldfälschung und des illegalen Waffenhandels zuzurechnen.

4.2

Für international agierende Straftäter sind als Umschlagplätze von Schmuggel- und Hehlerware Flughäfen, Hauptbahnhöfe sowie Busbahnhöfe, insbesondere solche, die von Buslinien aus osteuropäischen Ländern und Ländern des ehemaligen Jugoslawien angefahren werden, als Einrichtungen des internationalen Verkehrs von zentraler Bedeutung.

Herausragende Relevanz haben der Rhein-Main-Flughafen, der Hauptbahnhof Frankfurt am Main sowie der unmittelbar neben dem Hauptbahnhof Frankfurt am Main gelegene Busbahnhof, einschließlich der An- und Abfahrtswege.

Die Bundesautobahnen mit ihren Tank- und Rastanlagen sowie Autohöfen sind in diesen Deliktsbereichen als Transit- und Transportrouten bzw. als Beschaffungs- und Umschlagplätze von erheblicher Bedeutung.

Erkenntnisse im Bereich der Schleusungskriminalität belegen, dass auch Bundesfernstraßen, insbesondere im nordhessischen Raum, von Straftätern frequentiert werden.

In einigen Fällen der illegalen Abfallverschiebung wurden von Straftätern die Bundeswasserstraßen benutzt.

4.3.

Zur Erlangung weiterer Erkenntnisse zur grenzüberschreitenden Kriminalität in den jeweiligen Dienstbezirken und zur Bedeutung, die Durchgangs- und besonderen Zufahrtsstraßen beizumessen ist, sind die von den örtlich zuständigen Polizeidienststellen bearbeiteten Vorgänge auszuwerten und die dort vorliegenden Erfahrungen zu berücksichtigen.

5. Maßnahmen

5.1

Verdachts- und ereignisunabhängige Kontrollen in Einrichtungen des internationalen Verkehrs sowie auf Straßen und Bundeswasserstraßen, die die Voraussetzungen des § 18 Abs. 2 Nr. 6 HSOG erfüllen und in dem von den Polizeidienststellen erstellten Verzeichnis aufgeführt sind, sind intensiv durchzuführen.

Hierbei sind nach Möglichkeit auch mobile Kontrolltrupps einzusetzen.

Bei der Durchführung der Kontrollen ist zu berücksichtigen, dass gemäß § 37 Abs. 2 Nr. 4 HSOG Land-, Wasser- und Luftfahrzeuge durchsucht werden können, in denen sich eine Person befindet, deren Identität nach § 18 Abs. 2 Nr. 6 HSOG festgestellt werden darf, und tatsächliche Anhaltspunkte die Annahme rechtfertigen, dass sich in oder an dem Fahrzeug eine Sache befindet, die sichergestellt werden darf. Die Durchsuchung kann sich auch auf die in oder an dem Fahrzeug befindlichen Sachen erstrecken.

5.2

Das Landeskriminalamt erstellt auf Basis der angelieferten Erkenntnisse der Regierungspräsidien und des Hessischen Polizeiverkehrsamtes (ab 01.01.2001: der Bereichspräsidien und des Hessischen Präsidiums der Bereitschaftspolizei) halbjährlich ein Lagebild zur grenzüberschreitenden Kriminalität.

5.3

Die Polizeibehörden/Polizeidienststellen berichten mit In-Kraft-Treten der Richtlinien quartalsweise (bis spätestens zum 05. des Folgemonats) dem für sie zuständigen Regierungspräsidium/dem Hessischen Polizeiverkehrsamt über die Anzahl und die Ergebnisse der von ihnen gemäß § 18 Abs. 2 Nr. 6 HSOG durchgeführten Kontrollen (Muster siehe Anlage).

Die Regierungspräsidien und das Hessische Polizeiverkehrsamt berichten - zusammenfassend für ihren jeweiligen Bereich - quartalsweise (bis spätestens zum 10. des Folgemonats) dem Hessischen Landeskriminalamt.

Ab 01.01.2001 berichten die Bereichspräsidien sowie das Präsidium der Hessischen Bereitschaftspolizei quartalsweise (bis spätestens zum 10. des Folgemonats) dem Hessischen Landeskriminalamt über die Anzahl und die Ergebnisse der von ihren Polizeidienststellen gemäß § 18 Abs. 2 Nr. 6 HSOG durchgeführte Kontrollen (Muster siehe Anlage).

6. In-Kraft-Treten

Die Richtlinien treten mit sofortiger Wirkung in Kraft.

Sicherheits- und Ordnungsgesetz Sachsen-Anhalt

§ 14 - Befragung und Auskunftspflicht

Abs. 3

Die Polizei kann zur vorbeugenden Bekämpfung der grenzüberschreitenden Kriminalität eine auf einer Bundesfernstraße angetroffene Person kurzzeitig anhalten, befragen und verlangen, dass mitgeführte Ausweispapiere zur Prüfung ausgehändigt werden, sowie mitgeführte Sachen in Augenschein nehmen. Maßnahmen nach Satz 1 sind nur zulässig, wenn auf Grund von Lageerkenntnissen anzunehmen ist, dass Straftaten von erheblicher Bedeutung begangen werden sollen. Ort, Zeit und Umfang der Maßnahmen ordnet der Behördenleiter oder ein von ihm Beauftragter, der der Laufbahngruppe des höheren Dienstes angehören muss, an. Die nach Satz 1 beauftragte Person ist zur Auskunft über Name, Vorname, Tag und Ort der Geburt, Wohnanschrift und Staatsangehörigkeit verpflichtet.

Abs. 4

Werden bei der Befragung personenbezogene Daten erhoben, sind die nachfolgenden Vorschriften über die Erhebung, Verarbeitung und Nutzung personenbezogener Daten anzuwenden.

§ 49 - Straftaten von erheblicher Bedeutung

Straftaten von erheblicher Bedeutung im Sinne dieses Gesetzes sind insbesondere

1. Verbrechen,
2. Vergehen nach den §§ 95, 129, 311 b Abs. 1 Nr. 2 des Strafgesetzbuches und
3. banden-, gewerbs-, serienmäßig oder sonst organisiert begangene Vergehen nach den
   a. §§ 125 a, 180 a, 181 a, 223 a, 243, 244, 260, 263 bis 264 a, 265 b, 266, 267, 283, 283 a und 324 bis 330 a des Strafgesetzbuches,
   b. § 53 Abs. 1 Satz 1 Nr. 1 und 2 des Waffengesetzes,
   c. § 29 Abs. 3 Nr. 1 und 4 des Betäubungsmittelgesetzes,
   d. § 92 Abs. 2 des Ausländergesetzes.

Ausführungsbestimmungen zu § 14 Abs. 3 SOG LSA

vom 24. August 2000

14.3.

Zulässig ist die Kontrolle auf Bundesfernstraßen, wenn auf Grund von Lageerkenntnissen anzunehmen ist, dass Straftaten von erheblicher Bedeutung (vgl. § 3 Nr. 4 und die AB hierzu) der grenzüberschreitenden Kriminalität begangen werden sollen.

Bundesfernstraßen gliedern sich in Bundesautobahnen und Bundesstraßen mit den Ortsdurchfahrten (§ 1 Abs. 2 des Bundesfernstraßengesetzes i.d.F. vom 19.4.1994). Zu den Bundesfernstraßen gehören auch Seiten-, Rand- und Sicherheitsstreifen sowie die Nebenanlagen (z.B. Straßenmeistereien, Gerätehöfe, Lager, Lagerplätze) und die Nebenbetriebe an den Bundesautobahnen (z.B. Tankstellen, Verlade- und Umschlagsanlagen, Raststätten).

Straftaten von erheblicher Bedeutung mit Bezug zur grenzüberschreitenden Kriminalität können z.B. Kraftfahrzeugverschiebungen, Waffen- und Rauschgifthandel, illegale Einfuhr und Ausfuhr von nuklearem Material, Falschgeld-, Dokumenten-, Arzneimittel-, Kunstschmuggel, Abfallverschiebung, Schleusungskriminalität und der Menschenhandel sein.

Der Behördenleiter oder von ihm Beauftragte, der der Laufbahngruppe des höheren Dienstes angehören muss, ordnet Ort, Zeit und Umfang der Maßnahmen allgemein an. Die Anordnung nebst ihr zugrundliegender Lageerkenntnisse ist aktenkundig zu machen. Die Entscheidung über konkrete Maßnahmen im Einzelfall treffen die Polizeibeamten vor Ort.

Zulässig ist eine Kontrolle zur Sachverhaltsaufklärung, das heißt, die kontrollierte Person darf befragt, mitgeführte Ausweispapiere dürfen kontrolliert, mitgeführte Gegenstände in Augenschein genommen werden. Die Kontrolle der Ausweispapiere umfasst deren Aushändigung an Polizeibeamte sowie die Überprüfung auf Authentizität oder Fälschung. Die Inaugenscheinnahme umfasst zum Beispiel auch das Öffnen von Kofferräumen oder Ladeflächen von Kraftfahrzeugen. Dabei dürfen Gegenstände angesehen - nicht durchsucht - werden, auch wenn diese abgedeckt sind.

Die Vorschrift ermächtigt nicht zu einer Identitätsfeststellung nach § 20. Eine Auskunftspflicht besteht jedoch für die kontrollierte Person über die in Satz 4 genannten Daten; verweigert die Person diese Angaben oder macht sie unrichtige Angaben, so kann eine Ordnungswidrigkeit nach § 111 OWiG vorliegen und deshalb eine Identitätsfeststellung gemäß § 46 OWiG i.V.m. § 163 b StPO erforderlich sein.

Die Vorschrift begründet keine Verpflichtung, Ausweispapiere mit sich zu führen. Eine solche Verpflichtung kann sich jedoch aus anderen Rechtsvorschriften ergeben (z.B. § 4 Abs. 2 Satz 2 der Fahrerlaubnis-Verordnung vom 18.8.1998).

Die Daten können mit dem Fahndungsbestand abgeglichen werden (vgl. § 30 Abs. 1 Satz 3 und die AB hierzu). Die Vorschrift erlaubt nicht das Speichern personenbezogener Daten. Ergibt die lagebildabhängige Kontrolle keinen Verdacht einer Straftat oder Ordnungswidrigkeit und keine tatsächlichen Anhaltspunkte für das Vorliegen einer konkreten Gefahr, ist eine Datenspeicherung unzulässig.

Saarländisches Polizeigesetz

§ 9a - Lagebildabhängige Kontrollen

Abs. 1

Die Vollzugspolizei kann auf Grund polizeilicher Lagebilder zum Zwecke der vorbeugenden Bekämpfung der grenzüberschreitenden Kriminalität bis zu einer Tiefe von 30 Kilometern von den Außengrenzen zu Frankreich und Luxemburg Personen kurzfristig anhalten, befragen und verlangen, dass mitgeführte Ausweispapiere zur Prüfung ausgehändigt werden. Sie kann mitgeführte Sachen in Augenschein nehmen.

Abs. 2

Ergeben sich keine Anhaltspunkte für das Vorliegen einer Gefahr oder die Begehung von Straftaten, werden die durch diese Maßnahmen erhobenen personenbezogenen Daten nicht gespeichert; im Übrigen gilt § 30.

Synopse

I. Befugnisse zur Identitätsfeststellung

1. Örtlichkeiten

Die Polizei / der Bundesgrenzschutz kann die Identität einer Person feststellen in / im / auf:

		30 km Grenzgebiet	Durchgangsstraßen*	öff. Einr. intern. Verkehr	Küstenmeer
a)	Bay	+	+	+	-
b)	BaWü	-	+	+	-
c)	MV	+	+	+	+
d)	Thür	-	+	+	-
e)	Bbg	+ Sofern polizeiliche Erkenntnisse vorliegen, dass am Ort der Maßnahme derartige grenzüberschreitende Kriminalität stattfindet	-	-	-
f)	Hess	-	Straßen oder Bundeswasserstraßen, soweit aufgrund von Lageerkenntnissen oder polizeilicher Erfahrung anzunehmen ist, dass diese von erheblicher Bedeutung für die grenzüberschreitende Kriminalität sind	Keine Begrenzung auf öffentliche Einrichtungen des internationalen Verkehrs	-
g)	Sa	Nur zu Polen und Tschechischer Republik	Nur Bundesfernstraßen und andere Straßen von erheblicher Bedeutung für die grenzüberschreitende Kriminalität	Sowie öff. Anlagen oder Verkehrsmittel des intern. Verkehrs oder in unmittelbarer Nähe hiervon	-
h)	BGSG	+	-	-	-

*Durchgangsstraßen sind Bundesautobahnen, Europastraßen und andere Straßen von erheblicher Bedeutung für den grenzüberschreitenden Verkehr.

2. Zweckbestimmungen

Die Polizei / der Bundesgrenzschutz kann die Identität einer Person feststellen zur:

		Verhütung oder Unterbindung der unerlaubten Einreise oder des unerlaubten Aufenthaltes	Bekämpfung der grenzüberschreitenden Kriminalität	Verhütung von Straftaten von erheblicher Bedeutung
a)	Bay	+	+	-
b)	BW	-	+	-
c)	MV	Nur zur Unterbindung des unerlaubten Aufenthalts	Vorbeugende	-
d)	Thür	+	+	-
e)	Bbg	-	+	Nur Straftaten i.S.d. § 10 Abs. 3 Bbg PolG
f)	Hess	-	Vorbeugende	-
g)	Sa	-	Vorbeugende	-
h)	BGSG	+	-	Nur Straftaten i.S.d. § 12 Abs. 1 Nr. 1 bis 4 BGSG

3. Zulässige Maßnahmen

Die Polizei / der Bundesgrenzschutz kann zur Feststellung der Identität die erforderlichen Maßnahmen treffen. Insbesondere sind zulässig:

		Anhalten, nach Personalien befragen, mitgeführte Ausweispapiere ausgehändigt verlangen	Betroffenen festhalten	Mitnahme zur Dienststelle	Betroffenen und Sachen durchsuchen	Erkennungs-dienstliche Maßnahmen
			Wenn die Identitätsfeststellung auf andere Weise nicht oder nur unter erheblichen Schwierigkeiten möglich ist			
a)	Bay	+	+	-	+	+
b)	BW	+	+	+	-	+
c)	MV	+	+ Nur solange zur Identitätsfeststellung erforderlich	+	+	+
d)	Thür	+	+	-	+	+
e)	Bbg	+	+	-	+	+
f)	Hess	+ Sowie den Ort der Kontrolle absperren	+	+	+	+ Aber nicht gegen den Willen Nichtverantlicher, es sei denn, dass Angaben über die Identität verweigert oder bestimmte Tatsachen einen Täuschungsverdacht begründen
g)	Sa	+	+	-	-	+
h)	BGSG	+	+	+	+	-

II. Befugnisse zur Befragung

1. Örtlichkeiten

Die Polizei / der Bundesgrenzschutz ist zur Befragung im Sinne der folgenden Befugnisse befugt:

		Im öffentlichen Verkehrsraum	Auf Bundesstraßen
a)	NS	+	-
b)	Bln	+	-
c)	Bbg	+	-
d)	LSA	-	+
e)	SaarL	Bis zu einer Tiefe von 30 km von den Außengrenzen zu Frankreich und Luxemburg	
f)	BGSG	In Zügen und auf dem Gebiet der Bahnanlagen der Eisenbahnen des Bundes sowie in einer dem Luftverkehr dienenden Anlage oder Einrichtung eines Verkehrsflughafens	

2. Zweckbestimmungen

Die Befragung ist nur zulässig:

		Zur vorbeugenden Bekämpfung der grenzüberschreitenden Kriminalität	Zur Vorsorge für die Verfolgung oder zur Verhütung von Straftaten von erheblicher Bedeutung mit internationalem Bezug
a)	NS	-	+
b)	Bln	+	-
c)	Bbg	+	-
d)	LSA	+	-
e)	SaarL	+	-
f)	BGSG	Zur Verhinderung oder Unterbindung unerlaubter Einreise in das Bundesgebiet	

3. Weitere Voraussetzungen

Die Befragung setzt voraus, dass:

		Aufgrund von Lageerkenntnissen anzunehmen ist, dass Straftaten von erheblicher Bedeutung begangen werden sollen	Ort, Zeit und Umfang der Maßnahme angeordnet wurden durch den	Nach jeweils 14 Tagen ist zu prüfen, ob die Voraussetzungen für die Maßnahmen weiterhin vorliegen
a)	NS	- AB zu § 12 Abs. 6 NGefAG: Ort und Art der Kontrolle müssen nach kriminalistischer Erfahrung oder an Hand kriminalistischer Lagebilder hinreichende Aussicht auf Erfolg bieten	-	-
b)	Bln	+	+ Polizeipräsidenten oder seinen Vertreter im Amt	+
c)	Bbg	+ Erhebliche Straftaten sind solche i.S.d. § 10 Abs. 3 BbgPolG.	+ Polizeipräsidenten oder seinen Vertreter im Amt	-
d)	LSA	+	+ Behördenleiter oder einen von ihm Beauftragten, der der Laufbahngruppe des höheren Dienstes angehört	-
e)	SaarL	Aufgrund polizeilicher Lagebilder	-	-
f)	BGSG	Soweit auf Grund von Lageerkenntnissen oder grenzpolizeilicher Erfahrung anzunehmen ist, dass die Örtlichkeiten zur unerlaubten Einreise genutzt werden		

4. Zulässige Maßnahmen

Es sind folgende Maßnahmen zu Lasten des Betroffenen zulässig:

		Kurzzeitig anhalten	Befragen	Ausweispapiere zur Prüfung ausgehändigt verlangen	Mitgeführte Sachen in Augenschein nehmen
a)	NS	+	+	+	+
b)	Bln	+	+	+	+
c)	Bbg	+	+	+	+
d)	LSA	+	+	+	+
e)	SaarL	+	+	+	+
f)	BGSG	+	+	Auch Grenzübertritts-papiere	+

Abkürzungsverzeichnis

I. Befugnisse zur Identitätsfeststellung

Bay	Art. 13 Abs. 1 Nr. 5 Bay PAG
BW	§ 26 Abs. 1 Nr. 6 PolG BW
MV	§ 29 Abs. 1 Nr. 5 SOG MV
Thür	§ 14 Abs. 1 Nr. 5 ThürPAG
Bbg	§ 12 Abs. 1 Nr. 7 BbgPolG
Hess	§ 18 Abs. 2 Nr. 6 HSOG
Sa	§ 19 Abs. 1 Nr. 5 SächsPolG
BGSG	§ 23 Abs. 1 Nr. 3 BGSG

II. Befugnisse zur Befragung

NS	§ 12 Abs. 6 NGefAG
Bln	§ 18 Abs. 7 ASOG Bln
Bbg	§ 11 Abs. 3 BbgPolG
LSA	§ 14 Abs. 3 SOG LSA
SaarL	§ 9 a Abs. 1 SPolG
BGSG	§ 22 Abs. 1a BGSG

FSC
www.fsc.org
MIX
Papier | Fördert gute Waldnutzung
FSC® C083411

Kolibri 360 GmbH
Ferdinand-Jühlke-Straße 7
99095 Erfurt, Deutschland
produktsicherheit@kolibri360.de

Druck:
CPI Druckdienstleistungen GmbH
im Auftrag der
Kolibri 360 GmbH
Ferdinand-Jühlke-Str. 7
99095 Erfurt